中華大藏經

續編

179

漢傳撰著部（一）　第五册

中華書局

第一七九册目録

○九四○

無依無得大乘四論玄義記

無依無得大乘四論玄義記卷第九

二智義，有四重：第一，大意；第二，論釋名；第三，出體；第四，辨料簡。

尋經論意，言般若無智而無所不知，至人無得而無所不得。智即窮微之鑒，而無照功之神，即應會之用，而無所不照，不可言有，名照但絶，不可言無，是故垂二智斯在也。所言二智者，蓋是應物之假名，相待之稱也。

問：般若無知、無所不知者，無知即應不照，無不智即應是照，云何二言不稱耶？答：《地》《攝》兩論、《成》《毗》二家釋云，真諦真如義即無所知，俗諦虛妄邊即有所知也。分兩片釋之，此意終是二見之氣釋也。今大乘明義，望彼家境、智與[二]心識，正是毒虫，故必須破洗《地》《攝》《成》《毗》四家境、智、心識，方顯無迹境、智等。大乘之凡行捨世故，至人能智境界，而絶無造行於境，故言無知。而如幻人無所不知，知[三]故言無所不知。只是無知爲知，只是知爲無知，無知非如彼知，知非如彼所知。今言知、無知，無毫末異也。因知故無知，由無知故知。知、無知，因緣假名，如空中長、短，無二相也。亦得言，真諦真如義，不見，故無[三]無所不知；世諦虛妄，見，故言無知也。雖對破之，而經論正意如前也。故山中舊云：至妄而彌存妄，存妄存存[四]則無所不知。如幻人知妄，則心識絶慮。知幻人無心識，故無知也。如斯無所得意，非學無得之凡人不知何言也。故經云，大乘法杖，梗[五]心毒虫令死。著[六]心虫死，內外清淨，而要須從內淨得外清淨也。

問曰：前云般若無智、無所不知，是何般若體與用耶？若[七]約體與[八]用明之，亦得。而今意正約用般若無智而知之，非正般若也。故大師云：經論明有、無者，有不可言有，非有非不有，無不能言無，非無非不無，以非有非不有，而無所不有，以非無非不無，無所不無也。故佛性非因非果，非因而因。因，有二因：一，境界因；二，緣因。非果而果，果有二種：一，果，即[九]菩提；二，果果，即大般涅槃。今不論二果，但明二因：一，境界因；二，緣因。故緣因則二智，境界因即二諦。二諦、二智以佛性爲本，但有二也。一是因本，二是本因。因本，即正因佛性爲二因之本；本因，說是境界因與緣因。緣因即是二智，境界即二諦。故二諦、二智，以二因爲本，故言尋本。諦智之本，本於佛性，得了二諦、二智；了達二諦、二智，得了於佛性。但昔教未顯，故未明五種佛性。今教已顯，故明五種佛性，故始得說其本。明二諦、二智本是二因，二因爲本，然境、智悉有其本，自有就用明本，自有就體明本。二諦以境界因爲本，二智以緣因爲本，此就用明本；二因以正因佛性爲本，就體明本。正因，非因非果爲本，是即般若也。空有二諦、二智，以佛性爲本，故言二因爲境、智本。就二用相因即互爲本，今於佛性爲諦智本，了諦智爲本，則明了佛性。故明二諦、二智爲開佛性，明佛性爲開二諦、二智，故言本也。所以尋本說二諦、二智體，《地》《攝》等四家所行也。故《大經》云：所言空不見空與不空，不見不空，故不行中道。既不行中道，故不見佛性。不見佛性故，亦應云不見二諦、二智。故《大品》經二十四卷《四攝品》云：佛告須菩提，凡夫實不知世諦，不知第一義，不知中道，不知分別道果，云何當有諸道不等也[一〇]。故《地》《攝》《成》《毗》等，目所見世諦與觀智所證真如真諦，即是有所得二諦、二智，非今所明。無所得二諦二智，佛菩薩所行，故尋二智本，本於佛性，何佛性爲本也。

問：二智既言佛性爲本，二諦亦應爾，何意二諦不明尋本，而二智中說本耶？答：不二而二詮之，亦應同。以佛性爲本而不即明二諦者，二諦是佛所説教門，教門稱於衆生根緣爲諦，衆生悟解爲智。而解之智，於何悟解？悟解佛性不二正法，故於二智中明於異本也。

第二，釋名。所言二智者：一者，方便實智；二者，實方便智也。如八不義中釋。實，以審諦爲義，法實審諦，無所有、無所説故；方便，以善巧爲義。亦得言方便以實爲義，實以方便爲義。亦言方便、不方便爲義，實、不實爲義也。又經論出異名非一，或名權智，亦名善權智，亦合名行權方便智，亦名世諦智，或名俗諦智等；或名真智，或合名真實智，亦名如實智，亦名如如智，鈍[一一]實際、法性等也。

但釋權義，解不同，有四家。一云：權，是變謀，善巧之善，故反常合道也。二云：權，假之義，即隨境名智，世俗與應現非實也。三云：權時權宜，暫示之名，是化導接引巧恒名也。四云：權，是從譬之名，如世權衡稱物，量其輕重，權是錘也，則權以詮量義，衡者以平爲義。今但取權以譬化物之智，能詮量機宜，稱於化道，善得其時宜也。《風俗通書》取傳易明之，權者，鈴[一二]也。如《國語書》第九云，衡横諸法。攝云：稱與[一三]衡是平義。今皆是釋權。權義多種，隨時通變，鈴量時宜，悉是其義，但舉譬爲名也。

通稱智者，亦有三勢：一，智達了爲義，亦是決了義。《大品經·金剛品》云，決了義。《大論》二十三卷云，決定智無所疑，故名爲智。亦得言智慧解智等義。二，權以智爲義，權以智爲義。亦得言智以愚爲義，是[一四]以智爲義。三，智以不知爲義，權以不權爲義。

《地》《攝》兩論，引《地持論》云離增上慢智名如實智，有五義：一，對妄明實智。何者？知如來藏真實法，名實智；知於妄想情所起法，名妄智。二，對假明實。何者？知第一義真諦法，名爲實智；知於世諦名[一五]法，名假智。三，對相明實。何者？知知[一六]一實性，名實智；知於二諦有無法相，名相智。四，對教明實。何者？證窮法性，名實；尋言教始學，名教智。五，對權明實。何者？知於一乘真實，名實智；了知三乘權化，名方便智也。

方便智者，汎解經論，有四種：一，通趣方便，知[一七]見道前方便等進趣向與、不與果爲由，故曰方便。與果相對明之也。二，施造方便，如十波羅蜜中方便波羅蜜，於脩行善爲之，故言方便也。此義，十波羅蜜中説也。三，聚成方便者，諸法同體，巧相集成，故曰方便。云何巧成？彼云：一真心中，曠備法界恒沙佛法，是諸佛法，以同體故，今謂無住本能生一切法也。四，權巧方便，實無此事，權巧施之，故曰方便。於中分別，有三種：一是身巧，謂作猨猴鹿馬等化事；二是口巧方便，實無三乘，隨緣化説之；三是意巧方便，慧起前身、口二種，巧化度。如《法華經》云：尋念過去佛，所行方便力，故[一八]我今所得道，亦應説三乘。如是等也。今謂無差別説差別，並有五種，四種即是般若能生一切法義，但如彼所解，必破洗除假名所設，即是開空中織羅等並得也。

第三，明體相。二智體，至論，正法中道爲體；約用明之，照俗方爲方便智體，照真如爲實知體。如《地》《攝》家，阿梨耶識爲二智體；若《成論》等，心爲二智體。今隨如大意中説，不二爲體。約用明之，實方便知爲體，方便實智爲體也。

第四，辨廣料簡。有三：第一，雜料簡；第二，論須彌入芥子；第三，明斷伏。

第一，雜料簡。興皇大師云：此境、智義最難解。凡有心者，無不云心行於境。此心爲妄俗，定有此法，得佛之因故。此心法雖即空，而心法是妄俗，異於虚空等法也。今約三人顯其重病，餘者可知也。一者，坐禪人所計，必有能緣之心、所守之境及與捉光明，或如星，或如初月，此爲正定體見。如此執計，恐是刹利神黄色、婆羅門神赤色、毗舍神色白、首陀神色黑無異，故此見不可即，故不得今無所得境、智義。二者，行道持戒人，亦云必有能行、所行之道，此見不可息而行，故亦不能得今無迹義。三者，《地》《攝》《成》《毗》論師等解義人，各有求了之心及所了之義等，如是等見，人無勉。無免者故，終不能得解無所得義也。師云：境智、能所立見偏遍而具曠，若人、法等多而爲一種，此見爲狹亦短，上三見難息故。一家，漸捨明二智者，即是初章對他而辨之。他境智、能所性成此境，即非智境。此智即非境智，故落有所得。今知是境，只境名知。化〔一九〕知非境是知，故知；境非知是境，故境。今是知、境，故是不境而境；亦是境知，故是不知而知。以不境，境即非境；不知，知即非知。所以非境非知，而境而智。此是漸捨語，非關境、知義。何者？以非境非智二去，即是斷；而境而智兩來，即是常。以非境非智兩盡，豈非斷？而境而知無所從而有，豈非常耶？答：非境非智一義，故名中；而境而智二義，故名假。名爲當有一，不二開爲二。云何不二而明二耶？又不二故一，一豈是中耶？答：一是中，二亦應中也。既不一故二，二寧稱假耶？若二是假，一亦應是假。故令辨非偏，故假名中故，名中假也。

若作智境、境智初章義者，大師云：此猶是掘頭無首尾。雖然，比於有所得家屋智之境，猶有萬倍之勝也。故令辨境智者，了二與不二義。何者？明境、智義，即是辨於能、所。所以明境智、能所者：一，正爲欲開發佛性義；二，爲欲顯於正道。云何能所開發佛性？明佛性非因非果，非有非無，非境非智，非能、所，名曰正性。正性非因果，而開爲因果。開因能、所，名爲境、智，即是因與因因；開果，即是果與果果。大般涅槃，依開善宗，即是知斷；若依舊總、别義，即是果與果果也。若了前大意中之意，不須廣説。但恐未解，故更明之。今開因能、所者，以十二因緣境能生觀照，名爲佛性，即是名境界佛性；觀十二因緣智，名爲佛性，即是爲觀智。故言十二因緣，猶如葫瓜，能發熱病，復能除也。

然此能、所，不可言其一，不可言其異。以離緣境無別觀智，離觀智亦無別因緣，亦十二因緣能緣義即是智，能發義即是境。所以十二因緣亦是因，亦是因因，亦是能發，亦是所發也。言境智、能所是相開發義者，明境名，因智起發，若無智者，即境名不發。由智故境名發，智名亦因境乃發，若無境者，智名即不發。以因緣故，境、智俱發。智名因境乃生，若無境，即智名不生。亦境名從智乃生，故[二〇]境。境、智[二一]因緣，二名俱生。既境名因智發，故智、能名爲境、所，境、能名爲智、所。能、所相開發。若有異智之頑境，何關智發？若有異境之智，何關境發？以是性義各自成故也。今明因境得開智，因智得發境。若不同智，豈得發境？故今就二望爲釋，以智爲能照，境爲所照，境爲能發，智爲所發。此所即能，故能照只是照於所、能，所發只是發於能、所，故境、所名智、能，智、所名爲境、能，故境、智俱能、所。以境、能爲智、所，故説智及知處，皆名爲般若；以智、能是境、所，故説境及境處皆得名爲境。既説境及境處皆名爲境故，故説境及境處皆名爲爾炎。既境、能爲智、所，故非境；亦智、能爲境、所，故非智。非境非智，而境而智。既非境而境，故名非境境；非智而智，故名不智智。不智智故不有而有，不境境故亦不有而有。有而不有，不有而有，故名無所有；有而不有，故名有所無也。故經云，説智及智處皆名爲般若者，《地》《攝》等四家云，説智及智處皆名爲般若，從智得名也。此亦難解。若言境從智得名者，境非情非智法，智亦應非情非靈智法。又境不生滅者，智亦應非生、滅。又境無階級，智亦應無階級也。今謂不然。有二義：一者，般若境、般若智、般若教，故並得般若，如五種佛性義也；二者，如前，即智、能爲境、所也。又説境及境處皆名爲爾炎者，是即境爲智、所故，所以能是所能，所是能所，是即中先假，名爲待絕義。所言待絕者，諸法本來無有絕與待義，而爲衆生，故立諸法假名相待，故言待絕，是即中先假也。非能、非所、能、所者，是即中後假，故即是絕待義也。非能、非所、能、所，是所非所，是能非能，故非能、非所、能、所即中後假，即是絕待義。所言絕待者，雖爲衆生故立諸法假名相待，此能所實非能、所，以能非能，以所非所，故絕於向者相待，故言絕待也。

問：諸法假名相待，爲衆生故開立，此義可解；此絕待義，爲誰故明之？答：亦爲衆生故開相待義與絕待。何以故？衆生但解由能故所，由所故能，而不解非能非所，即不解絕待義，即未具足義，故開絕待義，即是破病意。若但識相待，不識絕待義者，非但不識絕待義，亦復不識相待義，所以待而有不待義，不待而有待義也。大師云：如非常非無常，而常而無常，是二鳥雙遊，不相捨離，即是其義。故今非能非所，是絕待義。亦是非能非所，雙遊相待義也。如《地》《攝》等四家，境、智既異，不得但名波若，及但名爾炎，如此之見，須畢竟淨之。如《大品經》云，色畢竟淨，乃至薩婆若亦畢竟淨，一切法究竟畢淨，故因緣境、智名方得生也。一家舊云：此境、智，猶如新故，故借新故，事釋成也。何者？實論即非本、始，此新無故，而因新故故，因故故新。因故故新，故名爲新；因新故故，新名爲故。新名爲故，即新、故俱；故[二二]故名爲新，即一切皆新也。若更復明分新、故者，即得以新新名新，故故名故。既得新新名新，亦得新新名故；既得故故名故，亦得故故名新。此即是因緣顯發，新故名新，故新名故。名[二三]故新名故，亦復名新；新故名新，亦復名故。故以新故，故名故故。新新爲新，故故故新也。一家相傳云：如前云能、所義長，而果果等義即短也。

問：若能、所義長者，因、果義等亦應長；若因、果義短者，能、所亦應短。答：因果義宗，祖[二四]但是相感相酬一義，所且狹且短；而能、所義即無所不通，如非因、果爲能，則有所成因、果，亦因、果爲能成，非因、果爲所故，因、果義故能而不所也。今明境所因能智，故名爲所能；智所能因境能所，故名爲能所。能、所既言二種俱能，亦二種俱所。二種俱所，故所而不能，故能所；二種俱能，故能而不所，能而不所，故所能。能所非所，所能非能。故非所非能，强名之爲實智也。又樹葉等並説苦、空、無常等，豈非是智慧。又幻化人等能説種種法得常，非是能智。故一家義宗，境、智並通也。問：樹木等説法，幻化説法，非有心法，寧得智慧通耶？答：他宗，境、智有異，有心、無心異，二見，故作此疑耳。今明一無量、無量一，即是散束開合，故亦得一，亦得異，故通於智慧也。一家辨：能所復所能，故名不所能，不所能者即是不能能，此即是絶待能，故實智名能而不所，此方便亦非實方便，故亦能而不所等，亦無能無所名爲實諦，亦無能所名世諦。所以一家辨三種二諦，正如此意。既能而不所，復非能非所者，此能非所能，此所亦如此，故明此境智、能所等但[二五]絶也。

《地》《攝》兩論、《成》《毗》二家，亦有諦智，須辨同異。今辨諦智之名，與他四家雖同，意永異。何者？彼有二諦理與會理之二智，今無此二諦理及二智之可有，故不同之。而等有諦智者，名字中亦得同而異也。今無如彼諦智，故無可論同。既無可論同，復有何可論異也？既無可論同、異，故餘一切法無可論同。既無可論同，復有何可論異也？今永[二六]其異，無之可異；求其同不成，即無同之可同。故智同，出同者，同二諦未曾同，令我若爲同、異；出異者，異二諦未曾異，異義既不成，令我何所異也。若言即道理同、異，汝同、異義得成者，可論令我與汝同，令我與汝異；汝同、異既不成，令我何所同、異？辨二智亦類然也。今明無同之可同之，無異之可異，責汝諦智既不成，有何同、異也。又汝二諦，體一，體異？一、異既不成，故無二諦。二諦無故，亦無諦智，故不須論諦智同異也。

今明二諦，是佛、菩薩所行方便隨緣故説。如《華嚴》等經所辨也。《大經》又云，世諦即第一義諦，但隨順衆生説有二諦耳。《十二門論》亦云，因世諦故得第一義諦，因第一義諦故得涅槃。以方便隨順説二諦者，明凡夫隨業所感即世諦，今隨彼而説故説非第一義，第一義中無説無言，故如二諦中説之也。今明二諦是因緣義，不可得其異，豈可論其一？不如龍光宗執二體，開善等言一體。今是第一義世諦。世諦第一義，即是説不説、不説説、不説不説、不可二不可一。不如他云真異於俗，不説異説也。故一家云：如王宫生，即是第一義世諦；後捨俗出家，即是世諦第一義；故從初得道夜，終至涅槃夜，凡有所説，無非二諦因緣，故云常説中道也。大師云：如《涅槃經》辨三行，謂苦行、樂行、不苦樂行。不苦不樂行者，即是佛菩薩所行之道。不上不下，名爲常行中道，中道是第一義諦。佛菩薩能行中道故，得第一義諦，了第一義故方得行世諦，以了不二故方能了二。既了二諦，故能發生二智。二乘既不行中道，故不得第一義諦，不得第一義諦故亦不識世諦。所以不二智，云何識境、智？故言二乘不識境、智，故亦不得境、智之名，凡夫故自無。故經云，二乘不見不空，故不行中道，故不得第一義空也。今明佛菩薩方便所行二諦如斯，故不同四家有二諦、二理等異、不異等也。二乘既不行二諦，故無二智，無二智故無有般若。而成論師云，二乘與菩薩俱會第一義，但有中種種行異者，斯即乖經，亦不識經中義也。

問：權智與方便智，是一，是異？若通而爲謂一。何者？無非方便並是假名故。若無差別差別，即異。故一家判：實方便智，即長而廣；權，得短而狹。若從王宫生，至雙林一化，始終名爲方便智，於方便中，抽取一枝用，一時暫示轉變種種異事，如芥子貯須彌、室苞覆像等、婬女酒肆等，此是即權用，用竟即廢，故短而狹，故名權智也。

故大師開三種二智：一，有實方便，有權方便；二，有方便實，有權實；三，有方便權，有實權。六種二故也。問：若爲是實方便，復云何權方便耶？答：師云，實方便，如向長而廣，即是實方便，亦是權方便，是聲聞方便也。權方便者，即是向於長廣方便中，抽一枝權用，此皆是權示，一方便用，此方便即短。亦得言如前權、實，並是菩薩作方便，故言權方便也。故是實方便，此即廣長；權方便，短狹也。

問：若爲是方便、權實耶？答：即如王宮，雖生不起，雙林滅而無失，此即無始無終，無生無滅，法相常爾，即是方便實，此亦長廣也。權實者，如二乘人斷煩惱所得智慧，即是權實。何以故？二乘人斷煩惱所得智慧實，未是實智，但權時落其所得爲實，故名爲權實，亦即是實權。何以故？落此爲實即是權。作此説者，豈非實權耶？只此二乘人所有方便，亦即是權方便。權時落之爲方便也。又只佛今斷煩惱所有智慧，亦是權實也。何以故爾？佛本來離四句、百非，而爲衆生脩證得，故所得智慧落爲實智。此亦是權詺其實知，故是權實也。

問：何者實權及方便權耶？答：方便權，即是向權方便；還是向方便中，抽一權用，即是方便權也；實權者，即是向權實；還是實智中，抽一斷除用，如佛斷煩惱所有智，此是實智中抽一權用，故名爲實權也。

問：可得言詮實慧一用，只就方便慧中，有權實不？答：亦具如向方便權中權爾，暫用即是權。只此權即非權，豈非實？此權、實並就方便中有也。何以故？向辨實慧，只王宮生不生，乃至雙林滅即非滅，即是實慧，何妨權非權即是實慧耶？

大師或時開二種二智：一者，是實、方便二慧；二者，權、實二智也。若實慧與方便慧，即就《大品經》意；若權、實二智，是就《淨名經》

意。《大品經》是平道用，故正辨實慧與方便慧；《淨名經》爲一時爲時衆，故當時善巧之用種種無所不爲，以是義故，《淨名經》正辨權、實二智也。故法師結會云：所言權實者，名聲聞。若智若斷，皆是菩薩無生法忍。故聲聞無別有實智，並是權化，故言權實也。所言方便實者，是當體得名也。權、實者背上洤得名，非當體得名也。實方便與權方便者，理實是菩薩方便也。若權方便，是聲開方便亦得，是背上得名也。故實方便者，是菩薩實方便慧，故言實方便也。權方便者，亦如上權實，並是菩薩權作方便，故言權方便也。方便權與實權者，並是菩薩方便權與實權也。所言方便權者，此即是菩薩方便慧上善巧之用。如《維摩經》所辨，菩薩種種無所不爲，故言方便權也。所言實者，即是於真實上更起用，故言實權，亦是上用也。若方便權者，是實方便真上善巧之用，故方便，謂實長、權則短也。若實權者，是即對實知明權智。故諸經云權、實二智也。

又有四種二真。何者？一，方便實真；二，實方便真。此兩句即是體也。三，實權；四，方便權。此二句是用也。所言實方便與方便實是體者，菩薩一化始終並是菩薩方便，故言方便。對用，故名爲體也。所言實權與方便權是用者，於方便真上更起之用，於實真上更起之用，故言是用也。方便真上更起權用，是菩薩知也；於實真上更起權用者，是聲聞知也。菩薩於實真上權作二乘之用，故言實權也，此亦如前實權也。

論師宗有漸、頓、偏三種教不同，今就漸教有四時與五時教，辨二智義。白琰師云：鹿苑即前說人、天之教，此時未正轉法輪，置與不取；起自鹿苑，迄于雙林，既有四時法輪，故就此明二智也。一，實智；二，權智也。第一時，先小乘二智。若依毗曇宗，會四實理以爲實智，俗諦之解及等智等皆爲權智也。論意明之，能照真空，以爲實智；照四諦理、一切俗境，皆爲權智。對境說智，理應如之。立二智之說，不必一同，對境立教多種，如以能照功爲實智，化物之功皆爲權智等也。開善五時意祖〔二七〕同耳。第二時説，大乘二智，取冥心真境以爲實智，涉有化人爲權智。並《淨名》《思益》《首楞嚴》等經，略同與五時《般若》爲宗也。開善意，以照真爲實智，照俗爲權智。與俗十〔二八〕化物説法、應變神通，皆爲權智攝，故權智有多種也。第三時，説同歸教二智，謂智歸一以爲實智，分别説三以爲權智。又照壽量長以爲實智，照諸應身能權智也。開善云：以照空爲實，照有是權智。本是定林寺榮法師義，後諸法師云褒貶教，以備鑒空有一切智爲實，真轉變化物示現多方皆爲權。何者？初數多説有，般若教多明空。二乘捨有沈空，不能脩習種智，故守住小道；菩薩具照萬境，則爲實智。與能化度，變現不測，故並有權、實，備明而〔二九〕智也。第四時，説圓極二智，照果以爲實智，照生死諸法若俗若真皆爲權智。又以照本爲實智，照迹爲權智也。開善，第四《法華》同歸教。若依此宗，照一乘之理，本來是一。今則無二無三智，一因得一果，是實智；照方便接引，説三乘差别，三因得三果，爲權智。若於佛果分權、實者，照壽命長遠無量爲實智，應迹神通之力脩短之異爲權。何者？彼經言：開方便門，示真實相也。《夫〔三〇〕人經》亦説意，聲聞、辟支佛者，是佛方便。於今望昔，則昔説三，是今一之方便。今一是昔三之實相，則就一乘三乘開爲權實也。與一乘之果歸於佛地，佛地過於昔教壽不可盡，於此復爲實，應脩短皆是神通力，如是悉是權。此正宗小教中所説如實智境之實，説法轉境之權，能通有之也。第五時教，開善云，常住究竟教，亦名一體三寶教。故云《大經》宗常住一體三寶，佛性宗致也。故亦兩義，得權、實二智也。一，就佛果。以對因之照常住果，是一實諦，知因中未真虚僞不停爲權智。二，就本迹得權、實。佛果妙本，智此爲實；應迹不現，智此爲權。與常住果，取正智爲宗。若教中所説義，通有諸餘義，而權、實分者，觀空爲實，照有名權，以應現説法變動之皆是權也。

第二，就頓教明權、實者，開善等云：《華嚴》《梵網經》等是頓之教，是實與自備有權、實二智也。問：頓教具有二智者，爲當取五時二智，偏取《大經》極教二智耶？答：彼云，涅槃明果大滅度爲宗，厝除無常病，故次第漸漸深，至果爲極，即佛果本地爲實智，因中生死應迹爲權。若頓之教，備明因果，因則十地等萬行，果則涅槃是常。於一教中備有諸權、實，可同四時。大乘但自有不同。初教小乘，故如彼經云，舍利弗等五百聲聞如聾如盲，不聞不見大乘大事也。與同五時者，照真爲實智，俗爲權，同初教也。亦如《般若》説萬行等。又菩薩行明德空有竝觀，即同《般若》《淨名》，與未必盡，同褒貶耳。得同歸一乘，與方便接引，則有《法華》權實、常住、因果、本迹之智，苞涅槃之權實，皆是菩薩道，故是同《佛華嚴》也。

第三，明偏方教，亦名不定教，亦明二智，與權、實不定。一，開善等云：或但明實，如《枯樹經》説常，如偏爲梵志説佛性爲滅不斷，此則偏明實也。或有偏明權假，如爲毒龍説唯現佛影示是權迹也。或一者備明權、實，如《夫人經》云，一諦一依是真實，而復明一乘及二乘、五乘，是方便等即是權也。《金光明經》中云，佛真法身爲實，應物現形是權也。雖爾，未必以權、實爲宗，與有遠義也。舊相傳云：偏方教正意處所偏從衆偏等爲宗也。今大乘明義，並不同四時、五時三種説，非經説言，具如夢覺等義科中破也。開善等云：實智者，不空爲義，以前境是真，稱實與智，目解心名實知；權智者，浮虚爲義，前境是虚，稱虚與知，故亦目心故名權智也。攝論師亦云：或依他性與分别性與智名權智，如真實性與智名實知。或如三性與智名爲權智，如三無性而知名爲實知。或云：如應、化而知名爲權智，如法身而知名爲實智。或二身智慧爲權智，真如法身智慧爲實智。《地論》例此可類也。今觀四家所執二智，多從境得名，故落二邊，境異於知，知異於境，故無慧方便縛、無方便慧縛中也。今明由慧方便由方便慧，乃謂有方便慧有慧方便解故。今謂只佛性、般若爲二智之體，只二知即是般若、佛性，何事縛，何事解也。如諸佛身，非真非應，而有真、應之能，般若，非權非實，而有權、實二能，今明曲隨從便之能爲權。若一化始終相通，以其昔爲凡，初求佛道，至雙林則長廣，故方便，但方便誰通。如見諦道前已善相，亦名方便。又諸觀行並前、後方便與正觀，而今方便知者，釋迦初生，至金沙集，並是方便智也。

問：《大論》云，方便波羅蜜，唯菩薩有之，二乘則無，此何方便耶？答：一家解不同。一云：無住〔三〕建立一切法，爲方便慧，此方便慧，通一切法中，而亡義爲方便慧，別相知一切法義名道慧、種〔三〕慧。若爾，亡義則總是方便，別相智義，道慧、道種慧一時義分異。如論師，色是無常法塵所收，青、黄等義是五塵所收也。復須智之，如論師義，能智解是至亡，解是體，亡是用，義分異。今大乘明義，亡是體，解是用，無分別而知一切境。若爾，如幻化人，無分別義是亡，而非是不知境解，是如色等而知解，故解知也。如六度中，般若一度導五度，五度亡前境，而亡知之異，今正法般若，故亡一切法，而無所不知，是六度等知。故論云，方便智唯菩薩有。如六度中般若，唯聖人得之異也。二云：得正法般若之六度等萬行，即是方便。六度等與方便，義分通別異耳。

問：從王宮生乃至雙林滅並是方便慧，與得正法之方便，爲一，爲異？答：總、別異也。王宮生，雙林哉〔三〕之方便，即長、廣，故異也。

問：脩行成佛，是方便不？他明：修行滿，故得成佛，則非方便；若佛菩薩應應化衆生，脩行滿，成佛，則是方便。今則不爾。成佛亦是方便，不成亦方便。至論道行，未曾是成與不成也。

又他云：淺爲深用，深爲淺用，皆是方便；若淺爲淺用，深爲深用，此則非方便。今明具有四句，並是方便，並非方便者，淺爲深、深爲淺既是方便，亦淺爲淺、深爲深亦是方便。比[三四]論道門，未曾深、淺，深、淺並是方便。假令方便非方便，亦是方便，引接物故耳。並非方便者，未體語故。並是方便者，體語法相故。淺、深不二，故淺得爲深，深得爲淺，並是方便也。問：淺云何得爲深？答：此淺深淺故。若淺非深、淺，則不成淺。既是深、淺，則無礙，故淺得爲深，深得爲淺也。

問：《地》《攝》兩論，《成》《毗》二家，既六度等行得爲方便波羅蜜不？答：不得爲方便。彼只得偏[三五]行六度，與偏三十七、十二行等，寧得是方便？故《大品·大如品》云，六十菩薩[三六]，五百佛所行萬行，而不得入菩薩位，故授記不得。又《小般若經》云，八百四千萬億那由他，承事，無空過者，而不得授記，於值燃燈佛，方得授記。《大品經·三歎品》亦然也。若爾，彼四家云何得方便，而得云彼有所得，得方便也。

問：《淨名經·方便品》云方便意，其相云何？興皇[三七]大師開爲四：若疾爲疾，亦非方便；若不疾爲疾，亦非方便；若疾爲不疾，亦非方便；若不疾爲不疾，亦非方便。世人意，不疾爲疾，疾爲不疾，亦應是方便義，而言非方便者，根師云：本來正非是本來，故非方便。大師復云：非疾非不疾，能疾能不疾，此乃是方便；非疾非不疾，疾、不疾，此疾，此初緣弘道，故方便；不來非不來，來、不來，來亦爲緣不來，不來亦爲緣[三八]，故是方便。故淨名不來非不來，亦爲緣不來，故是方便；寶積亦非來非不來，而爲緣來，故是方便也。大師云：此經文既明現疾，即應云疾礙品，而稱《方便品》者，又云，此是就根本，方便二智權巧現疾，從根本爲名，故言《方便品》也。

問：二乘初入中道時，必從方便入中道耶？答：《地》《攝》兩論，《成》《毗》二家宗，必從方便入正觀，通而爲證，亦有得正觀，後脩方便也。今無依無得宗者，若通明，方便義亦有之。若正法，方便者得正法，後始得方便。解似如論師等宗，拔道等世諦解，進不即[三九]，退不伏，故得空解，後始得之。今正法云方便則別，故於正法後得之也。故《大論》云，方便波羅蜜，唯菩薩有之也。

問：云何偏行六度等耶？答：一家云，未得正法般若之萬行，並是偏行六度等行也。

問：若未得正法般若行，行並是有所得者，都無無所得菩薩與二乘耶？答：有。何者？當教如教與憕故得假無所得，即是無所得二乘菩薩也。

問：若爾《地》《攝》等四家，亦得偏行六度等行，云何是有所得行耶？答：彼境與智異解，故有所得行。故《大品經》云，實際作證，故有所得也。無所得二乘與菩薩所憕[四〇]由境故知，由智故境，境、智不二而二憕故假無所得也。故一家云，破性得假即是初門也。故有兩種偏行，有得、無得異也。問：既言無所得，云何偏行耶？答：如前未得正法，故名偏行，而如假而無所有解，故無所得。彼有二諦，理與事等，落有所得。故《中論》最後兩品，明小乘無所得行也。故論云，已知摩訶衍入第一義諦，云何聲聞行入中道第一義諦。此論具明大、小兩乘無所得行故。一家制云：二十五品明大乘觀行，最後兩品明小乘觀行。約觀行明得、無得者，一切萬法並得、無得異。故《思益經》一切法正、一切法邪，即是《大經》亦名甘露、亦名毒藥意也。

問：無得六度三十七、十二行等，未得正法，故名爲偏行者，無大、小乘異耶？答：有之。自行、化他，萬行、不行果，故不乖大、小兩乘也。

問：《大品經》第一卷云，道慧、道種慧、一切智、一切種智，其相云何？答：興皇大師云：道慧、道種慧，是因中空、有兩智；一切智、一切種智，是果地空、有二智。如云權、實，猶是真、應二身，然權、實宜在因中，真、應宜在果中也。問：此權、實是智慧名，真、應是身名，豈是相主當耶？答：大師云：汝五分法身是戒、定、慧、解脱、解脱智見等，云何是身？若名五陰，豈言並色耶？故今只真應身只是真，何是疑耶？又師釋云：道慧即是真空道，故名爲空慧；道種慧即是有慧，知有中種別故。果地亦然，一切智即是空智，知一切法皆一相無相，即是一切智；一切種智，即是有智也。又《大論》中釋有別意：得道真，即是總慧，明總知三乘及人、天一切諸道，故名爲道慧；道種慧者，即是別真，能歷別智三乘及人、天一切諸道種別不同，故名爲道種智。果地亦然，一切知即是總知一切，種智即別智。若作向空、有一往判，道知者只是實智，道種智只是權智。若總、別明之，小異。何以故？總未必是空也。故二乘唯道慧，此則唯有總智。若作空證，亦唯有空知。故《大品經・三慧品》云一切智，即是聲聞、辟支佛智。

問：何因中言道慧、道種慧，若果則不爾也？答：具道是能通宜當於因也。言道慧，即是智空道；言道種者，即是空、有種別也。大師或時開爲四句：一者，開因、果，即[四二]合境、智也；二者，開境、智，合因、果也；三者，境、智與因、果俱開；四者，境、智與因、果俱合也。開因果、合境智者，即是《大品經》云，因中開二慧，果中開二智也。因中二慧者，道慧與道種慧也。道慧是空慧，道種慧是有慧也。果中開二智者，一切智與一切種智也。一切智是空智，一切種智是有智也。故道慧即是方便實慧，道種慧即是實方便慧。因中二慧既如此，果中二智亦爾，故一切智即是方便實智，一切種智即是實方便智也。何故因中與慧名、果中與智稱者，慧一往宜知而已，故羸劣，如十力當相智，故因中與慧名也；智是決斷達照勝用，如十力中是非智，故果中與智名也。此經意不明境、智，故言合境、智也。開境、智合因果者，即指《淨名經》意，彼云：無慧方便縛，有慧方便解；無方便慧縛，有方便慧解。即是明菩薩二慧也。既辨能照之智，即有所照之境，故言開境、智也。而此經不辨因、果，故合因、果也。因、果與境、智俱開者，即指《大經》云：有因，有因因，有果，有果果，即開因果也。有因者，是十二因緣之境；有因因者，即是所生之智。即是開境、智，故言俱開也。境、智與因、果合者，因是不[四三]果因，果是因果，故不[四三]因非因，因果非果，故非因非果，合因、果也。境是智境，故非境；智是境智，故非智。故非境非智，即是合境、智義。所以言境、智與因、果俱合，此是一往結撮語，故《大品經》意，非俱開因、果而開境、智也。

問：境、智義爲開佛性者，智諦義與諦智義爲開何物耶。答：所以辨智諦者，爲開中實也；所以諦智者，爲開般若也。如《地》《攝》等有得者言，智慧翻般若，故言般若即是智慧。今謂不爾，般若非愚非智。所言智諦爲開中實者，諦是真諦中，非智也。所以智諦爲開中實者，諦是真、俗，中實非真、俗，故名離非真非俗中實。故明真、俗二諦，故言智諦爲開中實也。所言諦智者爲開般若，故言諦智義爲開般若，故中實是般若之異，故中實即是般若。二諦是境、智之異名，故二諦即是二智也。以是義故，中實即是般若，般若即是中實也。

問：菩薩稟佛二諦，發生二智時，理、教義，境、智義，若爲異耶？答：若言異者，空有是教，非空非有是理。何以故？空、有，表非空非有，故空、有是教，非空非有是理也。若言境、智義，識空有，故名爲實方便智；識有空，故名爲方便實智。即是教爲境也。若了惟空有、非空有者，即是非權非實，名爲正觀。亦得言名中發於觀，觀發於中也。

問：二諦教理、二諦境，發生二智，若爲異耶？答：異也。若言二諦教爲表理，轉教爲理。若言轉教爲理者，即是二諦境發生二智也。何者？識有空，故名方便實智；識空有，故有實方便智。非是二諦境轉爲作二知也。二諦是能發，二智是所發。二智是能照，二諦是所照。故智能爲境所，是即能所；境所爲智能，是即所能；智所爲境能，是即所能；境能爲智所，是即能所。故所能非能，能所非所，非能非所，平等無二，故名爲假中。雖然非能非所，本來不二，而能而所，故名爲中假也。大、小兩教相望者，小乘望大乘者，小乘二理轉爲大乘教；大乘望小乘者，轉教爲小乘。理如半滿、滿半意也。又教轉爲理、理轉爲教意，即是有、無爲非有、無，非有、無爲有、無，即是指教爲理，指理爲教。如斯之意，非《地》《攝》等四家所行處也。

第二，辨須彌入芥子，有兩重：一，明應變義；二，論入芥子。

第一，明應變。所言應變者，權、智兩能有應有變。應，則赴感垂迹；變，則神通轉境。以垂迹故，隨同六道，示現心形，隨機利物；以轉境故，脩、短改變。巨海細相、大海成蘇、須彌入芥，暫應變之功，皆權智也。若法事相，皆是權智之迹；的冥論其功，正法爲本。有所得四家云：實智爲本也。應物轉境，由不二爲能，亦得無緣慈、悲有其能。今論權真〔四〕之用，則慈愍惻念，運此種道，種道無方，遂慈、悲之心施濟拔，種種應赴也。

但應物轉境，《地》《攝》等四家不同：一，雲昊等諸法師云：應有法起，如應化七珍及四大等法，或丈六佛身色形體也。二，開善云：應化同物，止令人見，無而現有，無別法生，如屎楪楪則非應，雖應爲淨土及與佛耳，但慈善根力，於法身上，能令見脩、短，體實無有法也。三云：或有法起，或無法起，隨物所宜，神力無礙。若須無起則能令無起，若物須有起則能令有起者，智力能現，乃是不測，化物無方，不思議耳。此義似同《地》《攝》宗。彼宗唯識義，心外無別境起之與不起，但是心所作起。此意不可解。若無別境，即化道無用，自心作能化、所化，何開顯顛倒衆生？若言顛倒衆生爲作增上緣者，增上緣本約法明之，外説無有法，寧作解耶？今大乘無所得意，既是因緣明義，故因緣起，何不起？因緣空無，故何所論記[四五]。故亦起、不起，故起不妨不起，不起不妨起也。

轉變前境，亦釋不同，有三説。一云：果報恒爾，但令應得應度者見轉變。如大海之水，魚龍所依，忽成蘇酪，以濟飢者，但能令見，則使食之得飽，得度見之，其質如本，無得異也。如鬼神飽食魚宍，亦吐魚宍等，而人見魚宍等，安在不失也。二云：神力改變，皆轉成體質。故變土爲金等，實成妙寶。以海水爲酪，能濟長飢者。如三相，舉體實生實滅等，此解亦難，如論中破也。三云：備有兩義，或須改質，或須使令見。此意變取前二説，故有質變，而質如本不異也。如一劫爲七日，七日爲一劫，其義亦爾。隨其利益，則實得用，故海實成蘇，土實爲寶。若止令須見寶，便有利益，亦能令見，故方便自在。

開善同此説也。今大乘明義，如大、小《般若經》中説，無爲法中而有差別。亦如《佛藏經》云，無名相中，假名説法，故云變，不住變；言不變，不住不變。不住變説變，不住不變説不變。説變爲不變，説不變爲變。變不變，不變變。假名因緣變、不變，故雖變不失不變，雖不變不失變，故假名因緣，言起應法不失，應法不起。應法不起、不失，應法起，故經言，變爲蘇酪，其相如本不異。輕舉遠到，亦本不異。一劫爲七日，七日爲一劫等，類然也。若州[四六]學龍樹之風，誰信、誰解可證，是牛馬前彈琴不異也。

第二，明須彌入芥子義。所言須彌入芥子義者，此山高廣，而能令見，或入或不入，皆隨應者所宜。芥子不大，而納高山，須彌不小，能入芥子，可謂力之妙不思議解脱矣。若改山令小，開芥子便大，自能然；但不令大，不令小，而能如此，是謂奇特，故不思議解脱也。

問：若使物變其質，能入義可解，而須難之。

若須彌入芥子，鳥雀吞此芥子，鳥應食須彌，食須彌而飛行，如其不食，信知非實入芥子中也。今謂有二能：一，神力，故鳥子吞芥子，而不能飛行；二，神力，能飛行也。又從來舊説不同，有三家。一云：直神力令其得見入，如重病者眼見過去父母，此二親力，亦無來、去處，而鬼神力令其得見也。二云：亦神力令見須彌入芥子，其實不入，如人從牛尾至背上騎度頭上，而傍見人入牛尾，從腹裏度出口中也。三云：實入芥子內中，須彌如此高大，芥子雖小，而能容，芥子亦不令大，須彌亦不令小，而神力入故，名不思議。郭僕取他人好馬，與富家人父母，令入唾中，亦野猴牽車入塚墓中也。又開善等論師，釋延促劫數：若實延七日爲一劫，此人經一劫，不見其宗親；若促一切爲七日，則一劫之事在七日之中。如燈明佛説《法華經》六十小劫，説法之後，不見眷屬，眷屬久死亡，而不爾，則知非實促耶。彼舊答：有兩義。若神力，則山變入芥子業行，則山相如本；若於神力，則七日實延爲一劫，一劫實促爲七日，又以七日之促能入在一劫之長，能以一劫之賒入在七日之短，業行、果報，猶是七日，亦猶是一劫也。若説《法華》座六十小劫，則長在促時中。約兩法延、促久得而説也。若神力實以山入芥子，以劫爲七日。答[四七]於行業果報，則山不入芥子。劫不曾促，鳥雀猶是果報義中無吞山也。眷屬一報之生非得廣者，還知七日而已，於彼不曾延促之也。

問：七日遂延成一劫，則此七日遂長，非復七日，異人豈得更見之耶？如坐斧柯爛者，還家已亡眷屬。又神力延爲百年，百年遂長，非百年，則別有神力之時節爲一劫；若百年遂不長，何謂延百年，則果報神力有長、短兩時，並如淨、穢二質同處耶？答：時脩、短亦能相入，不復論。此但就延、促之時，實成一劫。此促遂長，終是神力令促爲長。於此義非短，經於無量長也。若任果報，唯應百年。若延之遂長，則不見家，如坐斧。何者也。或作百年之解，如一坐六十小劫，謂如食頃，長作促解也。自復神力實使成一劫，而果報猶百年，恒自延長，恒自報促。兩義不妨，乃是神力異也。而彼云，其相如抽綿令長，如牽白糖申縮，則如蚯蚓縮也。

問：日月延與不延，便應兩義，則有長、短二時耶？答：靈根寺令正云：唯一體一時，遂義亦兩時也。

問：神力延果報則長果報，亦應制神力便短。若各自竝論，則神力與果報，俱不可思議。其理應敵敵，則應相制。答：兩種皆不可思議。故各自有長有短。又有一釋云：果報、神力皆不可思議，但偏就延義邊，倏短自在，皆由神力，使其實長短倏有之一劫，當其長時猶能令短，尚是百年，則見倏短自在，皆神力也。如實移世界，復使不移。如經中說，即皆神力也。故《不思議品》云：又菩薩以一佛土衆生，置之右掌，飛到十方，遍示[四八]一切，而不動本處。此即移而不動也。

問：本自百年，豈是神力使爾耶？答：神力令短者爲長，長則非復百年。若復其短即令長者，短亦莫非神力也。又神力與果報，兩義明之者，則就他人非得度者見，其猶百年或七日耳。若得度者，乃得無量年，延其果報故久也。若反受復欲交促，還以長爲短也。

出入延促，雖種種釋，而彼義宗，有世諦法體，異無而有，故不合大乘無所得經論意。地論師云：大無大相，小無小相，故小能容大。亦是有箇大法體與小法體，云何相容？終妨大乘無得之經論。攝論師宗法師云：分別性入解也。今謂亦不然。心作入解，實無有入者，亦無有大小相，何所冷[四九]入、不入與大、小相也。依他性有法體，故如假相，觀入實無所入，依他性法不入故也。今大乘意言，大、小爲二，非大非小；大、小不二，不二故一，一是假一，不一故異，異是假異。以假一故，一是不一一；異是假異，故異是不異異也。異是不異異，異是一異也；一是不一一，一是異一也。一是異一而不失異，異是一異而不失一，故入、出爲二；不入不出，出、入不二，不二故入，入是假入，非入故出，出是假出。以假入，故入是不入入；出是假出，故出是不出出也。出是不出出，出是入出；入是不入入，入是出入也。入是出入，故入不失出；出是入出，故[五〇]不失入。故入不妨於出，出不妨於入，入出出入。故經云，一無量、無量一，即是一身無量身、無量身一身。類此而言申縮、賒促，同質、異質，淨、穢，大、小，內、外，並是一意也。如《居士經·不思議品》云：菩薩以一佛土衆生，置之右掌，飛倒十方，遍示一切，而不動本處。又如海水變爲蘇酪等，而其相如本不異。若如《地》《攝》兩論，《成》《毗》二家，有世諦虛妄法體，豈得如斯耶？大乘明義，如空中織羅、虛裏織紋，故一不失無量，無量不失一等也。故興皇大師開六種簡異他：一，巨、細相容；二，倏、短改變延、促；三，以空爲有，以有爲空，亦如一、異可知；四，以心爲非心，非心爲心，亦例之；五，一爲無量，無量爲一，亦如前；六，能有所改火爲水，水爲火等也。此六種意，若見前大小、出入、開合、散束之意，不須一一釋。但有得家難見，所以一一釋也。

第一，明須彌入芥子，有兩：一，明須彌入芥子；二，明不可思義。

一、明須彌入芥子。前第一意，須彌之大芥子之小，異不可令相容，而菩薩神力能令緣見入，令其作入解。故經云，唯應度者乃能見之。此令應度緣入解耳。今難汝言：不能令須彌實入芥子，菩薩則闕大入小能義。言實不入而能令緣見入者，亦應菩薩能山壁直過，但令緣見過，實不能通，入三惡道化亦應爾也。次師云：從背上度，實不入腹度者，亦闕能入與令見入義也。第三師云：我具三義。一，神力令其見入；二，復背上度與令其見入；三，實入芥子，如牽車入塚等也。今只雞[五一]芥子之小、須彌之大，實有兩法体，若爲論其八耶。彼師云：此是諸上地菩薩不思議事，下地菩薩與凡夫所不能度量也。今更難：汝若言不能量事，何但此事不可思議，萬事並不可思議，而因果之道甚深，乃至解成[五二]相即，金心後成佛，乃至轉凡爲聖，此亦是甚深事，那得漫分別耶？又地論師云：大無大相，小無小相，所以得入。此不可解，汝論巨、細相容。既言大無大相，誰入小？又無小相，誰能容耶？攝論云：我唯識義能入小也。此亦難解。終是前三種釋中第一意也。實不入而令入解，汝實無前別境，而亂識入出解，故心外無別境者，亦如前難，闕於有別境義。若爾，有何衆生可度，汝自可度故，則別有衆生入道義也。今一家意，大是小大，小是大小。既是因緣大、小，何意不能相容？小大復何故不入大小？大小大小，故無相礙。雖大小相容入，而不失大小。猶如云，色色[五三]即是空，空即是色，而不相失也。又無名相中假名詺入得者，何不假名詺出？若詺入而不得詺出者，亦不得詺入。既得入者，亦得名出者，故種種得詺無所闕少。故經云：一中解無量，無量中解一，如是辱[五四]轉生非真家[五五]，智者無所畏也。

問：如前人難云，須彌入芥子，火燒芥子，須彌亦應被燒，鳥食芥子，須彌亦鳥所食。答：無所得無迹，須彌、芥子者，鳥亦是無迹之鳥，無迹之食故。具論，四句、五句並得之，但隨俗有便有不便，逐轉倒所解有得、不得明之也。故須彌雖入芥子，而其中衆生不覺不知，亦復不迮。故經云，時衆見燒，淨土不毁也。

問：菩薩何不局須彌、開芥子使入耶？答：如前具有四句、五句，亦有能有此權用，但非是巨、細相容，權此屬，故變權也。

二，明思議、不思議。一切諸法無非不思議也。

問：大能入小是不可思議，小入大非是不可思議不？答：如經云，色不思議，受、想、行、識亦不思議，乃至薩婆若不思議。得有此義，而今明小能入大，物理常然，世俗所知，故非不思議。大能入小，則奇特，非常可解，故是不思議耳。

問：小入大悲[五六]是不思議者，則應大得待小，小應不待大耶？答：待因緣誰通，不思議則別也。

問：只今大小、小大，既是因緣，只是因緣，是因緣法，豈非不思議耶？答：若以大小因緣法甚深，並是不思議，如前，但反常所解，故開思議、不思議，異於通義也。

問：經云不思議解脱者，解脱與不思議，爲一，爲異？答：不思議是解脱，解脱是不思議，而無別中説別者，菩薩心慮洗盡，畢竟淨，如幻人所行，名爲解脱。此解脱非下地與二乘度量所行得，故不思議，即是不思慮也。若爾，雖無別異，義分之，由解脱故，不思議也。

但釋不思議不同。一，什法師云：亦名三昧，亦名神足。或令脩、短改度，或巨、細相容，變化隨意，於法自在解脱於閑[五七]，故名解脱。能者能，然物不知所以，故曰不思議。亦云：法身大士念則隨應，不入定然後能也。心得自在，不爲不[五八]所縛，故曰解脱也。二，肇法師云：漸遠幽深，二乘不能惻[五九]，不思議也。縱任無礙，塵累不能拘，解脱也。此經自始于淨土，終于法供養，其中所明雖然[六〇]，其不思議解脱一也。三，竺道生師，亦云魏道生，亦云道生法師，此師釋不同。一云：長安生、肇之生，彼亂之時，避難來揚[六一]州也。二云：八之生弟子，同名生，此生也。法師云：或止形跡，心不必然，故復言其解脱，更一名。不思議者，凡有二種。一曰理空，無非惑情所量；二曰神寄，非淺識所量。若体夫空理，則説思議之或。或既脱矣，則所爲難惻也。法師云，或正[六二]形，心不必然，故釋不同。一云：或，是不定之辭或也。二云：迷之或也。四，逕山遠公弟子曇説師云：不思識有二種：一，於思慮，慮不能慮；二，會於人，不思不慮。七住以下要解思慮，解而得非至極；七地以上，窮理盡性，解方無滯，事無不了，道無不極，自照我慮，應不以情，所謂不思議也。五，巖法師云：菩薩無心應爲物，有説衆生但覩其教，莫惻〔六三〕所由，故名所説爲不思議。説而無心，故不礙於有；雖無心而能説，故不礙於無。有、無所不能累，故名之爲解脱。故名不思議解脱也。六，騁師云：菩薩得般若方便，故体惟諸法因緣假名，假説有不在有，假説無不在無，雖説有、無，有、無是無相也，故《般若經》云，譬如幻師於四衢道中化作幻人化也，《毗摩羅經》云，譬如幻化人爲幻化人説法，當達是意，故不思議也。七，曰〔六四〕琰師云：八地菩薩有内有外，内、外不思而應，不議而作，外則二乘下地不能惻度，故名不思議也。問：云何二乘下地不能惻量？答：如數人云三度：一，根度，謂下根度謂下根不知上根；二，地度，謂下地不能惻上地，如初禪不知二禪等；三，人度，不果不知上果。今二乘不能屈菩薩，故名不思議。然此三度，猶是上絶下地意也。今明：一，下地不能思量上地所爲事，故名不思議；二，菩薩神通運變，巨、細相容，何以言之，假爲不思議也。攝山師住持：超稱之美爲不思議，故《淨名經》下文言有解脱名不思議也。

今謂菩薩得般若方便所爲之事，非以四句、五句所得。如騁師意，而有二：一，下地不能思上地所爲事，故名不思議；二，菩薩通運變，巨、細相容，何以言之假爲不思議也。

問：何位菩薩爲是不思議？答：解不同。一，什、肇二師云：七住菩薩所作有不思議，空、有並觀，下地未能故也。二，招提、光宅兩師云：八地已上方能真俗竝照，名不思議，七地學竝不恒也。三，開善師云：七地分三忍，下忍失，中不失而竝觀，上忍能竝觀也。四，虚昧小亮師云：初地已能竝觀，不爲二乘之所畳度，名不思議也。今大乘明義，從初發心已上，能空、有竝觀，所以得竝觀者，爲證正法觀，故竝觀，故名爲不思議。故《大經》第三十四卷云：發心、畢竟二不別，如是二心先心難，自未得度先度他，是故我礼[六五]初發心。故初發心菩薩，識有則知空，有是空有故；識空則知有，空是有空故。初心能竝未明，後心並已得就。明、晦不同異耳。有經文則用，無文便捨也。

問：約何法論不思議？答：解不同。肇師云：統萬行中則以權智爲主，樹德之本則六度爲根，濟蒙之惑則慈悲爲首，宗極則不二爲言，斯不思議本也。如借座登[六六]王、清[六七]飯香[六八]、室包像、接大千，並是不思議之迹。幽開難啓，聖應不同，非本無以垂迹，非迹無以雖本，本、迹雖殊，不思議一也。諸法師云：觀肇師意，通明境、知、理、教皆名不思議也。生師意，亦舉境、智明之也。如招提意，權智是不思議，而二智並德不思議也。問：權可是不思議耶？彼答：空解導有解，空解爲有解之本，故名並是不思議也。今大乘明義，有通有別。通而爲論，一切理、教、境、智、空、有，並是不思議，故《大品經》云，色不思議，乃至識、受、想、行、薩婆若不思議。別，有三種：一，如肇師等云，下地不解惻；二，任運行；三，如《大品》云色乃至薩婆若，通明也。又約有得與無得，判思議、不思議。問：云何有得可思議，無得不思議也？答：師云，且傍《淨名經》明之。無所得絶有所得境界，故無所得是不可思議，故《居士經》下文具破有得之大、有得之小，故五百聲聞與八千菩薩，並皆被呵，故不得之。若因，若果、境、智等，並不來，故落理外性。故有所所[六九]得可思議，無所德名不可思議也。今就無所得中，有三義：一，教；二，境；三，智。三種並是不可思議。教不可思議者，如題云「維摩詰所説」也。智者，聖智、能智、聖所智，是聖境，故二智爲能説，二諦是所説。此之行説，事、理相稱，故如行而説，説聖所行，如説而行，行聖所説，聖智是能智，聖境是所智，能智之智既是不思議，所智之境亦是不思議也。

問：何故聖智、聖境並是不思議耶？答：《地》《攝》兩論，《成》《毗》二家，從多而明之，境是凡夫、聖同行，但智有異。如凡夫亦行青、黄等之境，而有執着，聖人亦行青、黄等境而不着。境是可思議，智是不思議也。今明[七〇]人之智，既不與凡夫、二乘共智，故是不思議也；境亦是不與凡夫、二乘共，故境、智並不思説[七一]，正由般若方便故耳。問：何以得知境亦不與凡夫、二乘共耶？答：如《華嚴經·十地》文言，諸佛聖主道，微妙甚難知，非思量境界，唯智者所行處[七二]也。《仁王經》云，凡夫六識麤，故得麤六塵；聖人六識妙，故得妙六塵也。故《大品經》云，一切諸法悉不思議也。《大論》亦云，凡夫見謂漫證，聖人假名誰行也。問：何意境、智俱不思議耶？答：因緣境、智，故並是無得無礙，故指智爲境，指境爲智。指境爲智，智説是不思議；指智爲境，境豈可思議耶？指境爲智，聖説有智；指智爲境，聖則有境。前四家既不指智爲境，非唯無智，即亦無境，俱是轉倒。出緣之心、所緣之法，皆悉不成也。有得家所明凡、聖共行一境義，彼宗五住地煩惱，煩惱潤成業牙，感得世諦。今行滿，得斷五住地惑盡，則業隨壞，業與煩惱既壞，世諦即斷，既無世諦，亦無真諦。所以然者，以世諦即體不可得爲真諦，既無世諦，寧有真諦？是則二諦俱失。二諦既無，亦二智，云何有佛照二諦耶？假令窮急，云：雖無世諦而有真諦者，則孤真獨在，如地論人云獨真如。若爾，便是無俗之真如，離色有空。而經云離色無空無色，云何有獨存之真如耶？又論師云：有世諦者，扸有盡，爲不盡，解不同，一云：不盡，借空破人空也。二云：扸盡。此解如《大論》所破。若扸也，世諦遂盡，則失世諦，既失世諦，云何有真諦？假令云失真諦後方脩世諸者，則是持空爲有也。若言扸世諦不盡，則無人見空。汝假令借空破世諦入空，汝終有世諦，寧得見空？故便無真諦。故相傳云：自古至今，無人能釋了了可解者也。

唯見南澗仙師云：成有緣假者際空，際空者緣空。緣空者際空，無窮者有窮；際空者緣假，窮者成無窮也。今明：此釋猶未免上責。汝言緣假際空，猶是有窮；際空緣假，猶是無窮過也。大乘明義，菩薩初發心即學無所得，即空有所得，有與無得，無得之有、無二諦學之，得佛時方淨。於《地》《攝》等四家有無故，彼有與無並鄣般若，故學般若時，不行四家有之無，故体謂諸法，有是不有之有，無是不無之無，得入非有非無，方便假名有、無。故得佛時，始得具足因緣二諦也。

又對他明四句，並是不可思議。他云：有一句，無一句，亦有亦無一句，此三句是不可思議；第四非有非無句，言語道斷，心行處滅，方是不可思議。攝論師云：第九識，名言所不及，故言語道斷，想所不及，故心行處哉[七三]。故第九識不可識。又諸進云：四句並是可思議，離四句、百非方是不思議也。今謂不然。汝言第四句，是真諦與第九識，破俗入真，息妄顯真，如、議[七四]終是一邊一物，云何是不可思議？故翻《攝論》三藏法師，識義明意，阿摩羅者，正番無垢。無垢有二種：一者，此議[七五]雖在衆生煩惱身中，不爲煩惱垢累所染；二者，名言想識所不及。若爾，豈非一物？十地觀所證境，可言非一邊耶？故大師呵云：有所得人，如斷頭脚折。學問人好言，我四諦璃[七六]亦離四句有[七七]非，真諦與真如，亦離四句、百非，故同三論宗也。汝宗安理明百非，且息妄顯真、破俗入真等，寧得同宗耶？今明三句、四句，在四句內之，出四句外，並皆不成不思議。三句與四句，並是因緣無蹤迹，云何言三句是不可思議？在四句、出四句，求之不可得，寧言可得與不可得？故《中論·涅槃[七八]品》云：從《因緣品》已來，推求諸法，有亦[七九]無，無亦無，乃至非有非無亦無。若爾，可得判云是思議，是可不思議耶？彼等雖言在四句、不在四句，終是有所得，故並是可思議也。故興皇大師常言：決得初章度之。初章之言，他有有可有，無可無，有有自有，無無自無，故有住有、無，無住無中。若爾，分言思議與不思議耶？今依論並得破彼四家所明四句與不四句，破洗方顯不思議。故一家云：非四非不四，故有四不四，並是不思議。所以然者，以指非四非不四爲四、不四，非不四既是不思議，四與不四豈可思議？若言四是四、不四是不四，可言可思議也。今明，指四爲不四，指不四爲四，因緣四、不四等，如幻無依，得無無所得，云何是思議？故《大品經·句義品》云：如鳥飛空，無蹤迹，不可尋，無處所，菩薩句義亦復[八〇]如是。若爾，可得論思議與不可思議耶？

問：不思議是因名，果名？答：不思議豈是因、果？復豈得非因果？若定是因、果，是思議；又定非因果，亦是可思議。故今明因果非因果，思議非思議，不思議非不思議，方是不可思議也。一家云：有怗義，非因而因，怗之名因；非果而果，帖名果。亦得因果。又菩薩不思議名因，佛不思議名果，亦有之。至論道門，何曾是因是[八一]、是果、是思議、是不思議也。

第二，明長短奢促義。若解須彌入芥子，即自解長、短等五種義。佛菩薩神力，能延一念爲百劫，能促百劫爲一日。四家釋意，如芥子義中説。今明如食須經六十劫，此即是奢促長短。須識因緣假名長、短無定相無往，不得故爾耳。雖爾，若正破顛倒時，則不得道，不離顛倒別有不顛倒，則應云顛倒異不顛倒。若使顛倒消盡，何處離顛倒別有不顛倒道理也。長短、奢促亦爾。長、短是所運，權智是能，故能能所異，亦是不異異也。然長、短更無定相，只長而短，短而長，於覺者長而短，於夢者短而長者，爲定是長，爲定是短，於夢是長，於覺常短。舉譬如此。今延促長短亦爾。只以長爲短，於短者常見短。以短爲長，於長者常見長。正[八二]短爲長，只是以短爲長壽，以長爲短，短者見短，此只是現見見現耳。何故然？謂人夢、覺故。若就凡夫、二乘，有了、不了也。

問：云何言謂如食頃即是現見也。宛然能令此見長，亦能令短，然實不短，令緣見短，亦是一能也。

問：今促長爲短、延短令長者，爲當促其果報所得之長，延其果報之短令長，爲當別有長短延促耶？若促其果報所得之長令短，如八萬劫壽令促成一念，豈不令其短壽延令長壽也。更問：汝促長短者，此緣宜見短，令促長爲短，令其見短乃好脱，復有緣須見長者，汝爲當即取向被促成短之者作長，令須長緣見長，爲當更別有長，令須長緣見長耶？若還取向被促者，令緣見長者，則應不被促。既已被促成短，云何復令作長令被緣見長耶？答：菩薩神力何所不爲？只被促令長，長者局令促，長者長，短者短，不定爲奇[八三]特也。須彌入芥子亦爾。緣令應見須彌入芥子，即令異入脱；復有爲緣不須入芥子，即令見不入。只令向入者，應見不入。入、不入因緣，只是一須彌，恒在外。如一音説法，隨類各得解。只一口業，既各各隨所樂者皆聞之。身與意二業，亦各各現之。三種境，一一境亦現種種法門也。何以故然？一家義宗，説智爲境，説爲智故。智既種種相，境亦得然故也。若別，一須彌不入，亦不是爲奇特也。又如只一無量、無量一，一中解無量，無量中解一，只是一須彌，或在内或在外，緣欲見内，常見在内，緣欲見外，常見在外，内、外因緣，故名不思議耳。今長、短亦然，令長爲短，緣恒見短，能令短爲長，緣常見長，於長爲短，於短者爲長，故名身義。未必分身，一爲多，多爲一，此即是動身通，亦是奇特，而前者本相如故，㝡爲奇特也。

第三，明空爲有、有爲空。此亦類前可尋也。如四家明義，有與無各有法体，不得有爲空、空爲有。今明言有不住有，言空不住空，故諂有爲空，諂空爲有，故有變爲空，空變爲有。離有無空，離空無有，空即是有，有即是空。雖爾，得意言之，離有有離有有〔八四〕空，離空有有，此離是不離離，故離不失即，即不失離。開合隨意得，但用時有便、不便，必須有所以明之。又菩薩神力以空爲有〔八五〕爲空，故普現觀音變虚空，及與草樹等化衆生如木栅變爲空，令人得出栅獄，并壁鄣爲空，或偷三寶物去而處處山與不得去者，豈非空爲有等也。又如佛神力魔王頭上係蓮華，魔王不耐，便上天上，猶還見花，如此處處求避猶見，無有得脱。又搦取虚空，猶如電光，耳〔八六〕不可得，即瞋脚蹹地，便如蹹空，即是能令有爲空，智空有無定相也。

第四，明以心爲非心、非心爲心。何者？説心者頑，説頑爲心，故以心爲非心、非心，故經云，潮浪説苦空，樹動明生滅，無生滅也。他家即不得，彼境與智各法体，有情與無情二見故也。

問：十一切入觀、神通變現、權智轉變三種，若有異耶？答：不一不異。雖爾，若不二而二明之，若論轉邊，亦不具，而三種異者，一，十一切觀，彼自見前境變異，而於他則不見；二，若神通，則通外道及二乘；三，若權變唯，有菩薩可，故經云，二乘雖能變身滿虚空，而不令此大身入嶽塵身，故知無此權智用也。

問：真身、權變、神通三事，云何異耶？答：若通義，亦不異也。而別義，明之大異。若作真、應，謂則是本、迹，真是本，應是迹，從本垂跡。若是權、實，並既應用中明之。權即是抽應中一用，一時爲如前云方便是一，化終明之，於方便中抽一用也。若是神通，亦就應中有此用也。故神通則不齊應義。如外道及凡失盡得神通，何必是應耶？問：今不問凡夫神通，只就菩薩所有神通及權用，若爲異，並是故實，云何異耶？答：神通則直取，其轉實不壅，故名爲通。權即善巧適時宜，名爲權。故神通則對權即長，如面折外道，轉易戲處，並是權用，此非通也。問：實大海水爲蘇酪，鷲王皆得蘇酪，而魚等猶見是水迹，遊行飯水如故。此亦如須彌入芥子三義釋之。問：魚所飯者，定是水，定是蘇酪耶？答：亦飯水，亦不飯水。如前三種解也。今大乘明義，亦如須彌入芥子，菩薩神力能令鷲王實飲蘇酪、魚實得飲水等，互不相妨也。

第五，一身無量身，無量身一身。此義若了，前開合束散亦不須明之，但人恐未解，故重辨之。《華嚴經》云：一中解無量，無量中解一，展轉生非實，知者無所畏也。一從無量生，無量從一生，故言展轉生。一爲無量，故一非實；無量爲一，故無量非實。一無量非無量，無量一則非一。是則非一非無量，知者解了，故無所畏也。若是愚者聞一無量非無量，聞無量一非一，便怖畏也。今能一爲無量，無量爲一，即是權智巧能也。若他人，則離一爲無量，離無量爲一，一不開無量，無量不開一，故若合則失無量，若離則一也。《他[八七]》《攝》兩論等云，一，是真如一也。無量者，二義：一，理起性，萬用無量；二，於真如上起妄用也。論師云：一是真諦，無量是世諦，非一故也。今明不一不多，而一而多，故一爲多，多爲一也。

問：若爾，則不得開一爲三念、三歸一耶？答：只爲一，不定一二[八八]，故三可爲一，一可爲三。故三一一三，故言開一乘爲三乘，會三歸一，道門則非一非三也。

第六，明能、所改實。一家判云：因、果義宜短，次境、知處中，能、所宜長而廣也。論師云：善、惡果互感得苦、樂，果即是相生，故因感前果生於後，即是前後因果。若境、智，是一時因、果也。汝生、習兩因，必因前果後，如論破。因既已滅，後果何關因生果耶？若無而爲果作因，得言果從已滅因起者，一果，一切物生，亦是一因能生一切果也。故今論因、果約善、惡果互相生，故宜尌局也。若境皮[八九]智一時因、果者，若智未起，境亦未有，而今能照智起境，即未起未有，云何一時？若是已境發令起智，亦非一時。若言境、智一時起而相生者，此即竝有，云何判云境生智一時因、果，如二角耶？亦復是境一法，是智一法，有兩法，有所得境、智，非生死境、智也。論師義，四心前後相生，如識心實爲想心。若舉体變，即失生滅。若舉體生、滅，即失改實義。若半生滅半實，則無有是處。具如論中破也。故彼四心並非佛菩薩無所得四心也。彼義宗，方便知照俗境，實智照真境，故兩知便異，不相關故，方便知亦縛，實智亦縛，兩真並縛，豈是方便解、真解耶？故今境、智相生處中也。問：一切法爲智作境，境義亦長，云何處中？答：生智義亦長，而智是但造境義，故言處中也。

能、所義最長而廣，無非能、所，前論因、果與境、智，並不能、所。如無爲亦是所緣，虚空等能合，故能、所長。如權、智爲能，蘇酪爲所也。今一家意，就境智、能所者，只境、能名爲智、所，智、能名爲境、所，只境、所是智、能，只智、能是境、所。境、所是智、能，所以説智及智處，皆名爲般若也。若言境是頑法，法智是解法者，云何得言並名爲般若？知、能是境、所，是故説境及境所，背名爲爾涅槃智母也。例如佛諦知，如行而説名爲知諦，如説而行名爲諦知，今境、智之[九〇]爾，所照如所行，是境、智，所行如所照，名爲智、境。此意語據所，行則據能之，不令其二，故作此説耳。

問：權、實二智，並有鄣與悉有境生耶？答：師解不同。一云：權智無別鄣。若有別鄣，則有別境。何謂權、實智有鄣？有境能斷、伏也。今難：若言權智無別鄣，亦應權智無別脩習，亦應非智耶？且不能作權用，爲有鄣故，不能得權用。未得時不能權用，今得罷[九一]能權用，故當智有鄣，何故言無別鄣？若言無別境者，權、智則無能、所，有能、所則有境，權智是能、所，實蘇酪爲所也。二云：權智有鄣有境也。即難：有別鄣有別境者，與實智何異耶？答：釋不同。一云：權智於我上起我，作如此事，事則起也。

二：若於水作蘇酪時，於水上起如色好，好則屬法塵，色則五塵所收也。三云：於當起蘇酪上生權智也。鄣則不解起作不？無明使爲鄣也。今大乘明義，不二而二明之，智既有兩鄣，與境亦有二種也。問：若爾，正取何物或耶？答：如前三種釋也。問：若爾，同彼三釋耶？答：名同意異也。前三説性境、智，或今明因緣二種鄣境、智，故無蹤迹，異彼也。問：於三種上起爲境者，於實智何異耶？答：三智必從他上起，即是背上智，實智當境而生智，故異也。問：若爾，是佛境、智耶？答：一切盡是也。問：者[九三]未説所行，是境不？答：得是境也。問：若爾，非正境耶？答：何意非也。非正境者，但境通一切處，非正智所對照也。問：向智未説所行，是理不？答：得是理也。問：若爾，理是佛智、境不？實相是佛境不？答：是也。問：向潛謀蜜照所宜之根緣，是境不。答：是境也。問：佛所説名爲諦，此諦得是佛境不。答：亦得也。但此據佛能説，此諦不正名爲境，而得是境者，佛教佛何容不解此教。既是所解故，便得是境也。問：發者，能發智，則有智。若無所照之緣，便應無智耶。答：無也。何容無事有此智，湛湛如境也。問：若爾，一切境等是佛境者，緣亦應爾，諸法皆得是緣境，何故言二諦教爲緣智、境耶？答：言二諦教是緣智、境者，此據緣知，始生能發知之功，的是二諦教，故名二諦教。爲緣境，此言二諦教爲境。此據初爲證。此罷何種而非智、境？理亦是智、境。纔是所解，纔是能發者，並是知境也。

問：境既對智，此智可解於境；理既非境，非境非智，云何以此境智智非境非智，是境耶？答：何妨非境非智之知，知非境非智之境耶？問：若言非境非智之智，智非境非智之境者，便成境、智，何謂是理也？答：非境非智，而詺是境是智者，何妨非境非智詺爲非境非智之理，是所智之理境也。但就理明，境、智無二明之；若境對明智者，正約假用明之，須識此意也。復須識一家宗致，明二智俱如俱不如，二智俱絶俱不絶，俱説俱不説。二智説行即是二智俱如，行説即是俱不如；二智説行即是二俱絶，行説即是二智俱不絶。二智既爾，二諦説、不説，如、不如，絶、不絶，例然也。又雖二智説只是一智説，二智不説只是一智不説。所以爾者，實方便故，二智俱説；方便實故，二智俱不説。束此二智説，即是一方便，豈非一智説？束智不説只是一實，豈非一智不説？此方便是一亦是二，實亦是一復是二也。次更轉二智，説即是二，不説即是不二也。論二、不二即是不二也。説、不説，如、不如，絶、不絶也。若言非二非不二，則是不論説、不説，不論如、不如，不論絶、不絶也。

問：如此明二智及境、智、二諦等，並何所以異於《地》《攝》等四家耶？答：大有所以。何者？欲辨於《地》《攝》等論所不至處，亦是令其轉心向無所得，不令住也。何者？二諦即是兩教，此爲欲開道也。用境、智爲欲開佛性，二智爲欲開般若，即是非至處。問：彼並有三種，寧言非其至處？答：彼只論假中明之，復落納目。所以令其真非處，向無所得無爲，即是大有所以也。

問：如《仁王經》與《地經》等云七方便、四十四智，並應是智、慧，若爲攝二智耶？答：《仁王經》云七方便者，一，觀色；二，觀色集；三，觀色滅；四，觀色滅道；五，觀色味；六，觀色過；七，觀色出也。觀色者，觀色果報，苦諦觀也；觀色集者，因緣緣，集諦觀也；觀色滅者，觀色盡處，數滅無爲，滅諦觀也；觀色道者，觀色對治漏[九三]漏道，道諦觀也；觀色味者，觀察前色生愛味也；觀色過者，觀察前色能生苦過也；觀色出者，觀察前色能生滅道也。就色觀中，若然，諸法亦此七能與中假作方便智，橫則爲真假方便智，竪則爲中作方便也。四十四智者，如《地經》中説，亦《成論》引經明之也。此猶是前七方便中初四門觀。就十二因緣，爲此四觀生四十四智差別。十二因緣次第相生，因果相屬，有十一對。約此十一，從末尋本，逆以推之。先就老死對生爲四智：一，觀老死苦；二，觀老死集；三，觀老死滅；四，觀老死滅道。次第逆推，乃至行支，對前無明，亦例有此四智，所謂觀行、行集、行滅及行滅道。無明望前更無集因，所以不説。何故？逆觀據果尋因，順諦觀，故是一種觀門，此亦是假觀也。七十七知也。如《地經》明之，又如《成論》引經釋也。此觀亦具中假，亦可二諦假明也。七十七智差別者，現在世中，生緣老死，不離生緣老死，十一節中生兩智，故二十二智。過、未二世亦然，故六十六智也。此六十六智是法住智，是世諦智也。滅相觀者，是泥洹智，横則真智，竪則中觀也。從老死乃至無明者，悉同然也。今窮其相，此智其中假，此十二因緣淺明之，但假上明也。深則無明畢竟無生無哉[九四]，即是中也。而《成論》等但假上明之，不及中，復性有得也。今大乘明意説，則具中、假觀也。約假明之，六十六智；就中明之，十一智。今中、假明，故七十七智也。問：約三世開六十六者，泥洹智亦應例，何故十一耶？答：此差別、無差別明義，六十六是無差別，差別故六十六。十一是差別，故十一也。問：別、不別故十一者，只應一智，那十一耶？答：實爾。而約十一故十一，如三種中也。前六十六觀回生果，住持不感，名爲法住智。小乘明義，故十一觀智，苦、無常、空、無我等趣向涅槃，名泥洹智。今大乘論不然，若漸入明義，亦有此意；若直竪明之，正約中明也。故通而論之，四十四、七十七等智。三乘同觀，亦得十一智，不同二乘。如《成論》等意，聲聞人等中有利，有鈍，四十四智是鈍人觀行，七十七智利人觀行。何者？四十四智，觀果由因，爲觀易成，鈍人能作，故判之爲鈍；七十七智，觀因生果，爲觀難故，約利人方能故説也。今大乘意[九五]彼説意，彼説並是假上觀，今則具中、假觀，故異彼説。故《地經》意，爲利根菩薩説此因緣法，因緣法中，觀門無邊，廣如彼經弁因緣義也。問：前云現在世中生緣老死，有二集觀。一，生緣老死，二，不離生緣老死。此二有何別？答：傍《毗婆娑》并《地經》意云，初是正觀，後是逆翻觀也。問：何不從無明乃至老死，先從老死至無明、行因緣耶？答：因緣法中，有二種次第。一，順；二，逆。從始終〔九六〕順次第，從終至〔九七〕是逆次第。觀法多途，不可定一也。又此法是聲聞觀法，聲聞人鈍根，從來尋本，至觀易成，故然矣，似如四諦觀門次第也。問：因緣相生無窮老死望攻，何故不説緣生之義？答：實無窮相生，如《地經》云，老死攻作因義，菩薩能作此觀，而不説者，有二義。一，聲聞不堪聞故；二，欲攝三世法盡故。亦是教門一種説之也。又見《成論》文云，諸外道人多迷因緣，或云冥性是衆生因，或説梵天等爲因故，佛爲破彼執，故因作果實不虚，故説不離現在世中生緣老死。既有此二，邊〔九八〕未同然，終是三世法欲盡，故教門意耳。大乘意亦不無此意，但意異如諸料中説也。

第三，明斷、伏義，俱如十地、金剛心、夢覺三科中説。今既開二智，故略爾明之。一家舊云：只是動執斷，即是除諸見之根。何者？皆以初章動定執令動，亦如前科簡中説如不如，如説不説，不説二不二，不二不二。作如此動諸見心想等，即是名爲伏也。斷者，説言不二二，所以非二二，不二非不二，非二非不二，即是斷諸心想之根裁盡淨，不在四句、五句，故名爲即〔九九〕也。離不了則名爲即，不了則名爲伏。亦得言深即名即，淺則名爲伏。如云經論云，下下智即上上煩惱，上上知即下下煩惱者，約假上相翻義論之。至論斷、伏義，正洗平心體，如幻化人，不行心想，不斷不伏，强名即〔一〇〇〕也。一家云：雖言權、實即是開般若，二諦亦然開一實，今明二諦亦只是二智。何以故？然只諦即是智，智推尋是諦，故智説諂智爲諦，其實無異。諦是智之異名，智是諦之殊稱也。諦、智既不異，所顯亦不異。故言二諦顯一實，權、實開般若也。故今謂一實只是般若也。一家明：境、智亦不異，智權尋説相當，便名爲諦，緣稟諦生解，即名爲境，諦還以復是智，如是傳傳得也。次明二智説二諦，智能而諦所，二諦説二智，而智所也。

問：若爲二諦説二智耶？答：二諦正詮辨於二智，即是諦説智也。師有時云：因緣只是假假名名[一〇一]只是空耳。有時云：一切不通，因緣何關空？空何關假名？如此皆不通也。師有時云：無明爲與般若相似。何者？無明顛倒，能作人、天六道。無所有中宛然作有，此力爲大也。般若力大者，能生刹利大家，能出生四果聖人，及辟支佛、菩薩佛，此此[一〇二]力大大也。

問：既言實録[一〇三]無所有，云何得有人、天六道等耶？答：只爲須開此諦，此即世諦故有。若實録無所有，故此言世諦，非如四家有緣假之理，虛妄爲世諦體。今謂假名字有，名爲世諦，無所有於世人顛倒者爲有，於聖人妄有無所有也。

問：瓶、衣是因緣，是假不？答：如初章中已説。今言如泥瓶，即是切相成是假。若瓶、衣等無方假，假得是假。又諸法無自性，諸佛菩薩得諸法自在，假名諂。或以人爲瓶，或以衣爲柱，此即是衣柱、人瓶，瓶人即是因緣，是假也。答[一〇四]別而爲誰，則是果之因。與果爲因，得是因緣；非果因，於果非是因緣也。

問：是因與非因無果義一理，云何因生果與非因不生果？答：雖復言無，麻是油因緣故生油，砂非油因緣故不生也。問：等是無義一種，何故麻是因緣，而砂非因緣耶？答：麻雖言無義，齊而是有無，非是無無；砂無油是無，故無也。一家雖言能、所最長，境、智處中，因、果最局，今更破令具齊。若言一切皆能、所者，今亦一切諸法皆因緣，皆因緣只是果、因，豈有法而非因緣？若言因緣謂攝法不盡，則應假名攝法，亦應不盡。既無非假名者，亦應無非因緣者。若爾，能、所攝法即既盡，因緣攝法何往不盡也。四[一〇五]

若言能、所攝法盡者，亦應有非能非所，云何方能所攝盡耶？若言唯有能、所，無有非能非所者，則應唯有相待，無有絶待耶？今謂一往能、所攝不盡，二往三往則盡。何者？一往能所，唯攝能、所，豈攝非能、所？二者則盡者，明非能非所，能非能，所非所，此已復是能、所，此能、所攝已復得也。

問：此言非能非所，可猶是能、所攝耶？若言非能所、非不能所，若爲更能、所攝耶？答：此則應言攝、不攝，是菩薩有盡二種法門，有攝不攝，有盡不盡法門，豈得令一向攝、一向盡也。又一家舊云：權、實二智通因、果，在因開佛性，在果則開涅槃。何者？佛性名爲中道，在因，權、實顯非權非實，非權非實即是中道，中道即是佛性，即是權、顯實佛性也。

問：二智得爲互相知不？二智爲自智不？答：具如十地義中說。今更明之，論師等釋不同。一，龍光云：用反照故照一切智，一切智即是所照，反照即是能照，復更有反照智知，此反照知如是更有反照，無窮反照也。二，開善等云：即照青知，反照青知，所以窄有，非二乘所得也。三云：一大反照智照一切智，更立小反照知照大反照智，然此小反照知，還爲大反照知所照，此小反照智唯能照大反照，大反照〔一〇六〕故大反照知則能照小反照知，復能照一切知。此似教〔一〇七〕人四相義，此破如論中說也。今大乘明義則不然，此能是所能，此所是能所。既是能所，離能無所；既是所能，離所無能。無能，故隨意反照無得也。

問：方便智、實智互得相知不？若便實智知方〔一〇八〕非權非實可從起耶？故今明得非權非實而權也。

問：他家計性權、實，汝也，今前以初章動，次則拔，如云前以定動、後則前拔，汝今既言假名，諸法非實亦非假，復用何物拔假耶？若言假有是有，此還是性實義。答：今明假有非有，何須拔耶？

問：汝言假權、實顯非權非實之中道佛性，果地亦顯非真非應，此之顯中道，亦應云顯佛性，何故言顯涅槃耶？答：涅槃猶是佛性之異名耳。是故佛非因非果，以因名怗之，此正法則名爲正因；以果名帖之，則名爲正果。更無別法，只是一正。在因則以境、智開正佛性，在果則寄知即〔一〇九〕與總、別此正果。此所顯即是正涅槃也。

問：白〔一一〇〕果果即是涅槃，豈是用涅槃開正涅槃耶？答：佛性説有〔一一一〕正，涅槃亦有緣、正。言用智即總、別開涅槃即是正涅槃，果果即是緣涅槃也。問：白言非因非果而因而果，此是緣性，與怗若爲異耶？答：若是怗，雖是因果，此因、果並正涅槃；非因非果，而因而果，並是緣也。問：既並有因、果之名，豈得判緣、正耶？若〔一一二〕不然，若是緣，乃當以非因非果正性本，然緣性當體是因、果，非是怗故名爲因果。若是正性，當體實，非是因果，强以因名，怗名爲因。故此因正强以果名怗，此果則正也。

問：佛便〔一一三〕則是實智方便，既照方便，云何名爲實智？若方便智知實，則是方便照實智，方便既照實，實爲方便智耶？今謂只以方便爲實，實爲方便。既實爲方便，既知實，豈不知方便？只以方便爲實智，方便不妨知實。不如四家，二智各別著前難。亦是四家義宗，權、實等，並可權可實，不能得有所顯。今明假名權實，故在因得，顯非權非實，即是顯於佛性，在果假名真、應，故得顯非真非應，定涅槃也。故一家斥四家云：真應、權實等皆是無首尾，屈頭而起，説無首尾，所以是有所得漫污。故大師云：所説所開等，皆須初章度之。他明權可權、實可實。權可權，故不須實故權也；實可實，不須權故實。不須實，故權則自權；不須權，故實此實是自實。如斯權、實，並自性有所得也。今謂，對此則應云，今權不可權，實不可實。權不可權，須實故權；實不可實，須權故實。須實故權，權不自權；須權故實，實不自實。權是實權，所以非權；實是權實，所以非實。此則得從權、實轉入非權非實。此即亦得言以權、實顯非權非實，所以得起權、實，所謂假權假實故。今謂有所對而起，故有首尾也。他四家權、實既可權、實，不得從權、實轉入非權非實也。既不得從權、實轉入非權非實，豈有性？既須顯佛便[二四]可失可隱耶？答：佛性實未曾隱，豈可顯？雖復隱之而不失，顯之亦不得也。具如佛性義説。

問：如《維摩經·佛道品》云非道爲道，若爲斷、伏？答：《地》《接[二五]》兩論，《成》《毗》二家宗，即三毒空、真諦、真如爲道。何以故？彼宗虚妄與虚假是一法，真如、真諦自是無相理一法。雖相即明，義終是理，故不勉二見。今謂不然。道名通一切法，佛道乃至地獄道，九十六種，地、水、火、風，至香、味、觸等道，道未曾有二，但舉佛乘道，故名爲佛道。若爾，佛菩薩行諸法，無非是道。此是權道，權，故於一切法皆道，無非是道也。若然，體於一切法無二相，即是斷、伏，明味則爲斷、伏也。一家明義，只道是道，是無而[二六]義故，及常合道，通達佛道。道是能通爲義，無而無壅乃名道。以故者無礙，無礙爲而乃名道。如經云，身子爲女，爲[二七]身子。故經云，女相無在無不在，於此通達無而[二八]道。彼經意，皆以常破病，通達佛道，破如《地》《攝》等四家，定内外、尊卑之病，明無定内之[二九]與尊卑，即是無在不在，是佛所説也。經云，若有真，是、非俱是；若無真，則是、非俱非。故言無真則不成方便，有真則方便。如任貪、瞋、邪見等煩惱，而殖衆德本。此非直貪、瞋等非，非者爲非，口[三〇]殖衆德本，方便亦轉，非唯無慧，只方便亦不成也。若有真者，非唯是者爲是，礙[三一]是既是道，非亦是道，所以反常非道，然通達佛道。佛有此用，故名佛道；菩薩有此能，故名菩薩道；乃至地獄有此用，名爲地獄道等。《地》《攝》諸家，是道不得非道，非道不得是道，故是非非俱非也。非種爲種，非番屬爲屬，歡然也。又明思議權之與實，皆爲顯非思議非不思議、非權非實不二義，亦是淨名現疾之所由。文殊問疾之本意，現病問病，只爲顯此不二之正道也。然法門無量，如善財童子，俱一善知識，怙得一法，得生起涅槃解，或凡、聖等一切法皆是法門。如《淨名經》不二法門，因二入不二，二爲不二之門，門則有開有閉。此約迷惟〔二三〕兩緣，如諦爲道門緣。若迷教，不能通達道，此門則閉緣；若了悟教，此門則開也。一家相傳，約《不二法門品》中，開有兩意，二文有三意，二文亦是三文也。所言二文者：一，前淨名命謂〔二三〕菩薩各各説所解，釋入不二法門；二者，諸菩薩請説不二真門也。所言兩者，三十二菩薩説，淨名不説，即是説、不説二意也。三意者：一，明三十二菩薩因二入不二也；二，文殊因二入不二；三，淨名因無言入不二也。言二文者，三十二菩薩言説入不二，此是一文也；文殊亦言説入不二，此是一文。故成兩文。淨名嘿然，無言無現，即無有文也。亦是三文者：二十二菩薩説入不二，一文也；文殊亦説入不二，復是一文；維摩嘿然不説，即有不説文，故成三文也。初三十二菩薩説及淨名不説，中間文殊説、不説，説則成前説成及不説，説邊成前三十二菩薩説，不説邊即後淨名不説也。亦得言三十二菩薩，因二入不二；文殊，因二、不二，入非二非不二；淨名，因非二非不二，入非非二非非不二也。此三意三轉，似如有淺、深階級。然此意相成，三十二菩薩因二入不二，成文殊因不二入非二非不二，文殊非二非不二，成淨名非非二非非不二。良由非非二非非不二，故有非二非不二。良由非二非不二故，有二非二。如《大經・師子吼品》云，若不因非二非不二，豈得意一言二也。問：三十一菩薩因二入不二，可攝入《不二法門品》；文殊入非二非不二，淨名入非非二非非不二，那攝入《不二法門品》相？答：有兩種勢。三十二菩薩此二、不二，文殊是二、不二、非二非不二，淨名是非二非不二、非非二非非不二，故皆攝入不二，故皆攝入《不二法門品》也。又三種轉法，即如二諦、八不義中説，有破病意，有無窮轉勢，有舉淺、深門入中道正法義也。

二智義記卷一

無依無得大乘四論玄義記卷第九

顯慶三年歲次戊午年十二月六日，興輪寺學問僧法安，爲大皇及内殿故敬奉義章也。

校勘記

〔一〕「與」，底本作「興」，據底本原校改。

〔二〕「知」，底本原校疑衍。

〔三〕「無」，底本原校疑爲「言」。

〔四〕「存存」，底本原校疑衍。

〔五〕「梗」，疑爲「鞭」。

〔六〕「著」，底本原校疑爲「若」。

〔七〕「若」，疑爲「答」。

〔八〕「與」，底本作「興」，據底本原校改，下三「與」字同。

〔九〕「即」，底本原校云一本作「三」。

〔一〇〕「凡夫」至「不等也」，《摩訶般若波羅蜜經》作「以凡夫人實不知世諦，不知第一義諦，不知道，不知分別道果，云何當有諸果」。

〔一一〕「鈍」，疑爲「純」。

〔一二〕「鈴」，底本原校疑爲「銓」，下一「鈴」字同。

〔一三〕「與」，底本作「興」，據底本原校改。

〔一四〕「是」，疑爲「愚」。

〔一五〕「名」，底本原校疑衍。

〔一六〕「知」，疑爲「於」。

〔一七〕「知」，底本原校疑爲「如」。

〔一八〕「故」，底本原校疑衍。

〔一九〕「化」，疑爲「故」。

〔二〇〕「故」，疑後脱「名」字。

〔二一〕「智」，疑前脱「境」字。

〔二二〕「故」，疑衍。

〔二三〕「名」，底本原校疑衍。

〔二四〕「祖」，疑衍。

〔二五〕「但」，底本原校疑爲「俱」。

〔二六〕「永」，疑爲「求」。

〔二七〕「祖」，疑爲「但」。

〔二八〕「十」，底本原校疑衍。

〔二九〕「而」，疑爲「二」。

〔三〇〕「夫」，底本作「天」，據底本原校改。

〔三一〕「住」，疑後脱「本」字。

〔三二〕「種」，疑前脱「道」字。

〔三三〕「哉」，底本原校疑爲「滅」。

〔三四〕「比」，疑爲「至」。

〔三五〕「偏」，底本原校云一本作「徧」，下六「偏」字同。

〔三六〕「薩」，疑後脱「行」字。

〔三七〕「星」，疑爲「皇」。

〔三八〕「緣」，疑後脱「來」字。

〔三九〕「即」，疑爲「斷」。

〔四〇〕「憕」，疑爲「證」。

〔四一〕「即」，疑衍。

〔四二〕「不」，疑衍。

〔四三〕「不」，疑爲「果」。

〔四四〕「真」，底本原校疑爲「慧」。

〔四五〕「記」，疑爲「起」。

〔四六〕「州」，底本原校云一本作「非」。

〔四七〕「答」，疑爲「若」。

〔四八〕「示」，底本作「亦」，據《維摩詰所説經》（《大正藏》本，下同）改。

〔四九〕「冷」，底本原校疑爲「論」。

〔五〇〕「故」，疑後脱「出」字。

〔五一〕「雞」，疑爲「難」。

〔五二〕「成」，疑爲「惑」。

〔五三〕「色」，疑衍。

〔五四〕「辱」，底本原校疑爲「展」。

〔五五〕「如是辱轉生非真家」，《大方廣佛華嚴經》作「展轉生非實」。

〔五六〕「悲」，疑爲「非」。

〔五七〕「於閑」，《注維摩詰經》作「無礙」，下一「於閑」同。

〔五八〕「爲不」，《注維摩詰經》作「能不爲」。

〔五九〕「惻」，《注維摩詰經》作「測」，下一「惻」字同。

〔六〇〕「然」，《注維摩詰經》作「殊」。

〔六一〕「揚」，底本作「惕」，據文意改。

〔六二〕「正」，疑爲「止」。

〔六三〕「惻」，疑爲「測」，下三「惻」字同。

〔六四〕「曰」，疑爲「白」。

〔六五〕「礼」，《大般涅槃經》作「禮」。

〔六六〕「登」，疑爲「燈」。

〔六七〕「清」，疑爲「請」。

〔六八〕「香」，疑後脱「土」字。

〔六九〕「所」，疑衍。

〔七〇〕「明」，疑後脱「聖」字。

〔七一〕「説」，底本原校疑爲「議」。

〔七二〕「境界唯智者所行處」，《大方廣佛華嚴經》作「所得唯智者」。

〔七三〕「哉」，疑爲「滅」。

〔七四〕「議」，疑爲「識」。

〔七五〕「議」，疑爲「識」。

〔七六〕「璃」，疑爲「理」。

〔七七〕「有」，疑爲「百」。

〔七八〕「涅槃」，底本作「理般」，據《中論》（《大正藏》本，下同）改。

〔七九〕「亦」，底本作「無」，據《中論》改。

〔八〇〕「空無蹤迹」至「句義亦復」，《摩訶般若波羅蜜經》作「虚空無有跡菩薩句義無所有亦」。

〔八一〕「是」，疑衍。

〔八二〕「正」，疑爲「以」。

〔八三〕「奇」，底本作「寄」，據文意改，下一「奇」字同。

〔八四〕「離有有」，疑衍。

〔八五〕「有」，疑後脱「有」字。

〔八六〕「耳」，疑爲「取」。
〔八七〕「他」，疑爲「地」。
〔八八〕「一二」，疑爲「三」。
〔八九〕「皮」，疑爲「與」。
〔九〇〕「之」，疑爲「亦」。
〔九一〕「罷」，疑爲「能」，或爲衍文。
〔九二〕「者」，疑爲「昔」。
〔九三〕「漏」，疑爲「無」。
〔九四〕「哉」，疑爲「滅」。
〔九五〕「意」，疑後脱「異」字。
〔九六〕「終」，疑爲「至終是」。
〔九七〕「至」，疑後脱「始」字。
〔九八〕「邊」，疑爲「過」。
〔九九〕「即」，疑爲「斷」，下二「即」字同。
〔一〇〇〕「即」，疑爲「斷」。
〔一〇一〕「假假名名」，疑爲「假名假名」。
〔一〇二〕「此」，疑衍。
〔一〇三〕「録」，疑爲「緣」或「論」，下一「録」字同。
〔一〇四〕「答」，疑爲「若」。
〔一〇五〕「四」，底本原校疑衍。
〔一〇六〕「大反照」，疑衍。
〔一〇七〕「教」，疑爲「數」。
〔一〇八〕「若便實智知方」，疑爲「答方便實智知」。
〔一〇九〕「寄知即」，疑爲「境智」。
〔一一〇〕「白」，疑爲「既」，下一「白」字同。
〔一一一〕「有」，疑後脱「緣」字。
〔一一二〕「若」，疑爲「答」。
〔一一三〕「便」，疑爲「性」。
〔一一四〕「便」，疑爲「性」。
〔一一五〕「接」，疑爲「攝」。
〔一一六〕「而」，疑爲「礙」，下一「而」字同。
〔一一七〕「爲」，疑前脱「女」字。
〔一一八〕「而」，疑爲「礙」。
〔一一九〕「之」，疑爲「外」。
〔一二〇〕「口」，疑爲缺文「□」。
〔一二一〕「礙」，疑衍。

〔二二〕「惟」，疑爲「悟」。

〔二三〕「謂」，疑爲「諸」。

無依無得大乘四論玄義記卷第十[一]

均正撰

第一，三乘義；第二，莊嚴義；第三，三位義。三乘義，有四重：第一，釋名；第二，出體；第三，廣料簡；第四，明五乘。

所言三乘者：一，聲聞乘；二，辟支佛；三，緣覺菩薩也。一乘言明之，不二而二，論無差別差別，有二種次第：一，不二而二起用者，菩薩、辟支佛、聲聞；二，以通收入不二者，聲聞、辟支佛、菩薩也。

聲聞者，聞聲悟道，故曰言聲聞。故《思益經》第二卷云，因聲聞得解，故名聲聞。若爾，以因得道也。

辟支佛，亦名辟支迦也，此云獨覺。所以言獨覺者，出無佛之世，無師自覺，傍無法侶，下無□□□□□□□衆生也。亦云緣覺者，至覺悟因緣也。至意者，偏明得道，身不須師教，而能獨覺，觀因緣假有不有有，假無不無無，應假理覺，觀覩樹木摧折、冰沫等須臾間滅，無常、苦、空理而覺悟，故名緣覺。獨是因名，因時不須師教。亦得覺境名，即因緣境，覺道果，名中乘，無覺果道果覺也。《大論》云，辟支迦，亦言辟支客。今謂彼因輕重音也。如摩訶迦葉等，辟支佛根性人，故《大經・梵行品》上卷云，於王舍城中百[二]摩訶迦葉，聞之説十二因緣，以無明乃至老死，即是觀因緣理而得道悟，故名緣覺。此意，迦葉若不值佛，應作獨覺，而今值釋迦佛，聞具足説十二因緣，悟道也。問：此二乘亦得言悟道理耶？答：得言悟假理，故《大經・陳如》如得須機文云應假理也。此理道望不二理，終是教，能表也。如持《攝》《成》《毗》家宗，俗諦爲應假理，真如等不得應假理。今大乘宗並是應假理也。

菩薩者，具存音者，經論不同。《漸備經》云，以爲開士道。《無量壽經》上卷云，十六正士，即是十六菩薩數也。《十住論》云[三]亦云：菩提根[四]上道，薩埵名深心。彼釋云，報果[五]菩提，故名菩提薩埵也。彌天道安法師《折疑論》亦開士。故舊斷粱時番云有二家。一云：菩提[六]道，薩埵言心衆生，故名道心衆生。二云：菩提言[七]薩埵言心人，故言心人也。三云：菩提言道，薩埵名道士，取《無量經》□□□□□□□提言上道上智上覺開明也，薩名衆生，亦名爲士，亦云深心、大心，道謂上道、上智、上覺開悟衆生大明之士。

通乘者，一家相傳云：有三義。乘是入義，入是出義，開發釋名義；二，當體釋名，乘是運出之義；三，表理釋名，乘是不二義。如諸料中釋也。

第二，明出體。《地》《攝》兩論，《成》《毗》二家，相與通而爲言，乘通凡、聖、有漏、無漏，故經云，舉手低頭，乃至童子戲，皆已成佛道等也。若爾，數則四諦理解等，興等知[八]事解等三乘體。成論宗，亦空、有兩慧爲體。彼宗乘通道諦，則別從假空已上故別也。《地》《攝》兩論，大意略同彼家宗。從初地已上真如相應，是真乘體；從第三十心已下，未攝相應故，非真如觀故通。今無依無得家則不然。彼四家，雖作各各相，並是於三乘，今論所破，悉是理能也。今謂不二而二明中假者，正法爲乘體，故《大品經·乘乘品》云乘相[九]大乘也。乘是何義？乘是運出義。如般若能生一切，得無住爲本，建一切行也。

問：般若無二相，如大火聚，四面不可觸，亦如言無得，如因果所得無有，無有處所，云何言運出耶？答：强名如中也。

問：如《大品經·善[一〇]達品》云，一切行强名苦能者，何必俱中是名耶？答：山家以來相傳云有四種名。一，中是正名；二，開假體望性有，爲强名，故《大品經》二十四卷《善達品》云，一切行但假名也；三，非性有非性天□□□中名爲施名中，實非中，强名中也；四，如《地》《攝》兩論，《成》《毗》二家，計有、無等一切得施爲有一切法，非般若用施作，故施名爲有、無等，即是理解所破也。又二乘與偏行菩薩解十信觀爲體也。

第三，廣料簡，有四。第一，無體四門料簡；第二，明三乘；第三，明平乘至、不至；第四，廣雜料簡。

一家相傳云，摩訶衍爲大乘，有四義：一，人、法；二，因、果；三，出生、收入；四，能、所也。

言人、法者，摩訶衍具含人、法。《地》《攝》等四家義宗摩訶衍，唯是不得是人、法。若然所合論，亦是有人義。今謂不然。摩訶衍，則通人、法爲摩訶衍，故摩訶衍人，人者即是佛、菩薩也。故《十二門論》云，法佛大人之所乘故，故攝[一一]大也。亦云，觀世音、大勢至、文殊師利、彌勒菩薩等之所乘，故稱爲大。若爾，道非摩訶衍□□□□□□者，謂六波羅蜜、十八空等即是摩訶衍法也。《地》《攝》等四家。問：能御是人，能、所合論，人是乘，那[一二]是當乘耶？今無依無得義宗則不然，前言四種並是般若用故，四種悉是無想不二故，假名十須[一三]不二而二故。種[一四]法無人，離人無法。離人無法，法是人、法，人是法、人，故人、法並乘體也。言因、果者，《地》《攝》等四家正宗，乘唯是因，不通於果。如言乘涅槃船人生死[一五]生羅睺等，於涅槃果中神通用，非正因果乘也。今大意則不然，摩訶衍因果，萬行即是因，萬德即是果，般若是因法，涅槃是果法也。言出生、收入者，菩薩因法化是果人，具足摩訶衍，出生一切法，凡所有一切無量應善，乃至舉手低頭等衆具，皆以摩訶衍出生，此即是出生義；又還收入一切衆善，若大若小，吐歸入摩訶衍故。無依無法三乘，並是般若所收。故《大品經·嘆淨品》云，無有一法不入法性者也。如衆流吐歸於大海，故今收義，如百川歸於海也。言能、所者，此能、所義，最通廣一切法也。

如前釋四種摩訶衍，至論不關人、法、因、果等四種，但持人、法名來取，名爲人法摩訶衍，乃至能、所等類然也。所以舉四種名者，正欲辨乘之體用也。《地》《攝》兩論，《成》《毗》二家，大宗萬善爲乘，離萬善明之，正取空、取真爲乘之體。其政有中萬善等皆是。是莊嚴挍其非正乘體，所以然者，空、真正能斷煩惱，昇出運載義，若不能斷煩惱者，終不能出生死，故空、真爲乘體。故彼列經云，等與諸子一寶車，即是此法者，是人乘也。招提白琰師云：用決定菩提心爲車，而故來諸師多云空、真爲乘體也。又釋牛義不同。如龍光空法師云：正聚神通爲義牛，而經云白牛及扁色鮮潔者，明此通此契内解清淨，故言白牛扁色鮮潔也。若莊嚴與[一六]光宅云：白牛正辟無漏成也。前云空無漏真爲車，今改云以無漏真爲牛者，彼秒[一七]釋云：以兩義，取至運出義名爲牛，取至能載義爲車也。光宅又云以佛真爲車，彼列經云，爲聞佛知見故，乃至欲令衆生令悟佛知見故，故知正佛真乘體也。

今一家作四發釋乘，具如前至，今更廣辨。人、法一發，人即是能乘，法即是所乘也。今通論般若中，出生三乘、五教，如正因、正果中出生因與因因、果與果果也。今取能乘之正人、正佛與菩薩三乘人也。若通而辨之，三乘與五乘人等亦法一切衆生，並是能乘、所乘者也。故《大品・問乘品》云，准當乘出者，此即是間[一八]能乘之人。次問所乘之法者，皆亦通而論之，即是空有、因果、權實等能一，比[一九]人是法人，法是人法，法不異人，人不異人法，離法無人，離人無法，即布施、持戒、般若等，即是人，只人即是法，法即是人。一往對《地》《攝》等四家，有應假應妄，世諦中有異，故明人、法等不二也。故摩訶衍，實云不關人、法、因、果等，但將因、果來取人、法，即具有因、果。將因取人，名爲因人；將果名取，名爲人等。有得四家義宗乘義，不得非人非法、因、果等，得即真如與即真釋之也。

又釋因不同。一云：乘正是果，不存於因。傳云龍意也。如井中水瓶，取水也。故彼列《夫人經》云，究竟法身名爲一乘。故知乘義存果。又《法華經》云：爲説佛真故，諸佛興出於世，唯此一事實，餘二則非實〔二〇〕。又云開佛知見等，故知乘唯在果也。二云：乘正在因，彼師還引《夫人》法〔二一〕云，於法身上，更不復説一乘法事。既云於法身上不談説一乘法事，故知乘在因不在果。正能越在星屋樂正，是以因起果。是故《大品經》云，聞以三果生〔二二〕至薩婆若，故知乘要在因也。法行師多用此意，故言乘義運出釋也。三云：乘通因、果，因乘果至佛果，果乘接因，因果不二，故攝爲一乘。是故乘通因果也。四，今無依無得，無差別、差別，假名所設，意則不然也。摩訶衍道，開人、法、因、果。但將因、果取乘，諸乘爲因，將果或取乘名爲果。雖非因、果，將因、果或取，名爲因、果乘，乘則通因、果也。故《大品經》云，自從三界出，至薩婆若，不二法故，不動法故，假名方便無礙用開，何不得有也。故《大經·四相品》云，乘涅槃船，入生死海，建立大事，納耶輪陀羅睺羅者，不得定云但在因，或云但在果，或云通因、果。今無所得大乘意，如空中織羅，空中織紋，無所不有，但拔出顛倒或織，衆生無差別別引入爲者，且初行者，脩行漸漸出，雖〔二三〕有所得故。今以因起果，此乘在因。雖在因窮，論乘，正在於果。所以然者，乘正是運出〔二四〕用無壅，所以秤乘在果，始能運用無礙。因中則門不足，分有運用，正無礙。運用無壅，唯在於果地，是故乘正在果地也。在因則傍用之。前云摩訶衍出生、收入者，明摩訶衍出生三乘、五教及一切法等也。明收之意，同歸一摩訶衍不二正道也。或云：以不二正法，出生三乘、五教一切法，世與〔二五〕出世善法等，同歸一乘出生，則以正行出生。言歸，則同歸一乘也。明一乘猶是正法，正法猶是一乘。今云：以正法出生者，即是從一乘出生。同歸，即是言歸正法。一乘而正法，左、右之名，眼、目之別稱，所以須以正法出生。收須言歸一乘者，正意摩訶衍正法，實無有差別，但隨衆生根性不一，所以作種種差別説之，或説爲三，或説爲五，或説爲世間法，或説爲出世間行，如是隨緣説無量種種差別。此意説，教隨衆生根性所宜不同，故漸，以言歸大乘。但如《地》《攝》兩論，《成》《毗》二家，存心意，便執云心意爲佛因，各執謂有道理、應忘理、應假理、真如理、真諦理差別，故今破除之，言歸一大乘。大乘正行，故説三乘、五乘差別種種也。實而論之，一乘作分別、無分別説，皆是摩訶衍正行故。

亦名爲言三歸一，亦名破三歸一，亦名開三歸一，亦名廢二[二六]立一也。言名爲言三歸一者，言有多種。一，言教；二，言行；三，言緣。乃至言理也。言言教者，獨一佛乘，則開別爲三乘。今言此等三乘、五教，只是一教。所以然者，所表之道無有二，故能表之教亦是一也。言無[二七]行者，如《法華經·藥草喻品》云，汝等所行，皆是菩薩道。明三乘人所行，行皆是菩薩道，即是無行也。無緣者，無三乘之人，並是菩薩，彼所行之行，既是菩薩行者，能行之人，皆是菩薩人，故云，聲聞若智若斷，皆是菩薩無生法忍也。所以方會此緣，得是菩薩者，凡是無所得行者，皆是菩薩人。何者？道理中無有二乘，故凡行此事，此是菩薩人，非後是聲聞、辟支事也。故經云，三乘初果不異於行也。言破三歸一者，佛世尊赴緣説三教者，本欲令其無歸一教，而其逐名相，執三作三解，如《地》《攝》等四論宗。是故破此解執，然此破即收。破是破執，意正破如四論等，但大但小病；收即收教，令二[二八]乘歸一義。故正破三歸一也。故《法華經·方便品》云：十方佛土中，唯有一乘法，無二亦無三，除佛方便説也。

言開三歸一者，開三乘方便者，即欲歸一。方便開此三，即是開。歸一，但定極密也。言廢三立一者，昔説三乘，此即權説，如《化城喻品》，此是權説，昔爲緣不堪大乘，故經云，權作三乘之名，今時子心既已通泰，便作廢於三乘，隨立一乘。此即是廢三立一義。是故廢三義，此則據權；無三義，此據收取；破三義，此據治病，而爲謂執相三爲病，故破之。故云，一佛乘，分別開説三也。開三顯一治語，此則據方便。是故此四義各果也。

今一家明，會三乘五教同歸一乘，此則有能、有所也。會三、五之教，同歸一乘，爲能[二九]。會三、五之教，爲能攝也；三、五之教，所攝也。然能亦是所，所亦是能。何者？會三、五教歸於一乘，一乘則是所歸，三、五即能歸也。若言從正法出生一乘，一心法爲能，一乘爲所生，生一乘爲能攝，一心法爲所攝，此是能所所[三〇]，能所非所，所能非能，能、所不二也。復須知之。開三歸一乘者，就假上三、一也。復一心法爲强爲一乘者，眼、目異之也。大乘家明摩訶衍出生一切法，三乘、五教也。出世等善法，簡得無得宗也。今就摩訶衍所生諸法善、惡靜知等，忉而論之，不生教餘。有所得《地》《攝》兩論、《成》《毗》二家，善靜知與惡散愚等法，今收入二，還是收入歸摩訶。《地》《攝》等四家，善、惡等諸法故遠所不論也。所[三一]衍所出生諸法。若以然者，非摩訶衍所出生，並是有所得，皆是虚妄理外行心。若爾，出容會，能歸摩訶衍耶？故《金剛般若經》云，於燃燈佛前得值八百四千萬億那由他諸佛承事，無空過，所種善根不得授記。然經意都不知取成佛授記因者，是有所得善，皆是虚妄，是故不取知也。從值燃燈佛土五華所種一念善根，始復是摩訶衍無所得善，得菩提授記之因也。爾前八百四千萬億那由他諸佛承事善根，並不餘致取也。故一家相傳，判有所得善，不得無所得善，習因有所有虚妄善故。然藉有所得，爲無所得作次第緣、增上緣等也。而佛菩薩勸令脩有所得善根相者，有所得善生於人、天，人、天是入道之器，亦名不定聚，並值佛菩薩解無所得説法，因此得悟無所得。是故有所得，但爲無所得作緣由等也。一家譬，是如水、土爲穀身作緣，正是穀身正因也。

問：既言是摩訶衍所出生之三、五之教，那忽復破三歸一？既是摩訶衍三、五教，不應復破之。又摩訶衍三、五教，亦不須會也。答：實具摩訶衍之三、五教，但緣哀教不了，落有所得，故被破也。

問：如二乘人哀教不了，成有所得者，可得言都不稱教者，佛何意説小乘教耶？答：有二義。一者，聞初説二乘教時，當時未爲失，但遂守教轉成病。如三脩比丘前哀苦、無常教，皆得阿羅漢道，未爲失之，如當教悟解也。但後時隨緣執教，謂爲實有二乘，故被破也。二者，如佛爲破外道，説二乘教，如教悟解，有不有，無不無，謂爲究竟，破名爲二乘曲見也。此二種意異者，初則如教悟解無所得小乘，但久後隨緣落有所得，成病，後當〔三〕則如當教悟解阿難羅漢等，而謂爲究竟道，故名爲曲，已成病，落有所得，爲失也。此二人，初人則入中道，爲少難解人，爲人爲〔三〕説觀，則易入中道也。故《夫人經》云，三乘初業宗不愚於法。又《法華經》，實得阿羅漢，不信是法，無有是處等。今明出生及收入義，從正法出生三乘、五教等，即是開此正法爲三、五。只此三、五教等，猶是正法。今收入此三與五，歸猶一乘。自出生則從正法生三、五，乃至一乘，今收入還歸一乘，此則是所生爲能收，能出爲所收。然既言從正法出，應收歸正法。而今言收歸一乘者，只是正法，但以倚互其言辭也。又開正法爲三、五，此三、五只是正法。今既收三、五，還歸一乘。即是正法歸一乘，是故正法爲所攝也。又昔三乘之法，對外道所法，表正法。會三乘歸一乘，即是能攝；正法也，爲所攝也。收三歸一三者，是權既歸收一，權三則廢之。雖復收三歸一，非但三乘是權，一亦是假。此則是權三假一，顯非一也。

問：三可是權，一何故復是假耶？答：昔開一爲三，此是但三；今收三還一，此是但一。既除此但三，亦復廢此但一。顯非三非一，乃得曰平正不二道也。

問：《涅槃》《法華》《大品》《夫人》等經，並明無三歸一，若爲取耶異那[三四]。答：若《成》《毗》二家釋云：大宗明之，《大品經》正明空，明空蕩相；《法華經》無三歸一，明壽量果；《夫人經》偏方之説，即是説頓，辨一乘，與《大經》齊，一此法故。有如此異。但馮、觀二師，爲執四、五之異，説前三與四説，猶是無常半字教，如夢覺義中説，彼家明法教釋一乘不同也。無依無得，明宗則異也。得定云《涅槃》《大品》及至《夫人》等經，以明一乘，其事無二；《涅槃》亦非半非滿，隨於《涅槃》将[三五]三非一而明三一。《般若》亦非半非滿，明於三一、半滿。猶於《般若》及至《勝鬘》亦然，《涅槃》亦非常非無常，《般若》亦非常非無常，及至《法華》《夫人》亦然。是諸大乘，非明一乘義一種齊。今明滿字教，貫通法摩訶衍經，經題是摩訶衍也。故以明一乘無二，悉是滿字，不同《成》《毗》二家云，《大品》及《法華》是大乘，而非滿字教。故今明法大乘經，非明一乘無二。此是如來十須[三六]爲論。若然爲緣語，亦得□此異也。《大品》等法[三七]般若云，在因名般若，在果名薩婆若。非波若非薩婆若，名爲正法般若不二。無《淨名》等經，非權非實，隨於不二正法，實《法華》明非三非一，雖於不二正一也。如《涅槃》非常非無常，明正法涅槃也。又得云：《法華》開一爲三，則是但三；無三歸一，則是但一。言三歸，故非但三；既無三，亦復無一非三。然始歸，與《勝鬘經》正法義齊一也。《勝鬘經》以正法開爲三乘、五教，《法華經》則以一乘開爲三乘。而《法華》三、一，多是但三但一，《夫人經》方便故也。

問：何故《法華經》以一乘開三乘，便是但三但一，而《夫人經》不然耶？答：此就緣爲論，開一爲三□便作三□，則成但三，無三歸一，獨作成但一也。

問：《勝鬘經》以正法開爲三乘、五教，於緣亦應成但耶？答：亦有如此。但今就緣有强弱判之，《法華》多是但，《夫人》則多方便也。一家相傳云：一乘只是佛性，只是般若，是故亦名爲第一義空，亦名爲般若，亦名佛性，亦名涅槃，亦名爲一乘。是故《般若》《涅槃》礙法摩訶衍經，以明其宗致是一也。

問：若爲得知是大乘摩訶衍教宗無二耶？答：如《地》《攝》兩論，《成》《毗》二家，以明諸法實相，並是虚妄，實實相言，今宗表是，復上辨皆比[三八]實相，亦是落有所得理外行心，故被破也。

問：前云三時、四時、五時中，成論等師云《法華》已而是半教，無常故可被彈，如《地》《攝》兩論宗，但明半、滿教，可得間个無行論宗耶？若[三九]雖同明半滿教，而大異也。彼明無所得理教佛心，何以佛知黑[四〇]三藏，此師《九□[四一]義》并《攝論》云，此無始時一切此依止，故云，自性住佛性，一切法依止。若脩行時，依止而自消亡，自性佛性，朝成如舍，興[四二]名一時有。若鐵練打搥時，名自消亡，真金囪朝出一去一在。若爾，豈非二見也。又云：真如不斷契或，四義釋真如不即[四三]煩惱，如土ウ金不囪求出，而人須金種種掘𡔈土等，金自隨出也。又云：真如非淨非不淨，真如如空中日月，非烟雲內染，故非淨而非不淨者，忽妄开顯出，故非不淨也。真諦三藏觀[四四]釋云：如此可非二見，無所得也。又近成有人言，於諦之語在是山舊語，廣州三滅[四五]與諸覺土朱[四六]、齊二國《地》《攝》師，不曾多法濟而此間人偷南。於諦不知，自於諦可，謂是偷牛喻義也。

問：《地》《攝》宗真如不斷歸式，今無所得宗正法斷或不耶。答：無所得宗，亦得斷二得，不斷煩惱。何者。正法遠離而趣不趣，如大火，恐何但涅槃煩惱而遠離。故得意斷或也。亦得言不斷或者，正法非能非所，無得無處，有何得斷、不斷等，淨、亦淨可也。若言斷與不斷，就佛口相對劫《涅槃》明文也。

問：今一乘與涅槃若爲有實那[四七]？答：不實也。有二種。一乘涅槃上有兩種也。一是諸一乘，如無三歸一一乘故。《勝鬘經》云，一乘大方便也。又一家對三明一乘義，即是大力菩薩一乘，如對無常得常，故開方便門，亦真實相，亦是横而明之也。亦是非三非一，强名一乘，即是不二道也。涅槃二者：一是上涅槃，如言接引衆生□[四八]方便説涅槃，故《大經·梵行品》云，因世間説，涅槃人無子，名爲有子等。又如肇師《論》云：涅槃者，引物之仕[四九]名，出處之方便名[五〇]，無得物之功，無應名之實，非名，非物。名、物何者耶？亦是强涅槃，正法涅槃也。所[五一]一家相傳云：一乘只是涅槃，只[五二]是一乘。所以然者，非常非無常，因[五三]非果，常、無常，因、果，將於一乘也。涅槃非常非無常，非因非果，顯於涅槃也。

問：若言涅槃非因非果，宜當果名者，一乘非因非果，宜爭當無常名耶？答：不例也。若例者，一乘非三非一，宜兩强名一乘。若涅槃非常非無常，宜當强名常。又謂言一乘非生死三，非生死一，宜當佛果一乘？故《大經》云，乘涅槃船，入生死，納耶輸，生羅睺羅也。涅槃非生死，非小乘灰斷常，宜當涅槃常也。又得云：一乘只是涅槃，涅槃只是一乘。所以然者，涅槃非常非無常，非因非果，一乘亦非常非無常，非因非果。得於涅槃，亦得言常、無常、因、果，得於一乘也。是故涅槃、一乘更無有異。而今文欲明其異者，一乘非因非果，而宜當因名；涅槃非因非果，而宜當果名。所以然者，本以任方便涅槃接引衆生，令其欣涅槃相，離生死。涅槃是得歸之處，是故宜當果名。既方便涅槃爲衆生欣趣之所，是故作脩行之名，不便故，宜當果也。而言一乘非因非果，宜當因者，一乘正此明爲萬名同歸，故低頭舉手等是皆歸一乘也。故經云，令七歲已上皆得脩行。是故一乘宜當因目也。不例者，涅槃宜當常名，則爲此義；一乘不得名無常者，去一乘言，而不此歸一乘，論具足義，是故一乘明常、無常具足。所以爾者，昔涅槃破耶常，宜全德寫爲明之；今日明涅槃歸正對斥昔無常，是故今日涅槃唯伍瘮常也。一乘則無，如常、無常，遍寫對斥破，雖言破三，而一終是無常，即果地則常，亦得常、無常具足也。故一家相傳云：涅槃只快，則是對斥破，故唯道道常斷中快，則常至無常具足能，則一乘亦得座也。

第二，明三乘，自有兩。第一，明三乘十地；第二，明二乘有無。

第一，論十地，有一[五四]。第一，明名義；第二，辨體相。

《大品》第十七卷，梁武天子敬重此經，大弘《大品》，題名「深奥品」，舊云經此或題《燈炷啄[五五]品》，或《歸[五六]功德品》，或云《住菩提品》。品文云：須菩提白佛言：世尊，何等是十地菩薩具足阿耨多羅三藐三菩提？佛言：菩薩摩訶薩，具足乾慧地、性地、八忍[五七]地、見地、薄地、離欲地、已作地、辟支佛地、菩薩地、佛地，具足是地，得阿耨多羅三藐三菩提。須菩提，菩薩摩訶薩，學是十地，非初心得阿耨三菩提，亦不離初心得阿耨三菩提。釋曰：依此文，小莊嚴榮法師云，龍光傳開善云：一神具得三乘十地。一，乾慧地；二，性地；三，八忍地；四，見地；五，薄地；六，離欲地；七，已作地；八，辟支佛地；九，菩薩地；十，佛地。今謂亦可有此義，而實明之，三神明共十地也。而經云，非初心得菩提，亦不離初心得菩提，十地非初心得菩提，亦不離初心得菩提也。釋此文不同。一論師等非云：初心得者，異法無明也。不離初心，即菩提[illegible]任一明也。改[五八]亦然。二，今無依、得意釋，有兩義：一者，初非是非初菩提中，故言非初心得，如有不[illegible]不是中菩提，非是有是非有，有任故無，亦能不二而二明之也。非歸[五九]心得，亦不離，何以得菩提，亦類之。二者，初興仅[六〇]改[六一]並非也。而初與後兩心並假故非，而初心、後心不二，是中菩提故，故言不離心道[六二]，不離心得菩提也。

乾慧地，龍光傳開善，以假空理爲禮[六三]。若大乘義，則三十心爲體。二乘人四種處理，並是假名空理以爲具[六四]體。三三然義，三乘同此乾慧地，未得實淺空理，定水少，不免乾枯，故名乾慧地也。今無得宗，口[六五]無所口假名空慧故，則今乾無枯，無所得生死義故，乾慧地以以[六六]乾枯得名也。

開生宗，三三然義，二乘人以實法已上無攝還生退義，三乘同。今不退有不改之義，故名性地。大乘明義，菩薩初似教[illegible]般八萬四千波羅蜜資發空去，空去栓得不退，常家然義，故假名空理。初無攝於還無退義，但釋退二乘心，釋不同：一，玄中但退起二乘心，少有不退義；二云，初十心中前六心退，起二乘心，以七心已上二十四心，無多起二乘心。此意，定小乘已六，此故名性種性義，故言二十四心，性地也。

八忍地者，三三然義，三乘不同，在見諦中有八忍之位，是八忍人，故名八人地也。

見地者，小乘義，即云十六心須陀洹果具見諦理；大乘義，以初地終心具見諦理，故言見地也。

薄地者，小業義義[六七]，欲界且於發六品重已斷竟，對三品輕薄者，故名斯陀含也。方[六八]乘意，義記二地九門，即是九品義。説斯陀含即欲界，且經四品以上，上即中，中[illegible]名厚，重品已涅槃，已品輕薄之者，故名薄地也。

離欲地者，小乘義，名阿那含也；大乘義，

三地照門，即欲界九品結盡，不改[六九]還生，故名離欲地也。阿羅漢斷三界煩惱已，涅槃法四無已成辨，故名已辨地。亦已作三界得道慧究竟，故已作地也。

不須教獨然[七〇]覺悟理微，遮習氣，故獨覺名。辟支，解國語，此番爲獨，番佛爲覺，故言獨覺也。

大道之士位悕兼物先人復已三爲義，以第十六心即金剛三昧位已，還名爲菩薩地。

大乘人元覺極果，名爲佛地也。

第二，釋三乘體位。明三乘十地，大、小兩教不同。龍光傳宜宗已乘明菩薩乘、三乘，明菩薩乘不異，同明三三然佛因也。三三然萬等兩教三乘人，同以假名空理，似今真如，名爲乾慧地體。同以實計空真似無真如，名爲性地體也。小乘教，同以見諦道十己[七一]心，名爲八人地體。聲聞人第十六心，是見地體也。辟支佛位，一初[七二]明作十地，三神明作十地，不同如前得也。依一云：獨覺人，以第六即辟支佛極果，悉是辟支佛一地體位也。五乘教菩薩，與三乘教菩薩，以第十六卷菩薩覺[七三]地窮，明是菩薩體他[七四]極果位，是佛地體也。斯陀含果、向，是薄地。阿那含果、向，是離欲地，阿羅漢果、向，是已辨地。具如釋名義中説。就菩薩位，以初地入分，即初地上忍分，未滿已還，約所隨或，傍角相尖。小乘十五心體謂爾相，或十六品之十五品，舒唯小乘十五心，約乃八忍、七智及第十六心，多分名爲八忍人，是八人地位也。初地滿分，窮上忍空解，唯小乘須陀洹義。説須陀洹，名爲第四已地位，以二地入分已上，即倗[七五]習窮上忍已還，即欲界四品不示相，或釋不濁[七六]。一云：上上、上下、下上、下中、下下五品當門。二云：一一地開九品菩薩。何者？有上、中、下，上三品，中三品，下三品，義説斯陀含果名爲薄地體位也。三地入分已上，即備[七七]習分滿弓[七八]欲界不示相或，中中、中下、下上、下中、下下五品門。二如上用，無品盡斷欲界繫綴煩惱盡義。阿那含，名爲離欲地體位也。二、三、四果、向，離未窮登位，因中說果，並攝屬地位也。以七地入分，乃至脩習分滿窮上品，能侵斷習氣、無明住地或，重將多時偏觀義，說辟支佛，名爲辟支佛地也。以八地入分，至金剛心學地窮，明無生法忍。中品、上品，寂滅忍。下品、中品，是大菩薩位，名爲菩薩地體位也。佛果窮，明是佛地體位也。初地出分，入二地佛分，名爲菩薩體位也。佛果窮明，是佛地體位也。初地出分，入二地八[七九]分等，並是向牽。如十地九品門、五品門義也。唯十地出分，一向屬十地。初地行分一向屬初地。與中相隣勝劣身，說不同：一云，勝身，屬次地；二云，猶屬當地身定，開善門徒相傳作此說也。今無日[八〇]大乘門義，則不然。具如夢覺義、十地義中釋也。三界正使或，假十信位中已釋意污，猶中十信已已上，約小乘義宗明之，即是習氣，大乘義宗明之，無明煩惱。此無明無知等或，是大乘之煩惱也，望小乘義即是習氣。故《瓔珞經》云，六地菩薩斷非想非非想煩惱也。故相傳謂阿羅漢，六地齊功。所以如此者，小乘正使氣，唯不悲想他。若言七地習氣者，此是無明之習氣，非是正使習氣也。故經云，七地菩薩愛佛功德，不名無煩惱也。具如十地義中說也。

問：事同者，彼十信，中十信也。答：《夫人經》云：三乘初業，不愚於法。《大品般若》中開三乘引，又云：佛、菩薩、辟支佛、阿羅漢，用是般若波羅蜜，以度彼岸。《涅槃經・迦葉品》第四卷云：發心、畢竟不[八一]二不別，如是二心先心難，自未得度先度他，是故我禮初發心，發心已爲天人師，緣覺、聲聞及緣覺，不是發心返三戻[八二]，是故今名最上無。十地義中廣說。又於元陟釋不得。一，如靈味山亮師云：前四教未能悟道，至第五時《大經》教等白悟無，引《大經》第七《四依品》云證彼文自言，自爾之前，我等邪見之人也。法師釋法文云：前四時未明圓脩常住，故白攝家邪見，非是非悟，元當教時，時並得悟雲〔八三〕定道也。今無所得大乘言，半、滿教並。今分悟無求於大、小空人，不得説四時等教明之也。而經云自爾之前我等邪見者，依《涅槃論》釋之，此品正明十六見住義，故言耶見。若爾，指小乘計爲攝不正見也。法義意大小乘經義具説也。

第二，明二乘有無，亦有兩。第一，明有、無；第二，明證有、無。

今序斷釋三乘有無不〔八四〕。一，從佛厶文，漢地開〔八五〕河相傳説，無有一人釋無有二乘義也。勒那菩提三三〔八六〕藏亦不説無二乘也。番《攝論》黑〔八七〕真諦三藏常呵開等否〔八八〕云：無有二乘也。執無有二乘，亦少少不同。一，但起自靈味寺小亮法師云：理中唯有一菩薩乘，無別二乘，而説有者，爲欲引接二乘，如雀母方便説也。二，開善亦云：無二乘。而父小異靈味者，開善前後説小不同。前云：始入内凡，得假名空已，或並是實，聲聞但從法空已去，唯義爲聲聞。凡引十證，如後説，亦改云：亦無改假空聲聞。法師立〔八九〕又云：聲聞之人，根情鈍弱，怖畏生死，志憚脩途，不受大化，兮岸而退，退以如本，隨機接故，説有三藏之教，故有二定。十門定有聲聞、辟支佛，偏修定、慧二乘道也。但師執不得窮枚〔九〇〕。光宅二法師執實、權義，開善執定權義也。實、權者，實有如法根性人也。明法二乘人歲計必應作佛，但逐根性暫時權爾。偏晌〔九一〕定方斷三果或盡，作二乘人，故言權爾也。空掊掊權假爲義也。明實理無二乘，假名字説二乘教也。故《法華經·方便品》及偈言：十方佛土中，唯有一乘道，無二亦無三也。無二，無第二辟支佛乘；亦無三，無第三聲聞乘。但以假名字引道於衆生，權假釋權明證也。實權乘，謂有實行，偏脩空人，斷三果或盡，作聲聞也。侵斷少分習氣或，作辟支佛，無第二、無第三究竟也。

明聲門義果時節短長，有三師説不得〔九二〕。一云：名衣阿羅漢，亦是實偏[九三]脩，當於聲聞人。二云：取衣阿羅時節過位，故非實偏脩空慧人，唯取一生身勸脩者行辨四果者已上，是偏脩空慧聲人。三云：即是旻法師覺[九四]士在海壇彌天寶倫法師義，明偏循空惠聲聞人，經無量阿僧祇劫，方所之取衣時促人，並是重現作也。三果悉乞，未能廣脩萬行，但偏脩定、慧，斷三界或聲聞人也。開善意所以無有實以二乘人者，貴常慧必須備脩，應得以資發定、慧，故無有偏脩空慧二乘人也。

又寂相傳云：有二種聲聞，無一種聲聞者。二種聲聞者，實以聲聞即是六心已還，未登六地頂，退起二乘心行，此是法聲聞。小荘嚴云：此不能斷或，亦未能以似定、慧理始伏相或，但以前事有解伏十煩惱枝條，故取相隨伏也。六心未登所退事宜，如十地義中說。舍利弗昔曾於於六心中退，波[九五]羅門從其乞眼，得而脚蹹破棄之。舍利弗因心法而退之，類例也。二者，捨行聲聞，即是登受已上，六地已還。菩薩，義説羅漢等果，以云[九六]地始斷三果正便[九七]盡，小乘羅漢亦即正使盡，三藏方等兩教相屬倚備爲淸，故言羅漢斷或與六地齊功，故得義功也。七地菩薩，義説辟支佛七地，斷三界正使已盡，復更侵斷習氣無明住地。小乘教，明辟支佛亦微遮習氣法義片得，故七地菩薩義説辟支佛也。無一聲聞者，無有不脩萬行，而偏明定、慧。

釋三界煩惱盡者，三藏數宗定、慧事生，有復難生，有文有理也。文者，《成論・世諦品》文云，猶如屋宅等物事[九八]壞難成，如是泥洹知事，分別諸法智慧難生也。理者，無文，世諦差別，門户階級，條緒多端，有解緣照。此計差別，故難生也。真諦無相乞同之理，俗諦虛假不實理，無有階級，意仅照此無階級之理事生也。以是義故，三乘聖人皆是言仅而來，必有世諦別仅也。大乘明之，正反三藏有仅事生，宇仅難生，必得空有中切彼智慧資發出仅，出仅及所生衆生從無數世界成曾習緣，世諦參差境，故不事有，仅事生無相之仅。曾緣無相定理，故定理生衆生情於之外，所以定仅難生也。今無依無得大乘宗明之，若從凡入空，必從有入定[九九]，故經云：依因此戒，得生諸禪定及滅者知真[一〇〇]。義次第故。至論，得陰不二正觀，方所隨卦空有五阸不二正道建立空有與智慧，亦得明之，難興事[一〇一]生也。

小庄嚴寺榮法師觀得，開善復能據龍光成結，常稍云江南獨出，釋三乘有三種聲聞，無一種聲聞者，如寂云：無有偏晌[一〇二]空慧聲聞人也。有三種者：一者，於信抈[一〇三]立内凡位，但現四諦體，級製四果，如毗曇事所臨終屈指，多是此人也。三者，於六心未登頂已還二乘人也。故《涅槃·迦葉品》第二卷末，釋洹河七人，第三位人，文云：是名爲住求佛法中。誰是？明次第列，謂舍利弗、大目健連、阿若憍陳如等五比丘。釋曰：舍利弗是大阿羅漢，而言住人，住人位比四種處㬉法，尼七、六心未登頂義，說五方便，及二乘極果，相似定、慧也。初心爲五方便，第二心爲須陀洹，第三心爲斯陀含，第四心爲阿那含，第五心爲阿羅漢，第六心爲辟支佛。《迦葉品》第三卷釋第四遍觀四方，即頂法，即須陀洹；釋第五遍觀已得，即斯陀含；釋第六行已仅[一〇四]住，即阿那含；釋第七水陸俱何[一〇五]，善男子，若彼岸者，㰤阿羅漢、辟支佛、菩薩，猶如神龜，水陸俱行。

三者，於川[一〇六]二乘人有，如《大經》云：實[一〇七]阿羅漢，量與羅漢等也。《迦葉品》云，住人異於蹔出還没人，亦得有證信根成立㥾地四果人也。今大乘無依意辨之，不同彼諸師說，即如前釋假十但中製四果，辟支佛與偏行菩薩位，亦即如十地義中說也。

問：《地》《攝》兩論，《成》《毗》二家云，毗曇家製四果於四諦觀位中立，《成論》於四諦觀仅見一滅觀去諦住中製立，《地》《攝》兩論三性真實觀位立法是盡。《攝論》法師即三藏師宗意也。

今山家意，並不得法師釋也。彼宗並是有所得見之心製。何者？拾拾高下前後次第異故，落有所得也。今無依無得宗，無爲法中，無差別、差別明之，無所不是。何者？四諦觀見有得道，真諦觀見空得道。今謂彼二家各執不得，無依無得大乘宗有定，定有二諦，不前不後，不一時，故今明[一〇八]危定有無無有無無有有有矢，無無異有，有五[一〇九]是空，空即是有，誤有爲無，該無爲有，見有爲見，空見雲[一一〇]爲凡有。故數人見有爲見空，《成實》見常爲見有。無爲法中，假有方便各異聞，故經云，而法正有法位也。前以與方便正觀顯然，諸佛聖人隨衆生根緣，各舉一邊説之。不得彼四論差別釋之。故《中論》二十五品，破學大乘先人；後兩品，破學小乘先人也。

問：若然者，亦不得無假，十信位中製四果，中十信已上員[一一一]脩是菩薩位也。答：不二而二明之，開爲𡿨十，但爲前中十信在改[一一二]。若二而不二論之，即假不中。故《中論》云，亦假亦中也。雖開中、假，如雲[一一三]中長、短，無異相也。

第二義，推證無、有。

二乘意舉十事。小庄嚴傳龍光云：開善意。第一，於説三乘之教之厚，道理明之，唯一大乘，而所以開爲二乘者，正爲樂小之人根情鈍弱，怖畏生死，故《成論·行者品[一一四]》，心常[一一五]爲悦，有身有、無身無者，故引接方便，云生死事可免，設或可一身能辨四果，得灰身滅智。涅槃引進外凡下愚之人，令生微善。實理，無有偏脩常慧人也。

第二義，推緣無有實行二乘。何者？或境不出十煩惱，十或皆迷萬境。如邪見既拔，無一乘同陏常住佛果，佛性法卪便亦然。若不誠常住佛性一乘同陏改[一一六]不伏邪見等法，或空空不修萬行，而論意真即法便耶。又《地經》云，初地中菩薩離乘[一一七]相故，尚不貪身，何況所用之事？是故無有不活畏也。復明無死畏，亦以無我故。不若聲聞已深我相，則應無有畏生死，不須連[一一八]入涅槃。若意有畏生死者，則我心不除，則不得云即[一九]或齊六地也。若云脩習無我，有同有異：同者，初地菩薩無五怖畏，須陀洹亦無此畏，其事即如《婆沙》中說也；異者，二乘人，由知無我覺在，故猒在既卑求解脱，故《成論・滅法心品》云：即佛弟子徐猒生死皆以七門去來不生無所有故。見雲[二〇]彌增猒離也。大士菩薩脩空真道年萬川悉安在生死，普濟含識也。同心而廣狹有異，其事相反。若爾，不得偏脩空慧即[二一]或人也。

第三義，推說如超位實行聲聞。初六心未登頂有退者，而有能於道中斷三界正使盡，與六地菩薩齊功。能全有偏脩空慧聲聞，只可小速於菩薩，那忽相絕。有[二二]菩薩廣明萬行功德智慧，絕性地斷結，猶尚難了，應劫方有六地即三界煩惱，常二乘人即[二三]正使，常速於菩薩，過於縣絕。家云有二義不可：一者，即或過遠，若爾，無退者也；二者，二乘人貴空理，不貴萬行。答[二四]爾出能速，即故無有聲聞等也。

第四義，推說無有實行二乘。谷假全有利根二乘者，能於一身中，即或與六地齊功者，此二乘人復過緣發心，迴心作菩薩，遍脩行，得伏無七難於菩薩，絕下斗导，脩萬行，爲當易於菩薩，陀[二五]山來宜脩行者。答彼難者，二乘人已即正便[二六]功侑家彰久已盡，何故難位。若實易者，暫作二乘，則作佛，此即太速也。而論理[二七]之，亦有兩義：一者，不應暫作聲聞，建大心礙[二八]脩萬行者；二者，大而論之，一切神識脩行時節，時時大體是同，皆應退作聲聞，則無有絕性地初地等大心菩薩者也。又若聲聞得道已在同歸，則不待爲《法華經》也。若已尤[二九]常住，亦不待爲說涅槃也。既待說登，方能受悟，則七說不弱已悟也。若言初果不過於法，則前已礙說，今則因雲化凡，凡失頂說方悟，故須爲說《法華經》等也。谷未說時，聲聞人斷或齊功，無有是處。故知無有實行二乘人也。

第五義，撥說無有實行二乘人，約數論兩宗

撿之無有也。《毗曇》宗見有斷或等智，即扶阿羅漢有退，初果見理，即[二〇]迷理或盡，緣事生或，輕重礙去五逆等惡皆是事或，初果礙爲也。《成論》宗明之，見空𨚗道初果，十惡、五逆悉已盡，將《成論》宗撿《毗曇》，撿《毗曇》阿夢漢，依穷仅猶是仅凡去，故繪有實行二乘，則然人[二一]也。答[二二]言實行聲聞，於六心退有者，《成論》法師云，迷是捨行聲聞也。又法賢空中，如論世現滅人等何所頓斷災法，便成羅漢過，爲迷法羅漢，亦應例然。故無有脩空故二乘人也。

第六義，推説元[二三]多二乘人得川明之。寂云：慳爲對行，檀嗔爲慈悲行對，二乘人不然[二四]行惡法，遍脩法切然，伏正使枝條異而，然後方脩空，方亦除皆[二五]或。理而論之，有則正使盡。又無慈悲等切然，故相傳云：小乘阿羅漢，不礙慈悲切信行，故知無有實行二乘人也。

第七義，説無有實行二乘人約遲速明之。有人在欲界，脩得三界禪定三十三品一分，或言三十三品定一生身斷三界煩惱盡，成阿羅漢等。如論八仅脱首所衣時有煩惱，取衣已即無煩惱，又《三去品》云：取衣時有三毒著衣時已，則無三毒等，如法偏脩宜去見，三界或遲速，過爲縣遠，故無實行人。若云：取衣聚應迹捨人者，小乘宗明義，從凡入空望聖朱[二六]明捨行，捨行内則傍大乘意也。

第八義，於説無有實行二乘人約人。人者，佛人也。如佛自始應在第四天生在現爲凡夫，如初教宗所明，菩薩從兜率陁天上於摩尼寶殿中，放大光明，遣法菩薩先下，或爲父母觀幾貧窮疾病等。如《涅槃論》初意神通反示意，又如梵志來至如來所一聞爲説法，便得悟道迹大乘教理，而意之如來等一生得道。既非實録得道，故知聲聞脩道，亦引接方便説，無實行二乘人也。

第十義，於説無有實行二乘人，約道理明之無二乘。何者？凡有衆生不識一，然三寶常住，一乘同歸，而得脩去定者，即[二七]三界或盡，坐二乘極果，無有是處，故云：無有實行二乘人也。開善門徒去[三八]法師，十意了有實行二乘，意說亦種種不同。大意同一家無得無依義宗科，科中所以廣去者，只爲《地》《攝》兩論》《成》《毗》二家義宗，據塞無礙無得道，爲作[illegible]礙，所以廣[illegible]破有，如四論廣破繁。若無有得四論，據塞大道道[三九]，如鳥飛空，無有蹤跡，不得廣去，爲有所得四論宗，故了莫言繁廣也。一家相傳云：如第一仅中說，古昔淨三藏師等，無有一人說無二乘，[illegible]經論中亦不見無二乘文也。但衆根性不同，隨其根性說二乘。如是了，是《地》《攝》兩論》《成》《毗》一家，與無得論各各願樂不得，故開三乘人也。

問：若然者，何意性破四論相名，亦處處秤中說爲著名四[四〇]相，故落有所得被[四一]，亦名甘露，亦名毒藥也。亦是有得四論，失於中假於位中，謂爲究竟至極，無故以落無所得宗，故被破也。如《成論》三大法師，並云三乘得觀。

三[四二]法師及以法行師自引文證二乘，亦得觀四文談一。《大品經·往生品》云：聲聞、辟支佛具智若斷[四三]皆是無生法忍。又《三慧品》云：諸佛、菩薩、辟支佛、阿羅漢，通是般若波羅蜜得鑁[四四]彼岸。此一文證三乘同觀般若空也。又《法華經》身子領解文云：我等同入法性，云何如來以小乘經[四五]而見濟度？即是同觀無生一文也。又經《珍[四六]如品》云：於第一義諦中，下智觀故得聲聞菩提，中智觀故得緣覺菩提，上智觀故得無上菩提。此兩種經文，證三同觀第一義空也。《攝論》宗，豐，廣兩處不同。在豐處說《毗曇》四諦理爲去實性，求廣州爲諸覺[四七]士說經部，真諦爲去實性。三[四八]法師，三乘同觀，真諦理爲真實性，依他，分別性自是世諦也。三無性，有是已前三性之至極理也。今無依無得宗宣之，並是空實。二諦，名字論之，悉是假十信位辨之，實爾以是無所得理解，法並被破也。

問：何以得智[四九]諸法師宗假十信位爲明之？

答：大乘無得宗，非唯是無所得爲宗，改〔一五〇〕是尓返非無所得至處，如處處中說。

問：何以得智有？答：《夫人經》云，一依章玄〔一五一〕，三乘初果，不過於法〔一五二〕。若爾，三乘初果，即是假十位於法是中十信也。又《法華經》云：實得阿羅漢，若不信是法，無有是處。又《大品經》云，於般若波羅蜜中開三乘之教也。

問：三乘初定何位歟？答：諸論師云，假名空爲三乘初果，法空非初果。今無得宗，彼假、實兩空。小乘宗明之，亦得之。今大乘宗，兩空並是假空，不同彼辨位也。若然者，三師云三乘同觀，爲非議耶？故《大經》云迦旃延子學等。引大乘經證義宗，不得也。何者？小乘空，生、法二空爲至極，生、法不二是非彼所稱，不得引證也。前大法師等引《大品》《法華》《涅槃經》云三乘同觀，即非也。

第三，明一乘義，有兩。第一，明乘至、不至佛；第二，論乘功用。

釋一乘體位上至極佛果、不至佛果，釋不同。一，莊嚴、光宅二法師義宗，明一乘正體上位但是因地，不通極佛果。而兩法師自後小小左右不得。光宅所以一乘不通佛果者，正由比莊蒙〔一五三〕開善義故義宗，補處相續，故無有轉反〔一五四〕相續假義也。莊嚴師義宗，後法無有接前故，無假致前法有不斷續作後法，後法無有接前，故無有軍〔一五五〕前法義，故乘不通極佛果也。開善義宗，佛果起續金剛，金剛心被續不斷轉作佛果，故乘通佛果也。光宅不許前法不滅轉作後法，故於大乘中難二法師，相續轉反義，高聲唱言佛有角等義也。光宅義宗相續假，假實前自滅後自生，大詠始終是等類，故名相續假。無有後續前，前不滅反作後義故。開善、莊嚴兩法師，共斥破云：雲師義無相續假義。光宅雲法師釋：常住佛果定是有，而無有該金心中，金心中被該不滅轉作佛果義。既佛不續接金心，便金心不滅轉作佛故，即佛無有運金剛心故。光宅云：乘不通佛果也。莊嚴師云：一乘所以不通佛果者，執佛果寂照義，彼理金剛心證得佛時，實無佛無不佛，息機照亦無應化，但無名相中寄名相説有衆生得佛義，隨寄名説有常住佛果，而常住不接續金剛心，無有運金剛心因地法義，故一乘上位不通常住佛果也。光宅、莊嚴兩實宗，常住佛果，不接運金剛心因地也。彼二師引《夫人經》云於一乘上更無説一乘法事，証一乘不通佛果。開善家辨此文，佛果更無動轉義，故言於上更無説一乘法事也。故開善家宗，明一乘通佛果，有文有理。文者，即《夫人經》一乘音十[一五六]文云：今得究竟法身者，則究竟一乘也。釋云：究竟法身，即是常住佛果。既言究竟法身，即究竟一乘，證常住佛果一乘也。小莊嚴師，又引《金光明經·三身品》文言，若了義説，是身即是大乘、是如來性、是如來藏義。理者，正以佛果續金心，金心得續作果，即是佛果運金剛心。佛果既能運金心，故一乘通佛果也。今無依無得大乘並不同法，説一家意，無名相中假名説，開爲因果，由因故果，由果故因，因是因能運出果，果能運出因，離因無果，離果無因，因即是果，果即是因，故得言一乘通因果。人法、法人，雙滅滅反，補勝反[一五七]勝，前後後前，類可尋也。

問：若然者，常無常、無常常迷例者，佛果常，由無常故，佛果亦是無常耶？答：亦然也。故《中論·涅槃品》云，有人言，佛果常是涅槃也。論言，破云，由無常故常，無上去，常亦去，云何常是涅槃耶？故知佛果亦是無常義也。至論涅槃非因非果，非人非法，非有非無，故無得，非因果，所得無至，非處所也。雖然强名者，亦得言涅槃果常，種種得而不同。《地》《攝》兩論，《成》《毗》二家義宗，如處處科中斥破也。

榮法師就[一五八]光傳開善義宗：通而爲言，通三性心體，並有爲佛果，作習因義，即是正因佛性，皆有相資出義，悉是一乘。據《夫人經》《法華經》明一乘皆偏[一五九]作善性，善性捻體，通召佛果力强緣故也；惡、無記性心雖有一乘義，設而不論也。三藏教中所明五乘法，善至方等教撿有者，皆是一乘體攝也。三藏教中有偏空慧，故二乘善，及三藏佛因果空去善，諸三乘善，至方等教中撿，皆無非一乘體攝也。以方等教撿三藏教，依三藏教，從多論之，但能生解凡夫善也。答[一六〇]正論乘體取去無陥善仅等，及相似無緣善仅等，及外凡夫有漏善仅等，並是一體故。《法華經·方便品》云，童子聚沙、散花心、低頭等善，皆已成佛道也。今無依無得宗，則不同彼説。論師等存心意，世諦空假法有義，故悉是理外，落有所得，被破也。若了悟不二而二，無爲法中假名，無差别[一六一]别，亦有諸義等，如《法花經·方便品》云，童子聚沙等善，並是無所得善。故《法花論》云，低頭舉手善，是性地菩薩善。亦如《大品經·三慧》云，敬心念佛，乃至一華散虛空，并一稱南無佛，乃至畢在，其福不盡。如是，佛福田中福種[一六二]，其福無量，以是義故，當知佛與化佛無有差别，法今於[一六三]無異故。若爾，兩經意無異意，是性地菩薩無所得智，不開存心意有所得善等故。如四論諸義，迷是有所得，被破，不入一乘宗，只得次第緣，不得作習因得佛也。

就[一六四]光傳開善義宗，一乘意，於三假降金剛心已還，因成假毁，於萬善運出，亦乃云，萬善共成，因假人有運載乘，法有一因，成假人。然運載名爲因，成假一也。初令善細詮相勝假善法運心體，能運假人，乃至常住極果，該金剛心，即續生死中怖[一六五]能運金剛心，動出作佛，即能運生死中，有心動厶[一六六]作佛，能即相勝任心，善人能運載，名爲相勝任[一六七]一也。

論相待，有兩種：一者，捨、實二教相待；二者，當衆教一乘體有總、别，自有相待。捨、實兩教相待者，捨教明開三乘也。實教但明一乘法三一相待，待三故一也。一乘體總、别自相待者，别則有萬善不同，總則得運歸一極不異，以總一乘之一，待善體之萬，比[一六八]相待，待萬故一也。此即相待任一也。

此三種一，以相待一爲乘端，而有二義。一者，相待一乘攝乘體通常，此即是體通無相待故也。因成相待，有兩。一則攝乘禮[一六九]不盡，因成一攝。乘體有兩義：一者，因成任上不通常住極果，即是不攝佛果乘；二者，依任實相𢼸義乘體萬善，有不成因、成任人義，即是下地善相不常義也。相待一攝乘體不盡，亦有兩義。一者，極果善解體通入一乘，但勝前金心義，故入一乘；乘果不勝金剛心義，則不入一乘。二者，下地善解入一乘，有待、不待義。不待義者，如習釋兩因論善生而滅義，而有資生運義，故入一乘，此善義非相續義攝也；二者，因成相續，兩一則別相，待一乘則通，通者，則因成一形，待彼衆因。故一是待一相續任一，形待於義，以二因故：一，即是待；一，不論待。賴須待之待[一七〇]，待賴須待之待，於三任中語義，各屬任也。就光云，開善常云：此三任待不待，即不善出應人之表。今無依無得宗定之嘍嘍別別生於分別心，於入道道[一七一]無益，如百草也。如八不義中破三任也。《中論・燃可燃品》，竜樹菩薩云：若法因待成，是法還成待，今則無因待，所成法亦無。此四句語，並破洗盡三假、待不待、具不具等義也。雖然破衆生於緣性無爲法中，而有差別，亦得有之，故云，有正有法，願雖然爾，有便不便、得不慢[一七二]事也。

第二，解功用。諸論師等云：乘正以運載爲義，亦言乘運致爲義。能運行人，遠進至佛果，佛果續於因法，法能運人，人能馭行也。亦言進趣，進趣於果也。彼四論義宗，恰恰有人與法從小至至也。今無依無得宗，永異於有得四論宗。若名字、假名、方便無爲法中，開差別，亦得有此數名。而既言無差別差別，故雖言運載、運致焉近[一七三]趣等抑[一七四]名，而至[一七五]有如彼從下至至，故經云，來無所從，去無所至，如《淨名》細說。又《大品經・發趣品》，善吉白佛言：云何從一地至一地？佛答云：菩薩摩訶薩者，有法無來無去，相上無有法若來、若去、若至、若不至，諸法相不滅故也。然《地》《攝》兩論，《成》《毗》二家宗致，十地恰恰有高下法舉[一七六]差別。若爾，豈非有所得耶？事事具如十地義斥破也。

竜光云[一七七]，開善義宗，乘切通便所運動，上不無運動義，但能運未必動而運，故不以運動數乘。不動而逆[一七八]，有上、下兩種，上則佛果不動而能運，金剛已定，習、釋兩因，善解生而即滅者，不動而能運資行，便[一七九]出作佛也。乘所運心人，必動出也。人動至金剛，例滅心動心，動至佛而任不復動二不例也。故諸便動出即是載義，故言運必載，以運載釋乘也。

法師云：運有三種。一者，運前；二者，運後；三者，同時運。何者？以後續前，便前動出至後，名一爲運前也。以外凡夫善等，便法雲十地心出作佛，名爲運後也。以同時心善無作善等，便同時心轉[一八〇]出向佛，名爲同時運也。據此三種運而爲言，佛果但有運前之運，即佛果續金剛心，便金剛心動出轉作佛。下地具有三種運，即如向所論三種運義，假人亦使心動出，此即任實牙[一八一]運義也。

問：假實牙相運者，心即佛果，假人亦即佛果耶？答：開善宗，佛果非實具非成，故假人但至金心，佛果但法因成假。上有人言佛果異具因成假，非開善宗也。

問：何故以運載釋乘，言運即具載，不以運動釋乘耶？答：運即是然[一八二]載。運亦即是然動耶？答：開善云，耳[一八三]然載即當分是載佛果，便[一八四]金心動，而佛果不動，故能載而能動。此義非例。例如前仅皆迷或便迷或即滅而能即皆是即皆是能即滅非即迷或所皆迷或自是即滅也[一八五]。乘能運載，是載能動，非動亦然也。陟亦能分疏而證是是[一八六]二見客。今無依無得宗則不然，《大品經·三慧品》自標問，云何名爲有所得、無所得，佛答云，諸有二者名有所得，無有二者名無所得。

佛自分明言，無有二者名爲無所得，云何言佛果不動，金剛心動，金剛心滅，佛果不滅等也？今謂動即靜，靜即動，即[二八七]即所，所即非，離動無靜，離靜無動。果因、因果，常、無常，類然。至論非動非靜，非因非果，因、果不二也。而經云佛果常等者，横云斥破二乘故爾[二八八]礙，如涅槃等義科中辨也。

問：若常無常、無常常不二，云何捨無常色，獲得常住色，受、想、行、識亦復如是耶？答：此意就情悟心有法界故爾，亦是引接故爾。若理而論之，如前動與靜等不二也。

第四，雜料簡。一往不二而二明之，乘是對人名也。行能運人，爲人所乘，故名乘也。所言一者，隨義釋有四義：一者，簡別名爲一也；二者，破別名爲一也；三者，今[二八九]別名爲一也；四者，無爲故名爲一也。

言簡別者，據實理明之，唯一大乘，隨緣隨化分三，簡別破三，是故言一也。

言破別者，佛隨衆生根性，方便假設三乘，衆生聞已，執假開三，是故言一，故《法華》云：十方佛土中，唯有一佛乘，無二亦無三也。又經亦言：唯此一事實，餘二則非真也。言無二者，一大乘外，無別聲聞、緣覺二乘也。言無三者，一大乘外，無別聲聞、緣覺二乘，并無有隨緣化偏行所設大乘也。

問：直說無三時，無二已衮[二九〇]，復何得別說無二無二[二九一]耶？答：聲聞、緣覺二乘者，是大乘家對說偏悟假有不有、假無不無二乘也。大乘亦有二種：一，悟假有不有、假無不無脩萬行菩薩大乘；二，悟有不有、無不無，圓悟中、假，方是實大乘。亦得言前權大，後是實大。亦得言如言三阿僧祇劫，但脩六度，不脩習諸地無漏。次於百劫脩相好業，隨業明之，名爲權大。破此權大，并破餘小，是故言一也。

今別者，撿而明之，唯一佛大乘，隨衆生分一爲三，今還攝三歸大，因無異趣，大果無別，從故言一。故《夫人經》言大戒儀以爲木叉，毗尼學者即是大乘學，故云：波羅提木叉、毗尼，此二法者，義一名異，毗尼者即是大乘學也。又經云：汝等所行，是菩薩道。正是根本無二法，故一也。

問曰：前破三辨一，今復何故合三爲一耶？答：對執情其別若〔一九二〕，故説破三處執情明之，就理爲言，一理外無三，是言別即是一也。問：乘者，人所行，三乘人別，隨人教乘，乘應定有別，何故言一耶？答：以理一故爾。故經云，三乘雖異，同一佛性，猶如諸牛色雖種種，乳色無別，三乘亦爾，佛性無別。性無別，故證未圓，唯一佛因，証之因極，唯一佛果。是故就實論，唯一大乘。故《大經・菩薩品》云：世若無佛，則無二乘證於二種〔一九三〕涅槃。而世界唯一佛，更無餘，故無別二乘得二種涅槃，故言無別。如是意也。言無別者，就實理明之，乘無有別，非是有三別，可破可合。猶如虚空，平等無二，言一也。

問：一乘以行爲體，別多種云得言乘耶？答：不二而二論之，法行有二種。一，別相門；二，共相門。此別相是共相，共相是別相，非一非二，假名開之。若別相門，乘有多種；令得共相義，故言一。猶如衆等共成下、五陰共成人等，此義亦然也。此一乘，如《十二門論》云，亦名大乘。此則隨人。仅〔一九四〕釋佛、菩薩，是大，是大行乘，故言大乘也。前釋名中有出，亦得數法辨備攝，如六度相攝則廣大，故名大也。

出家相傳云：若言一者，要有四種。一，無三故一，即是無二故一也，故《法華經》，有一乘法，無二亦無三也；二者，因一故一，即是萬行，即是果因，故一同也，汝等所行是菩薩道；三者，果一故一，即是一萬位，故《法華經》云，爲一佛乘故也；四者，體一故一，此通因、果，即坐通一，故《勝鬘經》云，説入一乘體，此一乘亦名大乘。四義同向四一，亦名無上之乘，物不能過此也。即是簡非二乘之大，故《法華經》云：

是清淨，於此[一九五]世間，爲無有上。又一乘之，名含行理之一丅也。大乘亦然，即歸大本以當體屬稱難也。故就务[一九六]菩薩《十二門論》，舉六義釋大義。何者？一者，於二乘上，故大；二者，法佛最大乘，此大乘能斷[一九七]，故大；三者，諸佛大人之所乘，故大；四者，除衆生大苦，然[一九八]與大益，故言大；五者，觀世音、彌勒諸大士之所乘，故言大；六者，然苞[一九九]諸邊，故言大也。如來出世本爲一大事因緣故出現於世，但衆生殖因不同，隨其所樂，於一爲開爲三，三即是一也。

隨緣說，有四門義：一，令三歸一也；二，破三說一也；三，開三明一也；四，癈三興一也。如前說之，此四種門，不二而二明之，通於人、法、理、教、衮、行六種，前略故四也。論師云：別而爲言，令行者破出執，餘二通三，謂教、行、理也。今無依無得宗，彼所明宗，若行，若教，若理，有諸法，並破洗，無有留微毫也。

問：以法能運，運御而不說人御，御即運不？答：迷通尋法，運通是載之別名。而不二而二明之，宜指於法尋此御，通即統之，别種宜屬於人。此即人法、法人隨便不便論也。

問：尋一名不諦於三，亦通於四，理一，名一，義一，事一，教一，即是九[二〇〇]，何故但四門耶？答：實如斯也。而者不二而二毗[二〇一]，言者正說無二故一，攝衆一已，當指事，通爲體，亦攝通。此前釋理名義政，此四屬無三故一，所攝具足攝具足當也。

問：若令三行陏一行者，何意不令政歸一政耶？答：並得也。故《大經》言，以珠力故水清淨。如前三陊，是方便說，今一乘既正觀明了，前方便亦了也。論師云：行是因近遠向果，所以令之。正是非因法，癈於一時，行有長進義，以開脩習故。正非別脩習，復無進義，故非例也。今無依無得宗則不然。如經云，一中有無量，無量九中[二〇二]一。指一爲無量，指無量爲[二〇三]指習爲無習，指無習爲習，故一例義也。又不二而二義，亦得言政非脩習故，不令政而得言政。何者。政爲行，行爲政解。何不言政。故變言會，亦得其不舍政也。論言令不令相，不同四論宗義也。

問：乘義、道無義，復何別屬？答：不二而二明之，總相釋之，能通名九[二〇四]，能運名乘。雖然，人馭具載人，人、法相成，人能馭法，能運出，法能載人，能運出，兩相成運，出進趣義，名爲乘。宗道則能法，通得果義，名爲無宗。不二而二明之，大宗乘是舉人法，法人運出進趣名乘義。道是人法行，通得果義道義。

問：道但行通得果義，道人邊即無有通得義耶？答：而明之，人亦得果，義別如前，義名有宗。問：乘與道位高耶？答：乘運出，正得因中運出，正宗至得果，則傍[二〇五]義。道則正得通，得義爲宗，因中通義，傍也。

問：不二而二義横、竪中，何不二而二耶？答：此中不二而得任明[二〇六]，故横明之，竪義則傍。

問：門與乘、道三，云何取別？答：不二而二論之。一往明之，通入名門。然運、界、乘通、別名道**险**開三**险**，無名相中分。若如空假世諦虛妄，世諦等者，即落有所得理外。所無依無得宗落問論宗即一一破洗，纖豪不留之。一家[二〇七]宗，如空中織羅，虛中織紋，假名名字，無有蹤跡。

問：乘通三性也？答：如《毗曇》宗，乘通三種爲體，彼明善、惡、無記通三聚法故。《成實論》宗善、惡但通兩聚，不通於色，故二聚以爲乘體。又《毗曇》宗，無作是色；《成實論》宗，無作非名非心。若《毗曇》宗，善色自是乘體。訶梨宗，緣具合明之色，亦是乘體，實爾論之，色非乘體也。今無依無得宗，作、無作作因緣假名方便，不二而二明之，經既云捨無常色，獲凡[二〇八]常住，色、受、想、行、識亦如是者，無所不有。雖然，都不得《地》《攝》兩論，《成》《毗》二家宗。何者？點空作色、心、無作因成相續、相待等，故無相無迹等法也。三性亦如是。於般若正法中，開立多種法，無所不有，故言一切正、一切邪。論師等云：無作有與無，師說不同。七地已還，有無作無中解涉假於別法；八地已上，則無無作法，但有心善、惡二。云至金剛心有無作，佛果則無無作也。今大乘則不然。具如上述點空明義，永異此論宗也。大乘宗無所不有。故《大品經・三慧品》云：一花嚴[二〇九]虛空中念佛，乃至畢竟，故其福不盡。若爾，可得言七地已下，有八地已上無有耳。何且[二一〇]直造井、橋梁等生善，但七地已下生無作，八地已上不生耳。今大乘宗通而爲言，緣礙[二一一]明義，教境等亦乘體。如假十信前學無所得凡夫，大乘體都不取。若《地》《攝》等四論一切法不入體，故《大品經》《大經[二一二]》云，有所得者，無道無果。不動不出，故都收乘。

問：《法花經》云駕以白牛，此文云何釋？

答：此前已釋，今更明之，但說不同。生法師云：神通無垢爲白牛，内解窮後爲肩[二一三]色充，累道宣大乘之化，入於五道，駕之而遊也。光宅雲法師云：空慧爲白牛。招提師云：一法兩義，指此乘明有本義，速出說白牛也。今大乘意，人、法爲別，牙[二一四]可義法牛說行人也。

問：明位云何。答：論師云，位始成終滿。始成有兩者，仅[二一五]行初即相佛成。若[illegible]初地始是真成示，從方便入於正觀。終滿二因，金剛果於仙，示從因還果。但釋初位，有三說不同。一，斌師云：地前是正乘位。諸師云：作此釋者，得之方便先於正觀。二，亲師云：窮於初地始是乘位。又諸師云：此得正體者方便。三，匡山遠師云：八地已上，方是無上大乘令之。又諸師云：此得就觀及與乘體，失於偏乘及與乘通也。四，招提云：含通三釋。若能相資義，地前此善相從入乘，故《法華經》云，低頭舉手，皆以成佛道。若論真成，從地已去，是故《法花經》云，是乘清淨也。若論成，八地已去，方是也。辨論終位，亦有三家不同。一云：乘位在因，況在門而入，入裏乘，亦置果附任[二六]人作去。《夫人經》於上更不説一乘法事，此指果上無因事。此師意得因出果也。二云：一向置果。此師意得果出因也。三云：亦得論之，若因乘，但極金剛心；若果乘，則至佛果。既是常故，不復運動，猶故載人果無因事緣中運他，此通不息，例如於道也。

今無依無得大乘宗則不然，彼意凡夫不相似乘者，乘佛乘空，執高下參差，空處不同。開善落有所得理，仅於其恭，不關諸佛菩薩假名乘，故並被破。四論氣空無所得乘，遠作次第緣，故三位中不定位也。今無得意，開則有六位：一，學無所得凡夫、二乘位；二，假十但[二七]位乘；三，初發心中信位乘；四，相似乘位，有三十心也；五，從初地已上還[二八]金剛心亥[二九]位乘；六，佛果是位乘。大乘意，無差別差別，開則六種位，合則無所得，無識毫相。開不失合，合不舍開。還論非開非善[三〇]，亦得言並中地教高下十地，具如十地義科中説也。《地》《攝》兩論，《成》《毗》二家，好言三論，信破相門，又云破執，何時破法？比[三一]人不見龍樹菩薩與提婆菩薩，凡俗何足恠之也。《淨名經》云，但除其病，不除其法。若爾，豈非破執耶？答：經云不除法者，因緣假名法，有何法可除？經云但除其病者，如《中》《百論》中所破。彼若竟[三二]智，若因果，若有無，有法悉是病衣智等也。何信除執如四論所明，而法無非所破除法也。

一家開凡有五義：一，政；二，理；三，機；四，根。此中言四種，自有道從乘體也。《地》《攝》兩論，《成》《毗》二家義宗，五種即是一乘。逐近説三，涉政名爲小乘，中政名爲中乘，彌政得名爲大乘。本遠空，此三種總歸一乘也。今謂不二而二，開説名字假名説，亦有此意而意，故不相關也。

問：三乘權説得有理不？答：論師等有三説不同。一云：實有三乘，故有理。二云：二乘言政一向無理空權故。開善言。三，招提云：不得偏通理空，二乘不勉例〔二三〕或，那忽成聖，此意想被政二乘也。亦不通無理却無理者，云何而説二乘耶？今日兩空亦有方便説，即名權，非理窮竟，故得言是無，而終歸極，故得言理也。今大乘意明之，時教論之，於小乘中二諦爲理，如《陳如品》説，人〔二四〕究竟大乘，意二諦爲教。故經云，有、無方便入非有非無。如小經中心滅空，大乘即心不滅作佛性意也。

問：三乘心令同不？答：嚴家云，正令於二以歸於一也。菩薩與佛信是應現个一，發其迹示之，以本名字爲令，令迹歸本，即通小機滅此挃教也。今大乘則不然。若爾，陀〔二五〕凡夫位去〔二六〕入菩薩乘，却無耶？彼或偏〔二七〕待捨行明之也。無依無得大乘義者，仅凡夫位，依偏〔二八〕脩萬行入偏脩儁十信，亦得言行假十信，三乘入中十信，名爲令三歸一大乘義也。

第四，釋五乘義。一家關河相傳屋〔二九〕攝嶺高句麗道朗法師等云：不二而二明之，五乘並是正法。般若家方便通，故悉是無依無所得五乘也。故《思益經》云，門有有門耶〔三〇〕。亦如名甘露，亦名毒藥也。又如《大品·耶屋或品〔三一〕》等云，於般若波羅蜜中開三乘道。又《歎淨品》云，無有一法不入法性者也。故一家云：如釋迦從摩耶夫人右腋下墮地，乃至雙林涅槃，並是何刃方便通也。如《地》《攝》兩論，《成》《毗》二家義宗，有虚任〔三二〕與虚妄兩世諦體有故，悉落理外有所得，故般若方便五乘，故並被破。理解法故，非方便通也。今不二而二明之，開人、天、聲聞、辟支佛、菩薩涅槃五乘也。人以仁慈爲義，天以自然皎淨爲義，自然即天然也。人、天二乘，從果得名，當分能滅人即果也。人即之異，正是擇因能。是人、天以雖惡道諸義宗，即攝習常在其內。故《法華經》云，舉手低頭皆能成佛。其猶萬里之行，始發爲之也。今無所得大乘宗，如此論師宗，悉是理，仅行行起不習因，但遠由入理内，漸由不得作習因，只得次第緣、增上緣。而經云汝等所行是菩薩道等，如論云性地菩薩所行無所得行也，亦是通明得無得法。若遠與近弁菩薩道也。

問：若遠近得言菩薩道，何故往往破《地》《攝》兩論，《成》《毗》二家義宗耶？若得得意之，《地》《攝》等四論法，善是不定[illegible]，亦是遠入道之器[illegible]也。入理内無所得，決得打破洗四論家諸善因故。一家相傳云：理仅〔三三〕外入理内時，有四句，如佛性等義説之。

有人好云：三論家宗，衆生不得作佛〔三四〕，今時衆生作佛來者有四句義也。故經論勸情十善、五戒等善，但不得切習因作佛菩薩等也。故遠而論之，便釋因擇生善處，先以此善法調伏身心，其心能受道法，爲説無所得善全脩行也。故人即報因，亦得是佛乘之由，漸無所得三乘懸[illegible]，而遠由義，故開五乘也。龍樹、提婆，風俗□以決須破《地》《攝》兩論者，彼義宗，六識動〔三五〕阿梨耶識成種子，造六識。六識、無没識，更牙〔三六〕相成，名爲虚妄世諦體、相差別，如論虚假世諦體、相，本無今有，名爲生虚妄世諦。信心解無境，異成論宗故。若有人異於此宗，通於攝論宗者，則非三藏宗，即偷〔三七〕無所得宗，故非廣州三藏義宗，故言騾《攝論》。又諸師與地論師、《成》《毗》二家諸人，並入三論家，悉打破彼四論義宗，故得同宗漫語耶。

問：偏〔三八〕行六度菩薩得何果佛？答：得三十二相、八十種好佛，故《大品經釋論》佛〔三九〕云，有二種身：一是父母生身佛，即是相好佛；二，法性生身佛，即是常住佛故。仅〔四〇〕云，光明無量，徒衆無量也。

問：法性佛定是無常身佛，爲是常身佛耶？答：亦無常亦常，故《大品經·句義品》云，一切種智，有爲也。亦如常住佛是〔四一〕身佛。若至而論之，常住佛亦是無常佛。故《中論·涅槃品》云，有一論師云涅槃是道〔四二〕，龍樹破云，由無常故明常，若無有〔四三〕去，常亦去，云何常耶？涅槃是得，無處所，無量[illegible]處所。若爾，雖於有、無所〔二四四〕四句所得，强名涅槃，正般若、正法涅槃，非四論宗也。

二庄嚴義，有三意：一，釋名；二，出體；三，料簡。

不二而二明之，二庄嚴者：一，福德庄嚴，亦名功德也；二，慧庄嚴也。若言福、德庄嚴者，無所得善法，能濟潤利行人，故名爲福，福則是其善行家德，如清冷等是水家德也。言功德者，功體、功能也。善有濟潤福利之功故，名爲功也。是其善行[illegible]待，名爲功德也。言慧庄嚴者，有人言，智慧者，照見名去〔二四五〕也。仅了[illegible]慧，皆二種，別了知世。諦者，名照。第一義，説名爲慧。今大乘意，如《大經·師子吼品》云：般若者，謂諸衆生；毗婆舍那者，謂諸賢聖；闍那者，諸佛菩薩也。成論師釋，番無癡善根爲諸衆生也。今大乘明義，凡夫衆生既壮屋，故不知中假而緣般若，耶〔二四六〕直舉不二義種爲般若。故《涅槃論》云，衆生是佛，内亦非外，亦非四句，並非衆生是也。亦如有衆生悉有佛生〔二四七〕也。毗婆舍那，謂諸聖人，諸賢聖始悟假，故名爲見，勝見，見四諦明了故勝，屬仕〔二四八〕賢聖，異於凡夫也。闍那者，[illegible]決斷明了中假，故名爲諸佛菩薩，具〔二四九〕般若義中説。亦是無差別差別明之，若諸衆生不識中假，故舉體般若强名之。諸聖人假義，故名爲見。諸佛菩薩悟中與任悟窮極，如十力初力故物智。若爾，開之凡夫衆生舉體名之，聖人待任邊説之，諸佛菩薩令中任名之。

第二，明體法。二種庄嚴，不二而明之，功德與智慧，並是事般〔二五〇〕爲體。故《大品經·勸學》文云，欲得六波羅蜜與三十七品等因果、智慧、境智諸法者，當學般若波羅蜜。文方以勝勸文云，欲得如是功德，當學般若波羅蜜。故知是通般若爲體也。

第三，料簡。問：無差別差別，通如《勸學》文云六度等爲功德者，然功德門功德與智慧義不？答：亦得之。如五度爲功德，第六度爲智慧。又得善、靜二通爲功德庄嚴，若智慧莊嚴也。此言不二而二，造境爲智，不造境爲功也。又二不二明之，六度並是智慧爲體，亦是悉是功德也。故通義，則齊此福與智，如經中意成般若名爲莊嚴。或以説之菩提具，或名助道，或言律儀也。言莊嚴者，如《大經》分别有四義：一，能政人；二，能政心；三，政果；四，諸行。共相莊餝，故四莊嚴，能爲佛因。菩提具之，脩順菩提，名爲助道法也。言律義者，身能理隨順戒律，不令地地者地[二五一]有得心，即是菩薩破戒律，故名律義也。此四種謂開之，無纖豪之異相，亦作任亦中故也。

開善大乘義云：分體者，功德、智慧二法門，諸經論分之有異。《大經·師子吼品》云，有三「復次」説，初以空慧爲智慧，有行悉入功德。何知？文云：慧莊嚴，從初地乃至十地。以是理空慧爲地體，上所生别屬功德。福德者，檀波羅蜜乃至般若，非般若波羅蜜，則以五度屬有行中智慧，非般若波羅蜜屬功屬門。般若波羅蜜以屬智慧，故簡異非功德也。第二「復次」，智慧莊嚴，諸佛、菩薩，則是佛乃十地也；福德莊嚴，則是九地菩薩。又能緣[二五二]劣[illegible]没明之，佛果與十地，皆有功、慧二門，九地已還亦然，信福德義劣，智慧義勝。即[二五三]或，《成論》言，故則爲高位説也。第三「復次」，謂因、果位分之，云：福德莊嚴，有爲，有漏，有果報，有礙。故非道智也。慧莊嚴者，無爲，無漏，無有果報，無礙，是常住。因、果分門[illegible]没明之也。今謂第一「復次」者，有二義：一，六度並是功德，故非六度爲六度。如非有有、非無無，約般若波羅蜜，爲非般若波羅蜜也。二，就中假明之，擅與[二五四]乃至般若，約假辨之，非般若波羅，偏[二五五]舉正法，般若論之，即横意也。第二「復次」言[二五六]，第十地與佛果，亦是偏約煩惱盡，故福慧；第九地已下煩惱未盡，因爲功德也。第三「復次」言，亦是惑盡、不盡，因果明之。經中三「復次」言，不二而二明之，法開三意，初即後二意，二意即初意，初意不異後兩意，後兩意不異初意，第二意不異初、後，初、後不異第二，實論，非初非後，中中也。

經論中，諸德行不同。如《優婆塞經》云，戒、精進，以爲福分；忍、禪、般若，爲智分。何者？如施與戒，於身、口麤事情行資勸行人利義巧相，故説爲福分；不能照見緣細境，故不名智分也。精進除然〔二五七〕策此行而精進性，是發勸脩事情行，而事相是麤，故精進，故施、戒，攝之爲福分。政〔二五八〕三種中，般若正照見空之性，説爲智。即般若中要忍名忍，忍體是慧，故攝智中，如伏忍、證諸忍，順忍、無生忍、寂滅忍也。法六度實是並是慧性，亦是般若，名字通故，功德分但就假中，通中逐事麤、微，分之福、慧也。又一般若中義分之六，如六度相攝也。又定〔二五九〕觀身、心不見，故仅來割折，身、心不動是慧性，禪定則能當念停住極難，故慧性攝。般若自是慧也。二，依《相續解説經》云，施、戒，爲福分；般若，慧性也。三，依《大品經》云，五度是福分，故説爲盲；般若是慧體，故慧性也。四，《大經》言，如《師子吼品》中説如前也。次，就位明之，如《法鼓經》云，地前三十心，與二種十信行，名爲福分；初地已上所行，名爲智慧。大意，地前仅行未好淨，與福分；初地已上，見法明淨，故名爲智慧性也。雖爾，當分礙之，福、慧亦是不二而二明之，福、智緣義，離福無智，離智無福，福即是智，智即是福。實論之，非福非智也。次，約見、不見分之。如《大論》云，初地至九地，聞見佛性，未能分見與證見，同名爲福分；第十地與佛，分見證見，故同名爲慧性也。此義，如佛性義中説也。次，約人明。凡夫隨事行行俱資潤説，名爲福分；三界各行假信與中信故，因名慧分。如法名福，分二門。不二而二平巧没明之也。

問：由智故靜，亦是以智爲定體，智慧門，《大論》言以智爲定體，體正意〔二六〇〕爲令靜攝，故智皆〔二六一〕屬定行，非智門耶？例如解脱，是慧爲體，而無縛義，而明此義屬功德門，非照境故非智門。問：以智爲定體，慧門，云何功德？若爾，四無畏亦然，應屬功德耶？答：智爲定体，而屬慧門，故屬功德門也。無畏門以智爲體，明此智目仅照照通義[illegible]智之能，非功德法，不得復屬功德門也。

問：定、慧分爲兩門，定屬功德者，力與無畏亦分兩門，無所畏何言智耶？答：不二而二，義有觀定〔二六二〕與〔二六三〕慧明。疎明之，力、無畏觀蜜力，則無畏義異。又力、無畏、無礙三法，並是果地得，故《釋論》云，有法智慧名力，智慧仅〔二六四〕通名畏也。

第三，三位義，有三。一，釋名；二，明體相；三，料簡。

所言三位者，諸經論中有三種名也。一，邪道〔二六五〕；二、不定道；三，正定道也。邪者，起儀〔二六六〕無因果等諸法道因緣世諦法權劃起於慧或心，名爲邪，亦名邪定也。不定者，開善，或正或邪，遇善友，生於信心，於三寶、四諦、因果信善現前，即是正見。正見未安立，過物復忌乇謗法斷善根，故復生邪見，名不定也。今大乘明義，不定義有兩：一，或起有所得善，二，或起有所得惡，亦名爲不定也；二，遇善緣起向入無所得，名爲不定，亦名共位。五戒、十善，雖復是有所得善，而入道器也，故名不定聚也。故經論中，勸脩五戒、十善，正是入道器故也。正定聚者，正是慧正爲乘義亦是定不改義也。通稱位者，有二義：一，集義；二，賴〔二六七〕義。即是因類而集，如言方以類集也。又通稱位者，分尊卑高下爲義也。

第二，明體相。三位體，論師釋不同。一，開善云：舉《大經》有恒河中七人，於初有三種明之，一謂常没人，二謂暫〔二六八〕出還没人，三得[二六九]住人也。若起邪見一闡提等，及起四重惡，自現没故，此位不能出生去，故言常没也。復有暫出還没，過[二七〇]有善知識，發菩提心，故出之生信心正見情；若經生，若遇惡智識，還復起邪見，斷善根還没，還没或生或没也。住人者，安立善法，是第三人，如曲令處，若小乘有，立信根，不尺[二七一]善根，善根性已立，不復退起邪見，故住理也。此三人體位者，初人即侍[二七二]凡夫位，未識三寶、四諦、因果等，從無明初念無始生已來，未曾值一佛，未曾發一念菩提心，不脩世、出世善，而然[二七三]起邪見，即世、出世善根，此名爲具縛邪聚常没位，即是其無體也。故《本業經》云，有具位[二七四]凡夫，不識三寶，不信因果，未發道心故也。若有起小微善根，即是不定共位體。若識發一念求佛出世善根已來，須入共位之始。如《大經》云，陀一熙連河沙未滿已還，悉是此中人、法，並名共位不定聚，亦是暫出還[二七五]位，故邪、正相間，故以邪正、善惡爲體也。若曾值滿熙連河沙佛所，發菩提心，始證性地之初，是性體位，故《地持經》云，不尺善根、傍正法，緣法成體，故云正定聚也。從三種性，習種性、性種性、道種性，是性地之終，正善已見，立善法爲體位也。

二云：邪定、不定、正[二七六]立宗只約一世中，約三人，開三聚，都不關無明初念等也。故經云，一闡提尺善，唯人中有也。今無得大乘義宗徒，任十信等住人正定聚位體。八洹沙義説不同，或云任十信，或云中十信，判之，不關三十心位中，亦具如五種菩提義中至也。亦是三定有所得善，五戒、七信爲體位，亦應是直舉三根性，判三定聚也。未必如論從無明初念釋之也。

第三，料簡，開合，師説不同：一，《大經·□□[二七七]品》云，三種病人爲三位。何者？初傳凡夫不可[二七八]人，謂必死人，少爲邪定位也。若遇醫則差，不遇醫不差人，爲共爲[二七九]人也。若是[二八〇]自差人，是性地位也。二釋云：如前三種病人者，約可救而子住有成、未成判也。若未立信根，名爲必死人，不差，則未事[二八一]救位，故非盡具縛人；今若具縛與共位，悉是病人；若初發心人至第六心已還，明可救，遇師差人也；七心已上，是自差也。遇醫及自差，開十種性，初十心爲兩種性人也。具縛位中含而不開，共位中開爲四種菩薩。若性地位，有兩種，開爲三別，依《瓔珞經》，開初一十信爲習種性，中十心爲性種性，後十心爲道種性也。二，依《地》《攝》論，開爲兩種也，初十心爲性地，後六心爲解行地。若就初十心，復應有爲兩：若初心至六心已還，或退，或不退，三乘共性地；第七心以上，則不退爲二乘。若大乘明之□性也。論師次第釋之。依《瓔珞本業經》下卷云，若從不識三寶根[二八二]凡夫地位，於若佛、菩薩政行中起一念信，發菩提心，爾時名爲信根菩薩，亦名假名[二八三]，亦名名字菩薩。後是人復行十善，若一劫、二劫，脩行十善，受六天果報。此文意前引三菩薩，後釋復行十善得是十善果報，菩薩爲四種菩薩也。此法師云：若雖《大品經・□□[二八四]品》云，輕毛明位行未定，隨風東西行不定。又《大經・迦葉品》牛[二八五]菩薩有二種：一，假名菩薩；二，實行菩薩。此意同假名也。《本業經》同名復云，名字即是輕不定，故名字説之也。又《瓔珞業》云[二八六]云，具足有[二八七]煩惱，集無量業，亦退亦成出，若值善知識，學佛法，若一劫、二劫，方入住位，若不爾者，常没不出。法[二八八]明亦退亦不退，是不定聚人，皆出還没，没已復出。若未登性地第三住位，則猶暫還没也。若遇善友，可得登入住位。從不定位不住位。性地者，《本業經》有六種，習種性、性種性、道種性、聖種性、等覺性，此總始終説之也。今大乘無依無得宗則不然，具如前説。三位三聚主意，直總約三根性判三位。但正定位，有兩意：一是，假十但明之；二，中十信明之。都不開三十心信中辨之也。若不二而二，通而明之，如一中有無量、無量中有一等義論，何妨種種說之也。

問：三聚人得有一神命得三聚人以不？答：圵後具縛凡夫時節能然，無有邊際也。故論《阿含經》與云：舍衛國獨師進逐一鴿，鴿入舍利弗影中，猶故戰慄，入佛影中，爾乃安樂。佛令舍利弗以神通力觀於，然此邊[二八九]止受鴿身，見鳥畔直只一鴿。鳥前身，嘗非二乘所見所說六道之神身乎？若爾，一神身何所不經作智，亦得一神命三聚身乎？又諸法師云：凡發道心，有期限，猶故賖遠，不可知之。故釋迦於大通智勝佛所化第十六沙改[二九〇]化衆生，而大通智勝佛滅度已來，若三千世界，破之微塵過東方五百世界。至下一點，復粖所點爲塵，復過是數，而大通智勝佛滅度已來，復過於此，而七衆生。故此二乘、凡夫之地七時節，猶七長遠。而《本業經》云百劫千劫者，諸法師云：指福共位，始終通列物耳。性位時節者，《本業經》云，初一阿僧祇劫，中二阿僧祇劫，亦應是列衆生故爾也。一家意，但一往舉三時節判三位也。

問：此三位，於變易、分段，淨、穢兩土云何？答：一家義宗，邪定、不定兩聚者，穢土；若正定，或穢土，或多是反事[二九一]淨土。此通三乘辨之也。

問：邪聚人攝因、果等法，亦攝[二九二]因緣中假法不？答：一家義宗，正拔理仅有所得法，不拔因緣中假法。何不識知而亦得言總相拔因緣無所得法，如總相緣反照知也。

無依無得大乘四論玄義記卷第十終

顯慶三年歲次戊午年十二月六日，興輪寺學問僧法安，爲大皇及内殿故敬奉章也。

校勘記

〔一〕「卷第十」，底本脱，據目次補。

〔二〕「百」，據《大般涅槃經》，疑衍。

〔三〕「云」，疑衍。

〔四〕「根」，據《十住毗婆沙論》（《大正藏》本，下同），疑爲「名」。

〔五〕「報果」，據《十住毗婆沙論》，疑爲「深樂」。

〔六〕「提」，疑後脱「言」字。

〔七〕「言」，疑後有脱文，或疑衍。

〔八〕「與等知」，疑爲「與等智」。

〔九〕「相」，據《摩訶般若波羅蜜經》，疑爲「於」。

〔一〇〕「善」，底本作「有」，據《摩訶般若波羅蜜經》改，下一「善」字同。

〔一〕「法佛大人之所乘故故攝」，《十二門論》作「諸佛大人乘是乘故故名」。

〔二〕「那」，疑爲「所」。

〔三〕「十須」，底本原校疑爲「人法」。

〔四〕「種」，底本原校疑爲「離」。

〔五〕「人生死」，疑爲「入生死海」。

〔六〕「與」，底本作「興」，據底本原校改。

〔七〕「秒」，疑爲「抄」。

〔八〕「間」，疑爲「問」。

〔一九〕「比」，疑爲「此」。

〔二〇〕「爲説佛真故」至「非實」，《妙法蓮華經》作「説佛智慧故，諸佛出於世，唯此一事實，餘二則非真」。

〔二一〕「法」，疑爲「經」。

〔二二〕「聞以三果生」，據《摩訶般若波羅蜜經》，疑爲「聲聞從三界出」。

〔二三〕「雖」，疑爲「離」。

〔二四〕「出」，疑衍。

〔二五〕「與」，底本作「興」，據底本原校改。

〔二六〕「二」，疑爲「三」。

〔二七〕「無」，疑爲「言」，下二「無」字同。

〔二八〕「二」，疑爲「三」。

〔二九〕「會三五之教同歸一乘爲能」，疑衍。

〔三〇〕「所」，底本原校疑衍。

〔三一〕「也所」，疑爲「摩訶」。

〔三二〕「當」，底本原校疑衍。

〔三三〕「爲人爲」，疑衍。

〔三四〕「取耶異那」，疑爲「異耶」。

〔三五〕「将」，疑爲「非」。

〔三六〕「十須」，疑爲「人法」。

〔三七〕「法」，疑爲「經」。

〔三八〕「比」，疑爲「此」。

〔三九〕「若」，疑爲「答」。

〔四〇〕「佛知黑」，疑爲「真諦」。

〔四一〕「口」，疑爲「識」。

〔四二〕「輿」，疑爲「與」。

〔四三〕「即」，疑爲「斷」。

〔四四〕「觀」，疑爲「親」。

〔四五〕「滅」，疑爲「藏」。

〔四六〕「朱」，疑爲「周」。

〔四七〕「那」，疑爲「耶」。

〔四八〕「口」，疑爲「故」。

〔四九〕「仕」，疑爲「假」。

〔五〇〕「引物之仕名出處之方便名」，《肇論》（《大正藏》本）作「出處之異號應物之假名」。

〔五一〕「所」，疑爲「又」。

〔五二〕「只」，疑前脱「涅槃」二字。

〔五三〕「因」，疑前脱「非」字。

〔五四〕「一」，疑爲「二」。

〔五五〕「啄」，疑衍，或疑爲「深」。

〔五六〕「歸」，疑爲「深」或「勝」。

〔五七〕「忍」，《摩訶般若波羅蜜經》作「人」。

〔五八〕「改」，疑爲「復」或「後」。

〔五九〕「歸」，疑爲「初」或「後」。

〔六〇〕「輿仅」，疑爲「與後」。

〔六一〕「改」，底本原校疑爲「復」。

〔六二〕「不離心道」，疑衍。

〔六三〕「禮」，底本原校疑爲「體」。

〔六四〕「具」，疑爲「其」。

〔六五〕「口」，疑爲缺文「口」，下一「口」字同。

〔六六〕「以」，疑衍。

〔六七〕「義」，疑衍。

〔六八〕「方」，疑爲「大」。

〔六九〕「改」，疑爲「復」。

〔七〇〕「獨然」，疑爲「然獨」。

〔七一〕「已」，疑爲「五」。

〔七二〕「初」，疑爲「神」。

〔七三〕「覺」，疑爲「學」。

〔七四〕「他」，疑爲「地」。

〔七五〕「侀」，疑爲「脩」。

〔七六〕「濁」，疑爲「同」。

〔七七〕「備」，底本原校疑爲「脩」。

〔七八〕「弓」，疑爲「窮」。

〔七九〕「八」，疑爲「入」。

〔八〇〕「日」，疑爲「得」。

〔八一〕「不」，據《大般涅槃經》，疑衍。

〔八二〕「發心」至「三戹」，《大般涅槃經》作「初發已爲人天師，勝出聲聞及緣覺，如是發心過三界」。

〔八三〕「雲」，疑爲「空」。

〔八四〕「不」，疑後脱「同」字。

〔八五〕「開」，疑爲「闢」。

〔八六〕「三」，疑衍。

〔八七〕「番攝論黑」，疑爲「翻攝論」。

〔八八〕「等否」，底本原校疑爲「善等」。

〔八九〕「立」，底本原校云一本作「空」。

〔九〇〕「枚」，底本原校疑爲「救」。

〔九一〕「晌」，疑爲「脩」。

〔九二〕「得」，疑爲「同」。

〔九三〕「徧」，疑爲「偏」，下三「徧」字同。

〔九四〕「覺」，疑爲「學」。

〔九五〕「波」，疑爲「婆」。

〔九六〕「云」，底本原校疑爲「七」。

〔九七〕「便」，疑爲「使」。

〔九八〕「事」，疑爲「易」，下四「事」字同。

〔九九〕「定」，底本原校疑爲「空」。

〔一〇〇〕「者知真」，底本原校疑爲「苦智慧」。

〔一〇一〕「興事」，疑爲「與易」。

〔一〇二〕「晌」，疑爲「脩」。

〔一〇三〕「扔」，底本原校疑爲「根」，今疑爲「地」。

〔一〇四〕「仅」，底本原校疑爲「復」。

〔一〇五〕「何」，底本原校疑爲「行」。

〔一〇六〕「川」，底本原校疑爲「行」，下二「川」字同。

〔一〇七〕「實」，《大般涅槃經》後有「非」字。

〔一〇八〕「明」，底本原校云一本作「有」。

〔一〇九〕「五」，疑爲「即」。

〔一一〇〕「雲」，疑爲「云」。

〔一一一〕「員」，疑爲「圓」。

〔一一二〕「改」，底本原校疑爲「理」，今疑爲「後」。

〔一一三〕「雲」，疑爲「空」。

〔一一四〕「行者品」，據《成實論》及下文，疑爲「行苦品」。

〔一一五〕「心常」，疑應「身盡」。

〔一一六〕「改」，底本原校疑爲「復」。

〔一一七〕「乘」，據《十地經論》（《大正藏》本）等，疑爲「我」。

〔一一八〕「連」，底本原校疑爲「速」。

〔一一九〕「即」，疑爲「斷」。

〔一二〇〕「雲」，底本原校疑爲「空」，下一「雲」字同。

〔一二一〕「即」，疑爲「斷」。

〔一二二〕「有」，底本原校云一本作「將」。

〔一二三〕「即」，疑爲「斷」，下四「即」字同。

〔一二四〕「答」，疑爲「若」。

〔一二五〕「陀」，疑爲「從」。

〔一二六〕「便」，疑爲「使」。

〔一二七〕「論理」，底本原校疑爲「理論」。

〔一二八〕「礙」，底本原校云一本作「互」，下一「礙」字同。

〔一二九〕「尤」，疑爲「得」。

〔一三〇〕「即」，疑爲「斷」。

〔一三一〕「人」，疑衍。

〔一三二〕「答」，疑爲「若」。

〔一三三〕「元」，疑爲「無」。

〔一三四〕「然」，疑爲「能」。

〔一三五〕「皆」，疑爲「此」。

〔一三六〕「朱」，疑爲「周」。

〔一三七〕「即」，疑爲「斷」。

〔一三八〕「去」，底本原校疑爲「智」。

〔一三九〕「道」，疑衍。

〔一四〇〕「各四」，底本原校云一本作「名取」。

〔一四一〕「被」，疑爲「破」。

〔一四二〕「三」，疑後脱「藏」字。

〔一四三〕「具智若斷」，據《摩訶般若波羅蜜經》，疑爲「果智」。

〔一四四〕「通是般若波羅蜜得變」，據《摩訶般若波羅蜜經》，疑爲「用是般若波羅蜜得度」。

〔一四五〕「經」，《妙法蓮華經》作「法」。

〔一四六〕「珍」，據《大般涅槃經》，疑爲「陳」。

〔一四七〕「覺」，疑爲「學」。

〔一四八〕「三」，疑後脱「藏」字。

〔一四九〕「智」，疑爲「知」。

〔一五〇〕「改」，疑爲「復」。

〔一五一〕「玄」，疑爲「云」。

〔一五二〕「三乘初果不過於法」，《勝鬘師子吼一乘大方便方廣經》作「三乘初業不愚於法」。

〔一五三〕「比莊蒙」，疑爲「此莊嚴」。

〔一五四〕「反」，疑爲「變」，下二「反」字同。

〔一五五〕「軍」，疑爲「運」。

〔一五六〕「音十」，疑爲「章」。

〔一五七〕「反補勝反」，疑爲「變補勝變」。

〔一五八〕「就」，疑爲「龍」。

〔一五九〕「偏」，疑爲「偏」，下一「偏」字同。

〔一六〇〕「答」，疑爲「若」。

〔一六一〕「別」，疑後脱「差」字。

〔一六二〕「福種」，《摩訶般若波羅蜜多經》作「種」，《大正藏》校勘記云宫本作「種福」。

〔一六三〕「法今於」，《摩訶般若波羅蜜經》作「諸法相」。

〔一六四〕「就」，疑爲「龍」。

〔一六五〕「怖」，底本原校云一本作「有心」。

〔一六六〕「厶」，疑爲「出」。

〔一六七〕「任」，底本原校疑爲「假」，下十「任」字同。

〔一六八〕「比」，疑爲「此」。

〔一六九〕「禮」，疑爲「體」。

〔一七〇〕「賴須待之待」，疑衍。

〔一七一〕「道」，疑衍。

〔一七二〕「慢」，疑爲「得」。

〔一七三〕「焉近」，疑爲「運」。

〔一七四〕「抑」，疑爲「異」或「别」。

〔一七五〕「至」，疑爲「無」。

〔一七六〕「舉」，底本原校疑爲「乘」。

〔一七七〕「云」，疑爲「傳」。

〔一七八〕「逆」，疑爲「運」。

〔一七九〕「便」，疑爲「使」，下三「便」字同。

〔一八〇〕「轉」，底本原校疑爲「續」。

〔一八一〕「牙」，疑爲「互」，下一「牙」字同。

〔一八二〕「然」，疑爲「能」，下二「然」字同。

〔一八三〕「耳」，疑爲「其」。

〔一八四〕「便」，疑爲「使」。

〔一八五〕「例如」至「滅也」，疑爲「例如前、後皆迷惑，使迷惑斷滅，而能斷皆是斷，斷皆是能斷滅，非斷迷惑即皆迷惑」。

〔一八六〕「是」，疑衍。

〔一八七〕「即」，疑爲「動」。

〔一八八〕「爾」，疑爲「無」。

〔一八九〕「今」，疑爲「令」。

〔一九〇〕「衾」，底本原校疑爲「依」，下一「衾」字同。

〔一九一〕「無二」，疑衍。

〔一九二〕「若」，疑衍。

〔一九三〕「則無二乘證於二種」，《大般涅槃經》作「非無二乘得二涅槃」。

〔一九四〕「伋」，疑爲「後」或「復」。

〔一九五〕「是清淨於此」，《妙法蓮華經》作「是乘微妙，清淨第一，於諸」。

〔一九六〕「就㚷」，疑爲「龍樹」。

〔一九七〕「法佛最大乘此大乘能斷」，據《十二門論》，疑爲「諸佛最大乘此大乘能至」。

〔一九八〕「然」，據《十二門論》，疑爲「能」。

〔一九九〕「然苞」，據《十二門論》，疑爲「能盡」。

〔二〇〇〕「九」，疑爲「五」。

〔二〇一〕「者不二而二毗」，疑爲「不二而二明之」。

〔二〇二〕「九中」，疑爲「中有」。

〔二〇三〕「爲」，疑後脱「一」字。

〔二〇四〕「九」，疑爲「道」。

〔二〇五〕「倿」，底本原校云一本作「傍」。

〔二〇六〕「得任明」，疑爲「明之」。

〔二〇七〕「一家」，疑爲「大乘」。

〔二〇八〕「凡」，底本原校疑爲「得」。

〔二〇九〕「嚴」，據《摩訶般若波羅蜜經》，疑爲「散」。

〔二一〇〕「且」，疑爲「但」。

〔二一一〕「礙」，底本原校云一本作「互」。

〔二一二〕「大經」，疑衍。

〔二一三〕「肩」，底本原校疑爲「膚」。

〔二一四〕「牙」，疑爲「互」。

〔二一五〕「仅」，疑爲「後」。

〔二一六〕「任」，底本原校疑爲「假」。

〔二一七〕「但」，疑爲「信」。

〔二一八〕「還」，底本原校疑爲「至」，下一「還」字同。

〔二一九〕「亥」，疑爲「真」或「該」。

〔二二〇〕「善」，疑爲「合」。

〔二二一〕「比」，底本原校疑爲「此」。

〔二二二〕「竟」，疑爲「境」。

〔二二三〕「例」，底本原校疑爲「倒」。

〔二二四〕「人」，疑爲「入」。

〔二二五〕「陀」，底本原校疑爲「從」，下一「陀」字同。

〔二二六〕「去」，底本原校云一本作「走」。

〔二二七〕「徧」，疑爲「偏」，下一「徧」字同。

〔二二八〕「偏」，疑爲「徧」。

〔二二九〕「屋」，疑衍。

〔二三〇〕「門有有門耶」，《思益梵天所問經》（《大正藏》本）無。

〔二三一〕「耶屋或品」，疑爲「勸學品」或「顯視品」「顧視品」。

〔二三二〕「任」，底本原校疑爲「假」，下六「任」字同。

〔二三三〕「仪」，疑爲「從」。

〔二三四〕「作」，疑爲「佛」。

〔二三五〕「勳」，疑爲「熏」。

〔二三六〕「牙」，疑爲「互」。

〔二三七〕「倫」，疑爲「倫」。

〔二三八〕「徧」，疑爲「偏」。

〔二三九〕「佛」，疑衍。

〔二四〇〕「仪」，疑爲「後」或「復」。

〔二四一〕「是」，疑後脱「常」字。

〔二四二〕「道」，疑爲「有」。

〔二四三〕「有」，疑爲「常」。

〔二四四〕「所」，疑衍。

〔二四五〕「去」，底本原校疑爲「智」。

〔二四六〕「耶」，疑爲衍文，或疑爲「那」。

〔二四七〕「生」，疑爲「性」。

〔二四八〕「仕」，底本原校疑爲「假」。

〔二四九〕「具」，疑後脱「如」字。

〔二五〇〕「事般」，疑爲「般若」。

〔二五一〕「地地者地」，疑爲「犯犯者犯」。

〔二五二〕「緣」，疑爲「勝」。

〔二五三〕「即」，疑爲「斷」。

〔二五四〕「擅與」，疑爲「檀」。

〔二五五〕「徧」，疑爲「偏」，下一「徧」字同。

〔二五六〕「[illegible]」，疑爲「言」或「者」。

〔二五七〕「然」，疑爲「能」。

〔二五八〕「政」，疑爲「後」。

〔二五九〕「定」，底本原校云一本作「空」。

〔二六〇〕「意」，底本原校云一本作「言」。

〔二六一〕「皆」，底本原校云一本作「此」。

〔二六二〕「定」，底本原校云一本作「空」。

〔二六三〕「輿」，底本原校疑爲「與」。

〔二六四〕「仅」，疑爲「復」。

〔二六五〕「道」，底本原校疑爲「聚」，下二「道」字同。

〔二六六〕「儀」，底本原校云一本作「識」。

〔二六七〕「賴」，疑爲「聚」。

〔二六八〕「暫」，底本作「漸」，據底本原校改。

〔二六九〕「得」，疑爲「謂」。

〔二七〇〕「過」，疑爲「遇」。

〔二七一〕「尺」，底本原校疑爲「斷」，下二「尺」字同。

〔二七二〕「侍」，疑爲「外」。

〔二七三〕「然」，底本原校云一本作「能」。

〔二七四〕「位」，據《菩薩瓔珞本業經》，疑爲「縛」。

〔二七五〕「還」，底本原校疑後脱「没」字。

〔二七六〕「正」，疑後脱「定」字。

〔二七七〕「□□」，據《大般涅槃經》，疑爲「德王」。

〔二七八〕「可」，疑後脱「差」字。

〔二七九〕「爲」，疑爲「位」。

〔二八〇〕「是」，底本原校云一本作「尺」。

〔二八一〕「事」，疑爲「易」。

〔二八二〕「根」，據《菩薩瓔珞本業經》，疑爲「始」。

〔二八三〕「根菩薩亦名假名」，疑爲「想菩薩亦名假名菩薩」。

〔二八四〕「□□」，據《摩訶般若波羅蜜經》，疑爲「成辦」。

〔二八五〕「牛」，疑爲「云」。

〔二八六〕「業云」，底本原校疑爲「本業經」。

〔二八七〕「有」，《菩薩瓔珞本業經》作「一切」。

〔二八八〕「法」，疑爲「後」。

〔二八九〕「邊」，底本原校云一本作「鳥」。

〔二九〇〕「改」，底本原校疑爲「彌」。

〔二九一〕「反事」，疑爲「變異」。

〔二九二〕「攝」，底本原校云一本作「拔」。

（孫少飛、許偉整理）

○九四一

大乘法苑義林章補闕[一]

大乘法苑義林章補闕卷第四

大雲寺沙門慧沼撰

○三科章

三科法門，以五門分：一、出體；二、釋名；三、廢立；四、假實；五、類異。

出體者，有三。一、約三性。五蘊唯有爲，十二、十八通有、無爲。若約漏、無漏門分別，五蘊通二性。若約常、無常門分別，唯依他。十二處中，法處少分，唯圓成，餘十一處、法處一少分，通二性。十八界中，法界一少分，唯圓成，餘十七界、法界少分，通二性。二、約五法出體。五蘊中，色蘊少分，名爲相；識，受，想，行蘊一少分，名爲分別；行蘊少分，色蘊少分，即名、句、文，名爲名；行蘊少分，名爲正智。十二處，五根、四塵全，法處一少分，名爲相；法處一少分，聲處全，名爲名；意處全、法處少分，名爲分別；法處少分，名爲正智；法處少分，名如如。十八界中，九色全，法界少分，名爲相；法界少分，乃聲界全，名爲名；七心界全，法界少分，名爲分別；法界少分，名爲正智；法界少分，名如如。三、約百法出體者。色蘊中唯攝十一種色，識唯八心王，受即受數，想即想數，行蘊餘者總是，唯除無爲。十二處中，五根、五塵各自處收，八箇心王名意處，餘者總法處收。十八界中，五根、五塵各自界，六識名六處界，末那及第八名意界，及等無間意，餘者法界收。

二、釋名者。蘊者，積聚義名蘊。處者，出生義。界者，自性義，能持自體故，亦是界義。

三、廢立者。問：五蘊，何故諸色合爲一，諸識合爲一，受、想分二蘊耶？自餘心所，合爲行蘊耶？答：爲對除五種我故。一、對我具故，立五色蘊，五根、五塵是我作具故，所以合色爲一蘊，但是色而非我。二、對除我受用故，立受蘊，但是苦樂等受而非我。三、對除我言説故，立想蘊，但是想而非我。四、對除我作用故，立行蘊，但是思而非我。五、對除我因故，但是識而非我。問：何故立十二處中，色開爲十，識合爲一？答：爲對除一合我故，説十二處，所以開色爲十，合識爲一。問：十八界中，何故開色爲十，及心開爲七？答：爲對除法執故，令知根境生識之本，非識能生於境等，此就小乘隨轉門説。又釋，樂色少者，説五蘊，開心爲四，合色爲一；樂色多者，説十二處，開色爲十，合心爲一；樂色心等者，説十八界，開心爲七。又釋，有情根上中下，利者説五蘊，中者説十二處，下者説十八界。

四、假實分別者。蘊中，色蘊通假實，五根實，五塵通假實：色中，青黄赤白實，餘假；聲中，明闇是假實；香味二種，論雖無文，今以理准，亦通假實，香中六種好惡等，三據性是假，論體是實，和合一種唯假，餘二實，味塵中據性是假，論體是實；觸通假實，能造觸是實，餘總是假。法色中，五種遍計所起等四唯假，定自在所生實，定境色是假。識、受、想是實。行蘊中，二十四不相應，及尋、伺，小隨、中隨、大隨、根本等，隨應通假實。十二處，五根處實，五塵如蘊，法處中，二十四不相應、尋、伺假，無爲實，餘隨所應，意處唯實。十八界如處説。

五、類異分別。有其十類。一、無漏分別，有三品，《唯識》第十卷，自當分別。二、方便善，識蘊通加行善，色蘊中色、聲二塵通加行善，五根、三塵非故。《瑜伽》云：兩法非自性，由表成善惡。三塵唯無記。法處中，受所引色，定自在所生，加行善，餘非。受、想二蘊，通加行善。行蘊中，尋、伺，滅盡定，睡眠，十一善，遍行五，別境五，無想定等，並加行善。十二處中，意處，色、聲二處，通加行善，法處中無爲等加行善，餘如蘊。十八界中，七心界，聲、色二界，法界少分，通加行善，餘如處説。三、生得善，識蘊少分；色蘊，色、聲二，法處色中受所引色、遍計所起色；受、想二蘊，生得善；行蘊中，十一善，遍行，別境，尋、伺，悔、眠。四、不善，五蘊中，色蘊中色，聲二處不善，故名不善，法處色中，受所引遍計色亦名不善。受、想、識三通不善。行蘊中，遍行，別境，大、小隨等，不定四，異生性，皆通不善。處、界隨應。五、覆[三]無記，五蘊中色蘊，身、語業，如梵王起諂，遍計所起色，通有覆無記；受、想、識亦通有覆無記；行蘊，遍行、別境、根本，除其隨中小十忿、恨、惱、嫉、害不善，餘五通有覆無記，中二亦不善，大八並通有覆無記，二十四不相應中隨應，不定四皆通，處、界隨應。六、無覆無記中，五蘊中色五根全，扶根塵是異熟生，聲即不定，依小非報，准大亦報；受、想、識中通除末那；行蘊，遍行，別境，眠，不想[三]應中衆同分、命根、無想報三，皆是異熟生。處、界隨應。七、威儀中，五蘊中色蘊，五塵中除聲及無根，法處中引定果，受所引，遍計所起等，並威儀；受、想，識中，取緣發者是；行蘊，遍行，別境，尋、伺識等並是。處、界隨應。八、工巧是[四]五蘊中色蘊，五塵全，除五根，法色，定果，遍計是；受、想、識三，取緣發者；行蘊中，遍行，別境，尋、伺與眠等並是。處、界隨應。九、變化，五蘊中唯取色界分別，色蘊中五塵通變化；識中唯第六及眼、耳，除五根及業果心心所。十二處中，五塵全，法處少分，謂通果色，意處少分，所餘少非。十八界中，五塵全，法界少分，六識界中眼、耳、意三，所餘非。十、自性無記，色蘊中異熟長養、等流。長養二：一、處寬遍長養；二、想續盛長養。等流有四：一、異熟等流；二、長養等流；三、變異等流；四、自性等流。但色蘊通自性無記，謂外五塵、扶根，四塵非報。問：諸論説云，説有四無説，何故不説有自性無記耶？答：除異熟無記外，非别有自性無記，隨增説我事爲依，正〔五〕所行生持分廣略，無别所依。緣我所依，謂色蘊，蘊是我之所依故。我所受用事，謂受蘊。我言説事，謂想蘊，起言故。我所造作事，思體造作故，我所爲故。破此五執故説六根，所得故説六塵，能生六識，根同能取，所得隱而不説，持自性分十八界。問：何故無間以辨界，八識但名界，約界以分境，應當立二十四？答：依緣無别故，所以不立二十四。

○得非得章第十六

得非得義，以十門分别：一、明所依；二、明得名；三、明差别；四、約識分别；五、約位分别；六、約内外分别；七、約大小分别；八、約三世分别；九、約曾得未曾得分别；十、問答分别。

一、明所依者。一切有爲法，皆得所依。所依是善，得亦是善，所依不善，得亦不善。所依欲界繫，得亦欲界繫，乃至所依無記，得亦無記。所依色、無色繫，得還依色、無色界繫。所依不繫，得亦不繫。擇滅得，唯屬聖道。非擇滅得屬三：一、以世間六行伏惑暫不生，此得屬世間六行道；二、若究竟滅者，屬所依本識；三、若緣闕暫不生者屬種子。非得所依有二：一、依聖道；二、依有爲法種子。若一切染污法不得，明依聖道及六行道，所有無漏法非得，依二障種立。若有漏善、無記非得，依自種而建立。若一切染污法現行不起，名不得用。若種子亦斷者，名不得體。若一切有漏善、無記，若約離縛時，名不得用。若究竟佛位，非擇滅者，名不得體。無漏法不得者，若現行不起，名不得用。有種姓者，無不得體。若無種姓者，體用俱不得。若三乘定性名相望，皆有不得他無漏體用。

第二、釋名者。《瑜伽論》說，云何名爲得、獲、成就，答謂若生緣攝受增盛之因。依[六]薩婆多，得之與成就有别，若初得名得，若久得成就者，名成就。若大乘，種子任舊而住名爲得，增上盛[七]果之時名成就。成就有三：一、種子成就者，因循任舊，名種子成就，種子即成就，持業釋也；二、自在者，加行功用而得成就，名自在成就，自在之成就，依士釋也，又自在即成就，持業釋也。現行者，現行果顯現而著，名曰現行，現行即成就，持業釋也。

三、明差别者。一切法略有二種，一者有，二者無，今取有不取無。有法中有二，一者有爲，二者無爲，今取有爲不取無爲。何以故？無爲常住，不熏成種故。就有爲中，略有三種，一者染污法，二者善，三者無記。染污中有二，一者不善，二者有覆無記。善中有二，一加行，二生得。無記中有四，一異熟生，二威儀，三工巧，四變化。三界染污法，皆名種成就。善中生得善，名種子成就。四無記中，異熟無記全，威儀、工巧少分，名種子成就，所餘皆自在成就。此二種子，生起現行，名現行成就。何以故？種子隱而難了，所以分二。現行顯而易了，所以合論。就三種成就中，初種子成就中，約染污法，成就不成就有二。一、約有漏道中見、修二惑，唯能伏修，不能伏見。就修唯伏六識中，不能伏第七識。就六識中，唯伏貪瞋等四迷事煩惱，不能伏身、邊二見。就貪瞋等四中，唯能伏與瞋等相應四，不能伏與二見相應起者。就貪等四中，隨取三界九地，唯除非想定。下之八地，地地皆有九品。一一品中，作無間、解脱道，而折伏之。約小而言，種子現行，皆不成就。若大而言，唯伏現行，不斷種子等。於一一品伏，名現行不成就，種子名成就。乃至伏欲界惑盡，名欲界現行不成就，上二界種子、現行俱成就，於中隨其所應。第二、約無漏道。若煩惱障，分別起者，三乘見道，種子、現行俱不成就。修所斷者，若菩薩，就十地位。七地已前，現行由有成就不成就，種子定成就。八地已上，永不現行，現行名不成就，種子金剛無間定不成就。所知障中，分別起者，種子、現行，見道定不成就。俱生者，十地位第六俱生所知障，若種子若現行，地地之中，皆有不成就。第七識俱者煩惱，七地之中，現行有成不成，種子金剛道永不成就。所知者，八地之中，現行由有成，種子要在究竟永不成就。習氣，六識中所有習氣，若煩惱、所知，十地之中，皆有不成就。第七者，要金剛，約二乘斷煩惱障中，見道種子、現行定不成就，於修道中有超果者，有漸次者。若漸次者，隨何而三界中品種子、現行俱不成就，乃得極果，隨其所應。超果有三，超中二果者，三界修惑竪斷，若欲界一品斷，非想一品斷，隨其所應，成就不成就。有六行伏惑者，若伏六品迴心入見道者，現行先不成就，種子入見道時，隨其所應，先伏者有多少品不成就，習氣定成就。染污者，如是分別。善中有二，一生得善，二加行善。欲界中生得善，若不起邪見，種子、現行定成就，若起邪見者，現行定不成就。若起加行善，自在成就，邪見者現行不成就。生上界，欲界生得聞思加行善，種子定成就，現行有成不成就。約離縛斷者，此諸善入見道，有具一分不成就，種子不成就者。要解脱道，無漏加行善，種子定成就，現行有不成就。不在此分別威儀等四無記中，欲界中威儀、工巧，種子定成，現有（八）不成。加行自在者亦爾，有成不成。變化定不成就。異熟生者，種子定成就，現行有成不成。約離縛入見道，亦有一分現行不成。種子在解脱道，定不成就。

第四、約識辨界者。五識中，欲界唯種子成

就，無自在就[九]，眼、耳二有自在成就。色界中唯有三[一〇]種子成就，無色全無，餘通三界。欲界有七，謂染二、善二、無記三。色界中六，污[一一]一、善二、無記三，除工巧。無色有四，污一、善二、無記一。心數心，欲界具除輕安，色界有染，無隨中、大八、小三，不定中有尋、伺，無色類此，隨其所應成不成。第六中三界有自在，若無漏者，第七亦有自在成，第八唯種子。約因果以論，第八果唯自在，因但種子。第六、七因具三，果唯自在。因中五識眼、耳有自在，亦可。八地已上，五俱亦有自在。三慧，欲界有聞、思，色界有聞、修，無色有修。若定菩薩果定不。

第五、約位者。資糧位中，染污現行，以聞、思所伏，有不成者，不共無明等。加行位中，染污中分別、俱生二見，現行俱不成，生得善及加行善，種子自在定成，現行定不成。見道中，所有分別染者，種子、現行俱不成，生得善，現行定不成，無記現行定不成。於修位中，七地已前，染汙、善、無記，現行由有成，八地已上，七識染由現行，六中無記、生得善定不成就。佛位，一切有漏善、無記、無漏劣者，種子、現行皆不成。

第六、內外分別。小乘內立得，外不立得，大乘內外俱立。

第七、大小分別者。小乘爲大得得諸法，小得得大得，不得諸法。大乘立大得。

第八、約世分別者。薩婆多立三世有得。過去世立法後得，過去之法，雖無用起，而有得，彼體不失，屬行者，名法後得。現在名法俱得，現在法而有得，與彼法俱而不失，名法俱得。未來有法前得，得彼未來之法，令屬行者，如是現緣，今當得，得法不失，有得彼之法。今大乘立法俱得，若種子有當生現義，假立法前，容有此義。

第九、曾得未曾得者。生得善名曾得，加行善名未曾得。又解，有漏善名曾得，無漏之法名未曾得。

第十、問答分別者。問：見分緣於境，有證[一二]來緣見，亦應得得於法，有別得來得於得？答：見分依他，實量果自證緣得，是其假得，無別得來得。問：所得法有爲，能得之法亦有爲，亦應所得是無爲，能得亦無爲？答：有爲體相順，能所之得並有爲，無爲不相順，不得同無爲。問：異生性爲通三界分別種立非耶？答：與異熟同地，如是如[一三]餘。何以故無成就？三界異生性故。問：無性人無果可障，依何立異生性耶？答：彼極重故，總依二障立也。

○空義章

空義，略以五門分別：一、數不同；二、出體性；三、明廢立；四、三乘得；五、顯證位。

一、數不同者。或説一空，《般若經》云五蘊皆空，三解脱門中，空解脱門。或説二空，處處皆説生空、法空。或説四空，《大般若》五十一末説，復次，善現，有性由有性空，無性由無性空，自性由自性空，他[一五]由他性空。《瑜伽》第十二云，空性有四：一、觀察空；二、彼界空；三、内空；四、外空。或説七空，四卷《楞伽》第一，佛告大慧：空空者，即是妄想自性處。大慧，妄想自性繫著，復空無二性[一六]，離自性相。大慧，彼略説七種空，謂相空、自性空、行空、無空、一切離言説空、第一義聖智大空、彼彼空。或説十一空，迦葉菩薩白佛言：世尊，云何名空？善男子，空者，所謂内空、外空、内外空、有爲空、無爲空、無始空、性空、無所有空、第一義空、空空、大空。《大般若經》《顯揚》《瑜伽》《辨中邊論》十六空，謂内空、外空、内外空、大空、空空、勝弄[一七]空、有爲空、無爲空、畢竟空、無際空、無散空、本性空、相空、一切法空、無性空、無性自性空。或説十七空，《大般若》説，前十六上，加無所得空。或説十八空，《般若》第八九説，前十七上，加自性空。或説十九空，《般若》説，十六空上，加所緣空、增上空、互無空。

或説二十空,《般若》第五十一説,十八空中,離無散空爲散空、無變異空,離相空爲自相空、共相空。或説二十二空,亦《大般若》説。云云。

二、出體性者。夫論空者,空有二:一、空境;二、空行。境有三:一、非有故名空,如遍計所執,情有理無,人法二我,故皆名空。依此義空〔一八〕,説相無性無生。如入鹿母堂,不見馬牛等。彼相果,如得無學果,已斷貧〔一九〕等,彼界空等。或體性非有,皆成空攝。二、空顯故名空,如依他起,理有情無,體性非空,觀此依他,不見所執,空顯亦名爲空。依此義故,説生無性,名自性無。《楞伽》亦云,謂陰離我我所,由成所作業方便生,是名行空。行體非無,無計所執,無顯亦名爲空。三、空性故名空,如圓成實性,亦理有情無,體性非空,觀此所執本性,有作於空行,觀二我空,方證真理,真理即是空,空本性故名爲空。依此義故,説勝義無性。《楞伽》亦云,謂得自覺聖知者〔二〇〕,一切已過習氣空,是名一切法第一義聖智大空。即同諸論,或苦無生。總而言之,前之二空,名爲舜若空,無故名空,遍計所執體非有故名空,依他之上無所執性,空顯故名空。前實是空,次假名空。後之一種,舜若多之本性,因空無門而證空理,體實有性,空顯故名爲空。由此説言有爲、無爲,名之爲有,我及我所,名之爲空。能觀空行,隨其所應,觀此三境,亦名爲空,體實非空,三慧攝故。

今此諸文,説於空者,不起空境,及與空行,是一空中。《般若經》説五蘊皆空中,而説世俗五蘊即勝義空。今依大乘,依空境説。《辨中論》有三五蘊:一、計所執五蘊;二、依他起五蘊;三、法性五蘊。今依此空,略爲三釋。且論所執蘊,諸法本性非有,相無自起,所以稱空,凡夫妄執有實五蘊,即空非色,滅已方空。依他五蘊,猶如聚沫、浮泡、陽焰、芭蕉、幻事,無如所執,自然生性,故亦名空。法性五蘊,因觀所執空無,方證空實性故名無,如彼所執真性故,此勝義無性亦名爲空，由觀空性，生死因果，或苦不生，故名爲空。故説三境，皆成空義。又彼空者，唯真如理性，非空非有，因空所顯，遮執爲有，是空性故，假説爲空。愚夫不知，執五藴等實離真有起異，及相應散動分別。今破執推歸本攝性，體即真如，事離於理，無別體性。故説五藴，一切皆空，一切有情皆如來藏。普賢菩薩，遍自體故，一切法等，皆如是等藴自性空，非滅無藴方歸真性。

三解脱門中，説空解脱門者，此依所觀空行爲境，而説爲空。《成唯識》第八云：三解脱門，所行境界，與此三性，相攝云何？理實皆通，隨相各一，空、無願、無相，如次應知。《瑜伽》七十四，《顯揚》第六説，由初性故，立空解脱門，觀我我所空故；由第二性故，立無願解脱門，觀諸有漏及有爲法，不生願故；由圓成性，立無相解脱門，觀諸無漏及無爲無相故。《唯識》依此各一故，説言隨相各一，空、無願、無相，如次應知。《瑜伽》第十二説：若於此處，無有彼物，由此道理，觀之爲空，故名空性。即所觀空，無可希願，故名無願。觀此遠離一切行相，故名無相。彼依觀遍計所執，而爲三行。《瑜伽》七十三説，五法中，相通三種，謂空、無願、無相，亦三種境，故知依他亦有三境，謂依他無計所執人法二我，因顯成實，成實因空所顯，此二即爲空境，謂不於此起願等故，爲無願境，有緣此空無願之境爲無相故，爲無相境。是故三性，皆通三境，如三解脱門章、《樞要》等説。故隨所應，緣無及有，三種境界，即爲三行，合名爲空。

此二空體者。境二空體，略有二種：一、體非有，謂遍計所執，衆生及法，二性皆無；二、體非無，謂圓成實性，因無顯體，性是有故。諸論説二我，實無二我。有能觀行，體實亦非空，有漏、無漏二觀之心，隨緣證彼，爲二空智。

四空體者。《般若經》中，次自釋言，有性由有性空，有性謂五藴，此有性由有性空，五藴生性不可行[二一]故除一法[二二]；無性謂無爲，此無性由無性空，擇滅等體性都無故；謂一切法皆自性空，此空非智所作，見[二三]所作，亦非餘所作，是爲自性由自性空；謂若佛出世，若不出世，一切法住法性、法界、平等性、離生性、真如、不虚妄性、不變異性、實際，皆由他性故空。此説真如等體性非空，由無所執他性空，顯此真如他性，名之爲空。

《瑜伽論》説，觀察空者，謂觀察諸法空無常樂，乃至空無我及我所等。若執法有常樂我淨，生死沉淪，今觀爲空，除遍計所執，非有空，破忘所執。彼界[二四]空者，謂不動心解脱，空無貪等一切煩惱，得俱解脱法，貪等惑已斷滅故，無故名空。內空體者，謂於自身空，無計我我所及慢等一切僻執，此等內身斷除，能執我等心除斷，名內空。外空體者，謂於五欲空無欲愛，如説我已超過有色相故，於外空身，作證具足住，乃至廣説，此中緣玅欲相，名爲色相，此相所起，貪欲斷故，説爲外空，亦斷數緣，五欲貪等，名爲外空。觀上文意，由內外空故，有觀察空，能執我心，及欲貪等，若不斷滅，由何等於境成觀察空？即亦由內外空故，有彼果空，執我等心，及五欲心，若不斷滅，由何得有彼界[二五]空成就？論説言：又修行者，由彼果空，或時作意思惟外空，或思內空，由觀察[二六]，或時思惟內外空性，由此力故，心俱證會。謂復於此內身空性不證會者，便應作意思惟無動，言無動者，謂無常想，或復苦想，如是思惟，便不爲彼我慢等動，由彼不爲計我計慢，乃至廣説，動其心故，便於二空，心俱證會。此四空中，初觀察空，空遍計所執，後之三空，空依他起。斷滅惑執，名之爲空，總是境空。能觀此四，有無漏智，即是空行。

七空體者。《楞伽經》云，云何相空？謂一切性自[二七]相空觀，屬轉積聚故，分別無性，自共相不生，自他俱性無性，故相不住，是故説一切性相空，是名相空。此意説[二八]觀一切法，唯展轉積集而起，虛幻故異，其所分別自共二相，無實不同，凡夫及小乘，共所執有實自共二相，二相本無故，自共相不生，若自、若他、若俱之性，並無自共相，故二相不住，自共二相，現無生住，何得有體？故名相空。即諸論説云：諸法不自生，亦不從他生，不共不無因，是故説無生。隨多少意釋此義時，亦無有住，住生同有，故但説無，略無異滅，彼非有故。云何性自性空？謂自己不生，是名一切法性自性空，是故説性自性空。前説諸法唯是展轉積集而起，即執有實展轉積集，今破此執，此積集法自己之性，無實自性，自性不生，唯有似法展轉，似集本無，而有假立生名，有已暫停，假立住稱，都無實性，故名諸法性自性空。不同兩宗破似因緣法。云何行空？謂陰離我我所，因所成所作果[二九]方便生，並名行空。此意説言，五陰諸行爲因所成，亦緣所作，由果方便，已有因生，都非我我所，此行之上離我我所遍計所執，故名行空。大慧，即如是行空，展轉緣起，自性無性，是雖[三〇]無行空。若説五陰因緣成，作業方便生，離我我所相，有執蘊爲因緣，成有實體性，今破執此緣起陰自性，今無實自性，故名無行空，無行空不遮有假緣起自性。不同兩宗破緣起法。前破法執，通説一切展轉積集，此破我執故，説緣起内蘊法故。云何一切法離言説空？謂妄想自性無言説故，一切法離言説，是名一切法離言説。云何一切法第一義聖智大空？謂得自覺聖智，一切無邊[三一]習氣空，是名一切法第一義聖智大空。此空即是真如空性，佛自覺聖智之所證會。證會之時，一切分別能見心過失，及彼習惡，皆悉無有。此空即是惑苦無生空，本性空。此復二空，略有二空：一、妄實分別，前爲所執，後是真如，無有名空；二、俗真分別，前爲世俗依他等法，後是勝義圓成實性，前離言説空，後智内證冥，離言説故，名空之性，故名空。云何彼彼空？謂於彼無彼空，是名彼彼空，譬如鹿子母舍，無象馬牛羊等，非無比丘衆，而俱[三二]

彼空，非舍舍性重[三三]，亦非比丘比丘性空，非餘處無象馬，是名一切法自相，彼於彼無，是名彼彼空。謂於鹿母堂中，無彼羊馬等，名彼彼空，非彼堂中無比丘等，及舍等性亦無，名之爲空。此彼二空是空鹿母堂，遠離不須觀察。前六空中，初二法空，次二生空，後二二諦，前二二中。初皆破彼異生、小乘初起二執，後時皆展轉破有學大乘後起二執。後二諦中，初妄實對，有無之空，初異生、小乘初業所執，所證已名空；後俗真對，爲理之空，爲後有學大乘後起所迷，所悟説之爲空。此上六空，皆遣所執，説之爲空，經云空空，真即是妄想自性處故。彼彼一空，汎説空空，非爲除執故，觀[三四]遠離。

十一空體者。古相傳釋，前十相空，境空；後真空、智空、真智空異，於妄分意情外有法，破之顯空故。前十種，對境明空，據實以求，心外無法，一切諸法皆具真如，真如體寂故。後一種，就智説空，故《地説[三五]》言，一切如説自體空，名智自空。今釋不然，前十所觀虛妄無空空無故空，後無大空，真如之空，空性名空，般若空故，不同《顯揚》大空者。器世間空，不同《大般若》中五十一十方空，故名爲大空。古釋前十五[三六]中，初八以無破有，名之爲空，第九以有遣無，名第一義，第十以共，非有非無，雙破有無，名爲空空。是則有無，是則非無無，故與《地説》中十平等同。今釋前九智所觀空，第十能觀空智亦空，亦《中邊》説。能見非於此空智亦空，故言空空。由此經云：如是空空，亦非同於聲聞所得空空三昧。是名空，是有是無，是是縛是是，能觀之心，亦是妄故，故觀察妄智，亦立名空也。然《大般若》第五十説：空謂一切法空，此空故名空空。由空無故，此空名空，所望義别，亦不相違。就前九中，前八空世俗，第九空勝義，無如所執，故名爲空。《大般若》云，勝義謂涅槃，處勝義，由勝義空故。就前八中，即於初七明衆生及法無性故空，後一明衆生及法無相故空。因緣假中，而無實性，名無性空。畢竟空中，無因緣相，名無相空。今釋不然，前八空中，初七有所得空，後一無所得空，般若名不可得空。前七之中，古釋初六衆生無性，即是生空，後一明諸法無性，即是法空。今釋不然，内外等空中，皆言無如來法僧，所有財物，及有爲無爲，并無始空，遍觀人法，何故唯得是彼生空？謂前六空，無如法執，人法二空。無性空者，《大般若》言，有無爲法，非三乘聖、亦非所餘作，此本性故名本性，非自他俱之所作，故名本性空。《顯揚》等云，本性即是無漏種姓，爲此種姓，得清淨故，而觀於空，名本性空，不同《涅槃》。前六之中，古釋初五觀現在空，後一觀過去空。今釋不然，諸無爲法，非世攝故，應言初五觀現法空，後一觀彼無初際空。前五之中，初三依内外法以辨空，後二依有無爲種類差別以辨空。釋云，前三之中，衆生名内，非情名外，内無神我、衆生、壽命，名爲内空，外空法體，外法非我我所，名外事。又觀外法，假無實體，亦名外空者，空法體，唯此即是法空，名外空。今觀了知此生歸意，乃至無爲，非我我所，名無爲空，俱是衆生空，未空法體，不名法空。問：何故内外即離合觀有無爲不爾？答：不言唯説，理亦無傷，内外二法，同是有爲，合觀即易，有爲無爲，合觀即難，是故不説。又執内外二法，離合有我我所，散觀離合，此破彼執，有爲無爲二法不爾，是故無合。問：有始空，何故不説有無終空？准義應得，故《地持》中，三世俱觀。今明過去起過根本，無始著處故。論觀之未來了知，准過去生心故，略不説故。

於十六空中，説無散空，舉根本末隨，不説無終空。上來七空，是無性空。無所有者，見因緣相異所有，名無所有空，此無相空。是以下云，如人無別，名之爲空，外是就子，名無性空。亦如有人無物名空，非是就物明無性空。亦或八空，以無破有。第九一空，以有破無，名前八空爲第一義。一切諸法空而常有，非是實無。非實無故，無第一義自性可得，名第一義空。上來九空，別破有無別。第十空有無雙遣。又前九空，遣有無性。第十遣者，有無別相，前有及無，二俱是空，故曰空空。因緣之法，有無同體，以同體故，無法爲有，有爲無故無別，即非有非無故，故空空。此十空門，破遣前相以空理。第十一空，就實辨空。《十地經》中，就隱而説，何梨耶識以爲大空？就顯勝故。《般若》以爲大空，即彼真識，顯爲般若，非緣照慧，般若體寂，故曰大空。今釋稍異，如前已辨。

性境不隨心　獨影唯從見

帶質通情本　性種等隨應

能食及所食外空　此依內外空身所住大空

能見空空此如理勝義空　所求二諦空有爲空，無爲空

爲常益有情畢竟空　爲不捨生死無際空

爲是[三七]無窮盡無散空　故菩薩觀空

爲種姓清淨本性空　爲得諸相好相空

爲清淨佛性[三八]一切法空　故菩薩觀空

補特伽羅法自性空　實性俱非有無性空

此無性有性　故別立二空

述曰：能食者，六根也，由執六根能受用境。今觀空相，無實能受用，空其遍計故，説爲內空。所食，六塵也，由執六塵是實所受用，今觀六塵無實，空其遍計故，説爲外空。此依者，扶根塵也，由不是內根故非內，不同外器世間故非外，非外故是內，非內故是外，由執爲實，今觀爲空，迷器世間，有其遍計，故説爲內外空。身所住者，大空也，器世間有大勝用，大外之所依止，多有情類，名之爲大，大有情之所住，故名爲大，今觀爲空，故名大空。能見者，空空也，即是能觀智，由昔觀其境是空，空其遍計執，能觀之智是有，今觀能觀智亦空，故名空空。此如理者，勝義空也，真理是緣智之境，勝之義故名勝，亦可真理出過俗，名勝義，由遍計故彰理，今觀計空顯真，理就所顯故，名勝義空也。所求二諦空者，

有爲、無爲空也，由執一切有爲實故，今觀爲空，故名有爲空，由執三無爲、九無爲等爲實，今觀爲空，遣其遍計，故名無爲空，即真如也。又釋，菩薩爲求一切智，有菩薩爲求菩提故，空其有爲遍計，爲求真空無爲遍計故，説有爲無爲空。爲常益有情者，異竟空也，由觀有情畢竟空故，不見有情自他差別，故能常益也。不捨生死者，無際空也，由智觀理，遣其遍計，由悲故廣化有情，有情無際故，無際空。爲善無窮盡者，不散空，亦名不空，菩薩所積福智資糧，盡未來際，無有斷盡，故名不散空。爲種性清淨者，本性空也，法本無染，爲惑所弊，今觀空際，惑顯本性種姓，故名本性空。爲求相好者，相空也，爲求相好觀理際故，名相好空。爲淨諸佛法者，一切法空也，由遍計一切三寶，今觀遣執淨諸佛法故，名一切法空。又一切法亦得，不但佛法。補特伽羅法者，自性空也，生、法二執，體無自性故，名無性空。俱非有者，無性性[三九]空，由生、法無性之性所得，明執無所得[四〇]爲有，還盛[四一]其病，今觀無所得亦空，故名無所得空。

言十八空者，前十七空中，開無性爲二，加自性空。法執之自體，自性空。又有三釋：一、總故名生，別故名法；二、本故名法，末故名生；三、體故名法，用故名生。又體用故名法，非故名生。

十九空者，前十七中，除無所得空，別加三空：一、所緣空，一切識所緣境皆空；二、增上空，所緣空，增上緣一切俱空；三、互無空，前説諸空，謂是互無空，牛中無馬等，今觀一切謂空，名之互無空。

二十空者，前十九空，除後三空，取十七空，無所得，以成十八空，於中開不散爲二：散空；不散空。二乘善法，有其空故，爲散空。又釋，無漏名不散空，有漏名散空。又開相空爲二：自相空；共相空。三十二相別故名自，八十種好共有故名相名[四二]空。今唯識觀，於十六中，十四全、一少分法，今所分名生，唯[四三]所真。問：但言真空七[四四]皆唯識不？答：得但是唯識，必帶生空，自有生空，不必唯識觀，謂二乘生空。

○十二支章

釋名色互爲緣中，觀十二支有二：一、雜染安立觀；二、清淨非安立觀。此二觀中，皆有順逆。

安立觀者，謂行相粗淺，安立施設，名曰安立。菩薩將欲斷除，先順觀之，從無明生行，行生識，識生名色，名色生六處，乃至生生老死也，如是順觀生死相續，令生厭離，所以次第順觀。既順觀已，逆觀其果從何而有，於中有二。一、觀老死果由誰有？謂由生，生復由誰有？謂由有，有復由誰有？謂由取，乃至行支。皆作四諦觀，老死苦，老死集，老死滅，老死趣滅行，乃至行支集，即無明，不可更言無明由誰有，是故但作四十四智。於中別分，若唯作苦、集觀，老死苦果有二因集：一、粗近，即生；二者、遠細因，謂愛、取、有。觀現生能老死苦果，謂觀愛、取，遠生當來老死苦果。如是觀苦果，從集有已，即觀集從誰有？謂由苦。苦果從誰有？謂識等五。即觀苦果復從誰有？還由思業有，即愛、取、有。更不別觀。無明、行，不異愛、取、有，是故苦、集二諦觀，齊識退還。如是逆觀苦、集諦已，知是生死之源，將欲斷除，方爲滅道之觀。先觀老死滅，次觀老死由誰得？謂由道，即觀道能證滅。如是觀滅、道二諦，始從老死，至其行支，有四十四智。問：何故苦、集之觀，至識而還，滅道之觀，越識而至行？答：苦、集相續，一周便還，滅、道斷除，所以至行。

清淨非安立觀者，無分別智，體合如理，心境二冥，非假施設，標以非安立之名，諸惑永滅，示其清淨之目。於中有二：一、順；二、逆。先順觀，由無分別智，見諦斷無明，無明滅行不生，乃至老死苦不有。無明滅故慧解脱，相應諸惑滅故心解脱。無明滅故無發行，諸惑滅故無現生。業惑無故，後果不續，得無學。得無學已，逆觀所滅生死苦果由誰滅，謂由行，乃至行由誰滅，由無明。合有三種緣生滅，又作七十七智。觀十二支者，一一支中有三智：一、觀因智；二、審因智；三、法住智。觀因智，謂觀老死從誰生，由生生。次審因智，更審觀老死從生生。此二智别觀三世，一支上合有六智。法住智，總觀三世，謂老死從生生，一支有一，除無明，取十一支，即有十一智。合前六十六智，即有七十七智。十二支，一一支逆順觀，各有四諦，如觀老死，老死苦，老死集，老死滅，老死趣滅行，總有四十四智。逆觀十一支，一一中有二因，觀推[四五]因智、審因智，令知根本，過去現在亦爾，觀十二支因緣故，名法住智，總有七十七智。

已上開元五年正月十六日，僧玄儼在緇州讀之，以此功德，普及含生，共成佛果云云。

已上《法苑義林》卷第四。

○二種生死章

二種生死義，八門分别：一、出體；二、釋名；三、辨相；四、差别；五、依位地；六、與四種生死相攝；七、會釋三種意生身；八、問答分别。

一、出體者。分段生死，以十二支中五果及生、死老[四六]七支爲體，餘支但爲生死因緣，非正生死體也。此位但取異熟無記，通於色心總别果報。若單别報，即非體攝。故論云，分段生死者，謂諸有漏善不善業，由煩惱障緣助勢力，所感三界粗異熟果。變易生死，亦以異熟色心總别果報爲體，不取無明及無漏業爲體，此體但是無覆無記，唯有漏故。論云，不思議變易生死者，謂諸無漏有分别業，由所知障緣助勢力，所感殊勝細異熟果。

第二、釋名者。言生死者，是相違釋，生與死違，各别表故，《勝鬘經》云，有受報起名生，有受報没名死，此釋總名。次釋别名，言分段者，論云：身命長短，隨因緣力，有定齊限，故名分段。若分段屬因，生死是果，分段之生死故，是依主釋。若分段屬果，分段即生死故，是持業釋。言變易者，論云：由悲願力，改轉身命，無定齊限，故名變易。如前分段通於二釋，變易之言，屬因屬果，義皆得故。

三、辨相者。於中分二：初、辨分段相；後、辨變易相。就分段中，有二不同：一、散資；二、定資。散資復二：順受；横受。言順受者，即十二支，始從無明，次第乃至老死，輪轉受任運果，隨業修住[四七]，壽有長短，不假聞思爲緣，捨財以資，故名順受。言横受者，見其壽行短促，唯限三五十年，其人福行極勝，即以聞思二慧爲因，或捨衣物施於衆僧，或憑念誦、造經、造像，由此福力，願令長壽，皆以聞思二慧爲方便故，如其所願，延[四八]令長，故名横受。此二合，名散資。第二、定資者，於中有三：一、外緣資；二、内緣資；三、雜修靜慮資。外緣資者，如初果人，乃至第四果人，入邊際定，後出定捨衣鉢，資感現身因，令長時與果，此人或先入定，後方捨衣鉢，或先捨後方入定，皆不遮之。二、唯内緣資者，謂如第三果人，依未至定，或根本定，資受身業，令地地及處處所受之身得長壽故，然依未至定爲正，或得根本方資何妨。三、雜修靜慮資者，初以有漏資五淨居以下四業，次以無漏資助，初念有漏，中間無漏，後念有漏，或初無漏，中間有漏，後念無漏，如是或多或少，資下古[四九]業得彼受身，故名雜修。已上並名分段。

次辨變易，於中有二：一、迴趣；二、直往。初、迴趣中，若有學三果迴心者，得以無漏資此，雖未得純無漏心，而資業時，不用有漏，故所練身，名爲變易，不同雜修業，有漏間雜。謂若預流迴心者，如《佛地》云，或有迴心即伏餘惑而受變易，或有至第七生方受變易。其餘二果，如應當知。若欲界中，經生聖者，無容更受上界身故，知資欲界所受身也，即以此身，至金剛心，後時身雖往自在宫，而所留身，即欲界攝，此菩薩第八無漏，亦以欲界異熟識爲等無間緣。若不還者，受上界身，色界四地中，隨應受身，即練此身，至金剛心。若無學果迴心者，亦以無漏資有漏業，雖未能得純無漏心，而資業時，不雜有漏，是故不名雜修業也。直往人中，一類菩薩，七地以前，即受變易，此亦雖未得純無漏心，而資業時，唯用無漏，故所受身亦名變易也。一類菩薩，至第八地，方受變易，此位唯以無漏資故，故所練身，定是變易，即資第四靜慮舊業，仍以此身，至金剛心，雖最後身，更以十地勝無漏資，而非命終，更受餘生調伏。光説：七地以前一類菩薩，分段、變易，更互雜受。護法論中，無誠文也。

四、辨差別者。《勝鬘經》云，如來[五〇]爲緣，有漏業因讀[五一]後有者，而生三界者，此辨分段生死。無明習地爲緣。無漏業因。羅漢、獨覺、自在菩薩生三種意成[五二]身者，此明變易生死。准《緣起經》，内法異生不放逸者，所起福、不動行，非無明爲緣，即四善根等，不造此生死業。又云四善根等内法異生，亦得造此感生死業。若非是所感，此生死云何得福、不動業？故《涅槃》云，如是煖法，亦是有法，亦是有爲，是法根[五三]，得色界五陰，如人乘馬，亦愛亦策，煖心亦爾，愛故受生，厭故觀行，是故雖復有法、有爲，而能與彼正道作相。又《瑜伽》等，但説聖者不造新業，不云異生亦不造新。若爾，《緣起經》何故不説無明爲緣？彼但約不共無明説不爲緣，故不相違。此所感身，隨業長短，凡夫、二乘所知境界，故名分段，非不思議。其變易生，八地以前，若迴趣，若直往，皆以現種無明爲緣，八地已上，迴趣、直往，皆以種子無明爲緣，以勝無漏所資助故，不隨業勢，長短有限，非是凡夫、二乘所測，故名不思議變易身，七地以前，所受猶粗，八地以去，轉勝微細。

五、位地者。分段生死，既是凡受法，從無始三界九地、四生五趣，隨其業因，報位各别。若二乘人，入無餘捨。若諸菩薩，或初地捨，或八地捨。變易生死，若迴心者，學、無學位，隨應初受。如初果人，若七生業皆定受者，至第七生方受變易；若七生業皆不定者，即初生身，受變易生；若七生中有定不定，定者皆受，不定不受，隨所受身，即受變易。第二果人，有三品：或受一大生；若業定者，受此生[五四]，方受變易；若不定者，厭受生故，即此身受變易生死。第三果人，若經生者，厭受生故，上業不定，可於此身即受變易；不經生者，或生色界，方受變易，上業定故；業不定者，容於此身即受變易。若第四果，下二界中，隨在何界，即彼身中受變易生；若獨覺者，一向在欲，雖復出在無佛世界，然由種姓力所資故，必蒙諸佛教化迴心，唯除一向趣寂種姓。如經所説，須陀洹果，經八萬劫，發菩提心，乃至辟支，經十千劫，發菩提心。或言成菩提，或言到涅槃，然以發心爲其定也，謂迴心後，經八萬劫，乃至十千，爾乃方至十住位中初發心住。或有説言，至十信初，雖已迴心，而樂寂心不能捨故，經八萬劫乃至十千，於修加行放逸不進，經爾許劫，後方覺悟，進修加行，至十信初。故《瑜伽論》八十卷云：問：若唯住有餘依涅槃界中能發趣者，云何但由一生便能證得阿耨菩提耶？所以者何？阿羅漢等，尚當無有所餘一生，何況當有多生相續？答：由彼要當增諸奉[五五]行，方能成辦。世尊多分依此迴向菩提聲聞，密意説言，物類善男子，若有善修四神定[五六]已，能住一劫，或餘一劫，餘一劫者，此中意説，過於一劫，彼雖如是增益壽行，能趣菩提，而所修行，極成遲鈍，樂涅槃故，不如初心始業業薩。彼既如是增壽行已，留有根身，别作化身，同法者前，方便示現，於無餘依涅槃界中，而般涅槃。彼以所留有根實身，即於此界贍部州中，隨其所樂，遠離而住，一切諸天尚不能覩，何況其餘衆生能見？彼於涅槃多樂住故，於遍遊行彼彼世界，親近供養佛菩薩中，及於修習菩提資糧諸聖道中，若放逸時，諸佛菩薩數數覺悟，被覺悟已，於所修行，能不放逸。放逸時者，即是經八萬劫，乃至十千劫時也。被覺悟已，不放逸者，即是發心進修之時，直往菩薩。雖具煩惱，極遲，唯經萬劫，得至十住初心，迴趣二乘，雖斷煩惱，八萬、十千，方至十信，故云遲鈍，不如始業。上來辨迴趣人。若直往人，八地已上，一切菩薩一向決定受變易身；七地以前，有二種人，一者慧多，二者悲多，前人受變易，後人即不受，爲欲受生化衆生故。

第六、與四種生死相攝者。依《無上依經》，有四種生死：一、方便生死；二、因緣生死；三、有有生死；四、無有生死。方便生死者，彼經云，如十二支中，無明生諸行，即是無明住地爲緣，生無漏業，初生死也。因緣生死者，彼經云，如無明爲緣，所生諸行，即是無明住地爲緣，所生無漏業，名因緣生死也。有有生死者，經云，如行所招三有果，即是無漏業所得三種意生身。無有生死者，彼云，如生緣老死，即是三種意生，最後身爲緣，不可思議退墮。准經合喻，雖説四種，唯一正是變易生死，總據生死因緣及體，説四種耳，非是生死體有四種。所以者何？初一是生死緣，第二是因，第三正是所生果報，第四即是最後異滅二相。又如彼分段中，有四種難：一、煩惱難，謂無明、愛、取，變易中方便生死，無明住地亦如是；二、業難，謂即行者[五七]善不善業，變易中因緣生死，無漏亦如是；三、果報難，謂即五果及生支，變易中有有生死，無漏業所感意生身亦如是；四、過失難，謂即老死，又惑業生三種，皆有遷變行苦之義，變易中無有生死，最後退墮亦如是。或即前三遷變行苦，爲過失也。然生死言，通即並取因果，皆是流轉分故，別即唯取苦諦果報。上就别相，唯就果報，辨二生死。經就通相，總説惑業果報，爲四生死。古德方便生死位配初二三地，因緣生死配在四五六地，有有生死配在七八九地，無有生死配在十地者，非也。然舊《攝論》，約二十二無明，感十一粗重報，配四生死者，其義何耶？謂初四地，未得諦視，無漏業隱，雖有因緣，而没其名，故從方便立生死名；五六七地，是出世位，無漏因顯，於中亦有未受果故，故從因緣受生死名；八九十地，已受變易，此三地中，雖已受果，而後更有第十一報，是故唯名有有生死；第十地出分，是最後身，此後更無受果報故，是故名爲無有生死。是則配位義異，辨性義異，是故四生死，約十一報，配四三三一，於理無違。

第七、會釋三種意生者。三種意生，有其二門。一、通就三乘，如上所引《唯識》之文。依《勝鬘經》，謂阿羅漢、獨覺，及得自在菩薩。自在菩薩者，或初地上，已得無漏生自在故；或七地上，入無生忍位故；或八地上，得無功用故。《法華論》云初地已離分段生死，故知初地受意生身。《入楞伽經》第四卷云：大慧，説寂靜法，得證清淨無我之相，入遠行地。入遠行地已，得無量三昧自在，如意生身[五八]。故知七地亦得意生身，然未一向。二、遍就菩薩十地，建立三種意生身。如《入楞伽》第五卷云：有三種意生身，何等爲三？一者得三昧樂三摩跋提意生身，二者如實覺知諸法相意生身，三者種類俱[五九]生無作行意生身。菩薩從於初地，如實修行，得上上地證知之相。何者得三昧樂三摩跋提意生身？謂第三第四第五地中，自心寂靜，行種種行，大海心波轉識之相，三摩跋提樂，名意識生，以見自心境界故，如實知有無相，是名意生身相。何者如實覺知諸法相意生身，謂於八地中，觀察覺了，得諸法無相，廣説乃至得如意自在，隨入諸佛國土大衆，是名如實覺知諸法相意生身。何者種類俱生無作行意生身？謂自界[六〇]內自證一切法，如實樂相法相樂故，是名種類俱生無作行意生身。解云：初二地中，亦得三昧樂意生身，但以未得定自在故，略而不説。又釋云：初二意生身，舉中攝初後，謂初意生身，舉三四五地，即攝初二，及第六地；第二身者，舉第八地，即攝第七，及第九地，若不爾者，所不舉者，名何意生？初二既舉，中攝初後；第三意生，不舉自顯，是故經中不列位也。

第八、問答。《唯識》第八，有四問答，彼具顯故，此不更述。

○三求義林

三求，略五門分别：一、名；二、體；三、暴流及相相攝；四、七隨眠；五、諸論不同。

一、名者。求者，求義，則持業釋也。

二、體者。即欲界一切煩惱，及俱時心心所法，身、語業，除邪教力，起及正見執，或生得善等，諸如上俱爲欲求體性者求，即色、無色界，除無漏，及正見、方便善，順無漏者，及邪教力起，餘一切法，爲有體性。若唯言梵行求，即欲、色、無色三界正見，及生得善，無漏身語業等，皆梵行求體性。若言邪梵行求者，即三界邪教力起，并身語業等，是第三求體性。今解不同，已會釋，如六十五有文會此，覓不見文，錯勘籍也。

三、暴流。有四，謂欲、有、見、無明。解云：欲界一切煩惱，除無明及見，皆欲暴流，即五門下，除無明、見，計體可知，是欲流體。有流則色、無色五門，計體如上，所餘更除瞋，是有流體。無明即三界無明，見則三界五見。如《大論》八十九云，欲界上品貪，未離欲者起，是欲界流，已除身在上貪者，是有流。外道從門論有餘二起流。惡見名〔六二〕流，即六十二見，五見中四見，見因緣云〔六三〕何，無明爲一，名無明流，則識見。此據增上多分語，如實知前説，及六十五有。今此三求差别，若准《對法》第七卷初云，初流是欲求，第二流是有求，即通色、無色界，後二流則邪梵行求，則通三界等。今此文欲求，攝欲流不盡，則除三惡趣，以唯攝三欲生故。有求不攝第四禪，及四空處等，雖然，理亦無違。如《對法》第七卷，與此互有寬狹。彼欲求上五趣，即簡無明、見，此雖在人天，即兼取無明、見是欲求。論[六三]趣寬事狹，此論趣狹事寬故。然約趣、約界別，二邊俱得。如《對法》第六卷，則欲界五趣一切種，皆欲求故。論由欲求力不脱欲界，招欲界苦者，是有求。此論不通第四禪，及無色界，及第七，初兼[六四]第四，及四無色，則除彼無明、見。彼地寬趣狹，此乃趣寬地狹。如彼第六末，通地種論，即由有求力，不説二界，招色、無色苦。論梵求，如此論文，唯在第四，四無色，則順外一切求，煩惱皆邪求體性。如第七卷，即三界無明、見，皆邪求體性。如第六卷，則招三界生死，皆是邪求體性。彼第七界，地寬趣狹，此論趣寬地狹。唯在第四定及四空，不在下故。如第六卷，即三界皆是，此乃實論。如此論，雖言四無色，未必即取一切。取一切種，有求雖別貪、慢等，在下故。約種言三，初流欲求，第二流有求，第三四流是邪梵行求。約界言之，欲求在欲界三趣，實通五趣，有求在色，除第四定，實亦通邪梵行等，在第四禪，及以無色。論云不約言，即第四禪辨[六五]無色界，此論約三欲樂生與論，故不同。此則第三暴流及扼，扼明體性，與流無別。六十四初文，復[六六]此不同，彼説三漏。

四、七隨眠分別者。欲求攝二，謂欲愛、瞋恚二隨眠。有求攝有愛一，則同通上二界。邪求即攝慢、無明、見、疑四隨眠。

第五、釋文不同者。准此文，邪梵行求，即通三界慢、見、無明，皆是與前暴流不同。欲暴流有流中，約種皆是邪求，以慢、疑隨眠是邪求攝故，此等攝實也。第七卷，約攝流，約攝有[六七]是。今此約外道所起慢、疑，亦須後邪求故，故邪求攝。邪體則非，以各別性，體非見故。若爾，無明如何？無明必見俱。疑、慢不定，故不爲例，前皆可復説之。

大乘法苑林章補闕卷第四

校勘記

〔一〕底本據《卍續藏》，存卷四、卷七、卷八。

〔二〕「覆」，底本原校云一本前有「有」字。

〔三〕「想」，疑爲「相」。

〔四〕「是」，疑爲「中」。

〔五〕「正」，底本原校云一本作「此」。

〔六〕「依」，底本原校云一本前有「若」字。

〔七〕「上盛」，底本原校云一本作「盛生」。

〔八〕「有」，疑前脱「行」字。

〔九〕「就」，底本原校云一本前有「成」字。

〔一〇〕「三」，底本原校疑衍。

〔一一〕「污」，底本原校疑爲「染」，下一「污」字同。

〔一二〕「證」，底本原校云一本前有「自」字。

〔一三〕「如」，底本原校疑爲「非」。

〔一四〕「空」，疑衍。

〔一五〕「他」，底本原校云一本後有「性」字。

〔一六〕「繫著復空無二性」，《楞伽阿跋多羅寶經》（《大正藏》本，下同）作「計著者説空無生無二」。

〔一七〕「弄」，疑爲「義」。

〔一八〕「空」，疑爲「自」。

〔一九〕「貧」，疑爲「貪」。

〔二〇〕「知者」，底本原校云一本作「智」。

〔二一〕「行」，《大般若波羅蜜多經》（《大正藏》本）作「得」。

〔二二〕「除一法」，疑衍。

〔二三〕「見」，疑前脱「非」字。

〔二四〕「界」，《瑜伽師地論》（《大正藏》本，下同）作「果」。

〔二五〕「界」，疑爲「果」。

〔二六〕「察」，《瑜伽師地論》後有「空」字。

〔二七〕「自」，《楞伽阿跋多羅寶經》後有「共」字。

〔二八〕「説」，底本原校云一本後有「言」字。

〔二九〕「果」，《楞伽阿跋多羅寶經》作「業」。

〔三〇〕「雖」，《楞伽阿跋多羅寶經》作「名」。

〔三一〕「無邊」，《楞伽阿跋多羅寶經》作「見過」。

〔三二〕「俱」，《楞伽阿跋多羅寶經》作「説」。

〔三三〕「重」，底本原校疑爲「空」。

〔三四〕「觀」，疑爲「應」。

〔三五〕「説」，疑爲「論」，下一「説」字同。

〔三六〕「五」，疑衍。

〔三七〕「是」，底本原校云一本作「善」。

〔三八〕「清淨佛性」，疑爲「淨諸佛法」。

〔三九〕「性」，疑衍。

〔四〇〕「所得」，《大乘法苑義林章》（《大正藏》本，下同）無。

〔四一〕「盛」，《大乘法苑義林章》作「成」。

〔四二〕「相名」，《大乘法苑義林章》作「共相」。

〔四三〕「唯」，《大乘法苑義林章》前有「離」字。

〔四四〕「真空七」，《大乘法苑義林章》作「生空」。

〔四五〕「推」，疑衍。

〔四六〕「死老」，疑爲「老死」。

〔四七〕「住」，底本原校疑爲「促」。

〔四八〕「延」，底本原校云一本後有「短」字。

〔四九〕「古」，疑爲「故」。

〔五〇〕「來」，底本原校云一本作「取」。

〔五一〕「讀」，疑爲「續」。

〔五二〕「成」，疑爲「生」。

〔五三〕「根」，《大般涅槃經》（《大正藏》本）作「報」。

〔五四〕「生」，底本原校云一本前有「一」字。

〔五五〕「奉」，底本原校云一本作「壽」。

〔五六〕「定」，《瑜伽師地論》作「足」。

〔五七〕「者」，底本原校云一本作「有」。

〔五八〕「故」，底本原校疑前脱「故」字。

〔五九〕「俱」，《入楞伽經》（《大正藏》本，下同）無，下二「俱」字同。

〔六〇〕「界」，《入楞伽經》作「身」。

〔六一〕「名」，底本原校云一本後有「見」字。

〔六二〕「云」，底本原校云一本無。

〔六三〕「論」，疑前脱「彼」字。

〔六四〕「兼」，底本原校云一本作「雖通」。

〔六五〕「禪辨」，底本原校云一本作「辨也」。

〔六六〕「復」，疑後脱「與」字。

〔六七〕「攝有」，底本原校云一本作「種者」。

大乘法苑林章補闕卷第七

大雲寺沙門慧沼撰

界處義林

五蘊義林合明三科，寬狹不同，所以别辨。

五境義林

○界處義林

合以七門分别：一、釋名；二、出體；三、立意；四、次第；五、廢立；六、諸門；七、問答。

第一、釋名者，初、列；後、釋。列名可知。釋名者，初、總；後、别。總名界、處。界者，梵云厭[一]都，唐言爲界。《伽》五十六云：何等是界義？答：因義，種子義，本性義，種性義，微細義，任持義，是名界義。此之六義，俱名爲界。舊有云持，偏據一義，非盡理也。處者，梵云阿野咀那，唐言爲處。《伽》五十六云：諸心心所，生長門義，緣義，方便義，和合性義，所依止義，居住處義，是名處義。此之六義，俱名爲處。舊翻爲入，然釋[三]云，聲聞[三]義是入義。何以故？心心所法，於此識[四]故，稱之爲入。若爾，識生應不名入，此之根境能生識故。又若言入，梵本應云針羅吠舍，既云阿野咀那，不可云入。《顯揚》十四、《雜集》第一，及《五蘊論》，明界處義，皆同於此。十八、十二，皆是數名，即六釋中帶數釋也。

釋别名者，照矚名眼，能聞名耳，能齅名鼻，能甞名舌，能觸名身，能知名意。故《瑜伽》第十五云，謂見義、聞義、齅義、甞義、觸義、知義，名根建立。義通理境，皆持業釋。色等六境，眼所行名色，耳等所取名聲等，亦持業釋。六識者，爲依彼根，及緣彼境，名眼等識故。《雜集》第二云，謂依眼緣色，了别爲性，乃至謂依意緣法，了别爲性。眼等者即有所依，色等者則彼境，了别謂識自性。若依《成唯識》第五，亦可名色識等，從境爲名。《雜集》從根，但名眼等識。即依根名，皆依主釋。《瑜伽》五十一云，如草、糠札，火依彼得燃，即得彼名，故名草火等。舉喻可解。

第二、出體者。略明四種：一、約百法；二、約三科；三、約三性；四、約五法。

初、約百法者，五色根界，即十一色中五根色爲體，意根以過去六種心王，及第七、八心王爲體。《五藴論》云：意界者，則彼無間滅等。彼言則彼六識，復言等者，非第七、八，更欲等所。或可七、八亦同六識，過去爲意，現名意識，意識名寬，故通未來及過現種，皆爲界體。故《雜集》第一云，謂眼曾、現見色，及此種子，曾見色能持過去識受用義，現見色能持現在識受用義。此種子者，爲引當來眼根，或已成就，爲生現在眼根故，此二種名眼界者，眼生因故，簡永不生眼等種。乃至意界，應知亦爾。五色界，則百法中，色聲香味觸爲其體。法界者，即百法中法處五色，及五十一心所有法，二十四種不相應行，六種無爲，然除無爲，餘通三世，虚空雖復無其自體，爲意識境，亦法界收，亦無過未等。故《雜集》云，諸色眼曾、現見，及眼界於此增上，是色界相。眼界於此增上力者，謂依色根增上力，外境生故。此意以根生識勝，緣境成種，故爲增上。未言色種及未來者，非眼境界，故略不論。據實亦是色界乃至法界，大分亦爾。若准《瑜伽》五十六，亦同此説，云若色根增上所生，若彼於此爲增上，是名色界。亦通三世。《雜集》第三云，幾已生？謂過去、現在一切一分。幾非已生？謂未來及無爲法一切一分。若依《瑜伽》五十六云：問：何等是眼界？答：若眼未斷，或復斷已，命根攝受，如眼界，乃至意識界及法界一分，當知亦爾。傳三藏釋云：凡夫學人未斷，無學人斷已，然爲命根攝受，得相續者，就命根説攝受，理實而言賴耶攝受也。此約未斷縛及已斷說。今又釋云：若眼根未斷，非阿羅漢最後眼等名未斷。或復斷已者，據得已失，或復異生生無色等，現眼根斷，名爲斷已。命根攝受者，持彼種子，可當生故，命根攝者，依第八識立命根故，名爲命根。故《成唯識》第二云，離此命根，衆同分等不可得故。眼等六識，即百法中現識等六現種心王。七、八二種，准《五蘊論》，即意界攝，或通二界，如前分別。有云，第八，《顯揚論》說，通六識界攝，持彼種故。傳三藏釋，以用從體，故言六攝。據實而言，即意攝界。又云持諸界種，應亦通法界。此既不爾，彼云何然？或可許非心類，雖持彼種，不稱彼攝。又解，彼論據隨轉門，或隨根境俱說，分心爲六識界。十二處體，准界可知，故不繁述。故《雜集》云，問：處何相？答：如界應說[五]。然除過去，謂眼當見色，及此種子等，隨義應說。言等者，舉當見色，現眼及種，等取已見、現見及彼種子。隨義應說，彼七心界，並名意處等，故云隨義應說。若《瑜伽論》五十六云：謂若根[六]已得不捨，於無間體非斷滅法，如眼處相，餘處自性，當知亦爾。已得不捨者，除已生壞。於無間體非斷滅法者，除阿羅漢最後眼等，諸處決定不能生眼識等故，如根，境亦爾。

二、約三科者。《雜集》第二云，謂色蘊，即十界，眼等五根、色等五境，及法界一分。受、想、行蘊即法界一分，皆非全攝法界體，故云一分，識蘊即七識界，謂眼等六識及意界。十二處者，識蘊即意處，餘准界說。故《雜集》第三[七]云：立何建云[八]處？謂十色界，即十色處，七識[九]即意處，法界即法處。《五蘊論》說，亦同於此。

三、約三性。一切俱通，遍計爲體。依他起性，法界、法處，二各一分，非以爲體，所餘皆通，以無爲法非緣生故。圓成實性，法界、法處，二各一分，以爲其體，唯六無爲，餘不通故。此據常、無常門。若約漏、無漏，一切一分，亦圓成爲體，性離顛倒，用周遍故。

四、約五法者。一切是相，皆所詮。法界、法處一分，用名爲體，謂名句文能詮及依故，攝假從實，唯色[一〇]界，假實別論，即二界各一分也。七識界及意處，法界、法處，並各一分，分別爲體，除無漏故。即前所除，正智爲體。圓成爲體，如三性説。

第三、立意者。有三復次。一、爲顯四緣、三緣，如次建立界、處二法，故五十六云，問：爲顯何義建立界耶？答：爲顯因緣義，及根境受用義，故建立界。此意顯根立六，顯境立六，受用立六。然因緣如名，顯根增上緣，顯境所緣緣，受用等無間。爲欲顯何義建立處耶？爲欲顯示等無間、所緣、增上三種緣義故建立處。此等無間緣立意處，所緣立境，增上立六。然前顯無間立意處，即亦第六根，或增上立五。

二、爲顯能、所取及彼取種，及能、所受，故立分[一一]處。故《辨中邊論》第二云，爲顯能取、所取，彼分種子義，立十八界，能取及種、六根界，所取及種、六境界，彼分及種、六識界，故彼頌云，能所取彼取，種子義名界。下一種言貫通上三，爲顯能受、所了境用門義立十二處，然受用門義，謂六内處，若所了境受用門義，是外六處，故彼頌云，能受用所了境，用門義名處。《雜集》第二，大分亦同。

三、明境識因觸生門義。《顯揚》十四云，合[一二]觀根境識三法，從自因而生，名界善巧，由彼諸法無始流轉，從自種生多生起故，及種種生起，非一界故，種種界故。由善了智[一三]觸生門義[一四]建立十二處，謂根及境，乃至廣説，名處善巧。三文少別，大意悉同，莫不皆爲破横計我，爲諸法因，及能受性。故《中邊論》第一頌云：於蘊等我見，執一因受者。作者自在轉，增上義及常。雜染清淨依，見[一五]縛解者性。一、執一性；二、執因性；三、執受者性；四、執作者性；五、執自在轉性；六、執增上義性；七、執常性；八、執染淨所依性；九、執觀行者性；十、執縛解者性。爲對治此十種我見故，修蘊等十種善巧。此界、處二，即爲對治執於因性、執受者性，謂執神我或自在等爲諸法因，或執我爲受者性故，明即眼等三六種而爲生因，眼等六根爲受者，無別神我或自在等，或破無因，故説於界。《顯揚》十四云：世間愚夫迷惑[一六]於身所有初因而生迷惑故，執不平等因，謂即常住自在天等，或説無因，謂撥無一切能生因體。《五蘊》《瑜伽》，皆亦破我。

第四、次第者。《雜集》第二云，隨世間事差別轉故，謂諸世間最初相見，既相見已，更相問訊，既問訊已，即受沐浴、塗香、華鬘，次受種種上妙飲食，次受種種臥具、侍女，然後意界處處分別，以内界次第故建立外界，隨此次第建立識界，餘者可解。由其意界，隨前處處遍分別故，在後而説。隨根次第，外境亦爾。識依根境，次第如彼。如界次第，處亦如是。若依《瑜伽》五十六説，有七復次，初依根境以辨次第，次第[一七]復六次第，彼論頌云：衆多順世俗，喜樂與莊嚴，隨二種作業，故次第宣説。力[一八]數數起，故先説眼。餘類此知，故名衆多。第二[一九]次第，與前説同。隨此次第，生喜樂故，非於餘故，第四因也。又由諸衆生，皆先依止身、語二業，若淨不淨，方便勤求飲食飲食[二〇]，既飽滿已，習近諸欲，是第五因。又作業者，由眼純[二一]見種種諸色，往還，記識，及怨親中，庸[二二]力戲等；由耳能聞種種音聲，起諸言論微妙音樂；鼻界能齅種種諸香，尋香而往，受諸喜樂，長養依身；舌界能嘗種種諸味，餘同鼻説；身界能觸種種所觸，受諸喜樂，然彼樂具，或損害身，後後望前，轉轉狹劣，故在後説。處處次第，准界可知。

第五、廢立者。《雜集》第一云，問：何因界唯十八耶？答：由身、具等，能持過、現六行受用性故。身者，眼等六根。具者，色等六境。過、現六行受用者，謂六識。能持者，謂六根六境能持六識，所依所緣故。過現六識能受用者，不捨自相故，以能持義，故説名界。問：何因處唯十二耶？答：唯由身、具能與未來六行受用爲生長門故，謂如過、現六行受用相，爲眼等所持，未來六行受用相，似[二三]根及義爲生長門亦爾。所言唯者，謂唯依根境立十二處，不依六種受用相識。於過、現説持，未來説生長門者，在顯故也，故云亦爾，不爾如何。若於過、現非生長門，處應不通過、現，在立使[二四]違諸論。處通三世，過去已生長，現在正生長，義謂境義。

第六、諸門分別者。一、假實；二、漏無漏；三、執受不執受；四、同分彼同分；五、所知非所知；六、所識非所識；七、所達非所達；八、有對無對；九、有見無見；十、三性；十一、三界；十二、三斷；十三、三學；十四、四句分別。

第一、假實分別者。《瑜伽》五十六云：答：實有者，或十七，或十二，六爲一故，一爲六故，此約世俗安立道理。以攝彼六爲意界故，説一爲假。或從意界分成彼六，故十二實。廣此假實，及漏無漏，如五蘊章，准彼可悉。

三、執受不執受分別者。謂依此法，受得生起，然除於心，是執受義。《雜集》第五云：謂受生所依色故，是執受義。若依此色，受得生起，是名執受。若《成唯識論》第二卷云，爲識執受，攝爲己體，同安危故，名爲執受。《雜集》隨轉門，《唯識》實義説。或受生者，是生覺受，由識執持，令不爛壞，生覺受故，名爲執受，彼此無別。即五根，界、處全，及四境一分。四境一分者，謂不離根，色香味觸聲，體虚疎發，便離質故，不通執受。有處説，五一分者，據聲未離能造内大説。

四、同分彼同分者。言同分者，謂根與識俱轉相似，於諸境界，相續生故，由根與識相似轉義，説名同分。諸根離識，自類相似相續生，由根不同[二五]與識合，唯自體相似續[二六]生，根相似義，名彼同分。五十六中，亦同此説。即唯五根，界、處一分，是同分、彼同分。故《雜集》第五云：色藴一分，眼等五，即此界、處一分，是同分、彼同分。所餘與識，非定同轉，由意界、處不定，與識同緣一境，無識亦緣，五根不爾。或隨轉門，由意界、處不與識俱，不説同等。據實理説，七、八既在意界、處攝，意識有時，與彼同緣，可名同分，不俱時轉，名彼同分。《瑜伽》五十六，但遮於外，説同分等，不遮内故。彼云：唯根所攝内諸界中，思量同分，及彼同分，非於色等外諸界中故。

五、所知非所知，六、所識非所識，七、所達非所達。界、處皆通所知、識、達，智緣名知，心緣名識，通緣名達，智、心及通，皆有多種，廣如論辨。

八、有對無對分別者。欲界五根、五境，界、處，除欲中有所有根境，自六識變者，所餘一切一句[二七]有對。故五十六云：何義，幾藴是有對耶？答：展轉相觸，據處所義，及粗大義，是有對義。粗大義者，當知遠離三種微細，此三種微細，如前應知，一藴一分，是有對。三種微細者。五十四云，損減微細性，謂分折粗色至極微位；二、種類微細性，謂風等色，及中有色；三、心自在轉微細性，謂色無色二界諸色。一藴一分者，色藴一分。若依《雜集》第二[二八]，即以三因，明是有對：一、種類故，自性有對；二、積集故，謂積微以知一微無礙故；三、不修治故，非定修治故，准此即除法界、處色，非微所成，是修治故。此二論文，皆依粗顯，非盡理説。若細言之，色界業生五根、五境，及中有根境，定自在[二九]變段食等，皆是有對。五十六云，據處所義，亦有對故。此等皆是據處所故爲言，及粗大義故，簡知此等。又《雜集》第三云：能礙往來是[三〇]對義。爲[三一]魚米及金銀等有實用者，皆礙往來，若不爾者，即無實用故。又言諸有見者，皆是有礙，中有色境，及上二界色，皆可有見故。雖諸文別，不過三種：一、相觸對；二、極粗顯；三、處所。

一、相觸對，簡中有、定生。二、極粗顯，簡風等色，及上界業生。三、據所[三二]及有見者，即通說諸色。已引諸文，隨應分別。

九、有見無見分別者。眼根、識、境，准識緣中思准可悉，名爲有見，除此所餘，名爲無見。

十、三性分別。如五蘊章。

十一、三界分別者。幾是欲、色、無色界繫？答：四界二處全，欲界繫，謂鼻、舌識，及香、味界處，以彼段食性，上界無段食，故無香、味，香、味既無，二識亦闕，以無其境，識不生故。除前所說，一切一分，通欲、色繫。三界二處一分，無色繫，謂意界、意識界、法界，意、法二處。

十二、三斷分別者。一切一分分別所起諸惑，及此相應諸心心所，及依於此諸不相應，三惡趣業所感界、處，北俱盧洲，無想天，無形、二形，皆見所斷。故《雜集》第四云：謂分別起染污見疑，見處、疑處，及於見等所起邪行、煩惱、隨煩惱，及由見等所發身語意業，并一切惡趣等蘊處界，是見處斷。此約自性、相應、因亡果喪三種斷。說見處、疑處，即此緣境自所變起，能緣既無，所緣亦斷，亦因亡攝。若依[三三]亡亦說斷者，彼身所起善十一等，亦見所斷，彼身既無，依身所起亦不得有。除前所斷，所餘一切有漏界、處，皆修所斷。故《雜集》第四云：謂除分別所起染汙見等餘有漏法，有漏法言亦攝隨順決擇分善，粗重所隨故，一切一分是修所斷。一分者，除見所斷，及無漏法，謂諸無漏法，除順決擇分善，是非所斷。無漏法者，謂出世聖道，及後所得，并無爲法，十界、四處，諸蘊一分，是非所斷。不約離縛及無漏身所起之法，名爲無漏，俱[三四]性無漏，不爾，餘界、處亦應名無漏，唯色聲一[三五]身語業者，表無漏勝，故說非斷。不爾，何因不說餘耶？然言十界、四處、無學、身語爲非斷者，非盡理言，隨粗相說。據實而言，法界、處一分，及入見已，無漏所引身語二業，所有無表，皆非所斷，即通無漏，或所引故。然前所斷俱生惑等，是自性斷，彼俱心等，是相應斷，餘緣縛斷。得四相等，隨應當説。

十三、三學分別者。從解脱分已去，盡金剛定無間道來，所有善性，能順三乘所求聖道者，皆名爲學。即約此位，所有五根、三境界、處全，色聲界、處，七心界意處，及法界、處一分，餘皆是有學，自性、相應等起，或表隨其所應。雜集第四云：從積集資糧位已去，十界、四處、諸蘊一分是有學。十界者，謂七心界、色、聲、法界。四處者，謂色、聲、意、法處。故從金剛定解脱道已去，所有善法，順無學者，皆名無學，簡略如前。《雜集》第四云：於諸學處已得究竟者，所有善法，是無學義。以阿羅漢等，於增上戒定慧學處，已得究竟，故名無學。十界、四處、諸蘊一分，是無學。即前所除，及諸無爲，并滅盡定，皆是非學非無學攝。染無記等，及諸無爲，非學所習，滅定雖習，依涅槃故，止息處故，亦非學無學。此非盡理，隨少相説。據實而言，若在佛身，十七界全，法界小分，是無學法，界、處中除六無爲及滅盡定。

第十四、四句分別者。若眼亦非眼界耶？説眼界亦眼耶？寬狹相似，故四句答：有是眼非眼界，謂阿羅漢最後時眼，以次即入無餘界，現無因用，故非是界。有是眼界非眼者，謂處卵㲉及羯羅藍時[三六]閇尸時，在母腹中，若不得眼，設得已失，及生無色，異生眼因，皆有能生[三七]之因，故有眼界，現無眼故非眼，若依五十六，又云，或眼無間滅，有無間已滅，在過去世，是曾見色，能爲因故，非現見故。有亦眼亦眼界，謂除前及無色聖者，所餘諸位。有非眼非眼界，謂般無餘，及生無色所有聖者，無餘身智一切皆無故，無色聖者，雖有彼種，畢竟不生，故非界義。五十六又云：阿羅漢眼已失壞，或不生眼。如眼與眼界如是，耳鼻舌身等，准此應知。然有身界非身者，唯無色異生在卵殼等，欲有身故。有意非意界者，謂阿羅漢最後意，無因義故。有意界非意者，謂處滅盡定者所有意，因除無想者，有染意故，此約第七染分説故。若不爾者，即無此句。有意亦意界者，除前及無餘餘位。非意非意界者，謂已入無餘。眼[三八]界等，准此可知。十二處者，有眼非眼處，謂若眼已得不捨，然是無間斷滅之法。無間斷滅之法，勢[三九]劣故，現是定，不能爲識生門，及無間斷後，不能與後識作生門，此簡羅漢最後眼等。有處非眼，謂所餘處安住處相。有亦眼亦眼處，謂眼已得不捨，復非無間滅[四〇]之法。有非眼非眼處，謂若眼不得，或得已失，及餘耳等不住處相。文雖不説入無餘依，亦是此句。廣有諸門，恐繁且止。

第七、問答者。先問答界。

一問：名中，餘處皆以依積等義，説名爲身，如何此中能觸名身耶？答：依積名通，餘皆身故。今據別義，能觸名身。問色亦爾。或可色界，雖標總稱，即亦別名。身不可爾，若依名身，意界亦應説名爲身。或可身名亦同於色，思量名意，即無此濫。若爾，五識無間滅者，應非意界，無思量故。前解爲勝。

二問：依根緣色，何故但依根立名，不從境受稱？答：有五義，根勝得名。五義者何？依眼識故，眼所發故，屬眼識故，助眼識故，如眼識故。從多故説，故作此通。據實而言，亦名色識等。《攝大乘論》引頌説云，應許爲色識，及與非色識等。

三問：體中，何故無爲立在界、處，不在蘊耶？答：蘊據積聚，無爲即非。界、處之中，約能所取，故在界處。《瑜伽》五十六云，涅槃，界攝者，持苦不生故。

四問：虚空，界攝不？答：空無積聚，非蘊所取，持身動用，得界、處攝。五十六云，持身眼等運動用故。

五問：立意中，何故如是蘊處界三各別説耶？答：欲令所化有情，於廣略門生善巧故，於蘊門中略識、色，於界門中廣開識、色，於處門中但廣説色。蘊門之中，但廣心所，界、處略説，一界、處故。

六問：廢立中，眼、耳與鼻，各有二處，云何不立二十一界耶？若彼雖各二，然界不別。所以者何？其相相似，俱眼相故。所作相似，俱於眼識一所作故。如是鼻、舌，准眼可知。此意眼等雖各有二，同取一境，同發一識，故爲一界。

七問：若爾，意能生六義，復緣六境，應六處攝？答：若過去六識，隨分爲六，即相濫失。且如眼識無間滅者，若名眼根，濫色眼根，又無勝能，不獨名眼，眼照矚故。色根具五，可獨得名，餘者例爾。以不捨自相，若有思量，復有能生之用故，同名意界。或隨小乘，過去五識，俱名意界。若據大乘，七、八名意界，餘即六識界。不爾，六識界不通三世故，以過去者，共名意故。雖爾，意根爲染淨等依，亦通發諸識，猶有前難？答：彼不共故，此通發，故不例也。

八問：若過眼識等，以不捨自相等故，同名意界者，即五根應一界，三義亦等故？答：自性爲因，二義可等，非同名照。或聞齅等，故各別界。若依後解，即無此妨。

九問：既於境識同一作業，何故眼、耳、鼻各生二？答：爲端嚴故，各生於二。

十問：傍生雖亦二，彼有何端嚴，本來有一，復誰言醜？答：傍生若一，轉不端嚴，復設本來一，何廢言醜。或云因果法爾，如此安置，如根上下，何可具責。

十一問：三各有二，識依一生，爲依二起？答：依一依二，理並無妨。閇一亦得，觀聞齅等，開二識生，得明盛故。

十二問：眼耳有時各三類並，謂異熟、長養，及天眼耳，餘各有二，除修所生，既有多類，爲同一處，爲各別耶？答：修生與二，同依處所，如水處沙，粗細異故。長養、異熟，處所有別。長養在外，如城外郭，防護内故。

十三問：鼻舌等，如何無修生？答：彼非通故。

十四問：何故鼻舌等三非通耶？答：合取境，不可遠知。

十五問：若爾，何故欲界鼻等聞色界等香耶？答：彼互用故，是智境故，法威力故。

十六問：六識有根境，依立十八界，七、八有根境，何非二十四？答：依根境別，説十八界。七未轉依，唯緣第八，彼根即境，不可別立。第八依根，不殊第六，無別所緣，亦不可。

十七問：幾界合而能取，幾非合知？答：鼻舌身界，此三識界，俱合能知。眼耳及識四離能取，意識一界，合不合取。故五十六云：六合能取，四不合能取，五及一少分不能取，一界若合不合，二俱能取。

十八問：意界之中，六無間滅，通合不合，何不説耶？答：彼無間滅，雖曾離合取，現無取能，所以不説。

十九問：第七、八識，亦在意界，是何能取？答：第七一向唯緣第八，是則還緣意界，不別立境，不辨離合。

二十問：異熟緣意界爲合離耶？答：汎爾辨合離，據根而説，此根境一，何辨合離。約識而言，既無形礙，何辨合離。復根境既無合離，識緣何有離合。又復離合，設通何爽。

二十一問：八緣根境，第六獨緣，爲合離耶？答：六、八俱七爲根，七非緣彼根境識。約根辨離合，根無故識不分。或復俱離合，於理亦乃何爽。

二十二問：若意界通合離，何故但説一？答：一全及別根境，顯故説之，非全無別根境，隱故不辨。或隨轉門，七不緣餘，據未轉依説。若已轉依，皆亦得緣五識及根。辨合離者，且據因説。若至果位，皆通合離。若不爾者，應非遍知。

二十三問：法界之中，心所有法，爲合離

緣？答：辨合離，據於根識。對境而說，彼在境，何辨合離。又解，前據勝言，但辨根識，若盡理說，應隨所依，通合離收。幾唯能等，思准可悉。

二十四問：幾由助伴故能取，幾獨能取？答：五根識界，及法界少分，由助能取，根識和合故。意界一分，意識界全，自獨能取。意界簡別，五無間滅故。意言一分，根識不合，亦能取故。或五由意引，根由識合所，由依王故，助方取，意界、意識，不由引故，獨能取。

二十五問：何故餘處說八勝處，或十遍處，及唯說二等，何故此中說十二耶？答：破能受我，據根境立，彼別[四一]功能，及心相處，故有增減。

二十六問：假實中，如小乘師，但有六識，六識無間，說爲意界，可六爲一，從此生六，可一爲六，大乘識八，何故然耶？答：有言，依世俗道理者，隨轉理門，假實如是；真實道理，十八皆實。今謂不爾，就勝義理，十八皆假，緣生幻有；如約詮說，依俗諦理，隨轉理門，六住意性，俱名意界。薩婆多說，十八界通三世有，故隨根境，分一意爲六，假實如是。此意假實約攝餘界，復爲此界，可名爲假，不取於餘，住自性界，說之爲實。若約大乘，十一界實，五根、六識，餘通假實；意界無間，彼已無體，假名意界。餘者具如五蘊章辨。

二十七問：漏無漏門，法界之中，尋、伺二種，爲唯有漏，通無漏耶？答：亦通無漏，說正思惟是無漏故。此正思惟，有尋、伺爲體故，或思爲體，然未究竟位，後得智中，爲他說法，必假尋、伺，故通無漏。

二十八問：若爾，何故《瑜伽》說爲分別所攝？答：雖說尋、伺，必是分別，而不定說唯屬分別。後得正智中，亦有分別故。

二十九問：執受[四二]門中，准《瑜伽論》五十六說，五執受不[四三]執受，即通五境，何故《雜集》但說四耶？答：《雜集論》中，據色虛疎發故[四四]離質，說非執受。五十六中據未離質，故通執受，亦不相違。

三十問：所緣門中，幾界幾識知耶？答：准《俱舍》說，色聲香味觸，如是二識緣，諸餘十三界，一向意識緣。若依大乘，因見各隨應，五三六有二，六一一不定，自在等分別。依於因位見分說緣，故因見各隨應。五三者，五境隨應，加六、八緣。六有二者，眼等五根，各爲第六及第八緣，意根即爲六、七識緣。六一者，六識界唯第六緣。一不定者，謂法界以根對境，六識[四五]諸根互用，即通五識，或七識緣，或六識緣，故云不定。自在等分別者，若至果位，隨其所應，俱得緣，故云所分別，等者，借識法威力等，隨應分別。

三十一問：有見無見門中，爲眼能見，爲識見耶？答：非眼能見，亦非識等，以一切法無作用故，由有和合假立爲見。若依世俗，可說眼見，爲六識[四六]勝，非識生[四七]有故：一、識生因故；二、見依眼故；三、常一類故；四、不待境合，念念生故；五、由莊嚴所依身；六、由聖教故，如經中説眼能見色故，餘五准知。若依實義，和合假見，以立見名故。五十六云：此中實義，唯於見等，説見者等。取[四八]聞、齅等。

三十二問：爲自地眼識還緣自地，爲得緣餘？聞等爲問，亦復如是。答：根通自上下，識隨根亦然。如欲界人天，緣梵色、聲，受用通果所變段食，欲界第八緣天眼等，皆不[四九]緣上。上得下者，眼、耳緣下，處處誠文。鼻、舌、身三，如色界生。十地菩薩豈不借識緣下二境？身識自即不借得緣，因合能知，自在互用，於理無失，故亦得下。定通等力，上八緣下，但遮業力，定等染故。眼、耳、身、意識，通遍可知。鼻、舌二識，無上緣下，上地無故。若在果位，無漏寄地，一切無遮，以遍緣故。《雜集論》説，多隨麁辨，非盡理説。

三十三問：爲自地識依自地根，爲亦通耶？答：五識依自、上，上識不依下。然意識界，及第七、八，上亦依下，從有漏後起無漏，無漏復依欲七、八故。十地菩薩生第四定，起六無漏，六、七二識，爲八依故。眼等根者，即上色根，不可捨勝依於劣故。

三十四問：眼等五根，爲有當定與身根同地，通上下耶？答：眼、耳同通上，鼻、舌非上下。若意界望身，同通於下上。若第八識非上下。若無間滅，一切無遮。識境望身，思准可悉。若依《俱舍》，答前三問，與此全殊。彼有頌云：眼不下於身，色識非上眼，色於識一切，二於身亦然。如眼耳亦然，次三皆自地，身識自下地，意不定應知。耳已上諸門，及出體等，皆與彼別，恐繁不辨。

三十五問：意識有時，或緣一界，及與十八獨意識緣，或通現、比，事顯可知，或隨五一，并緣餘界，爲現、比耶？答：隨勝境說，若五境强，隨五俱現，若意識强，雖五同緣，意識或比。若境齊者，隨五亦現。與五同緣，取境分明，故隨五現。然云五根非現量境者，據强[五〇]緣說。又釋意識緣十八界，許五同緣，復五境勝，而意識界，通於現、比。自證體一，見分多能，功能衆起，於理何失？復云五根非現量故，而《唯識》云，或量非量非自證果者，以此見分，有時唯量，有唯非量，非一切時，將量非量及以唯量，故非彼果。二釋俱難，智者應審。

三十六問：界繫門中，生色界者，已於境得離欲，何緣復生鼻、舌兩界耶？答：令所依身得端嚴故，又復於根未離欲故。

三十七問：於餘境界，亦已離貪，何但説二？答：此二種境，令欲偏增，已離食貪，所以獨說。六境有無，如五境章辨。

三十八問：三斷門中，若唯無漏，及無漏身語表，說爲非斷者，何故《成唯識》第七說，無學眠數及於憂根，俱通非斷？答：彼據已斷緣縛，名爲非斷，非是無漏自性非斷。故復自云，若已斷故，名非所斷，則無學眠，亦通非斷，憂引無漏，故亦説通。彼云，亦非如憂，染[五一]永[五二]解脱故。唯彼無漏，親所引生，亦通非斷，則苦受體亦可得通。色細分別，如三斷抄説。

三十九問：涅槃、虛空持斷及動，故得名界，羅漢後心亦持自性，何故非界？答：彼云持斷動，非但持義，亦持動因。據實，亦能爲境生識故。彼雖生識，然非六識，是第八故。或雖現生，無更生用，故不名界。或可持義，亦得界名，并約爲因，故説非界。

四十問：何故十八界中，是眼非界，但説羅漢最後眼處即通耶？答：界據爲因，彼無因用，處現生識，無間滅根，劣不生識，故亦非處。可爲後因，猶有種故，得説爲界。上來多依界問，處可准知。此之界、處，廣有多問，及諸問答。粗述大綱，恐繁不具。諸廣學者，可自詳矣。

〇五蘊義林

五蘊，略以六門分別：一、釋名；二、出體；三、次第；四、廢立；五、諸門；六、解妨。

第一、釋名者。先列，後釋。列名者，謂色、受、想、行、識蘊。釋名者，先總，後別。總名者，梵云般遮塞建陀，般遮云五，塞建陀云蘊。舊名爲陰，解者雖云積聚，據字全乖。所以者何？陰於禁反。若此陰是蘊覆義，若云陰者，梵本應云鉢羅婆陀，准其陰字，應於今反。即陰陽之陰也。近代異釋，或云如淡聚，名淡陰。此釋不爾，醫方説淡飲，不言淡陰。更有異釋，不能具述。若云陰氣，是萬物所藏，即是聚義，借喻爲名，雖粗可通，字音有別。或云五衆，義雖無失，與梵音乖，梵音名僧伽，此翻名衆。或翻爲聚，此亦不然。若言聚者，梵本應云遏羅陀。梵本既云般遮塞建陀，翻名蘊爲正。五者是數，積聚名蘊。《瑜伽》五十六云：積聚義是蘊義。《雜集》第三云：積聚義故，如財貨蘊。此約自體積聚。又云：苦相廣大，故名爲蘊，如大林[五三]蘊，依止色等，發起生等廣大苦故。此約所依。又云：荷雜染擔，故名爲蘊。如肩荷擔，謂色等法，能荷煩惱雜染擔故，能押行人，溺生死河，不能越度，望涅槃山，故或名擔。西方呼肩及場庭等積集之處，皆名爲蘊。初解通無漏，後二依有漏，無漏非苦依，亦非荷煩惱，三俱通三世。若言取蘊，亦唯有漏，以取相合，故名爲取蘊。謂諸蘊中，所有欲貪，謂於未來現在法諸蘊，能引不捨，欲希未來，引彼當蘊，令便現起，貪染現體，令不捨離，是欲貪二，合名取蘊。爲欲貪所引染故，名爲取蘊，略無過去。《俱舍》三釋，繁不具述。《辨中邊論》三義釋蘊，頌云：非一及總略，分段義名蘊。一、非一者，謂所有色，若過去，乃至遠近等，此類非一，故名爲蘊。准《雜集》，受、想、行、識，義亦准此。二、總略義者，如是過去等，略爲一聚，故名爲蘊。若依《俱舍》，略義非體，三世別故。今約大乘，體無[五四]可略，即於現法假立過、未故。三、分段義，謂色等蘊，各別安立色等相故，說名爲蘊。《五蘊論》中，同初二解。《顯揚》十四，四義解聚：二同《中邊》初之二義；三、共有轉義；四、增益損減義。諸緣共生，或和雜轉，名共有轉。謂有生滅，及長養增益，乖違損減，是增損義。《瑜伽》五十六解聚亦四義：一、種種所召體義，初種種名所召，及爲名依體依聚義；二、更互和雜轉義，即共有轉義；三、一類總略義；四、增益損減義，亦同前釋。六合釋內，帶數爲名。受等即蘊，持業爲目。五者是數，五法即蘊，故通二也。

二、釋別名者，可殖增長，可示彼此，及於變礙，故名爲色。五十六云：於彼彼方所，種殖增長，及變礙義故，手等觸時便壞名變，能障往來名礙。《雜集》亦同。法處定生，可示彼此，受所引色，能遮於色，略、迥遍計，從色起故，並名爲色。領納名受，安立境像名想，造作遷流名行，了別於境名識。蘊名如總。

第二、出體。總有四種：一、約百法；二、約處界；三、約三性；四、約五法。攝、相、歸、性等四門，彼寬故不説。

約百法者。色蘊總以十一種色而爲體性。故五十三云：何等是色蘊自性？答：略有十一，謂眼等十色處，及法處所攝色。又總爲二，謂四大種，及所造色。《五蘊》亦言：云何色蘊？謂四大種，及四大種所造諸色。初五根體者，《雜集》第一云：謂四大種所造眼識等所依清淨色，名眼等根。《五蘊論》云：云何眼根？謂色爲境清淨色。《雜集》舉體及因果顯，《五蘊》約境及體，各據一義，以眼等根非現量得，舉因果境而以明之。或有據因以辨，謂四大所造清淨色爲體，簡扶根及境，名清淨色。五境者，准《雜集論》，色者，四大種所造，眼根所行義，餘四准此，但舉根別義，謂境義，謂青、黃、赤、白、長、短、方、圓，粗、細、高、下，若正、不正，光、影、明、闇，雲、烟、塵、霧，迥色、表色，空一顯色，總二十五。《五蘊論》云：謂眼境界，顯色、形色，及表色等。前舉因果，并顯色體。後但約果體，并顯色體。《瑜伽》第一，有二十四，除其迥色，迥色即是顯色差別，故不別立。《顯揚論》，色有二十五，除迥，加影像色。有云以於鏡等中，像現似質，是影像色，彰光明等。有闇色生，不似於質，是影色。今謂因於鏡等，返見本質，所帶相分，名爲影像。《五蘊論》云：謂眼境界，顯色、形色，及表色等。迥[五五]顯色。聲者，四大所造，耳根所取義，十一種聲，謂可意、不可意、俱相違，因受大種、因不受大種、因俱大種，世所共成，成所引，遍計所起，聖言所攝、非聖言所攝。《五蘊論》説三，謂執受大種因聲等。香者，《對法》説六，謂好、惡、平等、俱生、和合、變異，《五蘊》亦同。味者，《五蘊》説六，甘、酢、鹹、辛、苦、淡，《對法》説十二，於五蘊六上，加可意、不可意、俱相違、俱生、和合、變異。觸者，《對法論》，觸有二十六，謂能造四大種，及於所造滑、澀、輕、重、煗、緩、急、冷、飢、渴、飽、力、劣、悶、養、黏、病、老、死、疲、息、勇，《五藴論》言等者，此亦同，《瑜伽》五十四説，觸有二十四，除緩、急，緩攝屬耎，急攝重，以大種堅實，假立於重，急即堅實。法處所攝色，《雜集》説五，謂極略、極迴、受所引、遍計所起、自在所生，《五藴》説同。如是色藴，略即爲二，謂四大種，及所造色，中十一種，廣八十五，如具是列，是色藴體。廣分别此八十五法，五境章當更辨之。

受藴，以遍行中受數爲體。《雜集》第一：受藴，謂六受身，謂眼觸所生受，乃至意觸所生受，或復爲三，苦、樂及捨，又有多種，廣如彼辨，然不離此，樂、苦、捨三。《五藴》亦説苦樂説〔五六〕三。適悦身心，名喜樂性，非適性名爲捨受，總以六三爲受藴體。

想藴者，亦以遍行想爲想藴〔五七〕。五十三説，亦有六種，如前更説，隨六觸生，説爲六想。又復説六：一、有相想；二、無相想；三、狹少想；四、廣大想；五、無量想；六、無所有想。此約界地及有情辨。《雜集》説二六名，亦與此同。五十五云：又略有二：一、世間想；二、出世間想。此約漏、無漏辨。總以二六及二爲體。

行藴體者，五十三説，此亦六種，如前應知，此即遍行思隨觸分六行藴體，《雜集》亦同。舉勝隱劣，故但説思，理實除色及受、想、識，餘皆行藴。故《雜集》云：又即此思，除受及想，與餘心所有法，并心不相應行，總名行藴。雖除受、想，一切心所有法，心不相應行，皆行藴想〔五八〕，然思最勝，與一切行爲道首故，是故偏説。《成唯識》第三云：思於行藴，爲主勝故，舉此攝餘。故知除四藴，餘皆行藴攝。《五藴》亦如是，總以七十三法，爲行藴體，謂遍行三、别境五、善十一、本感〔五九〕六、隨二十、不定四，及二十〔六〇〕不相應行。廣此心所，及不相應行，如别章説。

識藴體者，以八心王爲識藴體。故《雜集》第二云：云何建立識藴？謂心意識各别，心即第八，以能積集諸習氣故，意者，謂一切時緣阿賴耶識，思度爲性，此即第七，識謂六識身，眼識乃至意識，眼識者，謂依眼緣色，了別爲性，餘隨所應，依根緣境，以辨體性。《五蘊論》說，於所緣境，了別爲性，此即總說，次下逐難別解心意，與此無違。《瑜伽》五十三，但說六識，據通三乘，故隱餘二。

第二、約界處出體者。色蘊即十界、十處全，法界、法處各少分，即法界、處中，極略、極迥等。《瑜伽》五十四云，色蘊攝十界十處全，一界一處少分，受、想二蘊，亦法界、處中，受、想二法故。五十四云，受、想俱言一界一處少分，行蘊除法界、處中受、想二，六無爲，及五色，餘皆行蘊。五十四云，行蘊攝一界一處少分。識蘊體者，即識[六]心界，總意處故。五十四云，識蘊攝七界全，一處全。《對法》《五蘊》皆同此說。

第三、約三自性體者。有云遍計所執，既是無法，故不攝蘊。今釋不爾，通三自性，妄計實有，即初性爲體；從衆緣生，依他爲體；無漏離倒，圓成爲體。故《成唯識》第八云：三性六法，相攝云何？彼六法中，皆具三性，色受想行識，及諸無爲，皆有虛妄緣生性故。問：妄計體無，何成聚義？答：妄計爲有，有妄聚義，若不爾者，如何五蘊等，一切皆說空，有爲無爲名爲有，我及我所名爲無。諸論中說，佛所說法，不共外道，有說爲有，無說爲無，生緣蘊有，如何說空。又擇滅無爲，當依他攝，遍計非有，何廢蘊成？

第四、五法出體者。五法即相、名、分別、正智、圓成。除其圓成，皆四爲體。五法體性，雖說不同，通而論之，故四皆攝。若依緣生，說相名體，五蘊皆相。行蘊小分，以名爲體。假實合論，色、行少分，用名爲體。名、聲二法，蘊攝別故。受、想、識三，行蘊少分，分別爲體，唯八心及諸心所，是分別故。無漏五蘊，容四爲體，後得及似能、所詮故。能變彼者，正智爲體。無漏離例，圓成爲體。常無常門三，除圓成實。或離戲論，非彼相名。雖有能、所詮，皆正智爲體。此依涅槃，捨無常色，獲得常色，受、想、行、識亦復如是。及《唯識論》第三師義，故以正智爲五蘊體，若初二師，彼非蘊體。且依《唯識》初門出體，餘隨所應，思准可悉。

第三、次第，有九復次。《雜集》第二，有三復次。一、依四識住及識故。二、約爲依〔六二〕，依根境力故，三受隨生，而領受故。從其所受，取彼相故。隨所應想，造作諸業。隨業造識，識於前境，及於異趣，而轉變故。三、依染淨，謂由根境爲染淨緣故。《成唯識》云，亂相及亂體，乃至若無餘亦無。想〔六三〕生心勝，《雜集》説，想依於根境，有染無染，二受而生，依受所領，取相造作，謂由如理及不如理，如次染淨，彼所染淨，謂即是心合有粗重，無粗重〔六四〕故。《瑜伽》五十四，有六復次。一、生起次第，初色識行受想思〔六五〕，故彼論云，眼色爲緣，能生眼識，乃至意法爲緣，生於意識，此先説色，次説於識，次三和故觸，觸緣受等，是名諸蘊生起次第。故《成唯識》第三云，觸謂三和合，分別變異，令心心所觸境爲性，受、想、思等所依爲業。二、依治倒，則色受識想行，故彼論云，爲治四倒，不淨計淨，於苦計樂，無我計我，無常計常，此中先説色，及受、識，識〔六六〕次想、行二。三、依流轉，有根境界，由二種蘊，起諸雜染，領納采畫，於境界故，造作善惡，起後生等一切雜染，識是所染，故最後説。此即《雜集》染淨一分。四、依識住，與《雜集》同。五、依安立，謂諸世間互相見已，先了其色；次知進退，或苦或樂；次由知彼如是名類，次知根性，愚睿勝劣；後由識蘊，安立内我。六、依我具及於我事，謂我依身，於諸境界，受用苦樂，隨起言説，此之二種，依法非法，方得積集，由思所起，及所造作。我具隨次，我事後説。此之我具，依止我故，最先説。前四我所，第五我事。諸經論中，説色受想行識者，不依生起及治倒説，是故次第前後不定，隨機治病，作此此説。若《俱舍論》第一卷中，四復次說，故彼頌云：隨粗染器等，界別次第立。雖異宗義，説亦無妨。自既有多，恐繁且止。

第四、廢立者，即前次第亦當廢立。何以得知？五十四中，第六復次，即《雜集》中，蘊唯五因。故《雜集》云，問：何因蘊唯有五？答：爲顯五我事故，謂爲顯身具我事，受用我事，言説我事，造作一切法非法我事，彼所依止我自體事，乃至云所以者何？世間有情，多於識蘊，計執爲我，於所餘蘊，計執我我[六七]所。此釋五因，是故蘊五，不增不減，以此故知，廢立亦爾。又義廢立，根境齊色，合爲色蘊；八識類同，合爲一蘊；心所之内，爲淨根本，及生死因，別立受、想。在家著欲，受爲諍根。出家者見想爲諍根，由受起貪，着欲樂故，由想起見，生執著故，互相忿競。生死因者，由内外受，發起二愚，謂增上果愚，及異熟果愚，由想安立如不如理。言分齊相，隨造諸業，所餘一切無別勝能，皆有遷流，故同行蘊，思雖勝能，正體造作，故立行蘊，造作遷流，同行義故。

第五、諸門分別。《瑜伽》五十六，及《雜集論》第三、四、五，廣布多門，今略述三，解具如彼：一、假實門；二、漏無漏門；三、三性門。

第一、假實者。一、約待名言、不待名言。待名言者，五蘊皆假。不待名言者，五蘊皆實。故《雜集》第三云：謂不待名言，此餘根境是實有義，一切皆是實有，謂待名言，此所餘根境是假有義，一切皆假。何以故？依名言智，及此名言，皆依共相，不依自相，共相即依自相增益，更無別體，故是假有。故《成唯識》第二云：假智及詮，但依諸法共相而轉。二、約相質。因位第八，五數相分，五蘊皆假，以無實種，見分義分，與王同緣，故通五蘊。種現通説，非唯種現。唯種現者，攝蘊不盡。八在果位，緣有漏者，王所相分，似故皆假，緣無漏者，可通假實。然心所相，亦一向假。心王所緣，質通假實，相分隨質，故通假實。第七因相，王所同實，以一切時恒緣第八相分，生彼第八質相，果通假實，准八可知。第六因果位相，皆通假實，因果皆緣一切境故。五識因相，有義通假，許緣長短假色等故，有義唯實，不許五識緣假故。廣此道理，如五境章說。隨其所應，起假實相，若爲質時，體亦假實。三、總相說。受、想、識蘊，三體皆實。色、行二蘊，即通假實。且色蘊中，眼等五根，觸中四大，皆是實有。五十四云：色蘊所攝色中，九種是實物有，當知所餘唯是假有。五根相顯，故不別說。五境色中，青黄赤白四是實色。《雜集論》云，二十五色中，青黄赤白四種是實，所餘皆假。八種聲中，但可是實。有處説響聲，當知彼是假。香六種中，和合香假。五十四云：空行風中，無俱生香等，唯假合者。既云假合，明知是假，餘皆可實。味十二中，和合准香，亦可説假，餘皆是實。法處色中，極略、極迥、遍計所起、受所引色，四皆是假，定所生色蘊，當知是實。五十四云：若有威德定所行境，猶如變化，彼果彼境，及彼相應識等境色，是實物有，若律不律儀色，皆是假有。彼既不言定生色假，明知是實有。又釋，若威德定所生之色，即是實有，餘定所生假相色等，即是假有，論據勝説，非盡理説，不爾，極略等亦應是實。然有判云，遍計所起色通假實，以不分明親證其境，名爲遍計，成種生根，雖名遍計，而是假有。今釋不然，若能成種，定即是實，假法如無，非因緣故。或所遍計，各自處攝，遍計性成，遍計色攝。然云遍計是影色者，非相分影，遍計色性，似執心現，説名爲影，及分別意識，獨緣空華等，彼無質故，但有影像，唯妄心現，故名遍計。若以意緣，即法處者，應無五根，五根亦是意識等緣故，但是意緣，非餘根境，即法處攝，以能遍緣餘根境故，故以但簡。以斯解釋，應合深理。行蘊之中，不相應行，一切皆假。遍三、別境，一切皆實。善十一中，捨、不放逸、不害三假。本六惑中，惡慧是假。二十隨中，小十、大三，放逸、妄念，

及不正知，四不定中，尋及於伺，此等皆假，所
餘是實。依正義説，餘則不定。

第二、漏無漏門者。色蘊之中，欲界五根、
境，不律儀色，處中不善無表之色，散善無表，
遍計起色，及欲界心起迴異色，皆唯有漏。若無
漏門中所有，名無漏者，除不律、無表、處中不
善，餘名無漏。色界業生五根、境色，除佛所起
眼等五根五八五境，皆唯有漏。第六、七相五境
之色，極略、迥色，定俱無表，定通所生，通漏
無漏，漏無漏心所起別故。受蘊之中，苦、憂有
漏，喜、捨、樂三通漏無漏。想隨五受，思准可
知。行蘊之中，遍行，別境，及喜[六八]十一，不定
尋、伺，得非得、相、命、名、句、文、同分，
及於流轉等十，通漏無漏，隨其所應，與漏無漏
心相應起，及俱有故。本、隨，悔、眠，及無想
定，無想異熟，并異生性，皆唯有漏。其滅盡定，
體唯無漏。識蘊亦通漏及無漏，思准可知。

第三、三性分別者，謂善、不善，及無記性。
善中有二，加行、生得。無記有六，有覆、異熟、
威儀、工巧、變化、自性。別則九門，并漏無漏
門，有十種五蘊。小乘唯九，無自性蘊。

初方便者，要加功力，修習而起，名加行善。
即色蘊中，色、聲、無表、極略、極迥，通於方
便，方便善心所起色、聲，表故得通。性唯無記，
極略、極迥，有漏三慧，亦皆觀故。處中善無表，
及律儀無表，是加行善。生得雖處中，劣不發無
表。自在生色，唯方便善，除其無漏，加行所起。
行蘊之中，遍、別八，善十一，不定四，聞思位
中，有悔、眠故，及與此俱。受、想、識蘊，得
四相，名、句、文，無想定，法同分，流轉等十，
隨其所應，亦加行善。前六通加行，後二識皆無，
二無六有，其義可知。眼等五識，如何知有？爲
利樂起天眼、耳通相應之識，是方便善。又復解
云，即聞思修所成之善，及八地上所起五識，亦
方便善。

第二、生得善者，生便即得，非加行心所起

之善，名生得善。即此善心所發色蘊，色、聲二種，行蘊之中，遍三、別境，并善十、悔、眠、尋、伺，及與相應受、想、識蘊，并依此等，諸不相應，是生得善，所餘皆非。

第三、不善性者，違理損物，有勝自體，及招當果，名不善性。即色蘊中，色、聲二種，不律無表，遍計所起一分之色，行蘊之中，欲界本、隨二惑之中，一切分別，及俱生中發惡業者，并此相應受、想、識蘊，遍三、別境，不定中四，及依此等，不相應行，皆是不善，所餘皆非。

第四、有覆無記者，染汙慧心，覆障真理，名有覆，不招異熟，名無記。即色、聲二，通於有覆，隨發心故，煩惱隨發。唯色界中，所知障發，可通欲界。梵王諂誑，馬勝身語，成有覆。誤犯三業，愚所知發有覆。遍計所起，亦通有覆。行蘊之中，欲界任運，貪、痴及慢，不發業者，俱生二見。上二界中，一切煩惱，及隨煩惱，與此相應，遍三、別境，及四不定，受、想、識三，及依此等，不相應行，皆有覆性，所餘皆非。

第五、異熟無記者，果體無記，顯善惡因，異性招感，名爲異熟。即色蘊中，五根、五境，唯業招者，是異熟，所餘皆非。業招第八，眼等六識，及此相應受、想二蘊，遍三、別五，及不定三，并依此等，諸不相應，是異熟性，所餘皆非。

第六、威儀無記者，即行住等威儀、工巧，雖通三性，善、惡性者，隨前所攝，此中唯取非染無記。即色蘊中，色等四塵，若威儀體，唯是表色，取不相離及此緣，故通四塵。聲體虛疎，便發離質，又非此緣，不説通。受、想、行蘊，與第六識，發威儀心，相應起者，及依此等不相應行，亦是威儀。有説除受、想，此俱行蘊攝，其眼等識，及善十一，本、隨二惑，二無心定，無想異熟，命，異熟〔六九〕性，名、句、文身，及依此等，餘不相應，皆非此攝。有説四識，緣威儀者，亦威儀攝，此同有部。若大乘宗，無記緣威儀，即異熟生所攝，小乘威儀〔七〇〕，大乘異熟心寬，故攝有别。故《成唯識》第五云，如增上緣。

第七、工巧者，工謂工業，巧謂方便，有雕鏤等，及〔七一〕此像〔七二〕，名爲工巧。色蘊加聲，語工巧故，不相應中，加名、句、文，餘同威義。

第八、變化者，轉换本質名變，無而忽有名化，唯取遊戲變化起者，爲利樂起，善性攝故。即色蘊中，色等五境，法處五色，皆亦可通，所起化人，同彼等故。或可唯定生，餘四皆非。雖非〔七三〕起化人用〔七四〕於彼，然但言説，無彼當心，所起略、迴、變〔七五〕計、受引，以不變心及心所故，心等既無，相分豈有，此説爲正。受、想二蘊，及行蘊中心所所〔七六〕有法，遍三，别五，不定尋、伺，與第六識起變化心相應起者，亦是變化，不相應中，除無心定，無想異熟，命，異生性，餘通變化。識蘊之中，唯第六識能起變化，所餘皆非。若云通果，色蘊之中，加天眼、耳根，識蘊眼、耳識，餘同變化。變化狹，通果寬，通果攝變化，變化不攝於通果。准此應名通果無記蘊，廢彼變化五蘊之名。

第九、自性無記者，非前無記，皆名自性。即色蘊中，長養五根、境，除定所生，受、想二蘊，與六識俱，及於六識，除定，餘所長養，亦自性無記。行蘊之中，遍三，别五，不定四，不相應行，依此等者，是自性無記。命根雖亦通於長養，離異熟外，更無别體，不可異熟斷已更續，復非二並。即除法處五，及善十一，本、隨二惑，第七、八識，二無心定，無想異熟，命，異生性全，所餘小分。有云心心所法不通自性者，如眠夢所長諸心心所，非〔七七〕善染性，汎等起者，何性收耶？准此前翻判，將爲允當。三界、三斷，如是等門，恐繁且止。

第六、釋妨者。

問：釋名中，准《辨中邊論》第三解，云各别安立色等相故，名爲蘊者，豈不違經聚義名蘊？《俱舍論》中，有作此解，彼論破故。二問：

色蘊之中，有十一種，何故不名眼等蘊耶？三問：心意識三，八識通稱，何故不言心意蘊耶？答初問云：據有聚積，可得分段，故分段解，理亦無失。彼所破者，據唯分段，不得聚者，故彼論破。答第二問云：變礙解色，色即通名，若言眼等，攝法不盡，從通立稱，廢彼別名。答第三問云：心意識三，雖通諸識，且隨舉一，不可具彰。又解，諸執我者，多云了別，破我説蘊，不説心意。

問：出體中，百法五類，謂心、心所、色、不相應，及與無爲，何故不取無爲立蘊？若聚義解蘊，無爲不聚故。《雜集》第二云：色等諸法，有去來等種種差別，總略積聚義，説名爲蘊，聚義是蘊，常住之法，無有此義，是故無爲，非蘊所攝。問：聚義解蘊，無爲非聚，名非蘊，了別解識，無爲非了，非名識？答：爾。問：無爲非了，不得識名，無爲非了，不名唯識？答：了別以解識，真如不説唯識，不離得識名，無爲亦唯識。問：無爲非了別，不離名唯識，無爲非聚積，不離名唯蘊？答：初義齊解，識外無別法，不離如亦唯識，蘊外無別我，何妨亦唯蘊。故五十四攝中十、勝義攝者，謂蘊等，真如相所攝。言非蘊者，據聚義，非[六八]識者，據了別義，故可義齊。二、不齊解者，明離識無法，破執故稱唯識，蘊非明法無，真如不是蘊。問：無爲常住，非聚積，非總略，故不名蘊，極略無生亦無滅，不可總略，應非蘊？五十四云，建立極微，非由有體，是故極微無生無滅，亦非色聚集極微成故。答：極微無質，説無生滅，慧所假有，故聚義成。又釋，據執有無，無生滅，約彼執情，故説爲蘊。問：無體無聚，約情稱蘊，無體無生，約情稱生？答：爾。故《心經》云不生不滅等，以斯通釋，深含《大經》，説通三性，説符論旨。

問：廢立中，約破我説，與次第門，二何差別？答：約執前後，説爲次第，據執情同，説爲廢立。問：執蘊爲我了受等，據此後五蘊，即通執五以爲我，亦應說一蘊？答：彼本執我體一常，若說一蘊，增彼執。彼執我爲了者等，說即識等五非我。問：蘊爲破我，說蘊爲五，處、界破我，處、界說五？答：雖同破我，所化生根，樂愚有殊，蘊處界別。《雜集》第一，欲令所化有情，於廣略門生善巧故，以諸有情根、宜樂欲、所愚多少，依根、欲、愚三種智，乃說蘊處界。有情性宜聞，情所樂欲，及愚於彼心所多、色識少，或色法多、心心所少，或色識多、心所少故，隨其次第，說有差別，令於三科，生善巧智故。《俱舍》亦云，愚根樂三故，說蘊處界三。

問：諸門中，初假實者，言假實相爲質之時，緣彼之相，亦隨假實者，如第六識緣第八識所變五根，豈亦是實？實應發識，若言是假，假法如無，非因緣故，應不生彼眼等五種。答：雖根實有，以間斷故，五識不依。或不熏彼種故，或法爾力故，或隨能爲因，而不能發識。問：漏無漏門云五蘊俱可通無漏者，何《佛地論》中如實義者，如來五根，非蘊處界耶？答：依《唯識》中第二師義，蘊處界收，《涅槃》亦言，捨無常色，獲得常色，受想行識，亦復如是。彼釋違經，故非正釋。或可彼據非二乘境，非三科收，即一乘知三科攝者，彼中所破，《唯識》尅實，非約知人，故佛根境等，亦蘊處界攝。或可依勝義，非蘊等收，三攝世俗，故彼中破。問：有覆性云欲界色、聲不通有覆者，何故《雜集論》說，謂欲界繫俱生煩惱，發惡業者是不善，所餘皆是有覆無記，不令有覆定不發業，若有覆惑不發業者，但應總云能發業，定具不善，何須惡字？雖《緣起經》云，欲界有覆，於發身語，無勝功能，不遮劣故。有依此義，云色、聲二通有覆性。今謂不爾，發染身語[七九]，必論勝能，有覆性劣，故不能發。又《唯識》第五云：五識俱起，任運貪癡，純苦趣中，任運煩惱，不發業者，是無記性[八〇]。既云不發業者，是無起性，明發業者，定成不善。若爾，《雜集》文如何通？答：簡發善業，故惡字簡。彼若云有覆不發業，應但云發業者，定是不善，應除發善業，惑唯不善故。若爾，上二界應一同不發，以無能發不善惑故。問：變化無記所有色、聲，既是定生，何非法處？言五境，解云雖從定起，未互用來，眼等五識所緣相分，五境所收。意識相分，法處所攝。本質八變，以境隨根，法處所攝，能爲彼質，五境所收，如業生等。有云第八所生定色，有其二類：一、粗；二、細。粗五識緣，細意識通。隨其粗細，五境、法處，二類所收。若不爾者，二相定生，應法處攝。有云定色但法處收，定所生因，眼耳應爾。問：欲界諸天，及於鬼、畜，皆能變化，雖通三性，無記所收？答：有解云，非變化攝，然自性中，復不言攝，未委判此行蘊所收。今解即變化收，或通果收，非定化通，然是彼類。若異熟等起，即異熟等收，非異熟等起。然無記心之所起，即此所攝，或自性收，非定起故。紀綱如此，未具非一，悉微明鑒，若據當處詳審。

○五境義林

五境，略以四門分別：一、釋名；二、出體；三、廢立；四、諸門。

第一、釋名者。初、列；後、釋。一、列名者，初、總；後、別。總諸色聲香味觸，列名者，色者，《瑜伽》第一云，略說有三，謂顯、形、表，顯色者，謂青黃赤白，影光明闇，雲烟塵霧，及空一顯色。形色者，謂長短方圓，粗細正不正高下。表色者，謂取捨屈申，行住坐臥。璟法師云，此論中，色有二十三，謂顯色有十一，表色即是長等所攝。慈恩法師云，有二十四，表色不以長等攝故。今謂此論有三十一，顯、形如前，表色有八，并前即爲三十一。或可九十三，各有好、惡、俱異。俱異者，即平等故。《瑜伽》唯約顯色且偏說。《顯揚論》中，立二十四，束表爲一，離出影像。《雜集》第一，有二十五，表亦爲一，影像從質，亦更不立，但加迴色，從一顯離。薩婆多師立二或二十，除粗、細表、迴，一顯像故，《俱舍》第一頌云色二或二十。若經部師，立二十一，加定果色。若薩婆多，即顯色攝。

聲者，《瑜伽》第一，聲有六種，謂因執受大種聲，因不執受大種聲，因執受不執受大種，此復三種，謂可意、不可意、俱相違。若以義言，或可分九，前三各三，故説有九。《雜集》第一，聲有十一，於前六上，更加世所成、成所引、遍計所起、聖言所攝、非聖言所攝。依《顯揚論》，更加嚮聲。二論俱是，總別説故。《俱舍論》聲唯有八種，一、有執受；二、無執受；三、有情名；四、非有情名，此四各有可意、不可意，差別成八。

香者，《瑜伽》第一，香有三種，謂好、惡、平等，説總非別。《雜集》第一，香有六種，更加俱生、和合、變異。《顯揚》亦同，二論亦是總別説故。《俱舍論》中，香有四種，好、惡、平等、不等。

味者，《瑜伽》第一，味有八種，謂苦、酢、辛、甘、鹹、淡，可意、不可意，亦總非別。《雜集論》中，味有十二，加俱相違、俱生、和合、變異四種。俱相違者，非可意，非不可意。《瑜伽》説勝。《雜集》具云俱生等三，亦同前會，《顯揚》亦同。薩婆多師有六種，八除後二。若經部師，聲、香、味三，緣生無量，不限顯數。

觸者，《瑜伽》第一，有二十六，謂地、水、火、風，輕性、重性、滑性、澀性，冷、飢、渴、飽，力、劣、緩、急，病、老、死、癢，悶、黏、疲、息，耎性、勇，或二十九云。此復三種，謂好觸、惡觸、捨處所觸。《雜集》第一，但二十六，除後三種，以總從別故，《顯揚》亦同。薩婆多師，觸有十一，謂四大種，滑性、澀性、重性、輕性，及冷、飢、渴。若經部師，觸有三十，堅、濕、煖、動，耎、輕、重，强、弱，冷、熱，澀，澀强、猗樂、疲極、不極，病、老，身利、身重，迷悶，胗膪、痺、類中，飢渴、飽滿、嗜樂，不立滑、澀。

釋名者，先總，後別。總名者，變礙等名色，十一通名。今五境中，眼見名色，耳緣名聲，鼻齅名香，舌嘗名味，身得名觸。釋別名者，雖未見文，且以義釋。顯謂顯著，形謂形段，表謂表彰。《瑜伽》第一云，若色積集，長短等差別相。表色者，謂此能表內心所爲，故名爲表。第一云，謂業用爲作轉動差別。所餘諸色，雖未見文，可持業釋。青即是色，乃至處即是色。可意名好，不可意名惡，處中名俱異，異好惡故。地水火風，爲心攝領，名執受大種。此種爲因，所發之聲，名執受大種因聲。與此相違，名不執受大種因聲。若二合發，名執不執受大種因聲。善名可意，不善名不可意，非二名俱相違。或可順心名可意，違心名不可意，非二名俱相違。前約因解，後據情釋。世俗語名世共成，成謂成實。爲利樂所起之聲，名成所引，或說稱定名成所引。妄計度生，名遍計所起。稱相起語，名聖言。不稱相起語，名非聖言。薩婆多等聲，恐繁不述。香味觸三，准前可悉。或復持業，或據因體，義皆無失。

第二、出體者。初、總；後、別。總中有三：一、攝相歸性；二、攝餘從識；三、體相別論。於中復二：一、約百法；二、約三科。攝相歸性者，相謂事相，性謂真如，凡一切法，皆不離如，故以真如名諸色體。故《維摩經》云，一切法皆如也。攝餘從識體者，一切諸法皆從心生，不離心故。《百法論》云，二所變故。《華嚴經》云，三界虛妄，但一心作。如是證廣。體相別論，約百法者，十一色中，色聲香味觸五法爲體。約三科者，色蘊少分，六境處中五全，除法處、界中亦爾。別出體者，青黃赤白四顯可知。影色者，《俱舍論》云，障光明生於中餘色可見，名影，日焰名光，月、星、火藥、寶珠、電等諸焰名明，闇翳影色。龍等所起名雲，火起名烟，風起名塵。此三無文，以義准知。霧者，《俱舍》云，地水氣騰爲霧。空顯色者，《雜集論》云，謂上所見青等顯色。於四顯色，立空一顯。有説或依光明以立，上見蘇迷瑠璃等光，作虚空解，依此假立。言四顯色，據本而説。長等形色，《成業論》云：即於和合諸聚色中，見一面多，便生長覺；是一面少，便生短覺；見四面等，即生方覺；見諸面滿，生圓覺；見中凸，生商[六二]覺；見中坑凹，生下覺；見面齊平，生正覺；見面參差，起不正覺。粗、細二色，相形以立，更無別相。取捨等八，隨事可悉。迥色者，《雜集》云，謂離餘礙觸，方所可得，亦依四顯，或依光明。與一顯別者，上觀名一顯，下覺爲迥色。影像色者，有説謂託他質，起相而緣，名影像色。若爾，即五識等所現之色，皆影像收，便之[六三]五境，不可説八所變名色，即六三不成失。有云水鏡等中，現面像等，以本質故，名爲影像。此亦不爾，《無垢稱》云如鏡中像等，喻之於無，今若云有，便違經失。若云無者，何故八喻，喻依他耶？答：約第六識自所變相，似鏡等有，非是全無，故喻依地。談實見自面等，非在鏡中，實有面像等。第六分別，謂在鏡等，説爲影像。障光明等，但現黑色，不似質故，但名影色。若法處中，影像色者，即空華等相，彼全無故。或可第六緣鏡像等，亦法處收，唯意緣故。眼識相分，名爲影像，質相別故。若准此解，餘四境中，應立影像，是互顯故，略不立之。此解爲正。若五十四，復有空界色，即明闇所攝造色，名空界。

聲體者，《雜集》第一云，因受大種者，謂語等聲，因不受大種，謂樹等聲，因俱者，謂手擊聲。可意等，其名可知。共成聲，如説盆瓶等。語聲，成所引聲，謂諸聖者説道理語。遍計所起，謂外道語。依見聞等，名聖言聲。見等言不見等，名非聖言。響聲者，擊岸谷所發之聲。薩婆多等聲，繁不具出。

香體，初三可悉，《雜集》第一云，俱生者，謂旃那像等。和合香者，謂和合等。變異香，謂熟果等。

味體者，初九可知，後三如香辨。

觸體者，堅濕煖動，爲大觸體。五十四云：於大種清淨，假立滑。於大種堅實，立重。於大種不清淨、不堅實，立澀及輕。於大種不清淨、慢、緩，立耎。水風和合，假立有冷。由闕任持、不平等故，立飢、渴及弱力。由無所闕、無不平等故，立强力及飽。由不平等、變異錯亂、不平等故，立病。由時分變異、不平等故，立老。由命根變異、不平等故，立死。由四大有過患、不平等故，假立癢。由惡飲食、不平等故，假立悶絶。由地水合故，立黏。由往來勞倦、不平等故，假立疲極。若遠離彼、由平等故，假立憩息。由除垢等、離萎悴故，立勇鋭。《雜集》亦同。

第三、廢立者。依《雜集論》，由六種因，建立二十五種色，謂相故、安立故、損益故、作所依故、作相故、莊嚴故，如來次第，四、十、八、三。於列數中，如次充釋。相故者，謂青黄等相，顯看故。安立者，於積集色，分位立故。損益故者，能有對除障礙等故。作所依故者，以迴色體，非是能礙，於下所見光明等色，然與作業爲所依故。作相者，謂其作業表彰之相。莊嚴故者，莊嚴於上故。

聲十一者，由四因立，《雜集》雖云五因，然云相者，謂耳根所取義，與總釋聲，非別廢立。損益者，謂立可意等三。因差別者，謂立[八三]次三。説差別者，謂即次三。言差別，謂即次二。

香由二因故立六種，雖有三因，相如聲釋，損益立初三，差別立後三。

味由三因相故立初六，損益故立次三，差別故立後三。文雖不別，指例香故。

由八種因故，立觸二十六。由相故立四；廢立[八四]故立二，謂滑、濕；攝[八五]故立二，謂輕、重；觸故立一，謂耎；執故立二，謂緩、急；雜故立二，謂冷及黏。界不[八六]平等故立四，息、力、勇、飽。《瑜伽》云，由無所闕，無不平等。《雜集》云由二種者，即此二故合説，入平等不説別故，由不平等，故立所餘。

四、諸門者。一、三性；二、三界；三、三流；四、問答。

一、三性分別者，謂善不善無記，各有多類。且善或立爲四，謂自性、相應、等起、勝義。自性善者，若薩婆多師，以無貪瞋及痴慚愧爲體，大乘以善十一爲體，五境皆非。二、相應善，各隨所應，與善十一相應起者，名相應善，五境皆非，非相應法故。三、等起善，大小同以身語業爲體，爲善心所等起故。薩婆多師又云，得及四相，亦通等起，大亦可爾，然理不違，故即五境中，色、聲二通。又小乘師，因果皆以性是善等。大乘有漏性是無記，表善惡故，假通善惡。若無漏者，可性是善。勝義善者，薩婆多師，以涅槃爲體，即擇滅無爲，大乘以真如爲體，通六無爲，五境俱非。不善亦四，自性不善，薩婆多師，三不善根及無慚、愧，大乘即以無慚、無愧，本惑唯瞋，小隨除三，謂諂、誑、憍。相應不善，准前可知。等起不善，謂前所起身、語二表，義如前説。勝義不善，三界有漏，輪轉生死，名勝義不善，五境雖非界趣生體，是趣資具，可通彼收。無記四者，一、能變無記，謂無記心心所法。二、所變無記，即五境色，及諸種子。三、分位無記，謂無記諸不相應，或自性無記，異熟等心，及以五境。有漏性者，除善惡表。相應無記，與異熟心相應起法。等起無記，諸無記心所起身語。勝義無記，薩婆多師，以虛空、非擇滅二無爲爲體，大乘亦同。或復善有七種，謂生得、聞、思、修、學、無學、勝義，不善唯一，無記亦七，謂有覆、異熟、威儀、工巧、變化、自性、勝義。五境之中，色、聲一分表通六善，除勝義善。若尅性者，無漏通學及無學善，亦得通於修所成善，從定生故。若有漏中，色、聲二法，唯表色及執受大種因聲，成所引聲，聖、非聖言聲各小分，爲語表者，可通善不善。若無漏者，顯、形、表三，除遍計所起，及非聖言聲，皆性是善。以顯、形、表，約四七善等，一一細辨，准理思之，繁恐不述。依《雜集論》，善有十三：一、自性；二、相屬；三、隨逐；四、發起；五、勝義；六、生得；七、加行；八、現前供養；九、饒益；十、引接；十一、對治；十二、寂靜；十三、等流。表色、聲，二塵一分，通發起及隨逐善，發起即身語，隨逐即此種子。或非隨逐，謂可説表種無表故，或假無故。又説自性、相屬，即説隨逐。釋云即彼習氣故，或除初二，及勝義、對治、寂靜，皆可表，通所餘善故。不善有十二：初八名同於善；九、損害；十、引攝；十一、所治；十二、障礙。五境一向全非初二，第三取捨，如前已釋。五境皆通勝不善，所餘唯表，色、聲得通。無記有十四，十三名同善，加一名受用，除相屬、勝義、受用、引攝、對治、寂靜、等流，所餘無記，五境皆通，以色界皆名自性無記故。隨逐、等起可知。業感無記，皆名生得故。四塵爲威儀路，五塵爲工巧處，此二爲加行無記故。供養無記可知。非染淨心，於自妻子等，而行惠施，名饒益無起[八七]。施以三業而爲其性，假亦得通表色、聲，繁非細述。

二、三界分別者。業生五境，唯欲界具，色界除香、味，無色全無。定生五境，上二界全，欲界非有，不許定生，爲五境者，唯法處攝，即如前判。然以理論，多處唯言段食，香、味、觸三塵成。諸菩薩等從定等變魚米等飽，可是五境。又若定生即法處者，天眼、耳根，應法處攝，五識依緣，無異同故。若爾，應無法處定色。此非成難，假想定生，非自在定變，無實用，唯意緣等，皆法處中定所生色。若爾定生，應一向假，即違論説，及墮法處所現實色。此亦無失，無色定生，及下意緣，即法處實。二解任意，然有不許上二界中，有定所生香、味二塵，非但爲五境，法處亦不計。引五十六云，復次色界中無現香、味，然有彼界，段食性故，由無此二，三[八八]識亦無，又云法處所攝勝定果色中，當知唯有顯色等相，何以故？於彼香味等，生因闕故，又無用故。今謂不爾，業生香味，同許上無，上無定生，即不應理。《法華》第六云，光音及遍淨，乃至於有頂，聞香悉能知，又云上至有頂，諸天身香，亦皆得聞。若云依彼身起，説彼身香，據實欲界斯言無義，彼無境貪，何故起下無用之香及識之耶？又云：光音及遍淨，乃至於有頂，初生及退没，聞香悉能知。又《華嚴經》云：菩薩鼻根，聞無色界宫殿之香。又《仁王般若》云：時無色界，雨無量華，香如車輪，華如須彌山王。若其業力，不可能起，若定爲緣，不發異界〔八九〕。又爲宫殿變欲香，於彼無用，變之何益？然第五十六，據業生者，説唯色界無現香味。於彼香等，生因闕者，有云依勝處説，勝處唯作顯色觀故。有云定生，依業質變，約質無香，云生因闕，俱不云無，不爾，前文難可會故。又云定色，許變一切，一切言無簡別故。若細分別，上界無日焰名光，上無日故，明可得有，唯非日故，上亦無闇，身及宫殿皆有光明，恒常照故。光是明，依明説光，若定所生，上二界中，一切皆有，變爲雲焰塵等色故。表中，上二無不善表色，有有覆表，假通非實。十一聲中，上界無不可意，無色無遍計，及非聖言，餘者在色界，通業定生，無色唯定起。香六種中，上二亦無惡及變異，味亦准知，餘容定起。或言有變異，定生隨機故，或定通所生。色界四境，皆除不可意，餘皆可有。無色定生，容有四大，餘觸皆無。色界之中，除冷、飢、渴、悶、病、癢、疲，餘可容有，假建立故，業生思准。

三、三流分別者。一、等流流；二、異熟流；三、長養流。初、等流流，有四種：一、異熟等流流；二、長養等流流；三、變異等流流；四、本性等流流。異熟復二：一、寂初；二、相續。長養亦二：一、處寬遍；二、相增盛。大綱五境，皆通三流。若別而言，青黄赤白，明及形色，分通三流。外器無異熟，增上果故。內扶塵，具通異熟故。迴、一影色，有等流中本性流流，非內故無異熟，空中色故，無長養。表色通三，除異熟一，有長養等。而異熟、長養，與等流中熟、長別者，各初爲熟、長，相續入等流。而異熟中，言有二種，初及相續者。初謂總報，即第八識，及與身根。相續者，謂别非據長時相續。不爾，無别。執受大種因聲，及世共成聲，聖、非聖言聲，分通三流。非執受大種及俱、成所引，遍計所起，可通性及長養，除成所引，可通變異。香、味除外，不通異熟，所餘一切，可通三流。觸中除冷、飢、渴、疲，餘可通三，所餘除熟、長。然色界中，無變異流，欲天所有瘡相現故。又復長養，由段食、睡眠、梵行等至，欲界具四，色界後一。五十四云，又欲界色，具由四食，及餘一切，而得長養。色界諸色，不由段食、睡眠、梵行，而得長養。又定生者，除異熟流，餘皆可具。

四、問答分别者。問：色中，長與高何别，短與下何殊，方與正爭異？答：長據邊論，高約中說，短、下亦爾。四面等爲方，四面平爲正。問：何故色中立表，聲不立耶？問：聲立執受大種因等，何等色無耶？問：聲香味，立可意不可意等三，色觸等何無耶？答：皆據影略，何以得知？且准《瑜伽》第一[九〇]，立可意等色，餘雖無文，義准應有。問：何故色中，立長短粗細，聲等不立耶？答：亦影略說。問：五境色，爲積微成，爲當頓起？答：《成唯識論》第一云，阿賴耶識，隨量大小，頓變一色，非别變作衆多極微，集成粗色。如是等問答，廣有無量，恐繁且止。

大乘法苑林章補闕卷第七

校勘記

〔一〕「厭」，底本原校疑爲「馱」。

〔二〕「釋」，底本原校云一本後有「入」字。

〔三〕「聞」，底本原校云一本作「門」。

〔四〕「識」，底本原校云一本作「滅」。

〔五〕「說」，《大乘阿毗達磨雜集論》（《大正藏》本，下同）作「知」。

〔六〕「根」，底本原校云一本作「眼」。

〔七〕「三」，疑爲「二」。

〔八〕「云」，疑爲「立」。

〔九〕「識」，《大乘阿毗達磨雜集論》後有「界」字。

〔一〇〕「色」，底本原校云一本作「聲」。

〔一一〕「分」，底本原校云一本作「界」。

〔一二〕「合」，《顯揚聖教論》（《大正藏》本，下同）作「由」。

〔一三〕「智」，《顯揚聖教論》作「知」。

〔一四〕「義」，《顯揚聖教論》作「體」。

〔一五〕「見」，底本原校云一本作「觀」。

〔一六〕「迷惑」，《顯揚聖教論》作「或」。

〔一七〕「次第」，底本原校云一本無。

〔一八〕「力」，底本原校云一本作「由」。

〔一九〕「二」，底本原校云一本作「三」。

〔二〇〕「飲食飲食」，疑爲「次食段食」。

〔二一〕「純」，底本原校云一本作「能」。

〔二二〕「庸」，《瑜伽師地論》作「角」。

〔二三〕「似」，底本原校云一本作「以」。

〔二四〕「使」，底本原校云一本作「便」。

〔二五〕「同」，《大乘阿毗達磨雜集論》無。

〔二六〕「續」，《大乘阿毗達磨雜集論》前有「相」字。

〔二七〕「句」，底本原校云一本作「向」。

〔二八〕「二」，底本原校云一本作「三」。

〔二九〕「在」，底本原校云一本後有「生」字。

〔三〇〕「是」，底本原校云一本後有「有」字。

〔三一〕「爲」，底本原校云一本前有「變」字。

〔三二〕「所」，底本原校云一本前有「處」字。

〔三三〕「依」，底本原校云一本後有「依」字。

〔三四〕「俱」，底本原校云一本作「但」。

〔三五〕「一」，底本原校云一本作「二」。

〔三六〕「時」，底本原校云一本後有「頞部陀時」四字。

〔三七〕「生」，底本原校云一本後有「眼」字。

〔三八〕「眼」，底本原校云一本後有「識」字。

〔三九〕「勢」，底本原校云一本後有「力」字。

〔四〇〕「滅」，底本原校云一本前有「斷」字。

〔四一〕「別」，底本原校云一本作「引」。

〔四二〕「受」，底本原校云一本後有「不執受」三字。

〔四三〕「不」，《瑜伽師地論》作「非」。

〔四四〕「故」，底本原校云一本作「便」。

〔四五〕「識」，底本原校云一本後有「緣」字。

〔四六〕「識」，底本原校云一本作「義」。

〔四七〕「生」，底本原校云一本無。

〔四八〕「取」，底本原校云一本前有「等者」二字。

〔四九〕「不」，底本原校云一本作「下」。

〔五〇〕「强」，底本原校云一本作「獨」。

〔五一〕「染」，底本原校云一本作「深」。

〔五二〕「永」，底本原校云一本作「求」。

〔五三〕「林」，《大乘阿毗達磨雜集論》作「材」。

〔五四〕「無」，底本原校云一本作「亦」。

〔五五〕「迴」，底本原校云一本前有「等」字。

〔五六〕「説」，疑爲「捨」。

〔五七〕「想藴」，疑爲「體」。

〔五八〕「想」，《大乘阿毗達磨雜集論》作「相」。

〔五九〕「感」，疑爲「惑」。

〔六〇〕「十」，底本原校云一本後有「四」字。

〔六一〕「識」，底本原校云一本作「七」。

〔六二〕「爲依」，疑爲「前爲後依」。

〔六三〕「想」，底本原校云一本作「根」。

〔六四〕「重」，後疑脱「生」字。

〔六五〕「思」，疑衍。

〔六六〕「識」，疑衍。

〔六七〕「我」，底本原校云一本無。

〔六八〕「喜」，疑爲「善」。

〔六九〕「熟」，底本原校云一本作「生」。

〔七〇〕「儀」，底本原校云一本後有「心寬」二字。

〔七一〕「及」，底本原校云一本後有「於」字。

〔七二〕「像」，底本原校云一本作「緣」。

〔七三〕「非」，底本原校云一本無。
〔七四〕「用」，底本原校云一本作「同」。
〔七五〕「變」，疑爲「遍」。
〔七六〕「所」，底本原校云一本無。
〔七七〕「非」，底本原校云一本作「與」。
〔七八〕「非」，底本原校云一本前有「言」字。
〔七九〕「悟」，疑爲「語」。
〔八〇〕「性」，《成唯識論》(《大正藏》本，下同)作「故」。
〔八一〕「商」，《大乘成業論》(《大正藏》本，下同)作「高」。
〔八二〕「之」，底本原校疑爲「立」。
〔八三〕「立」，底本原校云一本作「即」。
〔八四〕「廢立」，底本原校云一本作「摩」。
〔八五〕「攝」，底本原校云一本作「稱」。
〔八六〕「不」，疑衍。
〔八七〕「起」，疑爲「記」。
〔八八〕「三」，底本原校云一本作「二」。
〔八九〕「界」，底本原校云一本作「香」。
〔九〇〕「二」，底本原校云一本作「三」。

大乘法苑林章補闕卷第八

大雲寺沙門慧沼撰

見道章

二量章

十業道章

○見道章

見道，略以九門分別：一、釋名；二、出體；三、辨依地；四、辨能入人；五、入方便；六、明真相業用；七、明真相時分；八、明真相差別；九、辨諸門相攝。

第一、釋名者，初列，後釋。列名者，一真見道，二相見道，引證可知。釋名者，初通，後別。通名者，無漏正智，照理名見。故《成唯識》第九卷云：初照理故，亦名見道。道者，遊履義，三乘行人，遊履於此趣二果故。或是通運義，通運行人至二果故。或隨所證故，此解爲正。見即是道，持業釋也。雖後照理，亦名爲見，此在寂初，故得名見。雖標總稱，則別名也，如色處等。別名者，體離虚妄，證理斷障，故名爲真。故《成唯識》云，實證二空所顯真理，實斷二障。道義如前。真即見，亦持業也。或真是理，見者是智，證真之智，名爲真見，依主釋也。相見道者，相者，類似義，從真後起行解觀智，法彼功能，非正證斷，似類於真。若依此釋，相體即見，故名相見。見即是道，並持業也。或相者相狀，狀前真見，變[一]如智緣，見帶相生，緣相之見，依主釋也。

二、出體者，總有五種。一、尅性體，以其根本、後得二智少分爲體，真相別故。故《瑜伽論》七十二云，現觀智諦，現觀云何？答：緣非安立諦慧爲自性，邊現觀云何？緣安立諦慧爲自性。此二見道，即彼攝故。又《唯識》云：此智生時，體會真如故。相中三類，言智忍故。二、能所作體，即用定慧二法爲體。故《對法》云，謂世第一法無間所得三摩地鉢羅若，及彼相應等。釋云，由無分別奢摩他、毗鉢舍那等，爲體相故。又云何引發如是功德？依止清淨四静慮故。定爲所依，智爲能依故。故知定慧合爲體者，據能所依。三、相應出體，以二十二心及心所，以爲體性。《雜集論》云，諸心心所爲助伴故。四、據眷屬，五蘊爲性，於見道中，有聖戒故。《雜集論》中，一切俱行菩提分法，通諸體故，八道支中有七支故。五、相從出體，隨其所應，平等性智，及彼心所二十二法。若非此者，彼是何收？且約五種。若約三性，百法、三科，思准可知。問：依百法等，餘體可知，其道共戒，是何法攝？准《對法論》，法處唯有受所引色，此道非彼故。答：別解脱類故，亦是彼收。又亦是受所引，謂先發心，要從他音，受此教法，後方入見故。若爾，獨覺見道，云何言不從他音？解云，據近方便，顯彼根勝，故不相違，此解爲正。

三、辨依地，有二：初，見道所依；次，辨入心所依。見道所依者，《瑜伽》六十九云：唯依諸靜慮，及初近分，能入聖諦現觀，非無色定。准知五地有此見道，若餘處有，何不依入？如諸修道，通餘地有，通依餘入。此既言唯，明唯五地。七十一云，三依五依生，謂智諦現觀，及邊、戒二。何知即此[三]？文問云若智諦現觀，離衆相故，名無分別，云何依有尋伺依可得耶？故知見道唯五地有。若通於餘，應不説唯。問：何故不依中間無色、餘近分耶？答：初入聖道，要假勝力，中間無色，無極明利勝無漏故。中間多亂，梵王居故。無色之中，定增智劣，不平等故。餘近分中，無無漏故。《瑜伽》一百云，復有九依，能盡諸漏，除第一有。近分之中，既無無漏，於彼見道，如何得有？若言雖無斷道，有遊觀者，亦應説除，有頂唯遊觀，文中説除故。又六十九云，所餘一切近分地中，唯有俗智，無出世智，故聖弟子，從此以上，但依根本，修出世智，故知彼無。有義通依前三無色，及於中間，第一百云，九依盡漏故。又六十九云，此六現觀，幾依未至依，乃至依無所有處可得？答：一依非依可得，餘依一切依可得。餘依一切，既無簡別，故知前三及中間定，亦有見道。言唯依諸靜慮，及初近分入，并三依五依生者，據能入心及起者説，不障彼有。前説依通，後以生簡。若彼非依，依中應簡。又此諦現觀，據入見説，三依五生，若約後起，通餘四地，不爾，三無色及中間定，應無斷道，餘觀皆非能斷道故。詰前師云，若有見道處，即令依入者，大乘之人，見道應唯第四定有，大乘之人，非依餘入故。若言下地，雖有劣故不入者，前三無色等，類此應然。

次釋辨依何地心入者，三乘不同。且如大乘頓悟、漸悟人，方便通餘，圓滿正入唯第四定，入勝見道，託寂勝依故，《唯識》第九是誠證故。

二獨覺乘入見道者，彼有二類，謂麟角、部行。部行有二，一者直趣，二從聲聞得果迴趣。得果迴趣者，更不入見。麟角及餘部行，若見道，先以六行，伏無所有已下粗惑，既伏下惑，明知已得九地之定，此即通依四靜慮入，不依近分，得根本故。問：既得四靜慮，何不唯依第四定入？答：有漏易起，無漏難生。雖彼定，不必皆能依第四入，要極熏修性利根者，方能依入。如起願智，假極修故，或百劫練根，唯依第四，餘者不定。或可俱依，聲聞趣果尚許得依，獨覺利根，何理不許？三聲聞人，總有三類依地不同。一、唯依近分，謂次第人，及超初果。二、依近分及根本入，謂全離欲、未離欲。初定欲者，雖已離欲，欲有得根本，不得別故。或全離欲，欲必依根本，入期心趣彼根本定故。既已離欲，即得根本，以除餘障故。三、有通依四，謂隨所應，乃至遠離無色前三已下地染。此二唯超，非次第者。

四、能入人者，三乘不同。第一、大乘，分爲二類，謂頓悟、漸悟。頓悟之中，復分爲二：一、辨依身；二、辨人數。言依身者，唯三天下，及六欲天，餘無能入。《顯揚》十六云：極慼非惡趣，極欣非上二，唯欲界人天，佛出世現觀。惡趣極慼，所依及智人俱劣故，復有業報二種障故。上界極欣，無厭心故。六十九云：非生上地，或色、無色界，能入聖諦現觀，彼處極難厭，若少厭者，尚不能入，況彼一切少分亦無。又唯男身，非女人等。遠分發心，不遮一切。若正入見，唯男非女。非一僧企耶，猶受女報故。既求勝果，必勝身故。二、辨人數者，准《涅槃經》，修入見道。初外道說，有七十三。若入大乘，遠分可爾。於決擇位，非必彼身入二乘見，可則彼故。下二乘中，自當分別。唯內法者，雖非彼身，成彼善故，可說爲彼。不同外道，唯有福分。問：何以得知，猶成彼善？答：《對法論》說，依此下品，順解脫分善根故，薄伽梵說，雖逕[三]歷千生，而不墮惡趣。若不成彼善，此頌義成無用。准此即有三十二人，分爲三類。一、初即發心，求無上覺。二、從獨覺資糧、加行，方始迴心，即有五人，謂初位中，未定生時、已定生時、即此生時，加行位二，謂未定、已定，除〔四〕此生在上忍位，與世第一，同一刹那，不可轉故。三、從聲聞來，五亦准此，隨信、隨法，分成十人，獨覺乘來，唯法行故，總有十六。約人天分，有三十二。問：定生時等，如何頓悟，已定生時，非多劫故？答：若趣自果，即定生時，迴向大乘，便不決定，唯聖有學，不造業故。問：已成彼初根，云何名頓悟？答：頓悟者，約證理說，彼未證理故，復名漸悟。入初地時，方悟生法二真理故。

二、漸悟者，亦分爲二。辨依身者，欲界如前，復通色界，唯除淨居，無迴趣故。説唯欲界入見道者，依斷煩惱，及頓悟説。亦不通女，女身得聖，迴向大者，既受變易，必轉根故。二、辨人數者，總有一千六百二十一人，此分爲三。一、獨覺果來，謂部行類。聲聞之中，既有俱慧，准此部行亦分爲二，非彼一切皆得滅定。問：麟角獨覺，何不説耶？答：彼無迴心趣大乘故，彼唯定性，出無佛界。《華嚴經》説，菩薩將下，先現十相，以手放光，照此世界，獨覺之人，遇此光者，或入無餘，或以神力移安餘界，故此定無迴心者。二、聲聞果來，此有七類。一、初果，一。二、七返，有七。三、家家。四、一來。五、一間。三各有一，總有十一。六、不還中，曲分四類：一、欲界生爲一；二、生般；三、有行般；四、無行般。三各有四，四靜慮中，地地別故，合成十三。十三中復分二類，謂身證、非身證。惑總依五地，以辨人數。且欲界身證，唯識二師，依前師說，後師准知。具八地縛，一始從初定修斷一品，終至非想前之八品，成七十一，合前具縛，成七十二。色界之中，初定二百一十六，二定一百八十九，三定一百六十二，四定一百三十五，四地合成七百二人，五地合成七百七十四人。二界之中，身證既然，非身證亦爾，總有一千五百四十八人。且約五地及斷惑多少，分成爾許。若以根性等乘，更有無量，然不離此，故不細分。問：非身證者，如何亦能斷伏諸惑？答：爲求滅定，故能如是，但未得彼，故非身證。七、阿羅漢，復有六十，五地各六，無文遮故，根性有故，慧、俱解脱，二類别故。七類合言，總有一千六百一十九人，能入見道。大類而言，細以信解見至等分，復有多種，恐繁故止。問：《對法》但有身證、不還，如何説有非自證耶？答：如無學果，慧、俱二脱各别立之，不還亦然，影略説故。不爾，無學應無二别。問：何無中般迴趣入見道？答：經不説有來供養者，何況發心，故無中般。

第二、獨覺乘中，亦有二類，謂麟角、部行。等初類入，八十四人，分爲三例。一、從外道來，有七十三，謂伏八地所有粗惑，品别分成七十二人，及具縛一。二、從聲聞來，初二位十，如前已説，三者直趣一，合八十四。問：麟角獨覺，百劫練根，如何猶將外道身入？答：有説鶖子行菩薩行，經六十劫，退大菩提，求彼小果。《優婆塞經》云，若不遇佛，成獨覺果。《法華經》説，我本著邪見，爲諸梵志師。更爲外道，若不遇佛，成獨覺果故，彼身有得入者。鶖子雖成部行，准知麟角亦得依起。二、依求部行，入見道者，有其二説。一云，要伏三無色下所有粗惑，方入見道。二云，設全不伏，但伏見惑，入觀出已，方斷修惑。若爾，應同聲聞立果？答：不然。如聲聞乘，若到見道第十六心，隨應立果。設伏惑入，亦到彼心，何不立果？聲聞住道，此不住道，故不成果。雖有二解，取前爲勝。依方此果，入見道者，有一百四十四人，合有四類，三種如前，四、從大退來求此果，復有六十，合有一百四十四人，入此見道。二類總言，合有二百二十八人。問：麟角見道，從大乘退，何不入耶？答：退大乘者，是不定姓，可還求大，麟角定姓，故不求彼。

第三、入聲聞乘，有二百一十三人，總有四類。一、從外道，七十三人，信、法行分，總有一百四十六人。二、從中乘順解脱分，有其三人，未定生等忍位中下，亦可容退，無文遮故，即有五人。三、從大乘，復有六十。四、初發心，即求自果，信、法分二，合有二百一十三人。雖後得果，超次不同，此類攝盡。二乘入見，所依之身，亦唯六欲，及三洲人，唯男女身，非扇搋等。彼類尚不能成律不律儀，何況無漏。

五、入見方便者。若入大乘，要作安立非安立諦，二空、三性、唯識觀等。入獨覺乘，以安立諦，觀十二支，唯觀生空等方便入。若入聲聞，以安立諦，觀三科法，亦唯生空爲方便入。於中差別行相極多，恐繁且止。

六、真相業用者。真見道中，隨其所應，達二空，斷二障，捨惡趣身，半擇迦等，轉粗重依，得無粗重，證不壞淨，獲得聖性，建立遍知，得沙門果等。問：遍知可悉，如何真見得沙門果？答：七十一云，現觀智諦，現觀能得一切沙門果爲業。問：何知唯在真見道耶？答：此之現觀，唯緣非安立，二乘唯真見道中，相見道中，唯緣安立。問：豈於真見立初果耶？答：立亦何失。若爾，《對法》文云何通，彼十三云，至第十六心得預流果故？答：果體有二，謂爲、無爲。《大論》據無爲，於真見立。《對法》據有爲，於相見立。二文互顯，亦無違也。或説能得，非正得、已得。

七、真相時分者，三乘不同。且大乘中，頓悟人入於真相見，所起刹那，有二師説。且漸斷者，於真相見，或三十六。真見道中，斷分别障，我法分二，各有上下，初起力劣。下品二障，各一心斷，後起勝故，二各上品，合一心斷。以利根故，斷初二品。故不别起解脱、勝進，即以後心，爲前解脱。其第三心，無後無間故。别起解脱，從真入相，以勝入劣，故無勝進。若從根本，入後得智，起勝進者，便應後勝。故於真見，但有四心。初解[五]不説於相見道，放法此四。非安立觀故，相見名爲安立觀故。復二十六，初自成就，後伏二乘，故二俱作。并前四心，故三十六，而得究竟。問：若真見道，説有四心，如何五十五中，説三心耶？答：彼約無間斷惑者説，解脱重印，故不説之。或説三十七，從真入相，以最初故，未曾修故，起勝進道。第二師説。或三十七心，於真見已有勝力故。於見道前，意樂力故，頓斷頓證，故一無間，一解脱道，不起勝進，如前師説。於相見道，初作三心。法真見道二空見分，別總立故，初劣後勝，故有三心。五十五説，非安立者，不作四諦差別安立，非親證如，名非安立諦。後二十六，如前師説。或説三十八，加勝進，所以如前。若漸悟者，二師不同。如漸斷師，於真見道，但有三心，以煩惱障先已斷故。但初心斷所知下品，第二心斷上品，第三心時，重印前故，但作初十六，爲純熟自知故。以曾得二乘，見道十六，非如頓悟，曾未得故，須作除之。故真見道，合十九心，或二十心，加勝進故。非説相見要二十六故。若頓斷師，真見如前。相見道中，初三心者，或起二心，以於真見，不斷煩惱，故不别法，説總别法，據頓悟説。或立三心，雖不斷惑，法彼功能，《對法》説爲别總法故。若作二心，闕無總故。後十六心，同前師説。故真相見，或二十一，或二十心。若加勝進，或二十二。或可大乘説，根本及方便，見道心數，多少不定。如二乘人，初出見道，即迴心者，未起彼修道，准其所起，真相見道，即爲大乘見道方便。如乘説有根本方便，並一乘收。見道應亦根本方便，俱見道攝。此若不然，彼云何爾。准此義者，即加二乘真相見道，所有心數，如下二乘真相見説。若已起彼二乘修道，方始迴心，以隔修故，勢疎遠故，非是方便。或初出見，即迴心者，亦非大乘方便見道。乘惑[六]是總，故爲方便。見道是别，故非方便。不爾，四善根應通爲見道，以是方便故。若前師説，以有漏故，不通見道。

若二乘人，衆出獨一超越次第，入真相見，同斷一障，同證一空，心數相似。且説超越，如修六行，伏非想下俱生修惑，迴心入見。漸、頓二師，所説不同。如漸者説，於真見道，但起三心，但以煩惱，分爲二品，或説分三。且依前説，起二無間，一解脱道，次入於相。勝進有無，義如前説。曾所伏者，亦不別起。無間、解脱，以曾伏彼，及所未伏，正斷見惑，彼伏不伏，俱同時斷。所有伴類，已被伏故。其相見道，二十六心，或隨作一，無處説彼唯菩薩作，不同有部，唯上下品觀。故《雜集》説，總十六已，云一切道諦，由四種相應，謂安立故未(七)，言安立者，謂聲聞等，隨自所證，已得究竟，爲欲令他亦了知故。故知亦作此總諦觀。有義但作上下十六，以力劣故，不能合緣。言安立者，因明總十六故，分別一切。不爾，應言此道諦等，不言一切。然准《對法》，無説上下十六心文。准此，真、相或十九心，或二十心。其頓斷師，但於真見，説二三別，勝進有無，同前師説。其相見道，亦同前説。何故不作三心相耶？諸論説爲非安立觀，二乘相見，唯安立故。或有十九，或十八心，見道究竟。又於大乘相見道中，若漸悟者，二師同説。或亦具作二十六心，無文説。彼唯爲降伏二乘故，但令觀心純熟故作。准於前二，各加十六。漸、頓二家，雖多師説，以四説爲勝，餘不論之。

八、真相差別者。復有二種：一、望自乘；二、通對辨。准作業時分，可已類知。二諸乘相望，辨差別者，且如大乘望二乘者，廣乃無量，略辨五種：一、住持差別，成滿僧祇，方證會故；二、通達差別，謂能通達二空理故；三、勝生差別，紹隆佛種，令不絶故；四、障清淨差別者，謂能永斷煩惱、所知二分別障故；五、起智差別，菩薩見道，具二智故。獨覺望菩薩，略有三種：一、住持差別，極疾七生練根，百劫方滿入故；二、證覺差別，不由他音，而證得故；三、通達差別，能以四諦，達緣起故。聲聞有二：一、住持，極疾三生，遲六十劫，即能入故；二、修學，謂由他音，而證得故。

九、諸門相攝，略有五種。一、與六現觀相攝。六者，一、思；二、信；三、戒；四、現觀智諦；五、現觀邊智諦；六、究竟。且大乘攝，《成唯識》説，此真見道，攝彼第四現觀劣[八]分，此相見道，攝彼第四、第五少分，以第四觀通見相修，第五、六通見修位故。若二乘人，真見道攝第四少分，相見道攝第五少分。相見道中，唯安立諦，不攝第四，此據尅性。若相從説，三乘真相，俱攝第二、第三少分，信通前後，戒通修故。二、與十現觀相攝者，一、法；二、義；三、真；四、實；五、不行；六、後；七、究竟；三乘爲三。大乘攝彼真現觀全，通真相見，名真現觀。出見道已，餘修名後故，實及不行，各少分。若依初證及正對治，三惡趣業，異熟不行，即真見道，攝彼二全，正證斷故。若據後起，及以遠分，即二見道，各攝少分，并攝第十現觀少分。前七通名菩薩現觀故，若二乘攝，後三現觀，各取自乘，真、實、不行，同大乘説。三、與七地相攝者，七謂種姓勝解行等，此唯大乘真相見道，攝彼第三地之少分，通入住出，名淨勝意樂故，不依二乘立七地故。四、與九地相攝者，一、資糧；二、方便；三、觀行；四、見；五、修；六、有學；七、無學；八、聖者；九、異生。遠近、定散，趣聖位別，創證後起，有學、無學，聖者、異生，三位別故。三乘真見，攝彼見全，有學、聖地，二各少分。相見攝修，有學、聖者，三地少分。問：相何不攝見地少分？答：彼約真見名見，後起名修，非出見道，方名修地。若出見道，方名修者，應云修地，次後漸立三沙門果，不應言四，初已得故。言證離生已，一切世間漸勝進道，名爲修地者，通説後得，及世間智，不唯世間。不爾，如何證沙門果？又言修地立四果者，或隨轉門説，第十六心，亦名爲修道，立初果故。准此真見攝見地少分，相見修二地各少分，餘如前說。五、攝見與十三住相攝者，謂種姓住等，亦唯大乘，真相見道，攝彼第三住之少分，通三時故。更有多門，略陳且止。

○二量章

現量、比量，合以四門分別：一、出體；二、釋名；三、廢立；四、諸門。

第一、出體者，二量各三。一、尅勝。且現量體，謂唯取彼遠離分別、緣於自相諸明了智。故《理門》云：現量者，謂若有智，於色等境，遠離一切種類名言假立，無異諸門分別，由不共緣，現現別轉，故名現量。《雜集》第十六云：現量者，謂自正、明了，無迷亂義。自正簡離諸妄分別，謂爲現量，明了簡離被映障等，無迷亂簡離旋火輪等，離此不正，及不明了、迷亂三緣，名爲現量。《顯揚》第十一云，現量者，有三種：一、非不現見，即攝《雜集》明了；二、非思構所成，即攝《雜集》自正；三、非錯亂境界，即攝《雜集》無迷亂緣。《瑜伽》第十五，現量亦三，二名非已思應思，即非思構之異名也。餘二[九]名及三，義皆同《顯揚》，三各有多，廣如彼釋。自正、明了、無迷亂義，隨應通境及能緣心，皆名現量。今者尅勝，但取彼智。第二、相從體者，即現量境，及五色根，亦名現量。《瑜伽》《顯揚》皆云，由非不現見，非思構所成，非錯亂所見，名爲現量。又五色根，亦名現量。故《瑜伽》十五等云，如是現量，誰所有耶，略說有四，一、色根現量，謂色相五根所行境。此明境界，能有現量，即是五根。《理門論》中，解比量已，云：彼處亦應於其現因，說爲現量。現因即根境，能生現故，皆名現量。第三、具攝體者，心及心所，但離於前所說分別，諸不現等，皆名現量。若不爾者，自[一〇]八無智，應非現量。非現量者，即違一切大乘經論。

比量體中，且尅勝體，除現量體，及以非量，餘所有智，皆名比量。故《理門》云：謂智□是前智，餘從如所説能立因生。《雜集》亦言，比量者，謂餘信解。師子覺釋云：此云何？謂除現量所得，餘不現事，決定俱轉等。故似非量，皆非比量。《顯揚》《瑜伽》比量各五，謂相、體、業、法及因果。相謂相貌，如見烟知火等。體謂自體，如見此物體，比餘不見體。業謂業用，如見樹動，知有風等。法謂相屬法，如見無常，比知無我等。因果者，謂因果相比，如見得果，比知修道等。此舉比因，顯所生果。第二、相從者，現量智境，及比量境，并知其因，遍宗等智，生比量合，若先若俱，皆名比量。故《理門》云：審觀察智，從現量生，或比量生，及憶此因，與所立宗，不相離念，由是成前舉所説，力念因同品定有性等故，是近及遠比度因故，俱名比量。現量智境，及比量境，并知因智，爲遠因，憶因之念，爲近因。《理門》名爲作具作者，作具疎緣，作者近緣，皆名比量，此説自比。若從立者，智方得起，即以立者言，及現比量，并自智因智，憶因之念。故《理門》云：應知，悟他比量所[三]不離此得成能立故。第三、具攝體者，亦因一切王所皆比，不唯是智，現量既通，比非獨智。

第二、釋名。言現量者，先離，後合。離者，現謂明顯，若境若心，俱悉明顯，明離分別、思搆、錯亂，顯離映障。量謂量度，能緣之心，及所度境，俱名爲量。此離釋已。合釋者，若境名現，心名爲量，即現之量，名爲現量，依主釋也，此境心合目。若心名現量者，現體即量，以能量心，離諸分別，非或翳等之所覆障，名之爲現，能知於境，名之爲量，持業釋也。境名現量者，境體名現，心名爲量，現體非量，有彼量故，或現屬心，境體非現，亦不名量，如無常等，用彼現心而爲量故，名爲現量，俱有財釋。如説刀藏，藏者謂心，鞘非名刀，亦不名藏，爲用彼刀，而爲藏故，名爲刀藏。境從心無，持業釋故。《瑜伽》《顯揚》俱問云：如是現量，誰所有耶？答：略説四種所有：一、色根現量；二、意處現量；

三、世間現量；四、清淨現量。色根現量者，謂色相五根所行境界，如前所説現量體相。意處現量者，謂諸意根所行境界，如前所説現量體相。既云所行境界，明説彼境，名有現量。餘二即前約能緣心，有世、出世，以辨於境，更無別也。問：此文總説，何以得知説心爲現量？答：即彼文解清淨現量云，謂世間現量，亦是清淨現量，有清淨現量，非世間現量，謂出世智於所行境不共世間，名清淨現量，明非説境，境通世間、出世間緣故，不名不共。

比量名者，亦先離，後合。比謂比類，量謂籌度。合釋者，比類籌度，名爲比量，有心境等。若心名比量，能比即量，名爲比量，唯持業釋，無依主也，境等非彼故。雖從言生等，而彼非比。《理門論》云：比度因故，俱名比量，此依作具作者而説。若即名量，何故名爲比度因故，及作具等？或云論言亦得名比，以言比類，生敵解故。若説依此釋，即比之量，可依主釋。若境及念，并知因智，名比量者，皆有財釋，不可自體即名比量，違《理門》故。又云現量智，能生敵者智，亦名比量，若體即比，有雜亂過。問：念等非比量，理即可爾，知因之智，何非比量？答：夫言比量，了所立義，彼知因智，未了宗故，不名比量。若汎説，心比度於場，名爲比量，知因亦是。今據立敵，或自欲知未所了義，此類籌度，智決定生，方名比量。故知因智，非名非量。

第三、廢立者。問：彌勒菩薩、無著、天親，皆立現、比及聖言量，陳那天主，後習於前，云何各二？答：陳那菩薩取緣心，及以所緣境，無過自、共。此中自相，即爲自體，共相即貫通餘法。緣自相心，名爲現量，緣共相心，名爲比量。離此二外，無別所緣，可更立量，故但立二。故《理門》云：爲自開悟，唯有現量，及與比量，彼聲喻等，攝在此中，故唯二量，由此能了自、共相故，非離此二，別有所量，爲了知彼，更立餘量。天主菩薩，陳那之門人，師資相順，故亦不立彼聖教量。取聖教之量，由教生故。若定心緣，名爲現量，以分明各證故。若散心緣，名爲比量，籌度比類，貫餘義故。攝在〔三〕境智別說，故分三量，教境能詮故，從於智亦立量名。今據所生，量唯立二。教從於智，亦名爲量。由此聖教，亦名二量，生二智故。更有異解，如《抄》中說。問：諸外道等，或立譬喻，義准無體等量，並何量收？答：隨其所應，比量所攝，是故自悟，及以悟他，量唯有二，更不增減。

第四、諸門者。一、約識辨；二、約心明；三、約心所；四、約分顯；五、約分別；六、問答辨。

第一、約識者。諸識若在佛果位中，及識處定，通漏無漏，皆唯現量。然有漏定，略有二解。一、等持定，在欲界地，作火觀等，假相未成，非現量攝，若假相成，即現量攝。《瑜伽》《顯揚》俱云，此中建立境界，取所依境，非是思搆所成假想。所解地等諸界境，若解未成，是思搆所立，解若成熟，即非思搆，如是名爲思搆所成，由非思搆之所成故，名爲現量。二、云欲界諸假想定，皆名未成，但名似現。諸上界定，與輕安俱。諸假想者，即名爲成。欲界心作，任爲方便。二解後勝。若在散位，五、八唯現，第七非二，第六通二，與五俱緣，離諸分別，即現量收。雖與五同緣，而分別取，非稱本境，即非量攝。若稱境智，即比量攝。取於假立一因通餘，名爲分別，非謂一切作此假立，唯第六能，是故比量唯在第六。現量通八，隨其所應，如前分別。

二、約心明者。謂卒〔三〕爾、尋求、決定、染淨、等流五心，總而言之，五心皆通現、比二量。若別別說，廣恐繁雜，但約識辨心，量隨識易了。約識辨者，第八因位，唯有三心，卒爾、決定及等流心。異界初生，及後情現，有卒爾故。其決定心，有其二義。一云即此心位，有決定心，不同於五，由意尋求及決定已，方行染淨無染淨心，非善惡故。一云初刹那心，但有卒爾，異熟性劣。

又約義辨，初名卒爾，次尋求等。第二刹那，亦有二說。一云約義辨心，初名卒爾，創過境故，第二刹那，方名決定。即此已後，性更無別。隨前性生，名等流心，不同五識，於決定時，性未定故。或約義辨，但名決定，第三刹那，方名等流。一云有等流心，決定心者，從尋求生，八無尋求，故無決定，與前性等起，名等流心故。縱有決定，於等流心，義說決定。如定中聞聲，於等流心，義說卒爾故。不應彼時，但名卒爾，不捨定境故。從此已後，所有卒爾，即第二刹那，及此已後，決定之心，皆於等流心中義說。境有間續，更別生故。若在佛果，得有四心，但除尋求，以八因中，緣境不遍，但緣三境，除無漏位故。故解脱道有卒爾心，即於此心，義說決定及染淨心。不爾，此位應非善染。第二刹那，即名等流。更無卒爾、決定、染淨，境皆曾受，任運能了，隨前性故無前四，不同於因初遇境已，尋方決定，始起善染。即此心，恒行利樂，故有決定，及善染心。更有異解，繁不能叙。第七有漏，唯有四心，異界第八，創初遇故。雖新遇境，即執爲我。我見相續，故不尋求。於卒爾心，得有決定，及染淨心，亦據義說，非卒爾心，不執爲我。不爾，我執有間斷故。有云無決定，而有染淨，不可得言不尋求故即無決定，亦應無決定，不起染淨，不起染淨，應無等流。若由自分別，故有染淨。亦由自審決，故有決定。或可以性恒成，非今新起，但可有二，卒爾、等流，無中三也。若無漏位，在佛果者，亦有四心。鏡智初起，有卒爾故，餘心如前第八識說。因位有五，無漏境新，故有卒爾。八地已上，雖自在位，然於藥病，猶假尋求。第七隨六，同緣於彼，可有尋求，後三可悉。其第六識，佛果同前，因位皆有，通漏無漏。五識因位，但有二心，除中三心，性不推境，故無尋求，無尋求故無決定，無分別故無染淨。故《瑜伽》第一云：由眼識生，三心可得，如其次第，即卒爾心、尋求心、決定心。初是眼識，二在意識。決定心後，方有染淨，此後乃有等流眼識，善不善轉。既説決定心後，方有染淨，此後乃等流眼識，明唯有二。有義五識亦有染淨，自無分別，成染淨故。《瑜伽》第一，不説五有，從他所引，得有染淨。故《瑜伽》説，此染淨心，由二緣故，一、先所引；二、由分別。有義五識可具有五，説尋求心與欲俱轉，五識欲俱，希望境故，得有尋求。雖自無分別尋求，而有任運尋求。或無計度尋求，亦有分別尋求。説五識俱有分別惑，由意引故。不爾，五惑不通見斷。有義五識無分別惑，及分別尋求説。通見斷者，以因亡故，説之爲斷。此五識惑，有爲意識分別惑引，能引見除，所引隨斷。二釋，前勝。《瑜伽》説，貪等分別俱生，通五受故。又五由意引，意識尋求，五識不可即在決定、染淨、等流。若即在後，應非意引。既由意引，隨意尋求等，五識心亦爾。亦不可言，雖言尋求，五猶卒爾，境非新遇故。若自在位，不假尋求，以五不隨意識，亦緣有情根性故。若緣六境，六不尋求，五識亦爾。若在佛果，亦同前説。既知心之通局，可悉二量之有無。

第三、約心所者。遍行、別境，及善十一，通二可知。根本六惑，疑、惡見全，餘四少分，不通二量，隨其所應，與見、疑俱，非二量故。若貪瞋痴，在五識者，唯是現量。若在意識，貪瞋痴慢，分別俱生，皆通現、比。若與五俱，不横計者，即現量攝。《理門論》説，遠離一切，乃至諸門分別者，是妄計分別，非即於境分別好惡等，亦彼所除。若不爾者，尋、伺二種，應不通現，所餘或比、非量不定。或可意識諸俱生，或與五俱者，可是現量。分別起者，亦非現量，《理門論》説一切除分別故。二解前勝。二十隨惑隨根本惑生，或俱或後，同於本惑，通現及比，非量不定。不定四中，悔唯比量，或復非量，不通現量，唯散意識，緣過去境故。眠唯緣現及於過去獨散意識，不明了緣，亦非現量，許通皆思，善即可有比量。尋、伺二種，若在定心，一切現量，若在散心，與五識同時起者，得境自相，即是現量，緣共相境，或比、非量。

第四、約分者。謂相分等，將約分別。先明諸部，及大乘師，立分同異；次約分明量。小乘諸部，除一切部，餘師十九，皆立見分，而無相分。除正量部，雖皆云境，即是一切所緣相分爲行相，見分名事。彼立行相，准當大乘所立相分。然彼本計，屬能緣心所有行相。故《成唯識論》第二云，諸有達無離識境者，相分是所緣，見分爲行相，自體名事。正量部計，心親取境，更無行相。然有釋云，除正量部，無能緣行相，餘十九部，皆立相分者，非善宗計故也。大乘之中，清辨菩薩，世俗諦中，有二無見，但有虛幻境相現在，何有其心；勝義諦中，及小乘一說部，見、相俱無。一說釋云，一切諸法，但有假名，即無其體，清辨勝義，而一切皆空。故《掌珍論》云：真性有爲空，如幻緣生故，無爲無有實，不起似空華。若世親等，世俗、勝義，俱有見、相。即立二分，即相分爲所量，見分爲能量，即智爲量果。故陳那菩薩《集量論》中，即立三分，故彼頌云：似境相所量，即能量及果，謂相見自證，此三體無別。以境爲所量，見分爲能量，即應有量果，故立自證。如絹布等爲所量，見等爲能量，記彼數智爲量果。若無能記，應不能憶過去之心，如不曾更不能憶故。護法等菩薩，後〔四〕立四分，加證自證分。此意如相分爲所量，見爲能量，自證爲量果者，自證既以見分爲所量，自證爲能量，心分既同，如何無果？不可說見爲第三果，以自證分恒取現量，見分或時比、非二量，如何得與唯現爲果？若爾比、非，何唯現量？答：自證心之體，比非現爲果，比非自體故，非現量果。問：心分若同，必有量果，此第四分，復誰爲果？答：即第三分，爲第四分果，能互相緣，俱現量故，更不立餘。諸廣分別，如《成唯識論》第二卷說。此即諸部立分不同。次約分明量者，相分雖非是量，隨心而辨，通現、比量。現、比量因名現比量，見分通二，五、八見分，因果恒現。第七見分，定心唯現，故非二量。第六見分，若在定心，及假相成就，皆唯現量；欲等持心，假想二說，如前應知；若餘散心，及諸心所，見分同前約識等明。餘之二分，一切皆現。

第五、約分別明者。且約三、七二類分別，以明二量。先且明三，謂自性分別、隨念分別、計度分別。若准《雜集》第二，約六識明，唯在第六，五識皆無。若《成唯識》，及《攝大乘》，破第六識依色根中，皆云意識應無隨念、計度，不云應無自性分別。准此，故許五識中有，依色根故。若爾，諸論何故相違？答：有二解。一云不許五識中有自性分別。《雜集論》中，說第六識由三引故，不言五有。彼云應無隨念、計度二分別有者，且縱有自性，先破二分別，故不相違，非即許有。一云自性分別有二不同：一、尋、伺爲性，緣現在境；二、即諸識，能起緣慮，取境自性，皆名自性分別。故《成唯識》第八卷云，有漏八識，皆名分別，從妄緣生，不稱實故。《雜集》約初，說唯第六，《攝論》等約後，故許五有，亦不相違。若計度一定無現量，《雜集論》云：計度分別者，謂於去來今，不現見事，思搆分別。既云不現見，思搆分別，明無現量，可有比量。隨念雖緣過去，不簡定、散，二位通有。定心緣過去，可現量收。散心緣過去，或比量攝。自性若在第六識者，唯有現量。《雜集論》云：謂於現在所受諸行自相分別。既言自相分別，明無比、非量。緣境共相，比度妄計，比、非量故。或亦有比量，自相即境體，比量之心，稱境知故，亦名自性，不唯局付自體之上，名爲相[一五]。如境上無常，亦得名自相，體是無常故。然前解勝，緣自相行，合《理門》故。此據《雜集》自性分別。《唯識》《攝論》若設縱者，亦同《雜集》。若取自境，名自性者，即五、八識，自性分別，唯是現量，第七唯非量。此皆據見分，不約後二分，後二分唯現量故。

次約七明。《瑜伽》《雜集》説七各别，先明《雜集》七種分别，以明二量。七謂任運、有相、無相、尋求、伺察、染污、不染污。任運分别，唯是現量。論自説言，謂五[一六]身如所緣相，無異分别，於自境界，任運轉故。有相通現、比，即自性、隨念二分别故。無相等五，皆無現量，可通比量。《雜集》説五皆用計度爲自性故。《瑜伽》第[一七]七者，謂有相、無相、任運、尋求、伺察、染污、不染污。然此七種，唯在第六，不通餘識。説是第六，不共八故。有相通現、比，謂於先所受義，諸根成熟善名言者所起分别，不簡定、散故。無相亦通現，謂隨先所引，及嬰兒等不善名言者所起分别，既言及嬰兒，明不唯先引，但不善名義，可不冥境體。又解不通，若其嬰兒，緣現得體，是任運收，非無相攝，故此唯説緣過去境。任運唯現量説，隨境力任運轉故。尋求、伺察，可通現、比，説於諸法觀察尋求，及以伺察，不簡定、散故，定中亦復尋求、伺察一切境故。染污通比，而不通現，緣去來世，與惑俱故，於緣現世，説執著故。不染分别，通現及比，通緣三世，不與染俱，或與信等俱，或復無記性。無記性中，有變化者，此既定果，非全散，全散心可是現量。廣分别此二七及三，如《成唯識抄》。

第六、問答者。

問：出體中，色相五根，能所何收？答：是比、現境。大乘因位，二乘凡夫，比知根有。唯獨如來，現量知故。《成唯識論》第一卷云，由能發識，比知是有。據餘所知，非約佛説。或可大乘在其因位，通現量境，以互用故，其眼等識，既緣意境，不應但緣法處色故。問：五根若非能現量者，如何《顯揚》等云問如是現量誰所有？答：言色根現量等。又釋云，色相五根所行境界，如前所説，現量體相，舉境爲能有，所有即五根。若非現量，何須境有？答：彼文意者，舉心所依，及根所取境，以爲能有現量。若不爾者，亦云諸意根所行境，豈舉意境，而取意根，即第七及過去滅，第七唯非量，以恒執我故。過去意無，説誰爲現？故但取心。

問：約自、共相能緣心，唯立二量，似比、似現，何量所取？答：有二解。一云皆比量攝，唯緣共相，非自相故。《理門論》云：非離此二，可有所量，爲了知彼，更立餘量。然准《入理》，真似別解。《理門論》中，明能立、破，故比量中不取二似，據實亦攝。一云現、比二量攝，《理門》約理，能了於彼，故立二量。又爲自悟，及以悟他，立於二量。量所知境，不越自、共，故不立餘。似現、似比，非能了彼自、共相故。非能立、破，非悟自他故。約量立二，彼〔一八〕非量故。若在比量，即諸經論，四道理中，比量立法，不可定准，通非量故，立不正故。問：若〔一九〕二量攝心不盡，第七未轉依，恒是非量故？答：立二約理，不欲攝心。設若不盡，何違法相？或據見分，非二量收，約自證分，何心不盡？皆現量故。

問：既約二相，以立現、比，其自、共相，體性是何，復與經中二相同異？答：《佛地論》中有三師釋。一云，定心通緣自、共二相，並是現量。而《因明論》中，約緣自、共二種相者，據散心説。二云，定心唯緣自相，然由共相方便所引，既〔二〇〕諸共相所顯理故，就方便説，名知共相，不如是者，名知自相。由此道理，或説真如，名空無我，是法共相；或説真如二空所顯，非是共相。三云，如實義者，《因明》二相，與經少異。《因明》意云，諸法實義，若自若共，各附已體，名自相。若分別散心，立一種類，能詮所詮，通在諸法，如縷貫華，名爲共相。一切定心，離此分別，皆爲自相，並是現量。雖緣諸法苦、無常等，亦一一法，各別有故，但緣自相。真如體是諸法實性，亦自相攝。其後得智，雖緣名名及所詮義，然不執義，定帶於名，亦不謂名定屬於義，由照名義，各別體故，亦是自相。經意云，妙觀察智，緣諸法自相色聲等體，名緣自相，緣法差别常無常義，名縁共相，故不同也。准此，即達自、共相體，經論意别。問：此論共相，及定心縁常、無常等，所帶相分，百法何攝？答：一云，以無體故，百法不收。一云，法同分攝。今謂〔一一〕可通五蘊所攝，隨能變心，不可離心，判屬同分。同分依相似，辨〔一二〕多法立，而全無體。此之共相，若據縁所變相分，可言有體。親所緣緣，定應有故。亦不同餘，相分體實，與見同種，義分所緣。若據本質，即是無體。定心所緣常、無常等，但現觀心變。若比量心，所緣共相，但比量心，假所安立。若爾，此比量心所緣共相，佛應不緣，《佛地論》説，佛智不緣比量共相？答：作比量心，假立無異，佛智不緣，佛有遍智，緣彼有情比量之心，行解安立所有共相，如達遍計所執，於理何失？

問：現、比量心，緣自、共相，與名、句詮，二相何别？答：且比量言詮，即同非比量詮，二相少别。且如説聲是自相，異門説聲名差别，不要以心安立，貫通諸法之上。又現、比智，通緣彼二。不爾，如何云聞謂比量？於彼二相，爲欲了知心想行解，貫比餘法，方名比量。所取共相，故彼差别，與比量别。現〔一三〕約二，亦有同有别。若名、句詮，於色聲常、無常等，現量亦緣，斯即可同。據不依名，而緣二相，此即少别。實〔一四〕之名詮自相，句詮差别。但依心變，無變體性，共相而轉，現量帶證，彼之二相，總名自相，即乃有别。又現量心，若起言説，所緣亦同，行解之心，名爲假智，假智及詮，俱依諸法共相轉故。又現量心，尋彼名言所詮之法，雖不定計名屬義等，而作行解，亦與彼同，聲不及處，智不轉故。又復佛智，知彼體無，以遍緣故，亦與彼同。除前諸義，若五八識，在於因位，及於定心，緣於諸法，所帶相分，通有體無體。彼名、句詮，所有共相，一向無體。及無分别，親證真如，如此等自相，並與彼别。准此名、句所詮二相，與經所説自、共二相，體亦有别。經約法體，名、句所詮，所[三五]解心及想心安立。問：假名及詮，所依共相，體性是無，如何現量得與彼薩？答：現量之心，亦緣無故，但不同散，以其名言定屬於義，義屬於言，故爲現量。問：尋名言智，既依共相，共相無體，如何得有名言熏習，能生本體？答：尋名言智，相分非無，順行解心，能生本體。但於相上，作於色聲、青黃等解，解心所緣，此之共相，體性是無，於自相上增益此故。問：詮依共相，佛智遍緣不？答：一云，不緣而起言說，詮依共相。《佛地論》說，佛智不緣此共相故。一云，佛智亦依共相，於後得智中，安立諸法，皆於法體增益相狀，不爾，如何名方便智？宣說諸法，說不緣共，離於分別，假立貫通餘上方解，此之共相，不是一切皆悉不緣。不爾，無常等亦應不緣故。又若佛智，不作青等解，而說青等，便非聖言，言違想故。又不作解，及不變相，慮不[三六]假，及於無法，以彼體可直緣故。此解爲勝。

問：諸門中，第六意識於一剎那緣十八界，意識爾時爲現爲比？答：有二解。一云通二，五識同緣，即現量心，緣五根邊，即是比量，不可五根發現智知，違論文故。問：如何二量，同一心生？答：見分有多。《成唯識論》第七卷云，見、相俱有種種相轉故。若現、比二量得並生，斷常二見應但[三七]起？答：二執堅猛相違，不並生，二量非執，現、比得俱起。一云不定，隨五境勝，意隨彼引，縱緣五根，亦是現量。若意境雖[三八]，設五同緣，意唯比量。若二境齊，現量力勝，意隨現量。度殊，不可同起，不同緣彼青黃等色，見相雖多，五同現、比，故不相違。得多俱起，猶如二執境，俱執爲有，故得俱起。或執無時，即唯法執，無二同起。若斷常境，執爲有無，故不俱起。二解俱難，任意取捨。或緣十八界，獨頭意識緣，若與五俱，即不通慮。若獨緣者，皆是比量，即無前妨。既無文遮，此解爲勝。問：如七分別，云何《雜集》與《大論》別？答：如

《成唯識抄》，具廣和會。如是諸門，毛細有多，略舉一隅，餘可思准。

○十業道義林

十業道，以十門分別：一、出體；二、釋名；三、辨相；四、開合廢立；五、三乘同異；六、定散闕具；七、界趣有無；八、業道依處；九、得果差殊；十、問答料簡。

一、出體者。此十善業道，治十不善，行相相翻。諸經論中，多相翻[二九]對明。故《雜集》第七云：又此身語意三業，或善或不善，善者即十善業道也。《瑜伽》第八云：此復二種，即善、不善十種業道，所謂殺生、離殺生等。《彌勒問經論》云：問曰：遠離殺生者，殺生等相應聞[三〇]。《十地論》中，亦相對説故，今業道善惡相對法。又十業道，即三業攝。《成業論》云：何故契經説三業者？爲顯三業攝十業道。《對法》亦云：前三、中四、後三業道，隨其次第，是身語意業相。故約三業，辨十業體。然體有三：一、尅性體；二、眷屬體；三、假説體。此善不善十種業道，俱思爲體。故《成唯識論》云：能動身思，説名身業；能發語思，説名語業；審決二思，意相應[三一]，作動意故，説名意業。《成業論》亦云：業即是思，差別爲性。又云：思有三種：一、審慮思；二、決定思；三、動發思。若思能動身，即説爲身業。語、意准知。《彌勒所問經論》第三云，唯心見業等，然善惡別。若動發思，爲貪等起動發身語，若審決定思，爲貪等起作動於意，爲十不善業。翻前無貪等起動發身語，及作動意，爲十善業。故《雜集論》第八云：殺生業道，貪瞋痴爲加行，由瞋究竟。如殺生，粗惡語、瞋恚業道亦爾，不與取業道，貪瞋痴爲加行，由貪究竟。如不與取，欲邪行貪欲亦爾，虚[三二]語業道，貪瞋痴爲加行，於三種中，隨由一究竟。如虚誑語，離間語、雜穢語亦爾。邪見業道，貪瞋痴爲加行，由痴究竟。十善翻此，加行、究竟，然動發思爲身語業，無濫可知。意有二思，豈可二思俱意業道？准理俱應決定一思爲意業道，不爾，意業有重發故。總名業道者，相從説故，近加行故。二、眷屬體者，與善惡思相應起者，亦〔三三〕善惡業。故《成唯識》第八卷云：業之眷屬，亦立業名。故業相應，亦名爲業。三、假説體者，同薩婆多等，初三業道，身表色爲體，次四語表，聲爲體故。《成業論》云：又殺盜婬，由思業起，依身而生，隨世俗故，亦名身業。體〔三四〕此實非善不善性，亦隨世俗，假立其名，爲令世間依此門故，於善惡思動修止作，是故假説善不善名。無表不隨他假説，意業無假。諸宗多以意思爲業，外道有別。此中三業，約諸宗辨，及表無表，廣如《成業》，及《成唯識》《俱舍》等，恐繁不叙。

二、釋名者。有二：一、列名；二、釋名。列名可知。釋名者有二：一、總；二、别。且總釋者。十者是數，善者，順理益物，故名爲善。故《成唯識論》云，能於此世他世順益，故名爲善，此取心、心法與信等俱者，人天樂果，雖於此世能爲順世〔三五〕，非於他世，故不名善，此簡善業所招異熟。言不善，違理損物，名爲不善。故《成唯識論》云：能爲此世他世違損，故名不善。惡趣苦果，雖於此世能〔三六〕違損，非於〔三七〕不善。翻簡准前。此意説彼所招異熟，雖現益損，以無當果而可記别，故不得名善與不善。唯此思業，及業眷屬，於已益損，後感當果，能爲益損，名善不善。故《唯識》第三云：記謂善惡，有愛非愛果，及殊勝自體，可記别故。人天樂果，名可愛。三惡趣果，名非愛。殊勝自體，即業自性。或無漏善，雖不招報，而得名善。造作名業，通生、遊履二義，名道。故《成業論》云：思復云何得名業道？思有造作，故名爲業，復與善趣惡趣爲道，通生彼故，得業道名。若依《彌勒問論》，亦同此釋。若《成唯識》云：起身語思，有所造作，説名爲業，是審決思所遊履故，通生苦樂異熟果故，亦名爲道。此通善惡三種業釋，二義名道。

二、別釋者。一、別約三業道釋；二、別約十業道釋。約三業釋者，三業之中，各初離釋，後方合釋。且身業者，《成業論》云，身謂諸根大造和合，差別爲體，積聚所成，是爲身義。此通五根，雖標總稱，即身根別名。如色處等，或差別言，簡彼眼等。業即是思，差別爲性，隨作者意，有所造作，是爲業義。辨通別言，准前身釋，又取勝思，故云差別，此離釋也。思能動身，説爲身業，即動身之業，名爲身業，依主釋也。故《成業》云：具足應言，動身之業，除動之言，但名身業，如益力油，但〔三八〕力油，動塵之風，但名塵風，此亦如是。准《成業論》，身業即道，是持業釋。彼云能與善趣惡趣爲道，通生彼故，得業道名。准《唯識論》，通有依主，爲審決定思所遊〔三九〕故，業〔四〇〕之道，此合釋也。語謂言音聲爲性，此能表了所欲説義，故名爲語，業義如前，此攝假從實。又云語者，字等所依，由帶字等，能詮表義，故名爲語，此假實別論。上離釋也。發語之思，名爲語業，此亦發語之業，名爲語業，依主釋也，故《成業論》云，具足應言，發語之業，除發之言，俱名語業，喻説如前，道准身業，此合釋也。意者謂識，能思量故，趣向餘生及境界故，説名爲意。此説思量，義通八識，趣向餘生及境界故，爲簡別餘，餘不思趣生及一切境故，業亦同前。上離釋也。作動意思，説名意業，此亦作意之業，名爲意業，亦依主釋。《成業論》云：具足應言，作意之業，除作之言，但名意業，或意相應之業，除相應言，但名意業。此相應釋，思體是業，意非業，言意業者，思義相應，名爲意業，如念住等，道義准前。若決定思，依主、持業，通有二釋，爲審慮思所遊履故，此合釋也。又釋或所動身，是思業道，三種思業依彼轉故，此即業之道故，名爲業道。道非是業，語意准此。上依實業，以釋其名。又釋殺盗婬，由思業起，依身而生，隨世俗故，亦名身業。此説身表色，由思所引名業，依身生故名身，或依身之業，假名身業。說善惡性，亦復如是。善不善思之所起故，能表彼故，假說表色，爲〔四一〕善惡。業思所履，故復名業。若其語業，與身少別。語思〔四二〕發，無別所依，語即是業，餘同身釋。故《唯識》云：或身語表，由思發故，假說爲業，思所履故，說名業道。此身語即業，爲業之道，持業、依主，如次應知。其意業道，若雖身語，貪瞋痴三業之所起，名之爲業，亦得云業，業即是道，是業之道。然不作是釋者，以有諸部說身語表，名爲業道，故隨彼釋，無說貪等即爲業故，不同身語。准《彌勒問》，同第三釋。彼云，又身口七業，即自體相，名爲業道，餘三者，意相應心，此說思名，如是心所故，不離心故，此且總標。又即彼業，能作道故，名爲業道，此釋身語業得道名，能與思業，作於道故，是論別標。唯心是業，彼心七業，共根名道，此釋前七，名爲業道。此論意說，唯思是業，正出業體故。彼者，彼身語表，與心七業共起，名道，業依彼轉，名爲共起，此亦持業、依主二釋，如次應知。餘三共相應，名爲業道者，此釋意三共業相應，名爲業道，此相應釋。然貪等三，非如身語，不得名爲業，非造作故。若《成唯識》第八云，業之眷屬，亦立業名。即貪瞋等，亦得名業，道義如前。

就十業道別釋名者，且十不善，他命名生，殺生即不善業道，或殺生之不善業道等，並准前釋。正能斷命，謂身表色，思能發彼，即說業思，名爲殺生。故《成業論》：由此思業，能動其身，令行殺盜，及邪行故，思力動身，令有所作，即名思作，如世間說狂賊燒村、薪草熟食。此言說燒村、熟食，皆是火能，說賊說薪，因由彼故。思名殺等，亦復如是，餘皆准此。損他財，名不與取。舊名爲盜，盜謂劫取，今以對面强取他財，亦不善業，故云不與取。損他妻等，名邪欲行。言與想違，名爲妄語。說破壞言，名離間語。舊云兩舌，舌語〔四三〕舌是語具，又復不二。說不可意言，名粗惡語。舊云惡口，口是語具，亦非是語。

説染言詞，名雜穢語。舊云綺語，若不善心，綺餝文詞。歌讚實德，非不善故。染著名貪，憎恚名瞋，顛倒推度名爲邪見。意三業道，但依主釋，業之道故。又釋業眷屬故，亦名爲業，亦能通生異熟果故，不善性故。若爾，貪等與業何殊？即答：正益止[四四]助受故，正能生果，即唯在業，即審決思，正名業道。從相應貪等爲名，各[四五]貪等不善業道，從相應釋。或依主，或復由思起[四六]貪等，即説其思，名貪不善業道等。若其前後，從所發名，如殺生等，但[四七]時者，從相應名，如念住等。餘二准知。十善業道，離殺生等，翻前應知。業道之名，同不善釋。若薩婆多，此十業道，並依主釋。故《俱舍》十七云：十業道中，後三唯道，業之道故，立業道名，前七是業，身語業故，亦業之道，思所履故，業業之道，立業道名。十善業道，類此應釋。若經部師，前七名同，後三即以貪瞋邪見，名爲意業，思分位故。有部難云，何得名道？彼部不以通生名道故，《俱舍》爲釋惡趣道故，立業道名。或互相乘，皆名業道。

三者辨相。辨相有二：初不善相，後辨善相。

諸經論中，多翻不善，不廣别明十善道相，《十地論》中，廣明善相。且不善相者，《瑜伽》五十九云：若廣建立十惡業道，自性差别，復由五相。何等爲五？一、事；二、想；三、欲樂；四、煩惱；五、方便究竟。若《雜集》第八云：又殺生等，應以五門分别其相，謂事故、意樂故、方便故、煩惱故、究竟故。《瑜伽論》中，方便、究竟，合之爲一，想及欲樂，離之爲二，《雜集》翻彼。以爲因方便、事究竟故，《瑜伽》合之，開想、欲二，前後起故。《雜集》以刀杖時，或未斷命，故分爲二，内心微細，合之爲一。或令厭因，分想、欲二。欲令厭果故，方便、究竟，分之爲二。各不相違。且殺生者，有情數爲事；想是害生名想；我當害生，爲欲樂因；貪瞋等是煩惱；方便加害，彼便命終，名方便；究竟是殺生業道相。《雜集》准知。《彌勒問論》有八：一、故心，即第三欲樂；二、他，即第一事；三、定不定聚〔四八〕生想者，隨何衆生，若至一於此名定，或隨所逢名不定，但起彼想，即第二想；四、疑心，或彼非彼，然必殺之，亦第一事，定疑異故；五、起損命方便；六、作，即同作；七、不作相，遣他故，總是方便，初方便總，作不作別；八、無作相者，即是究竟，成無表相，後四總是。《瑜伽論》第五，方便究竟，此開合異爾，皆不相違。《俱舍》五緣：一、故思；二、他；三、他想；四、作殺加行；五、不悮而殺。不與取業道，事者，謂他所攝物，通情非情；想者，謂彼彼想物非一，故名言彼彼想；欲樂者，謂劫盜欲；煩惱同前。下更不引方便究竟者，謂起方便，移離本處。《雜集》多同，故不别引。《彌勒問論》，盗九種者：一者、他護；二、彼想知他物；三者、知心爲自他物；四、知不隨，謂知他物隨我想；五、欲奪起損害心；六、知他物，起我心，謂取他物，取自物想；作、不作、無作相同前。《俱舍》頌云：不與取他物，力竊取屬己，五相准前。欲邪行業道，事者，謂女所不應行，設所應〔四九〕，非支非道，非處塔等處，非時作齊時等，非量過度量，若不應理，一切男及不男；想者，於彼彼想；欲樂者，謂樂行之欲；方便究竟者，謂兩兩交會。《彌勒問論》有八：一、護女人；二、彼想；三、疑心，爲自女他女，爲護不護等；四、道非道，據他女；五、不護謂自女；六、非道非時，謂於自女；作、無作相准知，無不作者，以是使時，非自受樂，故無遣使。妄語業道，事者，謂見聞覺知，不見聞覺知；想者，謂於見等，或翻彼想；欲樂者，謂覆藏想，樂説之欲，謂欲覆此；方便究竟者，謂時衆對論者〔五〇〕等領解。離間語業道，事者，謂有情，或和不和；想者，謂俱於彼，若合若離，隨起一想；欲樂者，謂樂彼乖離，若不和合欲；方便究竟，所破領解。粗惡語，事者，謂諸有情，能爲違損；想者，謂於彼彼想；欲樂者，謂樂粗言欲；方便究竟，謂呵罵彼。綺語，事者，謂引發無利之義；想者，謂於彼彼想；欲樂者，謂樂説之欲；方便究竟，謂讒發言。言貪者，事者，謂屬他財；想者，謂於彼彼想；欲樂者，謂即如是愛欲；方便究竟，謂於彼事定則[五一]屬己。瞋恚業道，事之與想，如粗惡語説；欲樂者，謂損害等欲；方便究竟者，謂損害等期心決定。邪見，事者，謂實有義；想者，謂於有非有想；欲樂者，謂即如是愛欲；方便究竟，謂誹謗決定。《瑜伽》第八，及五十九、六十，并《彌勒問論》，更有廣多，恐繁且止。《俱舍》云欲邪行四種，行所不應行，染異想發言，解義虚誑語，染心壞他語，説名離間[五二]，非愛粗惡語，諸染雜穢語，惡欲他財貪，憎有情瞋恚，撥善惡等見，名邪見業道。引頌略知，繁不廣辨。上十不善相。

十善相者，翻前爲相。《瑜伽》第八：云何離殺生？謂於殺生，起過患欲解，起勝善心，若於彼起靜息方便，及於彼靜慮[五三]息究竟中所有身業。如離殺生，如是離不與取，乃至離邪見，應知亦爾。此中如次，翻前不善，各各五相。《十住毗婆沙》，亦同此説。《十地論》中，文稍廣，大意亦同。

四、開合廢立。有二：初、開合；後、廢立。

初開合者，諸經論中，或立一業，謂離染。又或立二業，謂思業、思已業。又二，謂善、不善。又二，謂行及有。又二，謂漏、無漏業。又二，謂表、無表。依《瑜伽》第九，又有已作業、有不作業，增長業、不增長業，有故思業、不故思業，定異熟業[五四]。或立爲三，謂三業。又依《瑜伽》第九，立善、不善、染[五五]無異熟業異熟未熟[五六]記業，律、不律處中業，施、戒、修性業，福、非福、不動業，順三受業，順三世業，三界繫業，三學，三斷，三曲，三穢，三濁，三清淨，三寂靜等。或立爲四，《彌勒問》第三云：又有四種：一、受波羅提木叉戒；二、禪定；三、無漏戒；四、遠離煩惱戒。前三可知，依厭欲事中間道所轉，戒[五七]及能起破戒煩惱因緣，謂黑黑異熟業、白白異熟業、黑黑白白異熟業、非黑非白無異熟業，能盡諸業。又四，謂順現、生、後，及順不定受。又四，謂異熟定、時定、二俱定、二俱不定。又説五業，即順現、生、後，加：四、時定報不定，五、報定時不定。或立五業：一、他所勸請；二、他所教勑；三、無所了別；四、顛倒分別；五、根本執著。或立六業，謂不貪等作戒三種，無作三種。又六，即五趣業上，加不定業。又六，即六趣業。或立七業，即前七戒。據聲聞説，即六趣業上，加不定業。或立八業，即前順現等四，各有定、不定，爲八。或立爲十，即十善業，及不善業。或立十四，即前七戒，十二，前二十一，有作、無作。故諸差別，依此依[五八]無作。或二十一，即無貪等起前七戒。或四別義，非總開合，廣如《雜集》第八、《瑜伽》第九、《俱舍》十六等，尋文釋義，即知開合。

今明十善道，略辨廢立。依《俱舍》第十三，及《彌勒問論》第三云，若約所依，應唯一業，一切業皆依身故。若據自性，唯語是業，以三種中唯語即業故，餘二依主，非即自性故，若就等起，亦應唯一業，以一切業皆意等起，皆從思生故，毗婆沙師説立三業，如其次第，由上三因，即約所依立身業，據自性立語業，就等起立[五九]業。然准三業，廣有無量，唯立十者，以粗顯故。故《俱舍》十三云：於前所説惡妙行中，若粗顯易知，攝爲十業道。此即不攝加行後起，及餘根本，輕業道者，即禮施等，皆不立之，雖有敬重，以不定故。依大乘宗，《彌勒問論》第三云，若業能作道故，名爲業道，即一切法於心皆應名業道。此意諸法皆有作業，與心爲道，心所履故。何故但説十種業道，不説無量業道？答曰：以勝重故。以諸惡行及善行中，十業道重，餘非重故，不説無量，重相可知。若據不律儀，即除處中業。今總明十業處，既有十業，何故説三？《成業論》云，爲顯三業中殺盗等，亦是業道收，攝十業道，勸勵怖多所作者故。此怖廣行，略爲説三，何不説一？爲遮執故。《成業論》云：有執諸業，唯身所造，非語非意，爲顯彼二，亦有所造，故説三業。此意語、意，亦有所造，重損益業，故説三業。

五、三業同異者。聲聞之人，依四諦觀十不善道，及有漏善故。《十地論》第四云，惡業道者苦，不善業道是集，彼離是滅，自性緣縛斷故，對治是道，又善道者是苦，善業道是集，離彼使是滅，緣縛斷故，非自性斷，彼對治是道，智慧同觀。此雖同觀，即聲聞別行。然聲聞修十善五相，論云，一、因集，修少善根，爲自利益，其心狹劣故；二、畏苦，厭畏三界故；三、捨諸衆生，遠離大悲故；四、依止，依師教授，從他聞故；五、觀故，依聲聞修習，入人無我故。辟支佛修有三種相，論云，一、自覺，不假他説；二、不能[六〇]説法，不能説法，不能具足大悲方便故；三、觀少境界，而能通達深因緣法，因集、畏苦、捨心三種，辟支亦有。若菩薩修，有四種相，論云，一者因集，依一切善根起行，依一切生利益故，其心廣大，見[六一]起惡及受苦果，起悲利故；二者用，於諸衆生，起悲愍故，前依悲心，此即正行悲愍事業；三者彼力，依四種攝法，方便增修故；四者地，依十大願，不捨衆生，求證佛果故。此略文意，彼更廣明。《彌勒問論》有八，復次第一，云何菩薩成熟[六二]修行？答曰：以不共外道、聲聞、辟支佛，以諸外道求世間樂，修善業道，二乘之人求涅槃樂，修善業道，離大悲心，成熟小乘涅槃果故，菩薩過彼，雖復能證小乘涅槃，依大慈悲勇猛心故，捨涅槃樂，求佛菩提，修行十善，爲救一切諸衆生故，攝大勝願，其心唯以一切種智，以爲究竟，是故菩薩不同外道、聲聞、獨覺，餘廣如彼。

六、定散闕具者。不善唯散，闕具不定。十善業道，通於定、散。散位通二，或闕或具，皆成就故。定位唯具，意樂勝故。以正道發，必具足故。唯是菩薩定心受故，必具足持。如《十地論》，依一切善根起諸行故。

七、界趣有無者。十不善業，唯欲界有，是不善故，《瑜伽》六十云，十種不善業道，唯欲界繫故。若十善業道，通三界，及不繫，通無漏故。若細分別，且十不善，准《俱舍》云，那落迦中，云[六三]通二種，謂粗惡語、雜穢語。瞋三種，皆通現行成熟。由相罵故，由忿恨故，由相憎故，如次有三。無可愛[六四]故無貪，現見業果故無邪見，業盡方死故無殺，無攝財、女故無盜、婬。以無用故，無誑語，由業相現故，誑語無用。以常離故，無雜間語。北拘盧洲，貪、瞋、邪見，成熟不現行，不攝我故，無惱害事故，無惡意心故，如次無三，唯雜穢語，通現及成，由彼時有染歌詠故。無殺、盜、婬，如地獄說。欲天三州，鬼及傍生，十惡業道，皆通成現。然差別者，天鬼傍生，七業道中，唯有處中，無不律儀。天或殺天，及逼奪餘，有殺盜等。若大乘中，更未見文。准《彌勒問論》，說地獄有五，兩舌、綺語、貪、瞋、邪見，無殺等三，同《俱舍》說。以無正心，故無妄語，以常無有正念相故。無破壞心，故無惡口，所以常破壞故。此文或悞，應云無離間語，前辨相中，云起破壞心等，名離間語故。依逼惱故，有兩舌。此文亦悞，應云粗惡語，前辨相中，云起惱粗心，名惡口故。或可厭其破壞，起粗惡語，以常樂離，不須破故。不起惡口，由依惱逼，求欲離故，有兩舌語。然前釋勝，以越次第故，行相違故。貪及邪見，同《俱舍》說。文雖說有，據當有故，故以畢竟有，故名爲有，非是現有，即同《俱舍》。成非現行瞋，即不同《俱舍》許有，此說無故，以心惽昧，無是瞋故，或識業故，彼論并會。以貪瞋邪見，以畢竟有，非是現有，即有種子，無現行義故。會同處文，或說有無。北鬱單越，無前六種，有後四種，以命定故，無有殺生；無守護故，無偷盜；護女人故，無邪婬，彼欲受欲想，至樹下，樹曲枝覆，則行婬欲，若不枝覆，面愧而知；無誑他心故，無妄語；以常定心故，無兩舌；常柔輭語故，無惡口；有舞歌故，有綺語，餘意業者，以畢竟有，非是現有。餘三天下，及六欲天，具十不善。然云天不殺天，而天亦殺餘道衆生。又云，又有人言天中亦截手足時，即時還生，若斷其頭，若中間斷，即死不生，亦有殺他物[六五]等不善業道。色、無色天中，無不善業道，同《俱舍》義，更無差別。三州六天，鬼及傍生，意亦同彼。

十善業道，《俱舍論》云，無貪等三，三界五趣，皆通成熟及現行二，身語七支，無色無想，但容成熟，必不現行，無色聖者，成於過未無漏律儀，無想有情，必成過未第四靜慮[六六]律儀。此據定道。若別解者，彼皆非有。餘界趣處，除地獄、北州，七皆通二，謂成熟及現行。然鬼傍生，有處中業。若於色天，唯有律儀，即定道戒，無處中故。三州欲天，皆具二種，即律儀處中，然欲天中有定道律儀，亦無別解，不許天中住梵行故。准《彌勒問論》，説有少別。地獄北州，意三業道，以畢竟有，非是現有，此但成熟，非是現行。八[六七]難地故，或輕微故，前七業道亦應非有。此論上亦除鬱單越，餘三天下，受十業道。既不説受，明知彼無鬼畜二趣。下云亦無受法，故亦非有。雖有不殺等，以不受戒，不成別解，以輕微故，前七業道乃至輕微故[六八]。成善業道故，三妙[六九]欲天具有十善。《問論》云，雜受法，有受法，雜受果處，非是難地，有法故，具十善道。或雜受法，法[七〇]有處中，有受法，謂律儀，色天亦受。論云，色界天中，有受法現行，受善法攝取故，此説別解菩薩律儀。又説彼有無漏善業道，然不説受，以先得故。欲界天中，許有無漏受法得，初入聖故。文中不説三洲受無漏者，以極成故。又云無色界中，唯有心業道，以成熟業，非是現有，以不受故。或心業道，彼可現有。言成熟業，據前七説，成定道故，非是別解脱。諸定成熟，皆是無表，非有表故。前來所説，多據別受，若自性成，不妨北洲三惡道有，以有信等善故，或輕微故，不成業道。有處中故，得有信等。若准菩薩三聚淨戒，既通五趣，十善亦爾。《菩薩瓔珞本業經》中，許皆通故。即通五趣，皆有十善，許皆受故。然除無色，無趣大故。

八、得果差別者。初明不善，准《十地》第四説，不善業各有二果，異熟、等流。《彌勒問論》第三，《瑜伽》第九及第六十，《雜集》第九，《俱舍》十七，《薩遮》第四，各説有三，加增上果。據法士用，亦得有士用果。然諸論中，多約人士夫，不説得士用〔七一〕。然異熟果，《瑜伽》等中，多增上説。受地獄，《十地》《雜集》據各三品，名三惡趣，受異熟果。諸文受果，多分相似。且引《十地》受二果言，殺生之罪，能令衆生墮於地獄、畜生、餓鬼，若生人中，得二果：一者、短命；二者、多病。餘異熟同，但等流別。盜等流二：一者、貧窮；二者、共財不得自在。婬等流二：一者、奴不貞良；二者、妻相諍，不隨己心。妄語二者：一、多被誹謗；二、恒爲多人誑。兩舌二者：一、得破壞眷屬；二者、得弊惡眷屬。惡口二者：一、常聞惡聲；二、所有言説，恒多諍訟。綺語二者：一、所説正語，人不信受，即不威肅；二、所有言説，不能辨了。貪欲二者：一、貪財恒無厭足，即貪增；二者、多求恒不從意。瞋恚二者：一、常爲他人，求其長短；二者、常爲他所惱害，即瞋增。邪見二者：常生邪見之家；二、心恒諂曲，即痴。增上果者，《雜集》《俱舍》略云：殺生業，外乏光澤；不與取故，多遭霜雹；欲邪行故，多諸塵坌；虚誑語故，多諸臭穢；離間語故，高下險阻；粗惡語故，居地鹹鹵，磽确穢惡；雜穢語〔七二〕，時候乖變；貪欲故，果變尠少；瞋恚故，果味辛辣；邪見故，果味辛苦，或全無果。《瑜伽》六十，説之處廣，恐繁不引。

二、十善果者。有漏得四，除離繫。無漏得四，除異熟。若互相資，具得五果。《雜集》《俱舍》《彌勒問論》，多翻上説。然異熟果，通生三界。離繫果者，通得三乘，如前三乘，差別文引。又前三果，如《十輪經》第八、第九，《薩遮尼乾子經》第三、四說。《無垢稱經》第一，明說增上果云，菩薩證得大菩提時，壽量決定，大富梵行，言[七三]誠諦，常以耎語，眷屬不離，善宣蜜意，離諸貪欲，心無瞋恚，正見有情來生其國。彼自性[七四]有等流果，望菩薩感，即增上果。又《彌勒問論》，引《婆伽羅龍王所問經》中，十善業道，各得十果，且不殺生，得十種離煩惱熱、清凉之法：一、施無畏；二、住大慈；三、斷煩惱；四、取無病；五、長壽因；六、非人護；七、睡寤安；八、不惡夢，離怨恨心；九、不畏外道；十、退生天中。

九、依境[七五]者。《瑜伽》六十云，殺生、邪行、妄語、離間、粗語、瞋恚，此六業道，有情處起，雖於非情亦起瞋，或輕非業道；不與取、貪欲業道，資財處起，通情非情；綺語業道，名身處起，緣謗訶故；邪見業道，諸行處起，猶於善惡行，生誹謗故。准《俱舍論》第十六云，謂殺、粗語、瞋，有情處起；偷、邪行、貪，衆具處起；唯邪見一，名色處起；虚誑、離間、雜穢語三，名身處起。二於所說，名據增故，不爾可通。由起修意，有表無表，加行後起，方便究竟。如是多門，廣如前引，諸經論文，恐繁且止。

十、問答者。

一問：出體之所有三業，皆思爲體，何故業道，契經中言，由身三種，故思造業，作及增長不善故，能生苦果？答：《成業》釋云，此經意説，能動於身，以身爲門，身爲依處，緣殺、盜、婬爲境，思業爲因，能感苦果、異熟，名身三種，故思造業，非即是身表色爲業。

二問：既唯思業，經何説二，所謂思業，及思已業？答：即前所説三種思中，初二種思，名爲思業，第三一思，名思已業，無違經過。

三問：若三種業，俱思爲體，於散亂心，及無心位，爾時無思，如何得有名具律儀不律儀者？答：言由[七六]差別所熏成種，不損壞故，名律不律者。

四問：何名損壞？答：謂若思[七七]能發於表，因此棄捨善惡律儀，及餘捨因，亦能損壞處中業道，准此釋知。

五問：釋名中云，若即業名道，皆悉能趣地獄等者，何故餘三非是業道？此問意云，貪無貪等善惡趣，何非業道？答：云如彼七業，此三能作彼根本故，以相應故，不能如彼業故，不名善道。此意爲因發業能往趣，非造作故，不名業道。

六問曰：如身業思得彼名，由思動身，令行殺等，動意之業，名意業者，爲當動意令起貪等，思得彼名，如身業等，爲不爾耶？答：設俱[七八]何過。答[七九]：二俱有失。若思動意，令起貪等，何故彼説由貪等起？若不是，何故説思名爲意業？答：如殺生，雖思動發，亦以貪等爲方便，此亦如是，近、遠異故，遠貪[八〇]等，近即在思。又思正動，貪等助緣。

七問：若以貪等爲貪等方便，此貪起時，非業道耶？答：加行不定。又復加行，或有或無。《俱舍》説無，説意地三，三爲加行者，無間生故。據體，加行亦成業道，不同殺等有三時。

八問：業道相中，且殺生罪，色無實命，如何可殺？答：雖無實命，斷和合體，名爲殺生，令彼五蘊，此期不續故。

九問：何者名生？答：《俱舍》二説，一云息風名生，二即命根名生。准理，命根名生爲勝。四定已上，雖無息風，由名生故。由此命根，連持色心，令實命根，不能連持。或談生體，雖是命根，今言殺生，據總相説。由此云斷和合體，名爲殺生。若爾，滅不待因，彼命自滅，豈由於殺命方斷耶？答：《二十唯識》云，令他違害命根事起，此意由殺力故，令他身違害事起，令後不續故。

十問：於三世中，爲殺何蘊，過[八一]去已滅，未來未至，現在不住？答：有説住現在壞未來，復有説言壞未來、現在，以現在陰刀杖能倒，能作害事故。論二解中，不分邪正。准道理説，害未來故，如斷煩惱。

十一問：於五藴中，殺何藴耶？答：有云唯壞色陰，以刀杖等，能割觸故。有説五陰，自餘四陰，雖不可觸，而依色陰住，色陰壞故，彼亦隨壞，如破瓶故，水乳亦失。

十二問：遣使仙瞋，令殺生時，何時成根本？答：依《彌勒問論》説，無表根本，使及夜叉殺彼生時，始成無表根本業道。

十三問：既口動心念，成殺業者，何非屬此語意業耶？答：亦彼論説，口説心念成根本業，可是語意。此時未來，非語意業，若是語意，説言心念，彼命應斷，既不如是，故屬身業。

十四問：語動心念，此時此處，此等方便，而行殺彼，使等違此，成業道不？答：殺者得罪，教者無過，彼時處越期心故，不限時處，隨殺即成。

十五問：若殺生時，能殺所〔八二〕，俱時命終，若所殺後死，得殺罪不？答：不成，所依別故，餘身中無加行故。

十六問：於餘業道，心念遣使皆得成不？答：邪欲不成〔八三〕，餘六許成。意三業道，雖無文説，亦無遣使，要自起故。

十七問：邪見如何撥善惡行，以見好施，而貪〔八四〕不施，而福等，此意福由施得，貪由不施，今應有習，何故相違？答：久習慳人，忽遇良田，小施獲福，久習性故，今不能施，於非福田，無信心故，不至心故，爲名稱故，爲求事故，求尊重故，不約富報習施成故，今生猶施，餘准此知。

十八問：離殺生者，爲於可殺邊離，爲於不可殺邊離，爲通二邪？答：於可殺不可殺衆生邊離。若唯於可殺邊，於不可殺邊得離殺生福，不應理故。此同《俱舍》，以共發故。

十九問：輪王亦能十善化人，成別解不？答：得是業道，非別解戒。別解戒，要由佛所成故。

二十問：業道、别解有何差别？答：業道據性罪，别解亦通遮。又善惡業，不由受得，善律儀者，要由受得。

二十一問：十善、别解，與十善業道，體性皆同，二有何别？答：處中律儀，二種别故。輪王化世，處中業道。佛所説受，即律儀故。輪王若依佛教受法，即律儀攝，以通七衆，爲他受故，除出家戒。

二十二問：開合廢立，何不立眼等業？答：如前説。

二十三問：飲不飲酒，禮懺打縛，何不立身語業道？答：以彼輕故。

二十四問：不飲酒等爲身業，爲心業？若是心業，相翻有違，如殺不殺，俱身業故。若身業者，何故《彌勒問論》云是心業？答：在思能防，不起身故，名爲心業，理實身。定、不定業，於何極重？於何現報？一思一業，一思多業，破僧五逆，三業何重？如是多問，所有問答，廣如上引經中説，略舉應知。

大乘法苑林章補闕卷第八終

校勘記

〔一〕「變」，底本原校云一本作「及」。

〔二〕「此」，底本原校云一本後有「彼」字。

〔三〕「逕」，疑爲「經」。

〔四〕「除」，底本原校云一本後有「即」字。

〔五〕「初解」，底本原校云一本作「此師」。

〔六〕「惑」，底本原校云一本作「義」。

〔七〕「未」，底本原校云一本作「等」。

〔八〕「劣」，底本原校云一本作「少」。

〔九〕「二」，疑爲「一」。

〔一〇〕「自」，底本原校云一本作「因」。

〔一一〕「所」，《因明正理門論》（《大正藏》本）作「亦」。

〔一二〕「攝在」，底本原校云一本作「在攝」。

〔三〕「卒」，疑爲「率」，下十七「卒」字同。
〔四〕「後」，底本原校疑爲「復」。
〔五〕「相」，疑前脱「自」字。
〔六〕「五」，《大乘阿毗達磨雜集論》後有「識」字。
〔七〕「第」，疑衍。
〔八〕「彼」，底本原校云一本作「破」。
〔九〕「若」，底本原校云一本後有「爾」字。
〔一〇〕「既」，底本原校云一本作「緣」。
〔一一〕「謂」，底本原校云一本作「以」。
〔一二〕「辨」，底本原校云一本作「衆」。
〔一三〕「現」，底本原校云一本後有「量」字。
〔一四〕「實」，底本原校云一本作「言」。
〔一五〕「所」，底本原校云一本作「行」。
〔一六〕「慮不」，底本原校云一本作「應不緣」。
〔一七〕「但」，疑爲「俱」。
〔一八〕「雖」，疑爲「離」。
〔一九〕「翻」，底本原校云一本無。
〔二〇〕「聞」，《彌勒菩薩所問經論》（《大正藏》本）作「説」。
〔二一〕「應」，底本原校云一本後有「故」字。
〔二二〕「虚」，底本原校云一本後有「誑」字。
〔二三〕「亦」，底本原校疑爲「名」。
〔二四〕「體」，《大乘成業論》作「然」。
〔二五〕「世」，底本原校云一本作「益」。
〔二六〕「能」，底本原校云一本後有「爲」字。
〔二七〕「於」，《成唯識論》後有「他世故非」四字。
〔二八〕「但」，《大乘成業論》後有「名」字。
〔二九〕「遊」，底本原校云一本後有「履」字。
〔四〇〕「業」，底本原校云一本前有「亦」字。
〔四一〕「爲」，底本原校云一本前有「名」字。
〔四二〕「思」，底本原校云一本前有「由」字。
〔四三〕「舌語」，底本原校云一本無。
〔四四〕「益止」，底本原校云一本無。
〔四五〕「各各」，底本原校云一本作「名名」。
〔四六〕「起」，底本原校云一本後有「於」字。
〔四七〕「但」，底本原校云一本作「若俱」。

〔四八〕「聚」，底本原校云一本作「衆」。

〔四九〕「應」，底本原校云一本後有「行」字。

〔五〇〕「者」，底本原校云一本無。

〔五一〕「則」，底本原校云一本作「斯」。

〔五二〕「間」，底本原校云一本後有「語」字。

〔五三〕「慮」，底本原校云一本無。

〔五四〕「業」，疑後脱「不定異熟業」五字。

〔五五〕「染」，疑衍。

〔五六〕「異熟業異熟未熟」，疑衍。

〔五七〕「戒」，底本原校云一本前有「破」字。

〔五八〕「依」，底本原校云一本後有「作」字。

〔五九〕「立」，底本原校云一本後有「意」字。

〔六〇〕「能」，《十地經論》（《大正藏》本）作「起心」。

〔六一〕「見」，底本原校云一本後有「生」字。

〔六二〕「熟」，疑爲「就」，下十「熟」字同。

〔六三〕「云」，《阿毗達磨俱舍論》（《大正藏》本，下同）作「三」。

〔六四〕「愛」，《阿毗達磨俱舍論》後有「境」字。

〔六五〕「物」，底本原校云一本前有「盜他」二字。

〔六六〕「慮」，底本原校云一本後有「靜慮」二字。

〔六七〕「八」，底本原校云一本作「以」。

〔六八〕「前七業道乃至輕微故」，底本原校云一本無。

〔六九〕「妙」，底本原校云一本作「洲」。

〔七〇〕「法」，底本原校云一本無。

〔七一〕「用」，底本原校云一本後有「果」字。

〔七二〕「語」，疑後有「故」字。

〔七三〕「言」，底本原校云一本前有「所」字。

〔七四〕「性」，底本原校云一本作「生」。

〔七五〕「境」，底本原校疑爲「處」。

〔七六〕「由」，底本原校云一本後有「思」字。

〔七七〕「思」，底本原校云一本前有「有」字。

〔七八〕「俱」，底本原校疑爲「爾」。

〔七九〕「答」，底本原校疑爲「問」。

〔八〇〕「貪」，底本原校云一本前有「由」字。

〔八一〕「過」，底本原校云一本前有「若」字。

〔八二〕「所」，底本原校云一本後有「殺」字。

〔八三〕「成」，底本原校云一本作「爾」。

〔八四〕「貪」，底本原校云一本作「貧」，下一「貪」字同。

（潘桂明、李永晟整理）

○九四二

大乘法苑義林章決擇記[一]

沙門智周撰

法苑義林章決擇記序引

原夫性相義門，至唐大備也。及乎弉師之門，出大乘基，富瑜伽之寶林，開唯識之淵府，經無不講，疏無不成。遂權寄百本之名，今章其一。直通於三性幽關，妙發八識藴奥，蓋百法其炳焉。然文簡略、義深邃，未易通曉。是以濮陽製此《記》，粗提綱紀，廣舉要領。且假設賓主，起於問答，難通通之，所以目此《記》也。予今年夏得諸洛陽書肆，不堪雀躍之至。艸艸謄寫，未加點校。第惜此書魚魯甚多，得此失彼，庶幾他日得善本考訂之云。

因云本鈔所牒，與現流章稍有不同。蓋周師所釋，依初成本，南都稱之云唐本者是也，惜今不現行。

校勘記

〔一〕底本據《卍續藏》。

大乘法苑義林章決擇記目録

大乘法苑義林章決擇記目録尾

大乘法苑義林章決擇記卷上本

沙門智周撰

總料簡章

章：「總辨諸教、業、宗、體、名」者。教、業、宗、體、名之五字如次，是下所列五門。「時利差別」有[2]利之業名爲業也，餘四可知。

章：「故世友説：非如來語皆爲轉法輪」者。此世友菩薩説《婆沙論》，於此論中所説「非如來語皆轉法輪」。

章：「詮八正道教」至「名輪[三]境」者。問：此宗何故不取此教以爲其因，而以爲境？答：見道已前有漏之智名爲因，故彼宗不取以爲法輪。言教爲因，即濫彼智，所以彼説教爲輪境，苦諦等法即是教也。

章：「大衆部」等説者。問：此等部法輪與大乘何別？答：亦有别。彼部等説一切佛語皆正輪體。大乘所説唯八聖道名正法輪，餘非正故，與彼別。如文自悉。

章：「唯八聖道是正法輪」等者。謂正見、正思惟、正勤、正念，似世輪輻，正語、正業、正命似轂，正定似輞。

章：「有取識爲王」者。取是煩惱之總，名煩惱體。漏即有漏識，名爲有取。

章：「三轉法輪於」至「是正法輪」者。此引彼文，證除八聖道，所有佛教並名法輪。助、正雖別，總得名輪。即《法華經》觀十二支，亦名法輪。又，《法華》言「轉四諦輪」，四諦豈總名八聖道？故所引證得通助、正。若爾，何故結云「故八聖道是正法輪」？答：此意結云，由觀四諦，無漏慧眼等，正能斷惑，故八聖道名正法輪，非總結前《無垢稱》等。

章：「佛轉三周」至「甚深法輪」等者。謂見、修、無學三位，名曰三周。如其次第，示相配見道，勸修配修道，作證配無學。又，「觀於四聖諦境，生聖慧眼」等者。其聖慧眼是總三世，餘三別配三世可知。問：云何名爲十二行相而配三周？答：謂觀四諦，四諦之下皆能生聖慧眼、智、明、覺。且如苦諦之下，眼、智、明、覺配前三周，即成十二，餘三諦下，各配三周，總成四十八行相也。又示相等三，配於四諦，亦成十二。言示相者，此是苦，乃至此是道，餘勸修、作證可知。

章：「此生此處此時」者。生簡過、未，即生時也。處謂此處。時，彼處時也，與前異也。

章：「自證諦理，不信他言」者。謂解前難引證之文，如入見道，自證諦理，知非染故，不信他也。又，解有隨法行，有隨信行。隨法行者，自尋教法，即便信解。隨信行者，要信他言教，方能信解。今言自證諦理，即隨法行。二解俱得。

章：「能知圓寂，知非恩故」者。如真見道，能證智[三]圓寂，平等平等，無恩無報，名不知恩。

章：「永棄後業，名爲斷密」者。業力難知，名之爲密。斷此業已，更無生處，名無容處。

章：「猶如食吐」者。如有病人患吐，爲藥而食之時，但希除病，不食其味。受資具等，亦復如是，但欲資身，而求聖道，不生貪著。如《維摩經》「爲不食故」，所以受食。

章：「然《瑜伽論》」至「一向澄淨」者。謂諸菩薩，一、深植正信；二、深植清淨；三、一向澄淨；四、依如來了義經典。前三配前資糧、加行，及以見道。即其一信，分三種別。加行之位，信轉强勝，與清淨名。資糧不爾，但名正信。

章：「婬欲即是道」者。婬欲，貪愛義，愛彼十二分教，名之爲道。問：論言「彼法起愛恚等著，皆名法執」，如何今說貪爲道耶？答：法執名寬，於諸法中，以名屬義，以義屬名。此作此分別，而生愛著，即法執收。令彼惡道不生分別，而以相屬，故非法執。

章：「謂契經、應頌、記別」等者。意明此三經，名不了義也。

章：「又說殟波陀慳貝戍尼等」者。殟波陀慳者，此云生起義。戍戒尼者，此云離間語。此據正翻也。今密將生起義自拔慳足，密以離間語詮常勝空。問：此密意有何所以？答：若生善法，便能得拔慳之足。言離間者，非是兩相離間，但能離彼惡，即是常勝空也。

章：「設有聖教」至「名非了義」者。此據第一法印、非法印門。外道之教，諸法是常，不言諸行無常；外道涅槃時[四]止息，亦非寂靜；外道執我，不云諸法無我，違三法印，故外道教名不了義。

章：「詮常非常門」中言「諸小乘教名不了義」者。問：小乘中豈無法身常佛，何非了義？答：小乘戒、定等爲法身，偏以王宫、雙樹爲報身，以猨猴鹿馬爲化身，故此三身皆無常。

章：「然是有上是未了義」者。意云：佛初說四諦輪，雖是希希，然亦有上。是以後所説法輪，更勝於前。上謂勝也。故四諦輪是未了義。

章：「依種種門辨本性義」者。言本性義深難解，故以種種門辨之言隱密。

章：「除契經等，餘自説等語具廣」者。此據言略語廣門，契經等三部言略，故名不了義；餘之九部，自説等語廣，即是了義。

章：「佛得自在，都不起心」者。佛自在故，於一時中頓説三時法，都不起心；而分別言我説此教，不説彼教，但爲感不同故也。如唯有聲聞種姓者，唯聞聲聞之教，不聞緣覺、菩薩之教，非佛其時不説菩薩教也。譬如天樂末尼，此等無分別，但自㈤有情，各自隨識而自感得。

章：「或有恐怖或歡喜」者。謂不隨意，即生恐怖；若順心者，即生歡喜。

章：「三獸渡河，淺深成別」者。問：二乘證理即齊，如何淺深成別？答：獨覺伏定障多，顯理明淨，故云深。

章：「莫問聲聞、菩薩等」者。問：此説漸者，與次前漸，如何别耶？答：亦有别。前據説法，而㈥五時教中有其次第，名之爲漸。此約修行，各自乘中，從初修行乃至於果，名爲淺深，名爲漸。

章：「頓者，如來」至「頓説一切法」者。今時此師説頓者，與自前説一時教同。如來於一時中説一切法，頓能得被三種根機，故言一時頓説一切法。

章：「所執法無我，後㈦由餘教入」者。言法無我，是人無我之餘也，能入二空殊勝，名爲半滿。

章：「即《提謂》等，《五戒本行經》是」者。此《本行經》，非是《佛本行經》也。此經但說持五戒之行，得人天果，《本[八]行經》。

章：「三十年中」至「同行空教」者。此有二釋：一、云人天中定有三乘根性，此人聞此空教而不[九]能行，此名曰三乘同行空教；二、云此教雖是空教，亦可通被三乘，以彼根性各各別故。若爾，即與《解深密》相違。《深密經》言：初時有教，唯爲發趣聲聞乘者；第二時空教，唯爲發趣入大乘者；第三時教，普爲發趣一切乘者。若言空教三乘同行，即應第二空教，名普爲發趣一切[一〇]者，此意難解。不難前前[一一]，前前非。必劉虬本言同行空教者，故知只是劉虬自言，無典據。

章：「菩提流支法師唯立一時教」者。所引經中有五別：一、譬如天鼓，此攝諸文，談其本一，名爲一時；二、如《華嚴》《維摩》者，依教說一，名爲一時，教自說言，於一音故；三、《無量義》者，據相無異，名爲一時；四、《法華》約一雨故名爲一時；五、《優婆塞經》證理是一，名爲一時。此據正義，作如此釋，非是流支作此言也。彼但言一時，不說差別，故有異也。

章：「若唯被大，如《勝鬘經》」者。問：如《勝鬘》說，有四機不同，如何說唯被於大？答：爲菩薩說有四機而行化利，或非爲聲聞說彼經也，權實准知。

章：「《遺教經》唯被小」者。問：准大周十四卷《經目録》，此經乃是大乘所收，一何乖返？答：夫論大小，約對機理，今《遺教》中唯明四諦，但對聲聞，如何得言是大乘耶？故章爲正。

章：「豈無一會」至「入大乘者」者。此意難云：既有一會頓發三乘，一會漸入大乘，發心既復不同，如何總名一時？

章：「又舍利弗」至「正等覺心」者。問：此華嚴會，其舍利弗已發大心，何故乃言法華會中方發大心？答：有三解：一云舍利弗之中，有是聲聞，有是菩薩，華嚴會者乃是菩薩舍利弗，非聲聞也；一云華嚴會中化舍利弗，非實聲聞也；一云在華嚴會，舍利弗即是法華會者，在華嚴會但發信向，無道心生，至法華會方始趣向，故無違也。今依後解爲正。若依第一解，既是菩薩，華嚴即是頓，如何破他？

章：「《勝鬘經》説」至「不定性故」者。此《攝論》文中，既引《勝鬘》云，引攝一類不定性故，明知《勝鬘》非是頓教。問：前破覺愛，即言「《勝鬘》唯被大」；今引《攝論》，復《勝鬘》亦説漸悟，豈不前後自相矛楯耶？答：前據《勝鬘》，會無聲聞，今據一乘，而能可被，言不定性，亦不相違。

章：「定説五時」至「後當叙非」者。上來且破頓訖。彼漸教與劉虬義意相似，故指如後破。五時雖不分明，次第義意如劉虬，撿之可悉。

章：「不定依」至「以明半滿」者。問：經中自云，「爲聲聞人而説半字，爲菩薩人而説滿字」，如何今言不約逗機？答：遮正爲機，不障兼也。

章：「四大本淨」至「五戒〔一二〕本淨」者。不執五蘊爲我，名爲我淨。問：若是爾者，五蘊本淨者，不執四大爲我，應四無我？答：五蘊唯内，四大通外，不於〔一三〕執我故，所以不説四無我。雖作此解，然撿彼疏及經文，言無我即無過失。

章：「五戒本淨」者。准覺愛章爲「吾我」，而自釋云：「言吾我淨者，即我空也。」五字謬矣，今改從正。

章：「柔順」者。柔是調，順是隨順也。如《唯識論》愛〔一四〕自他配位次，未見聖教釋柔之〔一五〕名。

章：「滅三界苦，得不起法忍」者。提謂既得不起法忍，受變易生，更不被〔一六〕三界分段苦果之身。又，無生忍通在初地及八地，今提謂者應是八地，所以然者，以得記是〔一七〕。章家作此釋。

章：「五百賈人」至「名曰齊成」者。齊謂齊等，五百賈人俱得授記，齊得成佛，名曰齊成。

或曰蜜成，由施麨蜜得成佛故。問：五百價人得初果時，佛皆授記而得成佛，明《法華》已前有授聲聞記意，如何得言法華會時方與聲聞而授記耶？答：此中總也，但言與記，不言五百中無不得記，復無等言，亦不違也。

章：「雖作此破」至「未名法輪」者。言覺愛雖作此破劉虬，義亦難知，以不名轉法輪故。「由來[一八]分明」下，乃是助覺愛叙語，未同所觀諦，未於鹿苑轉四諦輪已來[一九]，三乘各各自緣四諦，不可名爲轉法輪也。即鹿苑中轉四諦輪已後，方始三乘同觀四諦。

章：「次第二時」至「唯説有教」者。問：雖言第二，即《深密》第一時教，何故今破？答：《解深密》意爲不定性，初正説有，兼亦説彼非空非有，及於空教。今此即舉總判爲有，故爲不可，臨文應悉。

章：「又《提謂》《普曜》」至「已説大乘」者。准《大周目録》，而言小乘既明菩薩所行之行，辨[二〇]佛記事，説爲大乘，於理爲勝，復更撿本經。

章：「又成道竟」至「唯説有教」者。謂《十地經》第二七日即説，明於十地菩薩之位，即是大乘，云何得唯説有？

章：「《彌沙塞》」至「增愛敬故」者。律及經中，皆不説法，入定七日，及自受法樂，令衆知見，於如來所生增敬故。

章：「《十二由經》」者。此是經之名字。

章：「依依他起」至「生無自性性」者。唯自然生，舉方隅言。理實而談，亦别説言無遍計執。梵天王計，餘外道類，准此可知。

章：「生無自性性」者。上之性字是遍計性，下之性字三性體。

章：「及即依此」至「無自性性」者。此有二義：一、依他起形遍計，故名勝義，此即四重勝義、四重世俗，有漏、無漏二種依他，皆得名勝義無性，此勝義上無遍計故，名勝義無性；二、真法界名爲勝義，今依他上無彼遍計勝義之性故，言勝義無性。言一分者，勝義之言，含依他、圓成，今説依他勝義，故言一分；圓成勝義，言一分者，准此而知。

章：「勝義無性」者。無我法性也，初勝義也。又解：於依他上無圓成實義，故云勝義無自性，是即無之義。又釋：若約勝義釋依他，但是因緣假有故，非有實自性故，云勝義無自性性，非謂依他中無圓成實勝義故，名勝義無性。

章：「毗溼縛藥」者。梵言此意説云，於諸藥中，而置於此，有功能藥[二]，言有功能。如是若以了義經藥，置於不了義經中，義即顯了，餘喻准知。

章：「婆羅泥斯」者，何名「仙人墮處」者。《婆沙》説，有諸仙人，以乘神通過鹿薗王諸綵女，五百仙人得見綵女，遂失神通，墮於薗中，故名墮處。

章：「有上有容」者。更有過故，名爲有上；而義有餘，理猶未盡，名曰有容。

章：「鄔婆尼殺曇分」者。相傳云名因緣也，或云因果[三]數名。

章：「一百五十千聲聞永盡諸漏」者。問：此與次前得法眼淨有何別耶？答：亦有別。言得法眼淨者，乃於遠塵初果即得，此約羅漢，故有不同。

章：「謂轉、照、持」者。第一時皆名轉法輪，從前未有，初轉勸故。第二時名照法輪，説空教時，照破有故。第三時名持法輪者，離空離有，一向任持故。

章：「若以偏圓、機宜、漸次」者。謂以三乘之中，各有機宜；皆如來説，各自漸次；自果圓證，名曰偏圓。初二三果等，皆有偏圓、機、次。

章：「《四阿笈摩》等是初時教」者。謂《四阿含》是。

章：「須菩提等回心趣大」者。問：聞《大般若》既已回心，何故《法華》復云會三歸一，善現自言「於菩薩法，心不希樂」？答：今言回心，因聞《般若》，悔修於小，爲趣大因，名回趣也。非趣大已，名回趣也。「窮子偈」中，須菩提等「我自思惟欲出小之方便」，撿彼應知。

章：「言有而有，亦可言無」等者。若執依他，而是實有，亦名爲無。又言有者，是言詮有；言而有者，即尋其而執有也。如執唯識是實有者，亦是遍計。下言無等者，亦准此知。

章：「迷情四句」者。迷四句：一、言有者，增益謗，遍計是增説爲有；二、言無者，損減謗，依他、圓成亦説欲無[二三]；三、亦有亦無，相違謗，不可一法雙説有無，猶如水火不同體故；四、非有非無，成戲論謗，准第三句可知。悟情四句者，言無約遍計説，言有據依他、圓成，亦有亦無合説，第四句可知。

章：「約理及機，漸入道者」。理爲道理，機謂機器。

章：「約其多分」等者。約多分言，言《華嚴經》被頓悟，據少分説，亦被於漸。言《法華》唯被漸者，亦據多分。初時説教，具被三乘；中説空教，亦具頓漸。後三[二四]准知，約多分言得有如是。約少分言，初説有，次説空，後雙説。

章：「有八世界微塵數衆生」等者。此中衆生能發心者，是頓悟大乘人也，故知《法華》不可唯漸。問：此微塵數衆生豈聲聞人耶？

章：「若據衆生」至「頓漸之教」者。若有一機，初悟生空，後悟法空，教被於彼，名爲漸教。若有一機，頓悟二空，教被於彼，即名頓教。時亦准此，要望機理，方名頓漸。

章：「若不約機理」至「頓漸不成」者。或立一時，至五時等，名時增減，不約理[二五]教時[二六]，頓漸不成。

章：「故《唯識》」至「及定性故」者。此即釋成，一教被機，得爲頓漸。《唯識》説阿陀那之教，不爲凡愚演之，不遮定性聲聞。今者教不被此不定性等，即得爲頓漸教也。言定性者，定性聲聞。問：論自説「愚即趣寂」，如何今取趣寂耶？答：趣寂之中有愚、不愚。遮愚法之趣寂者，不遮不愚者。若不爾者，愚、不愚二類何別？疏解「愚即趣寂」，亦同於此。若言定性是大乘定性者，理爲不可。所以然者，陀那等教本爲彼説事極成，何處所説不遮等耶？此亦不然，定性大乘亦是正也。何故如是？意明一教有漸頓，定性大乘即是頓故。

章：「此依證果」至「即有四時」者。今立三時，但約得聖，不約人天。若説人天，即有四時教。

章：「其二乘」至「略不説」者。此釋人天時也。問：何故得知人天乘是聲聞方便？答：《信解品》云「以冷水灑面」等，即其事也。

章：「詮宗各異」等者。問：雨衆即是數論宗攝，如何二計而有差別？答：數論宗中，有十八部之計不同，如小乘等。或可二宗，取義有別，雨衆偏談有宗，數論舉勝顯理，是同互舉也。

章：「由起五覺知有我」者。謂我見色、我聞聲等是。

章：「五、諸法皆常」者。此宗但應是全常計，若偏一分常，如何得言「皆」？或相從説，若不成爾者，十八部異論攝外道不盡，此一分常，何宗所攝？

章：「六、諸因宿作」者。由現在時，能引苦行，即捨宿業，不更常屈，由今作以爲因故。害彼宿業，不令感果。文言「吐」者，棄捨之義。以其宿業有多種故，故現在行能修治故。

章：「世間[二七]丈夫」等者。執有丈夫，能與一切爲因，與大自在天等相似。

章：「諍競劫起」等者。成劫之末、住劫之初，名爲諍競也。又彼意説，此之大地名福場，欲以吐檀，由依此場爲祀祠故，故能[二八]所害，及助伴等，能生天等故[二九]。

章：「不死矯亂」等者。有不死淨天，若能善答他之問者，死得生彼不死淨天。如下自知。

章：「七[三〇]斷滅」者。欲界人、天爲二，色界爲一，無色爲四。除地獄等者，彼等是麤，更容可餘七，餘數必應自悉。

章：「十三、因果皆空」者。非彼宗中總無因果，但言不由善根善等，名無因果。又言愛養等者，此師執云，我身不由父母等之所愛養。

章：「十五、妄計清淨宗」等者。謂此外道得宿命智，曾見有人溺[三一]河水、牛食於草、狗食不淨等，以宿命智觀見此等死後皆得生天，遂於水中死，爲上真專持[三二]，以爲戒定。

章：「薄蝕」者。韋昭曰：氣往迫之曰薄，虧毀曰蝕。《釋名》云：日月即虧曰蝕，稍毀很[三三]也，如虫食草木等。

章：「體毗履十一」者。體毗履者，此云上座。

章：「一說部」者。一切諸法，但有假名，而無實體，名一說部，從其所計，以立其名。

章：「說出世部」者。此師云，世間之法可破壞故，皆非實有；出世間法不可破壞，是實非假，從此立名，名說出世。

章：「道與煩惱，容俱現前」者。此有二釋：一、現無間種，解脫道斷[三四]，故無間道與種得俱；二、道與未斷煩惱種類，俱非正斷之義者，是故言俱。問：道俱煩惱依何而住？或依色根，明闇有殊，不得依道，廣如《宗輪》說。

章：「三、說假部宗，說苦非蘊」等。苦義非蘊義名苦，非蘊之中不攝苦受，名苦非蘊。又此師計一切諸法有實有假：界、處攝者，緣積聚[三五]是假；蘊中攝者，我[三六]積聚故便是實。有處雖是緣等，計今是實，從多分言，爲假無失。

章：「十二處非真實」者。問：蘊據義積得名實，諸處雖復言緣，然但義積，何得名假？又心無爲，並是實故。答：依緣多分假故，數[三七]多分爲諸[三八]，亦無有失。問：界與蘊、處，義既不同，爲假爲實。答：撿《宗輪論》。

章：「說一切菩薩不脫惡趣」者。此之三部

所計，菩薩煩惱未能斷盡，故不脱惡趣。

章：「五、説一切有宗」等者。問：名謂非色四蘊，無爲[三九]，如何名色攝一切法？答：雖有四蘊名，名不攝無爲。寄名顯詮無爲，亦得在名中攝。

章：「謂諸菩薩猶是異生」者。此計菩薩唯是有漏，故是異生。

章：「七、犢子部」等者。犢子可知。言法上者，此師計云，我部所行一切諸法更無過者，名法上部。言賢胄者，胄，子胤之義，上古有仙大賢德，此是賢人之苗裔，故言賢胄部。言正量者，指定之義，此部主所行，每能正指定，名正量部。密林山者，謂此部主所居之山樹林茂密，名密林山部。

章：「十二心頃説名行向」等者。謂初斷欲界惑，起法智；類智，觀上二界，斷上二界惑。已下智欲惑斷盡，未盡竝更重印，更起苦智忍，上二界惑一時合斷。更起苦法[四〇]智此有三心四諦，成其十二，總名爲四。道諦之後，更起一心，名住果。內有此二種[四一]：一云此心唯印道諦；一云道[四二]印四諦。問：何故先起法智不起法忍？答：部計如是，不可責。

章：「八、化地部」至「一時觀」者。不以次第歷觀諸諦，名一時觀。問：如何四諦一時能觀？答：約苦相説，四諦之下有苦、空、無常等共相，觀此共相，名遍觀。

章：「有世間正見」者。是決斷之智，世間之見亦能決斷，故有世間正見。

章：「善非有因」者。如彼論明，又如大乘勝義不善，雖有攝[四三]善，而於勝義，總名不善。

章：「預流有退」者。此師意云，此預流初得此果，始斷分別，俱生一分未能之[四四]，所以有退。若薩婆多，後三住[四五]退，預流不退，堅固故。此等言退，但[四六]法樂，不退果[四七]。

章：「九、法藏部宗」等者。謂計我部能含一切法，名法藏部。又言佛在僧攝者，有經言

「佛爲上首」，故知佛在僧。問：此宗佛既在僧，如何得有三寶？答：佛爲僧中上首，故開之名爲佛寶。佛爲上首，亦有三寶，具事理，故知攝僧[四八]。

章：「十、飲光部」者。上古有仙，身有金光，弊於日，即名飲光。

章：「十一、經量」者。此部以經爲其定量，名經量部。

章：「有根邊蘊」者。是麤意識也。其一味蘊，即是細意識。是牒宗計。

章：「邊主」者。問：此師何故説勝義爲空、世俗爲有？答：彼勝義空，順般若教，世俗有者，隨世間故。若不爾者，即違世間、聖教二種過失。

章：「雖一切法體或有或無」者。四勝義中，前二勝義諦，三科、四諦攝不相應，第三勝義生、法二空，此等名無。若爾，何名勝義？答：不相應法形遍計故，得勝義名。生、法二空，勝之義故，亦名勝義。第四勝義無遍計，故亦爲無。此通餘三科有，可知。

章：「虚妄分別有」等者。八識心、心所，名分別有。於八識中，無我、法二，名二都無。八識中有圓成實，名唯有空。彼圓成中亦有八識，名亦有此。有者，分別；無者，遍計；及有者，圓成。三[四九]故字貫通有無及有之上，思之可解。

章：「數論教體」者。本即自性，如似大乘攝相歸性；末即聲者，亦如大乘性用別論。又彼宗中不立名等故，但以聲而爲教體。勝論准此。

章：「滅壞之時即歸本」者。即歸本故，名爲滅壞，非滅無滅。

章：「其勝論師」至「聲爲教體」者。問：數論聲量依於自性，教體分二，勝論聲依於實，教何但一？答：數論聲量本體自性，故教分二。勝論聲德雖依於實，體非實攝，故教但一。問：勝論同異，既是聲性，教體何不兼同異耶？答：教必能詮，不取同異。

章：「其明論」等者。問：明論聲常，云何

常耶？答：有兩釋：一、云恒指定故，名之爲常，非體常住，名爲常也；二、云體常住故，名爲常也。若爾，云何而不恒聞？答：但緣闕故，隱而不聞，非體滅已。若爾，已起聲之體何所止？答：散處盡也，下聲論計常聲，准此，後釋爲勝。

章：「以尋伺等」至「此音無常」者。問：此師音響與聲何差別？答：音響者，如無情之聲，不能詮，聲[五〇]能詮表，故二有別。由此音響，方形[五一]能詮之聲。

章：「其聲生論」等者。問：所詮之法體既成多，新生能詮隨彼所詮，亦合是多，如何計一？答：彼説云：聲若生已，總成爲一，如似衆流歸渤海已，總名爲海。問：計一之師既言一切法上共一常聲，如何於此法中更[五二]分常之計？答：此偏説一切内聲之上共一常聲，猶如真如寬狹雖得不同，許一常不別。

章：「大衆部教體」者。問：佛一切時不説名等，如何復言以名句等而爲教體？答：言佛不説名句等者，但如來不起思惟，名不説也。又言以無漏體實有聲名句等爲體者，據任運説，如天皷等，亦不相違。

章：「説[五三]教體」者。如文自顯。又繹名等同前聲是真實，如説假部，非一切假，此師亦爾，此解非正。

章：「説一切有部説教體」者。謂彼部中自有二計：一唯取名句；一唯取有漏聲。問：小乘師難《般若經》言：汝授持無記名等，得期[五四]大果。般若論[五五]答云：「汝法無記，我法是善。」准此問答，彼宗即以無記名以爲體性，如何言善？答：彼部救云：二十部内知，汝於誰獨言，我故以善聲，爲體亦不違。又彼亦難，即是婆娑以名而爲體者，非是此師，故世親言，汝唯無記。若爾，此問即無違妨。

章：「此翻爲跡」者。如尋象跡，所見跡處，即見其象。若尋其句，即見其義。梵云幡陀，此翻爲足，短長聲殊，跡足有別。又云故當中道所説名也，中道詮法上自性，邊句亦爾。

章：「文是所依，義是能依」者。約能所依，義爲所依，文是能依。據能所詮，文爲能詮，義爲所詮，文爲所依，義爲能依，今依能所詮。

章：「隨墮八時」者。問：今者通論一切教體，《華嚴》八會名爲八時者，豈非有違？答：日夜時是遍諸教，《華嚴》八會時得名八時，義便而説，非以《華嚴》繹[五六]諸教也。又薦福三藏和上云：樂欲時，二説不同會，如演秘，若要樂欲，教方起者，且天授聞佛何是自欲如來責？答：由自貪愛以爲尊勝，每於佛所起陵蔑心，故聞佛責，生不由樂欲起耶？餘准此釋。

章：「直非直説」者。略有三釋：一、約教明，長行名直，頌名非直；二、據十二分説，最初契經名爲直説，據初略説，未委細明，餘十一部説子細具陳説名爲非直；三、從所詮，名詮自性，稱爲直説，句詮差別，言非直説。

章：「彼增上生」等者。有云：菩薩所一本性之教爲增上緣，而生聞者心上所現影像之教，此影像從增上緣言，菩薩之説約實自變。今觀此釋，理稍難解。所以者何？若菩薩説，問答及喻，不相順。彼論問，云何菩薩説經？答云，彼增上緣[五七]生。若其菩薩實不説法，可言增上，證前聞者自識聚集以爲教體，菩薩既説，云何證前自識聚集？又，以喻中言如夢得呪亦不相似，夢中天等實不説呪，今者菩薩而實説法，與不説別，何得爲喻？若言菩薩不説法者，云何得言菩薩所一本性之教爲增上緣？已不説何有本教？然此師談無性師佛説法也。今助釋者談實，菩薩實不説法，聞者自[五八]言菩薩爲説，約此故言增上生也。即與同喻不相違，更思。

章：「若爾云何」至「故作是説」者。此無性自假[五九]云：若佛不説法，云何菩薩能説法也？此即《阿毗達磨經》中《攝大乘品》，即菩薩説彼自云薄伽梵前已能善入大乘，菩薩爲顯大乘體大，故説《攝大乘品》，故知菩薩亦約[六〇]説。無性自答云：彼增上生故作是說。意云亦是增上，非是菩薩真實説法。問：佛不説法，略有二致：一、云法是戲論者不説法；二、爲如來唯有無漏大定、智、悲，實無聲等，所以不説。菩薩有漏，未離戲論，非唯大定、智、悲，如何不説法耶？答：不許説經，説論無失。

章：「譬如天等」至「得論呪等」者。謂有婆羅門事天等，自求聰明，以專心恭敬，夢中見天與呪論等，彼天實非將呪論等而與此人，但爲增上，彼人夢中自得呪論。

章：「若離識者，佛如〔六一〕何説」者。此無性爲經部等執心外佛之名以爲教體故，今難云：佛如何説令他得解？云何不〔六二〕解佛現名等，非聽者識之所現起？如非所緣，云何親能生聞者解言爲教體？

章：「有漏心現」至「以爲教體」者。問：如來既不説法，聞者如何有似無漏？答：佛有無漏大定、智、悲，故得言似，准此亦得言似無漏，不可言聲名句文。又解，設無所似聲名句文，聞者識上亦得似彼，猶如似我，既無所似故。又解，佛增上力令聞法者謂佛實説，故似現也。

章：「理、行、果法同佛實故」者。同彼佛寶，有本質〔六三〕。佛不説者，無有實我〔六四〕，而爲能説。世親〔六五〕云：「我不説，汝亦不聞。」約此義邊，名爲不説。更有別釋，如《唯識抄》。

章：「《無垢稱》言」等者。定經其法，非是所求，明非説法。

章：「如聖教説」至「教體亦成」等者。此中所明聚集之義，七心、十二心合離而作，行〔六六〕言三心，依七心〔六七〕無二心，依十二作，思惟可知。問：准十二心，連前而説無字，合有七心聚集，何但言二心？答：且舉當體字生二心，不言前者。若爾，行字三心亦爾，如何許是七心有？答：理實行字據十二心，又復不違，然無七心、十二心兩種別明，故此總中含七、十二，於理無違。

章：「又一刹那」至「必意識生」等者。證

卒爾後，必有尋求。又五同時，雖有意識，今言無間意識生者，尋求識生。

章：「新新解」等者。新新聞説而生解也，一一字別名爲新新，非要隔越多時聞故，名新新。

章：「既於初字有卒爾」者。雖餘三，一一而聞其聲，以初有故，復更不立，思之。問：此明聚集，唯約其心，下明聚集，即名字句聲等耶？互相影顯，而令學者生巧智。

章：「故《大般若》」等者。謂《大般若經》中有《理趣分》，猶如《瑜伽·攝釋分》也。於此文中説一切有情皆如來藏，明此意證攝相歸性。

章：「譬如海水」等者。問：如波依水，相異體同，同滋[六八]潤故。如色等法，而望於如，體相俱異，何得爲喻？答：有二釋：一、且取不離一邊爲喻，若約體相，可爲喻者，如草木等依於地是[六九]；二、相雖異，波中濕性不異於海，色等相若異，色中如性而亦不異，無障礙處，真如性也。後釋爲勝。

章：「一切諸法」至「然不離如」等者。一切諸法猶如波浪，四緣會者，猶水風成其體相，即同於水。言四緣者，謂因緣、增上等緣。如此等法，皆不離如。

章：「性用別論」至「十處界等」者。此有二義：一、既言色蘊攝十處界，此即根、境而各別論；二、但言攝十，不攝餘二，此即色、心而別説也。所以而言五蘊，即是性用別論中收。又有二釋：一云五根境各各別處，即是別論；一云色者心家之用，今色蘊攝十處今[七〇]，不言於識，即是性用別論。

章：「一、真如；二、無相」者。此之二種如何別耶？

章：「又有四重」等者。此諸[七一]現行出法體也。

章：「《升攝波葉瑜經》」等者。經中所明有升攝波葉喻事，名《升攝經》。一切經中，別無此經。今助釋者，或西方有，未流至此；或復西方而今散滅，不流至此，談實別有。

章：「佛皆教置如是我聞」等者。言如是聞，已親從佛聞，若言佛不說法，如何得如是我聞？既是得聞，明知佛說。

章：「推功歸本，仍言應化，非說法」等者。此中意云，推功歸本，法身說法，應化非說。推功歸本，無法可說，意在於是。

章：「《金剛般若》」至「我法是記」者。此論破外人難云，若持名句文以爲教體者，此名句文既唯無記，如何受持無記名等，而得無量百千功德耶？天親答云：我法是善，汝唯無記。此意欲證云聲名句文俱是教體。

章：「《佛地論》說」至「二善[七二]」。字之與聲，俱非能詮，是能詮依故。又，下所引經唯聲名等體者，此並能詮語之體是聲名等，反證是善而成，善故可知。

章：「若十地菩薩」至「唯是有漏」者。自所發聲，第八變故，是第八相分，故是有漏。問：二乘有漏，理即無疑。菩薩唯有漏，於理難悉。十地菩薩妙觀等智，能變化身，爲他說法，化身所發聲名句文，豈非無漏？答：化有即質、離質不同。即質有漏，理亦應悉。離質之者，由妙觀等擊發，自第八亦[七三]起化身，化身聲等，故亦有漏。故《佛地論》云：平等性智擊發，圓鏡起化身，故非妙觀等變爲化身。問：何故菩薩變金酪等，即是無漏，第八變作所變化身，即是無漏第八變作所變化身即是第八[七四]有漏？答：佛意難知，聖教自說，不可徵詰也。問：能說之心既是無漏第六意識，如何所說亦以第八有漏聲等而爲體？答：如彼絃管聲，由心而發，雖非即心，又內外異，然成音韻，得有詮表，故無漏識發有漏聲，理亦何違？或爲增上緣，擊第八識，而起於聲，不違唯識。雖第八識不緣名等，由意識故，今於聲上，而有名等屈曲之相，理亦無違。如彼聲等有屈曲相，一切說法皆亦爾也。准此相例，妙觀亦變化聲等，而是無漏。

章：「言有漏」者。且《佛地論》約第八說，若爾，如何會《佛地》文？答：今且言者，《佛地》本言第八變，不障妙觀，亦能變也。道理甚難應用。因論菩薩無漏第六識，通果等類。自第八識，亦變彼不？答：杖自六變，以爲本質，而又變之。然他受用，第六所變之者。論實，變通果等，亦但說彼第六變者，以其本心以第六變令他用故。以此知妙觀變身，於理應好，更思。

章：「若一切二乘」至「皆唯無漏」者。問：二乘無漏後得之智，功用既微，何得聽法？若能聽法，羊鹿車體何故不許？答：但許聽法，而不說彼功用有多，故羊鹿車而無體。

章：「然同所教[七五]」至「無漏三寶」等者。問：菩薩說經，既是有漏，應非法寶？答：由佛加被故，亦名法寶。若爾，無性云「我亦如是」，何故難我無法本質？答：不例。我許佛說，汝即不許。復同菩薩，佛即有別。

章：「依前第四」至「義用殊故」者。謂即第四相[七六]別論出體之者，唯取如來能說法者等，何以故？是根本故，如來識上聲與名等，假實異故，名義用殊也。若是菩薩等名能說者，此論中不取，非根本故。

章：「即一一法各各有四種體」等者。此之四種，釋一切法，思之可知。

章：「故說名等非小乘義」者。此名句字等，彼非不立，依聲上屈曲義，說名等薰習聚集，此蓋大乘宗，非彼知見聞。

章：「聚集顯現」者。總有五翻：第一翻中字一名一，第二翻中字三名四，第三翻中字六名十，第四翻中字十名二十，第五翻中字十五名三十五。相續爲數。第一翻，身及多身合說，思之。

章：「論雖二說，今取三字，名多名身多」者。章：「梵云阿耨瑟多掣陀，即八字成句」等者。此阿耨瑟多掣陀用八字句非此[七七]句，非此即八个字也，依梵但有六个字，故此方言八字偏[七八]句。

章：「此中且依」至「不可爲難」者。不可難前所作之法義，或有聚集，得爲教故。前難云如何説者識上聚集等者，句故不可爲難，顯結前難理。

章：「字名句聲都合總有五十二聚集」者。問：字名及句即五十一，更有五聲即五十六，何故今言五十一體？答：雖有五聲，意在名等，聚集顯聲不詮義，故不説之，所以但有五十一也。又解，合五爲一念，并有句，合五十二，恐文錯也。或有本言五十者，亦是錯也。或復除彼句之與聲，且約字名結數也。

章：「及諸聽法者亦在因中」者。問：佛豈聽法？

章：「若是佛説」至「亦聚集生」者。問：凡夫等有薰習，可於識上連帶解生，佛無薰習，如何聚集顯現耶？答：佛智如鏡，任運自現，一切文義，不假熏習連帶方生。

章：「《攝論》，若説」至「即圓成實」者。此文意證無漏之智皆圓成實。四清淨者，謂常、樂、我、淨。或可：一、自性清淨，謂真如等；二、離垢清淨，謂真如離垢故；三、得此道清淨，即菩提分法、波羅蜜等；四、生此[七九]境清淨，大乘教，由此教清淨緣故，非法自性[八〇]，法界等流性故，非依他起。如是四法，總攝一切清淨盡也。應撿彼文。

章：「談古德説」等者。問：古之所釋與今所釋，名目雖別，義即無差別，何故非之？答：雖偶相當，而無憑據，或於一法名就義釋，乃至亦名相違，爲無明[八一]准，故今非之也。問：古之所釋當今何釋？答：當體彰名，六釋不攝。如言質礙，而名爲色，不成六釋，就義自當持業釋。從能依者，亦可持業。或是有財，所依立名即當依主。從數可知，相應爲號，即當隣近，相應[八二]可知。

章：「皆依別論」者。西方相傳別有三[八三]論釋此釋，名六合釋論。殺三摩婆者，梵具云殺娑，以文略故，但言殺也。

章：「以義釋之」等者。此中意説西方但以言六合釋，今准義解，亦可得言六離合釋。

章：「初持業釋，亦名同依釋[八四]」者。同依釋，二法同依一體；持業釋，一業依一體，此二不同，如何體一？答：有二法俱是業用[八五]，是體所持，亦名持業。

章：「其體大法」至「名持業釋」者。大是其體，乘是其用，名爲大乘。問：如言藏識，先説於用，後説於體，何故今言大乘先體後用？答：但體能持用之義，即名持業，不名先後。此未必然。若爾，何名同依？應更解云：如説經爲大乘，大乘體即是經，大之與乘同依此經，名同依也。

章：「此以本經」至「論名爲攝」者。問：大乘之名，既非論言，《攝大乘論》何非依主？答：論能攝彼大乘綱要，即能攝論，名《攝大乘》，故是持業。

章：「唯識之成，名成唯識」者。雖釋唯識等，先言唯識，後合言成。准西方説，云識唯成；今順方言，云成唯識，故今言識唯成也。由此道理，乘之大性，亦依此釋。

章：「如論名中」至「《阿毗達磨集》」者。問：阿毗達磨以爲所依，依主釋亦有何過？答：理實亦得。《俱舍頌》：「攝彼勝義依彼故，故[八六]立對法俱舍名。」攝彼勝義者，有財釋。依彼者，即依主釋。即指法，亦無妨矣。問：若爾，依主、有財二種何别？答：以已依他，而立自稱，名爲依主。以他屬己，用標自名，即有財釋。又，有財全取他以標名依主釋者，自他兩義立號，更撿《俱舍疏》。又，全取他名名全分有財釋，自他兼取名一分有財。

章：「如『攝決擇』」等者。若「本地分」，五識、意識各自立名，其「決擇分」乃合爲號，如因明頌。但是一句非標法，今名取及歸德爲證，蓋以相違釋者也。然諸聖教相違名者，《時非時經》《不增不減經》等是也，義思可知。

章：「如説有尋及有伺」等者。問：如言念住，體即是慧，全隱己稱，從他立名。今者尋伺及相應法，名尋伺地。相應之法名爲尋伺地，隣近可成，全從他故，尋伺[八七]如何名隣近釋？答：尋伺名爲尋伺地者，持業釋也。今言隣近，相應法具，如欲界及初靜慮心及心所，總得名爲有尋有伺。有伺無尋，亦准此知。

章：「意業」等者。思是業體，隱思之名，從相應意，以立稱也。亦通依主，即唯意[八八]識。立意相應故，隣近釋[八九]。動作意故，依主釋。

五心章

章：「不串習」者。未曾受境，設雖曾受未得解者，皆名不串。

章：「未知何境」至「起決定」者。既言未知善惡，次起尋求、決定，理應知善知惡。若爾，應名染淨心，何名決定？答：此但知染[九〇]淨，而心未起染淨，故亦無失。

章：「境有新舊」至「可具足故」者。由於三界生前後別，總合而言，具足四心。初生界時，有卒[九一]爾故。約刹那説，但有三心：於境無疑，名爲決定；是無記性，名爲染淨；是前類故，即名等流。第七亦爾。

章：「二念義合説有四心」者。初無漏，一念分三，前三後一，合成四心。

章：「或第二時」至「心等流故」者。此約初念即具四心，是前有漏等流故。問：漏、無漏别，何名等流？答：同緣於事，所觀亦同，名等流也。問：初地入心，唯緣於理，有漏、無漏不同，何名爲流？答：約修道中第六法空後得之智，能引第七緣於事故，據容有説，非是一切。或復初念尚微劣故，不名淨識，第二念已[九二]，方名淨識，所以初念是前有漏之等流也。此即説心體類相似，稍難，思之。又，今助釋章，意説云，無漏第七至第二念，二念中自具四心，不須兩念合方成四。言初念即有此四心者，第二中初起之者名爲初念，言等流是初一念之等流。「今創隨[九三]境」者，第二念心創起緣境，亦得名初，非是於前總未緣境，適起名初，望義别也，思之。

章：「卒爾一念，決定未生」者。此意説云：卒爾過去，決定未來，五與意俱現在前時，若非尋求，是何心攝？

章：「因中五無第四染淨」者。唯尋求等即合有之，且約一邊，此義非正。下文正義，具有五心。此師意説，第六染淨唯一刹那，由此不能引五染淨，尋求等相續不爲例。

章：「八地已上」至「成染淨」者。舉極成處，證已前位。

章：「於一中容」至「易識境」者。此意説，中[九四]容易脱之境，可唯二别[九五]。

章：「何因不許」至「數數尋求」者。此前師證有尋求。尋求不了，數數尋求立理也。次引《唯識》云「任運決定，不假尋求」者，此證得有決定、染淨、等流也，説相續故。

章：「説卒爾[九六]通多念起」者。數數觀境，不涉五識，不與欲俱，故唯卒爾，得許多念。問：《瑜伽》所説如何？答：彼言一念，據間斷境，然理難悉。

章：「尋求未知」者。此説未知，已成許多尋求也。言「雖知未起染淨心」者，雖知謂決定也，未起染淨已成[九七]，證有多也。

章：「多念相續，以難生故」者。謂五識染淨，必由他引，故曰難生。生既許難，滅應非易，故多相續也。恐明餘識，故次釋云，「此依五識」。

章：「亂不亂」至「復有三心[九八]」者。問：何故不有「自亂他不亂」句？答：與第三名，字有異，義無别，所以合説。今助一釋，立亦無傷。又爲五句：一、他亂自不亂；二、自亂他不亂；三、自他俱亂；四、自他俱不亂；五、自他[九九]心不亂等。思准可知，更知自心相望爲句，得成四否。

章：「自他俱不亂」者。説[一〇〇]五識自他五心皆不相亂，不説意識，以必有故。

章：「三、自亂心不亂」者。境名爲自。又言「或起[一〇一]尋求」者，觀前衆色未能熟故。又云「或起[一〇二]決定」，由前尋求，尋求解已，他境現前，引識別緣，所以不得起於決定，故復起也，故有二差。

章：「初多境現有，後少境現故」者。後等流但有一、二等心。

章：「等流心多」者。初卒爾心，據境名多，後等流心，多心相續名多。

章：「若在果位」至「皆得俱起」者。有[一〇三]佛無尋求等[一〇四]，餘有之者，約識而言，皆得俱起。菩薩准知。

章：「非所餘識」者。非一切識有卒爾已即有尋求，第七、八雖有卒爾無尋求故，即第七、八等名之爲餘。

章：「《成唯識》説」至「故但有四」者。此據緣理，名爲任運。於藥病等，八地已上，猶未善故，可起尋求。

章：「三乘通論，無漏具五」者。菩薩有四。二乘無漏後得，聽法有尋思[一〇五]，作此説。然理實者，唯依大乘，亦得具五：七地已前，識得聽法，亦有尋求；八地已上，未善藥病，亦有尋求。

章：「義別説有」者。非於一境得有五心，尋求、決定，兩相違故。於刹那滅多境，決定、不決定別，合而言之可有五。或云：但總了境，義分尋求，境以解[一〇六]故，名決定也。

章：「中容無亂境」者。謂如眼識境非[一〇七]强盛，無四識間雜生，名中容無亂。非遮第六，許續生故。

章：「及得自在，一切多善」者。第八唯無記，第七不定，非總是善，故言多。

章：「既許識[一〇八]」至「爲無間生」等者。説自他識能互相引自他心，無間而生，非自他識爲無間緣，名爲無間。

章：「本質境」至「非世境轉」者。今言行相，非謂見相，當情執我之相，名非世故。

章：「緣非世」者。即是無爲，彼緣龜毛，亦名非世，本無體故。

章：「《瑜伽論》說」至「多分緣故」者。前言獨頭緣三世者，約長時言。此《瑜伽》文，據刹那說，但緣前念五識境故。

章：「堅執、比度既許五俱」者。執諸處有許此義，非是前師許執五俱。

章：「五俱意」至「及非量攝」者。與五同時緣十八界，同緣五境，現量所收。於[一〇九]眼等，比量所攝。非稱境知，非量所攝。即一刹那，意通三量。量謂能緣識之功能，如一眼識，尚有多能，此亦何失？然由其境明昧等致差，令意識有三量起。設五識中五識俱起，意識雖五[一一〇]緣於當[一一一]，可名現量。若唯意識緣餘塵，爲現比量？答：爲二釋：一、餘四塵等，非與餘之四識同緣，皆比量得；二者、餘四亦現量得，由與眼等一現量識，依眼根門，明取境故。且依初釋。或云：據無我觀，名一刹那緣十八界。此理不然，一、違章文；二、無我觀但緣於一無我爲境，云何得言緣十八界？問：言一刹那緣十八界者，據何等教？答：撿。

章：「刹那論之，緣過去境」者。一行之[一一二]事，雖究有爲之法，刹那過去，今約緣此，名緣過去。言緣現者，據究竟也。問：獨頭意識如何得有緣現在義，與未[一一三]復有何別？答：不作過、未行解之心，直於所緣而作行解，名現在。作過、未解等，更思。

章：「極小有一非圓滿故」者。但言於一，非具五心，緣境不足。

章：「一一心中亦緣三界」者。既五一一緣三界，故三界有。

章：「別識類」者。隨其[一一四]論，識通三界，五心依彼，闕具不定，思之可知。問：此五心以何爲體？答：未見教文出此體性。然理言之，即八識總聚心、心所法而爲其體。諸心、心所，初隨於境，總有卒爾，俱於境即有決定，隨於何性得有染淨。等流可知。問：若有於欲，名爲尋求，若欲同殊[二五]，尋求可成，餘所非欲，如何依總立五心耶？答：總聚但得有欲，即成五心差別，非一一皆令有欲，思之。又此五心通三界有，不可唯依尋伺等立。

法苑義林章決擇記卷上本

校勘記

〔一〕「有」，疑爲「時」。

〔二〕「名輪」，《大乘法苑義林章》（《大正藏》本，下同）作「亦名法輪」。

〔三〕「智」，底本原校疑爲「知」。

〔四〕「時」，底本原校云一本前有「暫」字。

〔五〕「自」，底本原校云一本作「因」。

〔六〕「而」，底本原校云一本無。

〔七〕「後」，底本原校云一本作「復」。

〔八〕「本」，底本原校云一本前有「名」字。

〔九〕「不」，底本原校云一本無。

〔一〇〕「切」，底本原校云一本後有「乘」字。

〔一一〕「前前」，底本原校云一本作「前解」，下一「前前」二字同。

〔一二〕「戒」，底本原校云一本作「我」，下一「戒」字同。

〔一三〕「於」，底本原校云一本無。

〔一四〕「愛」，底本原校云一本作「受」。

〔一五〕「之」，底本原校疑爲「順」。

〔一六〕「被」，底本原校云一本作「得」。

〔一七〕「是」，疑爲「故」。

〔一八〕「來」，《大乘法苑義林章》作「未」。

〔一九〕「來」，底本原校云一本作「前」。

〔二〇〕「辨」，底本原校云一本作「并」。

〔二一〕「藥」，底本原校云一本作「故」。

〔二二〕「因果」，底本原校云一本作「西國」。

〔二三〕「欲無」，底本原校云一本作「無故」。

〔二四〕「三」，底本原校云一本作「二」。

〔二五〕「理」，底本原校云一本前有「機」字。

〔二六〕「時」，底本原校云一本無。

〔二七〕「世間」，底本原校云一本無。

〔二八〕「能」，疑後脱「祀」字。

〔二九〕「故」，底本原校云一本無。

〔三〇〕「七」，《大乘法苑義林章》後有「事」字。

〔三一〕「溺」，底本原校云一本後有「在」字。

〔三二〕「持」，底本原校云一本後有「牛等」二字。

〔三三〕「很」，底本原校云一本作「復」。

〔三四〕「斷」，底本原校云一本作「攝」。

〔三五〕「聚」，底本原校云一本後有「故」字。

〔三六〕「我」，底本原校云一本作「義」。

〔三七〕「數」，底本原校云一本作「故」，一本作「從」。

〔三八〕「諸」，底本原校云一本作「假」。

〔三九〕「爲」，底本原校云一本後有「非蘊」二字。

〔四〇〕「法」，底本原校云一本前有「苦」字。

〔四一〕「内有此二種」，疑爲「此有二釋」。

〔四二〕「道」，底本原校云一本作「總」。

〔四三〕「攝」，底本原校云一本作「漏」。

〔四四〕「之」，底本原校云一本前有「斷」字。

〔四五〕「住」，底本原校云一本作「位」。

〔四六〕「但」，底本原校云一本後有「退」字。

〔四七〕「果」，底本原校云一本前有「實」字。

〔四八〕「攝僧」，底本原校云一本作「僧攝」。

〔四九〕「三」，底本原校疑爲「下」或「一」。

〔五〇〕「聲」，底本原校云一本前有「常」字。

〔五一〕「形」，底本原校云一本作「顯」。

〔五二〕「更」，底本原校云一本後有「立」字。

〔五三〕「説」，底本原校云一本前有「一」字。

〔五四〕「期」，底本原校云一本作「斯」。

〔五五〕「論」，底本原校疑後脱「師」字。

〔五六〕「繹」，底本原校云一本作「釋」。

〔五七〕「緣」，底本原校云一本無。

〔五八〕「自」，底本原校云一本作「爲」。

〔五九〕「假」，底本原校云一本後有「問」字。
〔六〇〕「約」，底本原校云一本作「能」。
〔六一〕「如」，《大乘法苑義林章》作「云」。
〔六二〕「不」，底本原校云一本作「可」。
〔六三〕「質」，底本原校云一本後有「故」字。
〔六四〕「我」，底本原校疑爲「義」。
〔六五〕「親」，疑爲「尊」。
〔六六〕「行」，底本原校云一本前有「依」字。
〔六七〕「七心」，底本原校云一本無。
〔六八〕「滋」，疑爲「濕」。
〔六九〕「是」，底本原校云一本無。
〔七〇〕「今」，底本原校疑爲「界」。
〔七一〕「諸」，底本原校云一本作「論」。
〔七二〕「善」，底本原校云一本作「無」。
〔七三〕「亦」，底本原校云一本作「變」。
〔七四〕「無漏第八變作所變化身即是第八」，底本原校疑衍。
〔七五〕「教」，底本原校云一本作「敬」。
〔七六〕「相」，疑後脱「用」字。
〔七七〕「句非此」，底本原校云一本作「成」。
〔七八〕「偏」，底本原校云一本作「成」。
〔七九〕「此」，底本原校云一本無。
〔八〇〕「法自性」，底本原校云一本作「偏計所執」。
〔八一〕「明」，底本原校疑爲「依」。
〔八二〕「應」，底本原校云一本作「違」。
〔八三〕「三」，底本原校云一本作「立」。
〔八四〕「釋」，底本原校云一本無。
〔八五〕「用」，底本原校云一本後有「是同依也」四字。
〔八六〕「故」，底本原校云一本作「此」。
〔八七〕「伺」，底本原校云一本後有「地」字。
〔八八〕「意」，底本原校云一本無。
〔八九〕「釋」，底本原校云一本後有「又通依主」四字。
〔九〇〕「染」，底本原校云一本前有「境」字。
〔九一〕「卒」，疑爲「率」，下八「卒」字同。

〔九二〕「已」，底本原校云一本後有「去」字。

〔九三〕「隨」，《大乘法苑義林章》作「墮」。

〔九四〕「中」，疑前脱「一」字。

〔九五〕「別」，底本原校云一本作「故」。

〔九六〕「爾」，《大乘法苑義林章》後有「心」字。

〔九七〕「已成」，底本原校云一本作「五識」。

〔九八〕「心」，《大乘法苑義林章》作「門」。

〔九九〕「他」，疑爲「亂」。

〔一〇〇〕「説」，底本原校云一本作「謂」。

〔一〇一〕「起」，《大乘法苑義林章》前有「却」字。

〔一〇二〕「起」，《大乘法苑義林章》前有「即」字。

〔一〇三〕「有」，底本原校云一本無。

〔一〇四〕「等」，底本原校云一本無。

〔一〇五〕「思」，底本原校云一本作「伺」，又疑後脱「故」字。

〔一〇六〕「境以解」，底本原校云一本作「以解境」。

〔一〇七〕「非」，疑爲「界」。

〔一〇八〕「識」，底本原校云一本前有「一」字。

〔一〇九〕「於」，底本原校云一本前有「緣」字。

〔一一〇〕「五」，底本原校云一本後有「同」字。

〔一一一〕「當」，底本原校云一本後有「境」字。

〔一一二〕「行之」，底本原校云一本作「刹那」。

〔一一三〕「未」，底本原校云一本後有「來」字。

〔一一四〕「其」，底本原校云一本作「應」。

〔一一五〕「殊」，底本原校云一本作「境」。

法苑義林章決擇記卷上末

沙門智周撰

唯識章卷第一末

章：「依他、圓成」至「理有情無」者。問：情體是有，如何説無？妄計之情，不稱依、圓二境，名情體無也。

章：「名事互爲客」者。初頌尋思，後頌如

實。兩種俱體非[二]自者，不定相屬，名之爲客。此不實理，當可思察，名應尋思。名義俱有自性、差別，名之爲二，當推可知。觀前名義，無有體故，名假有。但其識名爲唯量，觀無其境名爲無義。義自性、義差別、名之爲三，有此三[三]有此三境之能了別義，名有分別。三境既是無，能取識亦復無有，故云「彼無故此無」也。非是識體而總是無，但無所執實能取也，准下當知。問：名亦有三，何故唯言義？答：既言三義，既攝三名，義之言境，名亦境故。

章：「許心似二現」者。相、見二分。言「如是似貪等」者，有兩解：一、無別心所，知以心王轉爲貪、信，名似貪等；二、若[三]有心所貪等，亦變相、見分，故似貪等。

章：「所遣二覺皆依他起」者。繩、蛇二種，能緣心故，名爲二覺。此染依他，是可斷法，名遣。

章：「所執實蛇實繩」者。如次我、法二執所攝。問：繩喻依他，法是遍計，如何以繩爲蛇？蛇因繩起，我籍法生。不了依他從緣所起，即是法執，故須遣之。若知此繩從麻而有，是虚假法，不須遣之。

章：「此即一重所觀體」者。能觀、所觀，兩種不同，上已所明。言「即一重」，同此五所觀，有何差別？答：從麤至細，有差別也。初、唯除遍計。二、濫境亦除。三、可知大段十門亦鈎鏁立，思所行相。

章：「由緣總法」者。真如名總。

章：「如是皆同不可得」者。尋思、實智二種俱觀，境各有實名同不可得。或由作尋思、實智二種之觀，名義屬而不可得，相屬名同。

章：「似文似義意言，推求」等者。即能、所詮名爲文、義，識變此二，名之爲似。即此文義，及大乘法等，爲所觀境，以爲方便，而能引得唯識觀也。

章：「《攝大乘》云『入所知相』」者。即入唯識觀也。言謂多聞熏習，無漏種增，此無漏種，非阿賴耶攝。又言種增，不言尋思，俱時能觀之智，亦是無漏。若不唯種增，許能觀智亦是無漏，即尋思不名加行。

章：「一、因；二、果」者。有漏名因，因中無漏總名爲果。

章：「所生起」至「道、修道等」者。意引勝解，證其因觀，餘見道等，同文故來。或可乍觀此文似證於因，而細尋而是通説因果，由聞大乘教法等，而修資粮等位，故言「生起勝解行」也。

章：「證俗事識唯後得智」者。加行真俱[四]不能證。

章：「若總言唯識，通能、所觀」等者。此中四重聊簡，從寬向狹，思之可知。

章：「此非義説」者。言正證唯識，唯修者而論，不約義説。若據義説，可言三慧。

章：「或依所執，及隨有爲」者。但隨無爲，以一相唯識，有爲可知。言「二執」者，釋依執。

章：「識表之中，此二決定」者。識中遮表，表有遮無，遮即簡持，表即決定。表有之中，俗事真理，決定互有。

章：「綵畫爲主」者。主即是師，爲類心王。

章：「爲令捨識，而依於智，説唯識言」者。此實智與唯識，得名不同。

章：「又，不離依主稱」者。此有二義：一、諸法不離唯識；二、識是主，故言唯識，不言餘。

章：「《般若經》中，明簡擇性，名爲般若」者。問：此如何得通能、所？答：般若五種觀照等能，文字等所。

章：「有説唯」至「不與乘名」者。古人意説，宅外之者，名之爲果，衣裓及門並爲因。衣裓、机案，二乘因行。若正解三車，亦是因行。若爾，何故説在於門外？答：以教爲門，或出分段，故言門外。此不退菩薩言乘寶乘，直至道場。

章：「彰異出纏」者。出纏名法身，顯異出

纏故名爲藏。

章：「出乘」者。出生義，能入乘者，攝入如來。此唯勝鬘[五]，故有出入二義。此説真如與四乘爲依，故説一乘出四乘也。會二歸一，故言入也。

章：「二無我，亦通能、所觀」者。能觀智亦名二無我法故。或云：以能觀智作彼無我解行，轉妄名無我。如十六行所觀俱名爲苦，故無漏智觀於苦諦亦名爲苦。問：若能觀智與解行故，即名通能，即三性應亦通能，此既不然，彼如何爾？以是理觀，故不通俗。

章：「三解脱門」者。即能觀智，離繫縛故，名爲解脱。不論其境，故唯能觀。解脱即門，通入淨土之所由故。

章：「四嗢拕南」至「通能所」者。談二四中，有通能所，非彼一一皆通能所，如菩提、寂靜、第一義諦，並唯所觀，餘准此知。

章：「悉壇」者。此翻爲宗。

章：「亦名五忍」等者。前之四忍，各有三品，配十三住，應撿配之。

章：「大衆部等」至「皆能離染」者。問：此等小乘，既不作唯識觀，何故叙之？答：此汎叙之，彼無此觀，或彼能斷惑，智是唯識，故亦此門攝。

章：「古德或説七識修道」等者。撿古八識章等。

章：「三智通真」至「解依論」者。即四智中除事智。

章：「因果二位，真識亦爾」者。真識即真如，亦是所觀。

章：「以總緣遍法」者。真如名遍法，以總緣此真如之心行解，作彼真如之體遍法故，故是共相。相本雖不作此之共相，由有彼解，故共相收。又釋而知總緣於真如，遍屬喜用。

章：「諸法別知故」者。一一諸法而別知故，故非共相。問：加行得安[六]觀真如，遍一切法，即言共相根。

章：「然體非共相」至「可名共相」者。此談真如與法不離，復無二故，名共。問：根本智之觀，亦於一一諸法而證如，何故即言別相？答：加行、後得緣法時，行解亦遍，故言共相。根本智觀，雖於一一別證真如，而心不作遍行相故，所以名別。

章：「《辨中邊》」等者。言識似義謂境也，有情謂五根也，此説第八變及相，我謂第七恒執我故，了謂六識。

章：「或因果俱」至「異熟識」者。問：如何異熟亦通果耶？答：變異而熟，故亦通果。

章：「《攝大乘》中」至「略隱不説」者。據實勝解地亦能伏除，作唯識觀，不作時多。

章：「但説四位」者。除加行位，説餘四也。

章：「《攝論》唯識」至「故伏除」者。此證解地亦能伏惑。

章：「直往、迂迴，地前皆同」者。道同有漏尋伺觀也。

章：「迂迴之人」至「不能伏除」者。雖起生空，本後二智，以不斷惑，俱言遊觀。問：何故迂迴之人尋思等觀，唯是有漏，非無漏耶？答：未證法空，不可實證唯識，故有漏心作尋思等，故以唯識觀。

章：「一本二」至「唯有漏」者。十五界是漏故，故佛身無。

章：「第六不定」者。大圓、平等，並真俗雙緣，第六隨其學[七]雙皆得，故云不定。

章：「或亦通真」者。或可得變影緣，言不緣者，據不親證，不爾，如何名遍智也？

章：「相修」者。修之行相爲相修。

章：「漸微忽」者。境相漸微，忽然入見，轉成無漏。或云：忽者，轉也。

章：「種修有漏五識可起[八]」者。八地前至初地，種修五識，聞所成慧之地能可起，七、八二識無三慧故，所以不修。

章：「體用俱僧[九]」者。新熏得種，名爲體增，本有用增。

章：「有依下地」至「得修通上」者。問：如在下地，依第四禪而入見道，下四地見種子爲修不修？若計修者，便違《對法》，《對法》第九云「又道生時，立自習氣道，名得修」，既不熏種，何名立種？若不許修，云何得言修得？得通下下修？修道爲難亦爾。答：略爲二種：一者且依有漏道，説得上定，必得下故；二者通無漏，雖地有別，見道類同。安立上地見道種時，令下見道種子勝，名修下也。彼修道種亦爲二種：一者不修而道別故，彼未得故，言修下者，而據彼同類等説；二者且修無漏，類等且初種。問：前相修中，見道以前，有漏聞熏修無漏種，無漏種子雖未新得，亦名爲修。今明修體亦種子意，乃言立自習氣？答：種修云言，種通新熏得，修唯新得而説，然有多妨，後細思擇。

章：「得緣上境」等者。顯由上聞下定等因修得者，得之修，未得不修。

章：「下修上者，必是曾得」者。若未曾得彼上定者，下地無力能修於上。若曾得上已失之者，下可復能令上新熏種增。不爾，何要言「曾得」耶？或亦增本有、新熏類，故説未曾得。「必是」者，由數修習，欲入上定，刹那心令彼上地本種因增本，第二刹那即起彼定。若不爾者，彼上地定，因何得起？全遠心不爾[一〇]。

章：「初業」者。但得初定，未得餘定者。

章：「及漸隣近修習者説」者。如色界人先修初定，後以欲界？答：以修聞思等，此於下界，修習二修，初禪唯得修業法。言不修者，約隣近修習者説，故二已上，即是不修，先未曾故，思。

章：「及漸隣近」者。如以初地漸隣近第二定等。

章：「近未生果故」者。謂未得彼上根本地現行定果。

章：「八地已上」至「二性能觀」者。彼地

眼等雖是有漏，今明能觀，彼非能觀，故不簡。

章：「若已滅除」至「唯識之相」者。見道前帶相之觀，由聞熏習，相似而起，名爲種類。此相不起不成，斷成成也。或見道前，所作唯識觀，是真種類。

章：「長時多分」者。煖、頂、忍、第一法，通此四位，思惟二性，名曰長時。忍、世第一，少時亦有悟圓成〔二〕，所以二性名多分也。

章：「短時少分」者。世第一法名爲短時，忍位名爲少分。

章：「毗鉢舍那」至「得有是事」者。地前菩薩任業受生，彼有三界業故，得生無色。若非菩薩，彼界何人能以一心緣一切法？故知三界俱可得起此唯識觀，並據後起。

章：「八地以上」至「得菩提故」者。據決定說，七地以前受變易生，而不定故。言通三界，思之可知。

章：「不經生者」至「依身而起」者。由未經生者，不怖生死，故通於色界身起。七地以前，頓悟菩薩受變易生，而未定故，得依二界，故今兼說，非唯漸悟。又釋：言七地以前，據漸悟說不經生，迴心向大，何妨得至七地不受變易？不爾者，頓悟前已明，今何須說？

章：「悲願自在，隨受生故」者。釋二果人不同登地菩薩受生故。

章：「亦不因修，許轉生故」者。見道以前，菩薩任業而生，得生無色界。今與彼異，不生無色，因修者任運也。

章：「已得無漏」者。謂前三果人。彼「業力多故」者，釋地前菩薩。

章：「或亦許生」至「厭下染故」者。此釋意云：地前菩薩有三界惑，得生無色。二果亦爾，何不得生？若爾，託勝所依，而證菩提。既生無色，如何受佛大菩提耶？爲有此難，故今說言「非此生上，厭下染故」。意說非此無色生上，厭下染故，斷而不生，爲此還生第四定也。雖有此理，不及前釋。

章：「若經生者」至「發心及後」者。此經生者，怖生死故，故於欲界，初得後得。

章：「若經生者及第四果」等者。此言經生非得不已，更可色界經生也，復未得故先經生。

章：「《顯揚》等說」至「非深厭故」者。此會意云，若其三乘，入自現觀時，唯依欲界人中，慧解極猛利故，能斷生執。若其漸悟人，色界亦得。若爾者，不還、無學，色界回心，更不下生，豈可不作唯識觀耶？問：現觀、滅定，聖教但言欲界初得現觀，既許上界初得，滅定應然。法師解云：色界亦初得。言色〔三〕界初得者，還據各自現〔三〕。若色界回心，亦色界初得也。若不還人等，色界不得自滅定者，後生色界亦說不得。若其回心，即便得彼大乘滅定。有人云：不還及無學人而生上者，必於欲〔四〕界已得滅定，所以滅定初唯在欲，不同現觀。此亦不然，彼不還等，九次第定，悉總得耶？

章：「色界無思慧」者。以稍斂心即入定故，云有〔五〕思。有耳根故，云得有聞。

章：「無色亦無聞」者。無色，思同於色。無色無根，欲無聞也。

章：「若定若生」者。得彼定，未生彼。生者，生彼。

章：「以無色界心了三界法」者。問：以無色心，了欲界聲，是非聞慧，何故得言無色無聞？答：彼唯定心，得聞法等，復無相故，故不名聞。問：八地已去，彼唯是定，差別三慧，此何不然？答：據義分，可得有聞，前據實論，故言無也。或又不得義說有聞，八地菩薩唯依界，色有耳根，可義說有，無色無根，不可相例。二解任情取捨，章約無根言，無根言無聞故。

章：「斷惑九」者。除有頂故。遊觀十者，色六，無色四，皆有遊觀故。

章：「謂前五地」者。通前五地者，獨頭貪等。問：至第五地，此害伴隨眠而以斷訖，如何經云「前五地中，不俱生者，名害伴，至五地中伴已害」，應今曰四地不俱生者名爲害伴？答：地之内，有入、住、出三種之心，今言五地害伴除者，據住、出心説，所以五地得有害伴，思之可知。

章：「微細現行」至「不現行故」者。倶彼地惑，約伏不伏，以别行不行。

章：「《楞伽》倶生」至「煩惱不生」者。《楞伽》初斷我見已，故貪等不生。除[一六]密約四者，即虚空藏三昧也。得此三昧，苞含萬德，欲以虚空，含藏一切。

章：「依二隨眠究竟斷」者。害伴、羸劣二隨眠也。

章：「第六心」至「信不退」者。問：根力義者，能生難屈，既言不退，何力能加行中方始建立？答：在此位不謗因果等，名信不退，力尚微劣，不得隨力之名，如《法華抄》廣釋。

章：「分别我見麤不共」。倶名爲麤，由伏此二，名出三界，如頌應知。文意説此第四住，既言法無所著，故知伏我見，由伏此故，能出三界。據且伏除此二種子者，即闡提及外道著我故。

章：「第三所知障」者。即聲聞畏苦障，此及緣覺捨心，皆所知障也。

章：「緣覺捨心」者。捨彼慈心，入於寂滅，障化他故，故得障名，還用長[一七]苦，簡異聲聞，且立别稱。

章：「或初二煩惱」至「金剛斷」者。約所依煩惱説。

章：「法空必帶生空」者。問：法必帶生，如何得者三心見道？應但二得，别有法空觀故。答：見實但二，《唯識》等據其加行，行而作三，作三種也。

章：「唯識觀」至「順前句分别」者。唯識定是生空，生空未必唯識，故可順前，不可順後。

章：「法空對唯識，亦復如是」者。法空必唯識，唯識未必有法空，謂生空唯識。此章道理，而知約當段後，一一撿所行文而妄陳。

諸乘章

章：「摩訶衍」者。摩訶言大，衍者名乘。

章：「故知詮順」至「教大乘」者。能詮教，若根本教，若方便教，二皆名爲順大乘也。行等言順，又准此知。

章：「謂九智」至「無生智」者。法、類兩智名爲總，四諦各一名之爲别，並前爲六。四諦智者，亂[二八]即法、類，以總標言法、類二智。四諦所以更不分别，世俗盡無生，並前爲九。問：何故十中除他心智？答：略爲二釋：一、非明證故；二、八智無漏，俗智有漏，唯他心智通漏無漏，離九外無，所以不説。更撿智論上下及《俱舍》。

章：「設有不定性，稱退故非因」者。説退不定性，曾修捨大，復退求小，所修大行亦非，是彼小果方便。

章：「一、先得順決擇分善證得」者。先得聲聞，順決擇也。

章：「二、先已得證得證得」者。曾得聲聞果。

章：「三、先未得證得證得」者。未得決擇及彼果，修獨覺者，爲初練根時節長，故即利根，前之兩種，練根時小，故成鈍根。決擇修者，更不練根，得至果者。問亦練根，撿《義燈》。

章：「第八小分」者。即第二意云，法華會上諸聲聞等，是不定性。

章：「亦有小分，依於聲故」者。緣彼風、樹、水等之聲，而悟道也。或云：將至果時，亦遠尋思，彼教起證。

章：「人天淺近，非究竟運」者。此定性人，而不能運出於三界，名非究竟，非是此人復可成聖，令住人天，名非究竟。或可此説，不定性人，以究竟故，不别明隨在三界之所攝故。前解應善。

章：「經論一乘，實爲不定」者。不定説彼

直往入大，名爲一乘，迂迴入者，即名大乘。

章：「此乃斷滅已後，小乘曲見」等者。問：如佛世諸小乘等，咸言王宮是最後身，執丈六身以爲真佛。又《發智》等，佛世住亦三十四念成佛，此即佛在爲有斯執也，何得言佛滅後小乘曲見？又，佛自説捨無常色，獲得常色，餘蘊亦爾。據此一邊，能執之者，説破於大，亦何失耶？答：彼本意昔學大者，執大爲極。今破於彼，名爲破三。今佛在世，無大乘人執化身以爲極者，理實佛在小乘，亦執化身爲極，然廣建立差别。今佛滅後，據增相談之，亦無失通。應撿《發智》《阿含》等經，有明三十四念文。

章：「三輪八難」等者。諸本言四念，言三者，應撿菩薩藏。

章：「《勝鬘》曾因會果」者。謂六處大乘説者，會行也；四智不究竟者，會果。

章：「《涅槃經》説」等者。《涅槃經》亦説一乘，既佛性爲一乘等，後撿會。

諸藏章

章：「佛日滅耶」者。問：西域等言，迦葉登山擊槌，聲徧三千等，聖憍梵已知，何故今問佛滅度耶？答：且爲二釋：一、身自知問；二、部説不同，不勞相會。大人過去者，佛、舍利弗等俱名大人，無失。

章：「我失離欲大師，和上」者。離欲大師者，佛也，和上亦滅者，舍利弗也，我今失此二大師也。

章：「滅結漏盡」者。自思久來奉事於佛，今日一旦而被引出，遂乃悲感結恨，衆漏乃盡。

章：「儀似山頂」者。須彌山頂也。

章：「無滅」者。阿那律也，由因揭燈，令不滅故，從因爲名。

章：「説智無明燈」者。慧是彼無明之燈，依主釋。

章：「天魔外道」等者。此天魔等，由佛加

故，亦説宿因。

章：「問十二緣，此各異」者。問答[一九]此章[二〇]十二因緣，十二一一別相而智燈，故名各異入。或云：各入三藏，名爲異入。此恐不然，各入何異雜藏，應撿彼傳。

章：「此三皆見道斷」者。斷此即言疑惑二邊，見取是也。著苦、樂，名爲二邊。

章：「畏欲界」者。由欲界而修定者也。畏三界者，而於慧得離三界。

章：「攝持義是藏義」者。初釋攝義，此釋雙攝所詮之義，及能詮法，俱名知[二一]故。

章：「或相違釋」者。此釋意云非兩別，合而言之，名相違釋。菩薩之名，而不同彼行，行有情名同有情，非相違也，思之。

章：「《十一面經》言」至「依主釋」者。即菩薩名不同彼行行有情，凡菩薩言，有此相違、依主二義，故今明之。

章：「見，所集成界」者。界者，因也。由彼見等，而集成因也。

章：「犯罪故」者。作不善等。「等起」者。由不善心等，起身語業。「還淨故」者，懺悔也。「出離故」者，依前大衆而出罪也。或云：出離者，依持。

章：「本母字」者。阿伊二字也，西方説是諸字母，今者佛教母有二：一、教本母，即佛經是；二、義本母，論議藏是。一切義母，依此經尋而餘[二二]故，即論議十一分中義故説，《俱舍》云：佛教名教母，論議名義母。今取義母。

章：「除疑隨惑是素呾纜」者。藏詮定疑正障，隨惑之中，掉舉、散亂亦正障定，偏言隨惑。

章：「略有九緣」者。三藏之中，各有三緣，合成九，非一藏爲九。

章：「名攝歸彼」者。由迦旃延集佛經中所説法，所以彼論攝迦旃延造。或有云：由旃迦延，諸佛説故。二解不定。出三師，意談旃迦延造彼論，非集佛説。

章：「《豈〔三〕沙經》即詮戒」至「生詮戒定」者。毗奈耶藏能生詮戒定，又戒亦生定。

章：「得戒別」者。得菩薩戒，不得聲聞，名之爲別。

十二分教章

章：「總者即攝十二部」者。餘者十一，皆契經故，故通十二也。

章：「若唯一句」至「難可別」者。少有二句，雖不滿頌，說與長行而易簡別，一易即濫，所以指明。

章：「諸置答」者。雖有言，然非答彼所問之事，故名無答。

章：「香積佛國，二種俱無」者。今助一釋，二種俱有，既許依香立名爲句字，依香問答亦何爽理也？若不許，香積佛土應不說法。

章：「黑遮子母」者。毗舍佉母，從子立稱。

章：「名曰界經」者。此界經等，而是總名，世所說總立此名號。界者，因義。如彼甘露，能潤渴法，類同於鏡，能照一切，分別生、法二種空，如《法華抄》，未見聖教明文。

章：「二空理正」之者。方也，苞福，慧者，廣也。

章：「應重說之」者。長行未了，應合重說。頌依於彼，得重說名，頌非應頌故。

章：「餘處不攝，名爲別相」者。即是希法之別相也。據實，餘相互不相攝盡，一一得爲餘分別相，且舉希法。

章：「三周總說，凡有十二行」者。以數同，引以爲證。

章：「此依聲聞，有廣教故」者。言廣勝於略者，依聲聞明方廣也。若依菩薩，極高大等，名爲方廣。

章：「無希法」至「唯菩薩藏」者。希法是彼方廣眷屬，皆准此知。

章：「以菩薩聲聞」至「對餘聊簡」者。前

以六對十二中，且以經翻，對律論二，而以聊簡。

章：「前[二四]文」至「毗奈耶」者。前對六中，《對法》等文，據一邊説。説菩薩、聲聞經藏中，不攝緣起等，毗奈那[二五]，長伎[二六]可悉。

章：「阿毗達磨」至「義皆通有」者。十二分中，研覈之名「對法」，故遍十二。

章：「此以別中，流出於總」者。此即釋《涅槃》，十二名別，修多羅等名總。「始從如是」等，釋總所以。

章：「又從總中，流出於總」者。即方廣分由有兩義，名爲總。一、大乘十二顯小乘十總名廣，各含其十二也。十二分中，廣教理處，皆悉名方廣，故方廣之名通十二，意取前釋。

章：「又有釋」至「別互流出」者。此釋於理亦好。

章：「理有不正」至「九分教名」者。釋前九部次第所以。

章：「理有正方者，教行寬廣者」。釋後三所以也。

斷障章卷第二末

章：「見疑及見處、疑處」者。見疑者，現行也。處者，因義。見疑種子，如十力中處非處是。所以，道理之義，所以即因也。

章：「無餘涅槃既是擇滅」者。身智等亡，名得無餘，無餘既名擇滅，明知即業果，是所斷故。

章：「故知二障執及煩惱」者。執者，通我、法二。

章：「若趣極果」至「非加行智」者。謂初果後，趣求無學，可得六行以爲加行而伏諸惑。所以然者，漸斷三界俱生煩惱，得有欣上厭下之義。若取初果，不趣無學，不得六行而伏於惑。所以然者，見道頓斷三界見惑，有頂一地，無上可欣，所以六行非爲加行而伏於惑。所以修道得有六行，即是四道之中加行所攝。見道已前，不以六行爲加行智，無欣厭故。據實，修道超中二果，亦得六行爲加行智，但言無學，約極果說。問：一來但斷欲界六品，未除上惑，欣厭既無，何得六行以爲加行？答：但上品爲六行，非要得斷上地惑已，方名欣厭，故一來得以六行爲加行也。問：超中二果，取無學果，三界修惑一時頓斷，如何得有六行依證無學果耶？答：此超果人，不以六行伏三界，有頂一地，無上欣欲，但依修道可以六行伏惑，取極非言一切，故亦無妨。

章：「曾習故等」者。如《唯識》第十初廣明，故不録也。

章：「但依第四末後行心」者。此即許有心所宗，初念名識，第二名受，第三名想，第四名行，但是一心，義分有四。行是造作，故通三性，名爲斷道。

章：「由根鈍故」至「各别起」者。由鈍根故，不能起此無間道等，合爲三道，所以四道各别而起。有云：要無間、解脱，方能斷惑，起加行、勝進不能斷，不能道合爲一，故三道之行相别也。此釋不然，談彼鈍根，四道别起，不説彼合，撿第十《唯識》應知。

章：「或二皆通」者。漏伏通體及業果，無漏雙斷業果及體。

章：「有義三慧」至「遠離方斷」者。此師意説，聞思修三皆爲加行。聞思是遠，不能伏；修是近加行，故能伏惑。七作意中，了相、勝解二是聞思，遠離一種而是修慧。《對法》既言了相、勝解不能斷惑，遠離能斷，故知三慧斷有别也。斷有漏慧，伏故名斷。若約小乘，有漏道能斷惑，如《義燈》説。

章：「有義」至「據實初伏」者。七種作意伏九品惑：初三作意伏初二品，第四作意伏中三品，後三作意伏後三品。《對法》談彼初二作意，未能伏盡三品惑，故名不斷惑，非二作意不斷彼初二品，世間如《義燈》説。

章：「若爲諦觀」至「不欣厭故」者。七作

意中，前六作意亦爲欣厭，欲入見道，非爲欣厭故，不取彼以爲加行，同前可知。

章：「加行能伏者，無漏無間故」者。斷見道前有漏。加行能伏惑者，是彼見道無漏無間，約隣次説也。

章：「有漏道中」至「修慧加行」者。此意説云，見道，遠有漏位，未廣折伏，爲此未得正加行之位，更陶練已，得爲加行。或本言各，或本言廣，廣言應正，更勘餘本。

章：「後時亦得無漏加行」者。約見道後。

章：「然加行智自有四道」者。菩薩無漏加行道中自有四道，如《唯識》第十論並疏。

章：「四道之中自通三智」者。總言四道得通三智，非是加行四道之中而有三智，三智即是根本、後得及加行也。

章：「八地已上」至「而有四道」者。根本、後得智中四道，八地已上加行智闕。若爾，如何有加行道？約義説有其加行智，約體言無。

章：「何妨聞思亦能斷伏」者。既得義説有聞思二，何妨義説聞思斷惑？

章：「又非典據」者。此論中義，將與諸教而有相違，名非典據。非是非聖所談，名非典據。此論錯食爲執筆而有誤也。

章：「大乘」至「能斷諸惑」等者。大乘無文作四念處而斷於惑，法念名通。以理而言得者[三七]法念而斷於惑。小乘宗中，總緣四諦，名法念處，觀於苦實以爲苦。今者大乘觀於苦等，非苦非不苦，不定執一，名之爲總，與彼不同。

章：「故空無我」至「故不相違」者。空等緣總，既能斷惑，故法念總緣，斷惑無失。

章：「不爾，唯苦成相違」者。不非總緣，名爲法念，不同小乘等緣於苦等，實爲苦等，故成相違。大乘通以安立，非安立不作總緣，闕非安立也。

章：「信通無漏邊斷事惑」者。問：何故但唯辨信邊二？答：其戒現觀，即八道中戒支所攝。

又在地前無戒，根力無濫，不簡四不壞信，即是無漏。加行位中，信爲根本，爲在兩處，故言通無漏。意雙取故，《瑜伽》《唯識》取後得智，名之邊智，故言斷惑，簡有漏智以爲邊也。《對法》意取有漏世俗名邊智者，順有宗也，下觀當更分別。

章：「然正伏惑」等者。大乘以空爲近行，能伏於惑，無願、無相爲遠加行。若小乘人觀四諦理，三種皆爲加行伏，與大乘別，遠近合得言通三行。或言二乘觀於四諦，以空行伏。

章：「大乘之中，諸文説異」者。「斷」下諸説，是並諸論等説。

章：「八行爲無相無漏故」者。道諦四行能作無相觀，故名無相。今觀意唯約有漏，名之爲相，道是無漏，故無相收。

章：「道四通三」者。通空、無相及無願三也。

章：「二性之體，不決定故」者。無願、無相，依他、圓成，隨次二性，爲此隨四諦也。

章：「三門三性，理實皆通」者。應撿第八。問：生法二空，三解脱門空，四諦之中苦下別空，四諦總緣空，此之四空有何差別？答：我法二空能觀我法，言我法故，通觀三性，依他、圓成皆有生法二理故。空解脱門，我法三性悉通觀故。苦下別空，能觀苦下無，無我觀我，空觀我所。總四諦空，通觀四諦無我之行。問：二空上復觀四諦，總空何別？答：總空總觀，不分生法，二空別觀，故亦別也。或云空行但空我所，不攝無我，二空之門，通觀亦攝二種。解脱空門是遠加行，二空即是近加行故。故世第一現前立少物，謂爲識性，即此爲近加行也。彼不名二空，故與空門皆別。或可同空門，即二空故。空解脱門爲遠加行，即爲樂，可前三門中正以空爲近加行故。問：然立二空，亦斷所詮如不？答：若正安立，但是智解，此智相別，且依能詮，由智上未證真如，未涅槃故。若許此相，即詮談旨，依如二種空理智解，亦且相分起未觀證故。攝證門真，亦彼第四俗攝。問：現前少物，此空有當情別相分，爲但一相上二解生耶？答：但一相上二解故。若爾，此名無分別，何得二解起？答：據當時亦作無分別解，由此無分別即成分別。至後即解無所得，方變無分別故。

章：「初劫菩薩」至「不用爲勝」者。初習業者，可以六行而生於上；久習業者，又不用六行而生上也。

章：「聲聞利根」至「八十八結」者。問：既許一行斷諸惑盡，爲更作餘十五行不？答：許餘更不斷惑，爲觀行故，要須具作。有薩婆多超中二果趣第四果，非想已下所有諸惑，世間道中總已斷，證起有漏得，次欲起彼無漏得，故此亦相似。二十部中，不知何部計？定非有宗。八十八者，據小乘宗，三界四諦分別煩惱有八十八，苦下具十，集、滅各七，道除二見，上之二界，諦諦之下，更除一嗔，思之可知。

章：「以真形妄」至「不說有品」者。由形真故，而得妄名。妄體是無品也，非真無品，品妄形於彼，亦名無品。

章：「三劫念念斷」等者。此師除惑，而有品類，不別多少，但總說念念斷也。

章：「今者不然」者。古諸師言，九品不分何滅，及於何除，故爲不可。

章：「身見、邊見」至「唯第九品」者。《唯識疏》有二解，地地之中有九品，檢彼應知。

章：「一者八十一」至「及異生」者。亦然伏彼八十一品煩惱障。

章：「或說無品」者。望熏習稍難，思之。

章：「說第二執」者。八識倒數，第八爲一，第七爲二。或《唯識論》第六識執爲第一，第七識執爲第二也。然未見文。

章：「《仁王經》言」至「色麤心細」者。前之兩位，俱通現、種斷，所知障亦名煩惱。後之二位，唯說其第六意識中現不起故，第七識少分略而不論。或初二位，雖實斷種，且說現行，不取其種。文「生惑亦然」者，此有二種：一、生者現行，前之四位，皆約種説，今言現行，亦同於種，名同[二八]位斷位；二、生者煩惱，前之四位，但明所知，今説煩惱，亦同於彼。愚情觀之，煩惱爲勝。所以然者，後之二位無現行故。或云，四種俱習氣收，約麤細分。應撿彼經及疏。又言階降者，釋分所以。

章：「亦能永斷所知障少分」者。斷定障生而能伏彼，畢竟得非擇滅者，名爲永斷，非斷彼種。

章：「餘至有頂，九地不定」者。通欲界言。除欲界外，餘之八地，隨斷幾多，數斷不定，此名不還。

章：「斷取二果」者。初及第四，《燈》第二廣辨。

章：「然菩薩伏得定得果」者。得彼定者，名爲得定。生彼處故，名爲得果。此解脱分初業之者，而以六行，欣生彼地。或由定，任業而生，非欣生。

章：「障與業果，斷在別道」者。無間斷障，解脱斷業果，據實無間已斷業果，約防故言在解解[二九]，應撿《唯識》第三疏。

章：「伏在八地」者。説六識也。

章：「捨先所習餘定，入餘乘定」等者。捨勝就劣，名之爲障。捨劣取勝，非是障故。

章：「生分別所依緣事」者。由初三故，生彼所依所緣體事，餘二准知。

章：「理通見斷」者。文雖説修，約理通見。

章：「八、不淨地惑；九、淨地惑」者。七地已前，名不淨地，六識二障，許現起故。後之三地，名爲淨地，六識二障，永伏不行。第七所知，隨時有起，少略不論。若爾，第七何殊？答：第七依名言唯是修，若二種名不言修，義宗爾故。若不爾者，更以何地名淨不淨？制言餘七通見道、修道者，總説前七，非彼一一識皆通見、修，故無妨也。

章：「第七入根本」者。舉修七作意，皆通根本。有解云：有漏依初近分説，前六唯近分，第七根本。若無漏者，七種俱根本定也。

章：「又有隨眠、離隨眠心」者。離隨眠者，即能治道。此説亦斷，而不和合，同在現在。

章：「平等」者。能所治一生一滅，而均[三〇]等故。

章：「如十地中，斷惑法觀」者。舉例證也。雖帶生觀，不斷生故，或此亦如彼。

章：「自相亦與一切共相不一異」者。即色等諸自相，與無常等共，不一異也。

章：「一一別證」者。明内名彼法性也。

章：「即可通爲二觀能斷」者。通總别緣觀也，據證住一一行也。詮謂唯識無我等觀，證謂於[三一]一一法真理皆可知故。

章：「由脩此二」者。謂止觀二也。

章：「次章得作意障」等者。由遠離麤重等，今所得法而不得故，思之可知。

二諦章

章：「各三假行」者。如下增減中釋，不煩録故。

章：「云何第四亦名安立」者。此二空行不同前三相可擬宜，得非立稱，然假施設亦名非立，望義即别，思惟可知。

章：「或世之俗」者。世者是總，俗者即總法之上顯現所行之義。或云世謂可壞義，俗者謂法體。或世謂假，世俗謂法體。

章：「世俗之諦」者。世俗之法體，諦者即是法體上實義。或世俗謂四通名，諦者四之別名。行相難知，四俱世俗，何故諦者即是別名？

章：「廢詮談旨非境界故」者。此意説云，然性是勝，非妄爲境，方得勝名，同前三勝諦。

章：「妙出衆法」者。問：第四真諦亦是超出衆法，名豈非濫？答：前言出超，望前三俗，後言超出，對前三真，故亦無過。

章：「勝義之諦」者。由前世俗，依士釋。

章：「或無實體，或體實無」者。詺互而言無，亦無別義。

章：「及所依處」者。即以四諦，名爲所依。

章：「二乘自説」者。彼宗之中自談之也。

章：「多爲三義觀故」者。即三科觀。

章：「十六善巧」者。《中邊》有十，《瑜伽》有六，合言十六，非是別有十六善巧。

章：「將非佛妄語耶」者。前言世諦中有第一諦，今者説無，以成妄語。

章：「云何縛世」者。本言縛者，非也，合是傳也。

章：「《雜心》云」至「是説第一義」者。應撿彼論，釋斯頌也。

章：「問曰」至「與前何別」者。前破性宗也，思之取別。

章：「如《毗曇》説」至「《成實》」等者。並應撿彼論。

章：「諸小乘計」至「所有二諦」者。此難意云：今此四宗，漢地謂立四類宗中，初是有宗，次是經部，餘之十八部，四宗不收，豈可世尊懸爲漢地二種小乘，明其二諦，不明餘之十八部耶？佛所説教通諸域故，不應唯大唐而釋。

章：「體用離合」者。語相二用，合名一用。

章：「唯非真中後二」者。除勝義勝義，及二空也。

章：「二聖諦」者。即是四真四俗諦也，聖者本總名聖諦。

章：「單重二觀」者。前之七諦，單四諦觀；後七諦者，重四諦觀，應知應斷應證如次，重觀前之愛味等故。或云：前三單觀，後之四種名爲重觀，重觀四諦。

章：「菩薩四諦，第三俗」等者。雖菩薩作，然[三]安立而作四故，故第二第三收，文云第四俗收等者，雖作四諦，依於言詮，而顯於旨，不違二空。二空不同二乘觀苦等法，定空爲於苦，觀之非不苦，所以亦得第四俗收。

章：「說有極善」至「有何別」者。舉事而答，極善定至，相縛猶在，於決擇分縛未遺。「若能治心」已下，立理，思之可知。

章：「於勝法中，世間所成」等者。即世間勝義，舉此等餘。或可四勝義中，三亦得名世間成。今觀文意，不及初解。

四大種章 卷第三本

章：「相名〔三三〕及生〔三四〕智二事〔三五〕所收」者。三中除名，爲此四大非能詮故。言正智者，智所緣故，名正智也。今可說之〔三六〕名所詮故，應名中攝。答：五法之中，有爲無漏，唯只正智無漏，四大若非正智，何法所收？故約所緣，名爲正智。有漏之中，有相等故，不約詮云名收也。問：名既不攝，何得舉耶？答：分別如如，決定不攝，故不舉之，名在亦攝，故舉簡之。

章：「一爲所依故」者。共所造所依也。

章：「體性廣故」者。四體寬遍一切法也。

章：「形相大故」者。四體相狀而寬大也。

章：「別名可解」者。地即大種，持業爲名，餘者准知。

章：「外穀麥等望牙等」者。牙色約次因等，約潤末〔三七〕分生、引也。即等麥中，所有四大，望自麥色，亦爲穀等，因麥色亦有所造色故，餘者准知。

章：「三、攝受因」至「攝受故」者。非是士夫之士用，即俱無間等士用也。

章：「四、引發因」者。即能造所造〔三八〕色也，或同時、或異時引，俱得。

章：「引彼同類及自性故」者。乃能造、所造俱是色故，名同類。能造彼所造觸故，名引自性，同名觸故。前通五廣，後望別約。有云：但是無記性，非是同能造也，以與所造別故，自性即是引自同願能也。此理然，今說能造與所造爲因，能造引能造，豈得言與所造爲因耶？

章：「霜雹等而爲因」者。故知霜中有四大，與彼黄葉所造爲因，相違之因。

章：「亦通相名造義」者。即取觀待爲因。

章：「有觀待色又爲以因」者。據相觀所造，以爲能造因。

章：「律不律儀」至「爲此二故」者。即律儀等無表之色，與彼所招異熟等中所有四大而爲因也，此即無表潤位分別生引也。

章：「以霜等中大同聚色望所攝故」者。與霜四大同一聚中所有造色，與彼所生黄色四大爲因。

章：「除引發」至「異類色故」者。能造爲異類。

章：「能作因差別亦」者。能作因寬，依能作因，成六因。

章：「《攝大乘論》依緣明六因」者。緣上脱因，彼論依因緣，明六因故。

章：「種望現行」至「而共辨因」者。心心所法名爲能作，今説心種名爲能作因，能作之因，依主釋。同〔三九〕字錯，應是得字。

章：「俱有因亦爾」者。同彼能作，亦取種子俱有法之因，正現行法名俱有故。

章：「相應因」至「爲應」者。亦同能作。若是有宗，此三種因，並持業釋。

章：「能招他果，名異熟因」者。又〔四〇〕種子別也。

章：「能與煩惱」至「五門起」者。貪等煩惱，名爲遍計。遍五門者，釋行名。今説貪種名遍計，亦依主釋。今此《攝論》所明六因，與常途別，此唯約種別六因也。

章：「《唯識》等説種望現非大造」者。今明造義，種子望現，更非造義。今不依《攝論》六因，明於造義。

章：「二、同類因」者。能造、所造俱是色故。

章：「論下」至「非現唯」者。《唯識》下云：

種望種子，爲同類因。據一邊説，非現相不名同類，故能所得有此因。

章：「非是同得一果義故」者。不同小乘同得一果名俱有因，具如彼説，大小四相爲俱有因，同得一果。今者但與俱法爲因，非必要須同得果也。

章：「此説同世，非別世」等者。縱牽引因正造作用必同世也，以前但有此義。

章：「有漏無漏」至「如別章説」者。此等皆約疎相望説，九所色即是有漏造無漏也，善等性相起爲造，准此應知。十二處相造，如律儀色，是法處色，以此爲因，能感當來異熟之體，異熟之中所有處，思准可知。斷以所防色四大種造表色，異界相造，思准可知。

章：「又二解」等者。前者但舉總別之名而未釋，故今尚釋之總別體。

章：「等」至「唯上能長三界」者。能長無色定果也。

章：「若雜起者得有故」者。三性雜起，非是業報，不名異熟，不由食等之所長養，不名長養。此三性心得有自類，前後變多，名自變異，除前二解脱，名爲自性，所以得是許所攝。若不爾者，此雜起心何所攝耶？

章：「雙位四大」者。謂明雙中有此四大，能造雙音。

章：「法處諸色」至「有後三等流」。名准異熟，復有三也。如青等色，變爲黄等，名爲變易。其法處色，亦有此義，故有後三。有云無異熟變異，意取變壞名爲變異者，此不必然，文中但言除異熟。

章：「内外聚中，隨應或有三二」等者。此意説云，内外中或具三造，或二造、一造等也，異熟等三也。

章：「五十四説」至「説名爲造」者。但大種處所造色，即以此大種名爲能造，非定相屬。

章：「非法色中」至「定屬義」者。不同小

乘能造所造別，亦類定相屬。

章：「離輪光明、大種香等皆不可得」者。此文錯也，賸字或脱「孤行」兩字，意説此離輪光及孤行香能造大種，不可得也。又説此離輪光能造種及香味等，俱不可得，舉香味等。

章：「即以發處四大所造」者。即本質香名所發處，造本質香，又[四一]造孤行香。離輪光，准此應知。

章：「極略、極迥」至「及離質造」者。極迥離質，極略即質。

章：「遍計亦爾」者。即所緣大造造[四二]也。

章：「無色及佛」等者。俱以欲界所防惡色能造造也。

章：「如[四三]末尼」者。唯地六也。五於濕，或四大俱者，前謂熟樹處加於搖[四四]故有四。火焰、燈燭者，唯火大也。

章：「無塵風」者。只風大也。

章：「雪」者。地、水二大也。

章：「外器有聲時」者。即外五塵也，簡内五塵，故云外也。

章：「或有身根，並色等四」者。總説五根扶塵，四大四根隨一，若爾，應亦總難，檢彼文。

章：「或有唯六」至「並身等五」者。眼等四根，隨有於一身根，及彼扶根四塵名身五，兼前爲六。

章：「如上造色身，增地爲六」者。此即能所二造合明。身者身根，言香兼攝色味觸三地爲因，於依身增勝，故別舉之，但言爲亦[四五]非無所餘。

章：「加水火風爲九」者。除眼等根。爲十者，眼等隨一。

章：「離輪光」至「其多少」者。此離輪光能所有五，所發四大以爲能造，所造但色一也。

章：「六十四」至「無有彼法」者。有能造大，衣[四六]有所造，若無所造，能造亦無，是能所相屬也。因文便故，略引彼文，令起問答。或證能所二造，非定相屬。

章：「若約界攝」至「廣如彼説」者。約彼三界而分別也。有云，此意同有宗性四大也。若細分爲因，各同具四大。且如一色，動即有風，濕即有水，熱即有火，所依望者，即是地故。由本有因果形，動等時有風等。然未詳也，應檢文。

章：「一、純生；二」至「純滅雜生」者。此義未詳。有云：能造滅，彼所造雜生，非業滅也。仍猶未悉，撿彼文。

章：「如一味團，更相涉入」等者。即藥瓦等如來藥，能造所造一一皆悉，如來許大，更相遍故。爲此但只如來許大，亦更不增。

章：「非如泥團等」者。非如多泥團等，一處聚珠。又不爾，非一泥團，自不相遍。

章：「同成一界」者。界者珠界，非是等十八界之界也。約十八界，不可言一。

章：「或眼身香味觸」至「同在一處」者。約界體而言也。眼身香味觸色，十八界中六界也者，約體也，是依因勝故，故偏説之。前之爲十爲九者，亦是界體合説之也。意同他《俱舍》，一聚之中，能造所雖復有多，並能爲因，所爲其果，以同類故，名一因果。稍難，撿彼文。

章：「以心通境故爾」者。境由心變，由心通遍，不相礙故，所緣同處不障。

章：「由境生心能」者。識託境生，由境同處，不相離故，心上故，得不礙縛。

章：「如和雜不相離」等者。問：同處、和雜，二有何別？答：同處但是能所造色同一處所，合爲一體。和雜據此同處之色，依根得可別，撿彼論。

章：「又」至「不相離」等者。且如香，能造大與所造香同一處住，名爲同類。香能造大望於味觸等，名爲異類。

章：「問」至「非長養」者。此問意云，增長義邊，名爲長養，即此異熟長增，亦時應名長養。

章：「答」至「故非有彼」者。此答意云，現在增長名爲長養，由此長養能攝持故，能令異熟相續永絶，長養永絶，長養同外墎，異熟如内城，爲此異熟不長養。問：現從小至於大，如何異熟不名長養？答：現見以小至於大者，我先業力，非是現緣能令大，長養唯依現緣長故。

法苑義林章決擇記卷上末

校勘記

〔一〕「非」，底本原校云一本作「假」。
〔二〕「有此三」，底本原校云一本無。
〔三〕「若」，底本原校疑爲「别」。
〔四〕「俱」，底本原校云一本作「修」。
〔五〕「鬘」，底本原校云一本作「解」。
〔六〕「安」，底本原校云一本作「安」，又疑爲「亦」。
〔七〕「學」，底本原校云一本作「意」。
〔八〕「五識可起」，《大乘法苑義林章》無。
〔九〕「僧」，《大乘法苑義林章》作「增」。
〔一〇〕「全遠心不爾」，底本原校云一本無。
〔一一〕「成」，底本原校云一本無。
〔一二〕「色」，底本原校云一本作「欲」。
〔一三〕「現」，底本原校云一本作「説」。
〔一四〕「欲」，底本原校云一本作「色」。
〔一五〕「有」，底本原校云一本無。
〔一六〕「除」，底本原校疑前有脱文。
〔一七〕「長」，底本原校云一本作「畏」。
〔一八〕「亂」，底本原校云一本作「雖」。
〔一九〕「問答」，底本原校疑衍。
〔二〇〕「章」，底本原校云一本作「事」，一本作「本章」，今疑爲「意」。
〔二一〕「知」，底本原校疑爲「藏」。
〔二二〕「餘」，底本原校疑前脱「生」或「知」字。
〔二三〕「豈」，疑爲「瞿」。
〔二四〕「前」，底本原校云一本作「初」。

〔二五〕「那」，疑爲「耶」。
〔二六〕「伎」，疑爲「行」。
〔二七〕「得者」，底本原校疑爲「者得」。
〔二八〕「同」，底本原校云一本作「因」。
〔二九〕「解」，疑爲「脱」。
〔三〇〕「而均」，底本原校云一本作「低昂」。
〔三一〕「於」，底本原校云一本作「等」。
〔三二〕「然」，底本原校云一本作「非」。
〔三三〕「名」，底本原校云一本無。
〔三四〕「生」，疑爲「正」。
〔三五〕「事」，疑爲「法」。
〔三六〕「之」，底本原校云一本作「義」。
〔三七〕「未」，底本原校疑後脱「潤」字。
〔三八〕「所造」，底本原校云一本無。
〔三九〕「同」，底本原校云一本作「因」。
〔四〇〕「又」，底本原校云一本作「亦」。
〔四一〕「又」，底本原校云一本作「大」。
〔四二〕「造」，底本原校云一本作「之」。
〔四三〕「如」，底本原校云一本後有「石」字。
〔四四〕「於摇」，底本原校云一本作「摇涅」。
〔四五〕「亦」，底本原校疑爲「六」。
〔四六〕「衣」，疑爲「亦」。

法苑義林章決擇記卷下本

沙門智周撰

五根章

章：「唯菩薩地造」者。其「菩薩」字錯，合是大字。

章：「或五大共造」者。「五」字錯也，合是色字，似色大，簡地大。地造理亦不然，彼宗説色，而爲唯量，不名大故，應勘餘本。

章：「不爾，用狹，不與通稱」者。若不修方便，及離擁等者，功能良狹，不與通名。

章：「又不能除三際愚故」者。談實天眼不能除三際之愚，觀現色而能引發生死智相從，可名除三際也，天耳不爾。問：如聞於察知生死等，亦由耳引意識等知，耳識何不得名明？答：今義准之，非勝眼故，故不立之。

章：「處寬遍」者。能令根等而長大故，名寬遍也。

章：「相增盛」者。能令根等，而但增明勝利，而不大也。下有四者，皆是增明[二]。與緣彼所依故者，彼識依也。由爲識依，今根明利，由修習彼勝作意故，而專觀境，能令其根，能審明故。數數觀之，長時不絕，亦明利。

章：「異熟等流」者。非異熟及以長養，諸色等法，刹那刹那，前後變易等依，如無想定等。《對法論》云：自性無記，即此前後相生又異，名爲本性等流。又異熟有二種：一、其第八識是真異熟，所餘識等真異熟類爲等流；二、第八識第二念後名等流。餘法可知。其長養者，如五根等中有長養者，第二念後即名長養等流。

章：「二養二皆具」者。異熟、長養，名之爲二，此二之中，各有二故，名二二也。

章：「亦謂自計當其深理」者。此所說義。

章：「以《雜心》云」至「在有香地」者。此師意，若是欲界身根有時，餘之四根必隨有一，不可但身物[三]餘根。論既說云：有身有九，明知約起上界根境，上身根可許不起，上之可等。若談欲界，可有身時，即合說十，不應言九。彼意如此。

章：「起彼眼耳當成身」等者。縱是起彼上界眼，可必當成於欲界身根，返顯於前，不可起於上身根也。雖作此解，行相難見。今觀文意，非說上界當成身等，相運而談，意云彼云頌[三]文不說，上界微聚及起彼眼，可及成彼身根等。言當成者，起之義，思之。

表無表章

章：「依三業道」者。即貪、嗔、痴，以業

道〔四〕唯三，故意無〔五〕表亦但三支。

章：「除染無記」者。不善、有覆，俱名爲染。言增上者，善中上者。

章：「獨意種二」者。善及不善，名之爲二。

章：「十善種有十戒但七支〔六〕」者。此師會前，據其種有十，故爲十善，談其戒體，但有七支。

章〔七〕。問：今三説中，何者爲勝？答：雖言任用，據實，論許意發無表勝。何以故？意勝身語，菩薩防意，意有無表，故知爲勝。若爾，《對法》何故不別説意有無表？答：彼論通對三乘説故。

章：「色用差別」者，總標。「謂有表、無表」者，指法。「律儀」至「所攝作用」者，此即列彼表無表也。「説布施等爲此業故」等者，此即正顯處中得有無表，所以布施即是處中所收，説布施等名表無表，故知處中有表無表也。大意如此。

章：「非律儀」至「亦持業釋」者。問：其不律儀亦是非律儀，豈律儀即是非不律儀？答：彼言不律儀所以非律儀，即〔八〕非不律儀得持業釋。

章：「前解爲正」者。前師意説，佛餘善攝，善法戒收，因中無漏，道共戒也。無漏法可處中收，前爲正。

章：「其別解脱及處中一分」者。處中通善及不善故，二者一分。

章：「《十七地》中有漏定」者。八根本地及八近，並中間禪。

章：「此説道俱無漏戒外靜慮律儀故」者。此即釋彼定律儀戒，唯言有漏之所以也。道俱無漏戒外靜慮戒外〔九〕故，定律儀俱説有漏，談實定律儀亦有無漏。

章：「《對法》云」至「略不立故」者。此會違非令〔一〇〕也。若薩婆多，無色全無定律儀也。所以然者，無色不防欲界之色，以隔界故。若大乘中，遠分對治亦能防之。

章：「無漏律儀」等者。問：若薩婆多不

許無漏定律儀，今者許之，與道律儀而有何別？答：道體是慧，定即一現。思與道相應，能防於惡，名道共戒，與定相應，防於怨等，名定共戒。即是一思，隨相應義，分二戒也。以彼定、道，二體別故。問：云何一思分爲二也？答：雖一思種，尚分七支，一現行思，何妨分二？此亦不然，思種分七，戒唯是一，何故一思分爲二戒？答：種有一戒，得分七支，現有二能，分二何失？問：何故《瑜伽》五十三文不言定戒而是無漏？答：豈以不説即不許耶？彼亦不説別解脱戒，而是無漏，豈即不許通無漏耶？誰言解脱而是無漏？若爾，三聚淨戒，佛不捨成佛身，別解脱豈是有漏。若爾，彼文如何會釋？答：五十三文通三乘，説薩婆多不許定戒及解脱，而是無漏，故亦無妨。

章：「若表無表二業三業」者。身語名二，通意名三。何謂[一]二三而別説有也[二]，爲約小乘及大乘故，談身語意皆有無表，即但舉二三，意通取七業道。

章：「不律儀色」至「建立色性」等者。以不善戒不防善身語故，故俱依現，發身語色，立爲戒性。

章：「分義」「類義」者。分者，一一別説。類者，約多同類，而合説之。

章：「謂止持」等者。如經生等，止不作，名爲持，若不止作，即名爲犯。如安居等，若依法作，名之爲持，若不作者，即名爲犯。

章：「羯耻那等家」者。有曰唱令[三]家，不知何者[四]，名爲眼會[五]。

章：「若有妄語」至「不重修故」者。由妄語故，覆藏己罪，不肯懺悔重修戒也。

章：「若爲沽酒所醉」者。由爲沽酒便有飲故，故離沽酒。

章：「三、非時僧[六]食」者。「僧」字，臟也。

章：「出家五衆合一所明」者。七衆戒中，出家相似，五合明之，近事、近住二別説也。即上四支，明五衆戒。

章：「此中意説」至「有此增減」者。七衆之中，總數七支，中間有具不具之者。釋此所以，支分、同分別之。定道二戒，定七支故。十善十種，數即決定，處中不定，有其數品，不可分別。不律儀者，既有二師，支既不定，故亦不説，思之。

章：「何意[一七]」至「七支律儀」者。此即問也，「苾芻等」至「非有別類」等者，是答詞。問意可知，答意者由意簡，遮身三、語四，一種色性，故唯七支。妄語一種，障其懺悔，以過重故，故不是遮。綺語等三，爲護妄語而受之也。除四餘戒，悉爲護四而方受之。問：若論正遮，唯四色性，爲防彼四，餘戒皆是，何故但身口七支？答：三除妄語，不是其勝，故舉其勝，餘劣類之，更不別説，故但七支。且爲此釋，彼應詳之。

章：「然通防彼」至「皆三世」者。如次加行及根本等，次第配之以爲三世。

章：「此不爾」至「實唯現在」者。此大乘也，別解脱戒不同有宗唯現在，其定道戒實防現在。據其義説，可言防三，有宗定道，實防三世。問：有何所以？答：如義證第二。

章：「不律儀亦有七支」者。文有二釋，章斷任取。愚情觀之，初釋應勝。現見世間不律儀者，雖但行殺而不起於盜等六故。若言無心防餘六故，故爲殺等即爲七者，如處中者而行殺等，亦無心故。防餘六，豈可即許具有七支？以此故知初説爲善。

章：「非初攝受」者。近事、近住名初攝受，可多少受。出家既非初攝受，故必盡形，所以不得多少受等。

章：「其十善」至「攝初衆」者。近事等名爲初衆者，近事亦不稱者，此意難云：能攝十善，既許多少所攝，近事、近住二種，何故不許同於十善多少受耶？

章：「即具等支」者。其「等」字錯，疑爲

「十」字。

章：「菩薩律儀具[一八]十支故」者。言説菩薩而有十支，除疑錯，應勘之。

章：「性罪護謂[一九]」等者。「謂」字錯，合是「治」字。據其色支，俱言其七，通其非色，即有十支。

章：「前依後説之，得有頓漸」者。談表無表得有漸頓，如下自悉。近住後受出家四支名重，在近事中早已得故，今時更得名之爲重。三支名業，曾未得故。久但受十戒六法，名之爲單，後受具戒，名爲重也。「從師」等受至「後時」不定者。後近事等，表與無表不同，所以約必善。以後時不定，所以不得表無表。「受」字應賸。又自受等者，謂近事等，表與無表，同時而發。前師一向不許同時，後師説有同不同不定也，故與前別。以自受時禮拜發言，發身語七，亦俱能發於無表也，更思。

章：「未成殺生所生」者。未得殺生所越業道。

章：「及餘不善業道」者。即餘偷盜及斷獄等不善業道。雖生彼家，未作之時，亦得不得，同殺生也。

章：「後若現行」等者。初生彼宗發新心等，即得不律儀。作殺生業事，方成表業。由先得無表，故言後也。

章：「處中表業」至「或作方得」者。如遣使殺，處分得即[二〇]，若自作，作時即得。殺餘可知。

章：「餘戒名得[二一]，准此應知」者。餘別解脱戒，准定等戒。俱用倍增，名之爲得。

章：「相即可爾」等者。據其不相，可知[二二]後説，正理即非，如文可悉。

章：「或通無漏心受」者。即無漏心得受別解脱，命終時亦捨也。

章：「持律爲第五」者。有二解：一、云五人悉皆持律，今言第五，談羯磨人；二、云五人悉皆清淨，言持律者，是智法人。知法人者，羯磨人也。餘四人者，清淨即得，今觀從應正，撿《俱舍》。

章：「六十賢部」者。部者，部類。六十賢人者，爲賢部。

章：「故唯三種，佛無時得」者。物護得四，佛無亦得。若別言之，其大戒等唯得法，彼七八九三沙彌尼等，三歸亦得。

章：「後當爲名」等者。此師意云，言不善根爲不律者，從當爲名。

章：「由公因中」者。即遮難緣而有六種。問：唯除闕減至僧衆等，六因之中，幾因所攝？答：撿文方悉。

章：「故法師」等者。此文錯也，應勘之。諸小乘部中有説和尚雖不在壇，但遥推法而亦得成。

章：「若等護持，福無差别」者。自從他受，若是自受一種護持，福亦一種，生慚愧，增〔三〕佗受勝，兼自他故，而不犯也。

章：「從他何人不清淨耶」者。此但問詞，而無答語。准《大論》文，清淨人方得戒，應撿文。

章：「《菩薩地》説受菩薩戒心」等者。若從他受，及以自受，一種名等。

章：「雖有續皆不定故」者。從師乞戒，禮拜之時，名爲表業，以後之者，而即非也。不由以後相續之相而能發戒，身語無表起，身後表必須善心，以後有無三性不定，故不取。

章：「非發無表之業也」者。雖有表業，而更不發無表，以圓滿故。

章：「雖聖不作」者。得聖之者，名爲無形。

章：「虫食之時，即入見道」者。聖教之中有此事也。若無之者，説之誰信。既言入見，得戒不失。若無其戒，如何入見。

章：「比丘轉爲尼得彼戒」者。由受戒時，諸惡法斷，所以具得僧尼二戒。俱爲佛制，持有章：「命終已」至「名捨」者。此明第五棄同分捨。

章：「然正法滅者，重新更不得」者。有云，佛正法滅，其戒亦捨。今章意說，但不新受，舊戒不捨。

章：「亦起不同分心」者。捨於佛法，入外道中。

章：「亦隱形影[二四]」者。由近住中有日出，捨隱形[二五]斷善，近事之中，顯斷善捨。

章：「故應有四」者。加其斷善。

章：「此同於上」者。同前別解脱，犯重失戒。

章：「要《決擇分》」者。此文似錯，無由來也，勘。

章：「出家亦犯重捨」以下，廣明捨不善也。

章：「息謗俗爲論」者。談實捨戒，無俗生謗，故言不失。

章：「又棄戒可說上說上」等者。上品犯重，差別，故轉根時，隨得彼戒。然僧有犯尼戒之時，亦不爲犯，據不制說。尼准之知，應思。

章：「《俱舍》」至「不可依據」者。《俱舍》意說，無界等根不入見道。信等五根，及眼身等五，命根、意根，男、女隨一。未知根者，世於見道，所以無根不得入見。道不可依者，是許無根入，見師語。

章：「不無戒除三漏」者。若其無形而失戒者，應同二形，除三無漏。論既不除三漏者，明知有戒。

章：「斷善根同其戒先後捨」者。受別解脱戒而有二心方便，生得方便心受，斷善方便，其戒無捨。生得心受，正斷善時，其戒方捨。所以然者，斷善根但斷生得善根，無力能斷方便善故，爲此其戒捨有前後。問：生得善心如何得戒，感於果耶？答：求三乘果名爲方便，求三界等，皆生得收，所以生得亦能受戒。人言問別解脱者，此文錯也。

失菩薩戒，非上品犯，即不失，故此亦屬第二解。

章：「心必寬漫」者。漫者，遍也。

章：「及別皆不失」者。別餘趣生，名之爲別，即云大[二六]同分不失戒。

章：「若不受菩薩戒」至「以隨作生」者。此意説云，菩薩但受出家之戒，命終亦捨。何以故？若菩薩戒通於五趣，命終不捨，出家之戒不遍諸趣，隨作令受，而合受之，所以命終形没等捨，且爲此趣，應勘餘本。

章：「若生分者捨」至「亦得隨轉」者。此文意説，菩薩生分中盡，轉趣餘生，其出家戒而亦不捨，隨彼而轉，菩薩期心，得多生故。

章：「准此文故」者。准《決擇》文，得許經生，而戒不捨。而勘別不得者，餘文之中，不許菩薩出家之戒，經生不失，而無答也。今思[二七]答者，經生捨者，據別受説，言不捨者，約其同受。上下有此答意。

章：「還得順意四乘故」者。身三語一，章不説述戒而便捨者，不説彼人體持戒已前不律儀而亦棄捨，故知還得名不律儀。

章：「義准」至「道理亦爾」者。捨不律儀，通繫非繫，准據律儀，亦可得有暫時多時。十善等戒，隨多少時，皆得受故。今觀文勢，明不律儀，何須説彼律儀，律儀無許短長受故。今助釋者，受不律儀，亦可得故，許短長而受，成不律儀，而同於捨，思之。

章：「况彼唯惡與惡行事却便捨惡」者。不律儀者是最惡，諸有彼形没二形生，惡行惡念更增，如何言却捨惡法？

章：「得煩惱所引無表」者。信所引無表，信萎時捨。煩惱所引無表，煩惱盡時捨。

章：「若菩薩」至「亦不捨」者。菩薩善中所攝處中律儀，命終不捨，菩薩意廣彼故。諸菩薩像造作經所行施等，皆處中也。

章：「其退菩提心第一攝」者。菩薩戒二緣捨中，退菩薩心，即六緣中，初之所攝。

章：「由此但五」者。菩薩捨處中戒，但有五緣。無表表[二八]斷斷[二九]壞壞[三〇]捨捨[三一]者，即是命終，具六緣者，據其餘人。

章：「如鼻舌應亦爾」者。説佛鼻舌，佛既恒居第四靜慮，明知二識上地亦有，不爾，佛豈無八識耶。以此故知，舌等既然，無漏身語八地有。亦有云，八地以去，生第四禪，雖無有漏鼻舌二識，然許此菩薩起欲界鼻舌二識，依上界根，然借六識，理亦無違。望其章意，即不如是。章中自言無漏識故，借下識者，是有漏故。

章：「善者如前」者。同次前表業，欲及四禪，五地所攝。有云，有漏身語表，得許已上三定而起，説十八梵佛邊受戒，不可起初禪，散心發表，有漏善繫，地强故，上不起下，有漏定亦然。又彼定中不發身語，若起下無記[三二]，如何受戒。故知但是自地散善[三三]發表[三四]業，故而受戒也。彼有思故。故知有漏身語表通上三定，故[三五]命終等得起下。染唯借識，但異地意[三六]，言相行因[三七]緣，言定不起下善心等者，唯第六識，第五識得起，不[三八]識行依上根，上識不得依下根也。更有超禪等，可容上起不定心地捨證。

章：「此別解」至「定是無漏」者。此意説云，若是色界迴心菩薩別脱戒，爲菩薩時，依於色界而是有漏，至佛位時，捨前有漏，決定得其無漏別脱。有云，此約菩薩無漏心，受以上三定，有漏不能發身語表，故言定無漏。此義不然，既許四禪凡夫，得受菩薩律儀，豈可不發身語表業得戒無表。以此故知，迴心之者，不得言定無漏心受。

章：「十八梵」者。有云，十八天中梵王，非餘少梵王。且作此釋，未爲決定。

章：「別受別脱除諸一切聖者」者。若是聖者，即能別受出家別脱，凡夫即不然。既簡凡夫唯不得受出家戒，明知亦得受菩薩戒，如何説言三定唯依無漏心受。

章：「上界」至「由此不得」者。釋色界凡

夫不得別受出家律儀。又釋者，色界迴心，必不生下，故須於上受出家。凡雖迴心，求大菩提，還下生，故不定受。談實容受，於理何傷。思之。

章：「既許欲天」至「得別脱」者。住梵行者，有聖教文，得別脱戒。雖未見文，舉梵行例。

章：「但非彼性」者。雖受五八，俱名妙行，相似解脱，非真解脱，以彼非是受戒器故，言有別脱，但據相似。

章：「非菩薩戒」者。此意既云，非畜生五八，但是相似，非實別脱。若菩薩戒彼受得，非如五八，是相似也。

章：「地獄無由」至「可攝於彼」者。地獄唯得菩薩戒攝，然雜受處。今解或可純受處得，亦何妨哉。佛等力故，云純受者，據餘時説。

章：「《瑜伽》俱[三九]遮意」至「不遮畜生」等。此論意云，畜生等趣，既非所遮，何故不得受近事戒。「俱」字疑錯。

章：「根依發起犯戒煩惱」者。根者，三不[四〇]善根。此根爲依，而能發起犯戒煩惱種子，初未至定，能對治之。有云，「根」字錯，合爲「總」字，總依犯戒煩惱種子，立所對治。

章：「法爾靜慮皆能伏」者。但是靜慮，此能伏者，但是靜慮，即能伏於犯戒，非也。

章：「唯是色界有此爲未可」者。若色界有定律儀，理爲不可。若其有宗定戒，色界有色，故唯在色。

章：「有唯脩道」等者。前言六地是常途義。章家欲明下三，無色而亦得有，所以更言有義而爲徵起。今觀文勢，復無「有義」二字，理亦應好，言不次[四一]故。

章：「非想地者」至「明斷義」者。「明」字應合是「得」字，説彼非想，但是遠分得斷義也，非是斷對治名爲斷也。得斷義字向屬於非想，若明斷義向屬下者，理即相違。色界等身，非得斷義違[四二]分。所以然者，要斷下惑，方生於上。身既生欲界惑已斷，如何上二界身得斷義耶。故知身但得遠，謂此所以不得屬下。

章：「三界身一切容起」者。此文總也。上二界身，但起遠分。依欲界身，可通起也。思之可知。

章：「意表等及無漏」者。即是前明處中之中，許處中戒而有無漏。師義章起者，下明諸趣起諸律儀故。言故者，即據舉也。

章：「三界別説」者。「説」字錯也，合是「脱」字。三界別脱者，是菩薩戒。何以故？攝善法戒，即三界漏與無漏一切善法，皆是菩薩攝善別脱善。言「説」者，有何所以。次言定道及無漏者，通三乘説，三界別脱，説唯菩薩戒。更思。

章：「皆是能」至「四大所造」者。即以無漏等律儀色，此是造彼欲界怨[四三]，身語能造四大之所造。

章：「所以亦界已名造」者。此義錯謬無用故。

章：「小乘必有」至「知相無故爲殺」者。小乘説鬼神見彼仙人身語，現其瞋色，有勤説故，而方行殺，所以上有表發無表。

章：「大乘意表」至「發殺生無」者。無者，無身語表。

章：「若不爾」至「云何成」者。若仙人，意業亦有，依身語表故，便違《二十論》，可知。

章：「今解」至「非[四四]彼論意」者。不用身業者，説仙人不以身殺國人也。能殺具者，即是仙人現其瞋時，身色改變感[四五]動，語發怨聲，此等皆是殺家之具。此殺具不所發色，故意無表亦得色名。彼論本意不説意業依表而發。言「由先」至「鬼[四六]成」者，會彼論意。彼論意云，但由意行成殺鬼，非親行殺，故説意業不有身語等表，據本成罪鬼。然鬼神等未殺之時，仙人業道亦復未得，要殺方得。

章：「扇據[四七]、半擇迦」者。初重後輕。

章：「外道賊住」者。外道詐爲比丘，名外道賊住。若受戒時，緣不具等，雖受而不得戒，處比丘中，同布薩等，名賊住。准可知。

章：「若別異住」者。犯四根本，無藏心，而即發露，名破戒，而不得根本之罪。由無露故，汗〔四八〕別住，終身懺悔，故與不共而別明也。有曰是異喜住盜心受戒也，此亦不可。

章：「不共住」者。犯根本罪，若不即發露之者。

章：「若王所惡」者。王酬家。

章：「若有」至「不宜業」者。不宜業者，違王教法。

章：「若他劫引」者，「被〔四九〕他所得」者。設成盜已，後轉與餘人，餘人得者，名他所得。有云，劫引者，是劫成引，明他得者成盜將。雖作一解，然欲多別，不及前解。

章：「若從五戒一」者。第一即受名五戒。

章：「但遮其遮戒」者。賸初「遮」字。受十戒時，但品得其遮戒，餘四共從。

章：「若損」至「即頓」等者。三支四支，不別相望。初戒之時，即得名爲頓也。望名斬者，據相望也。

章：「又尼五〔五〇〕戒」等者。五字錯，合是「具」字。此難意云，受具戒時，四支先得，捨具戒時，但爲捨三，爲四亦捨。

章：「總捨七支」等者。問：雖言別受，但增其明，更不別明，何故捨時即捨七也？答：言捨三，七支全捨，四支據捨，增明而説，非捨彼體也，十戒時得故捨十。捨若爾，捨六法時何故即言捨四體？答：六法受持〔五一〕，更無別法，但持前四，如七受業，故六法捨，捨四體具戒，依於大僧所受，而別作法，與彼十戒作法不同，爲此但捨四體之用。法師助一釋云，受大戒時，可得四體，不同六法，作法別故。六法十戒，但依尼受，不可發具戒，要依大僧之受，從師乞戒，更復作之，何故不別得四體耶？故知別得，理亦無失。若其別得，捨具戒時捨體也。

章：「解云」至「種子能感」者。問：如何

道理，種子能感異熟耶？答：資有漏業，名之爲感也。問：現行上尚不能招，種何能感？答：談實，現行亦能感彼，然業未熟，果不即生，故熏成種，後時招果。若爾，現行既能招，何須種子感？答：現行雖[三]生，刹那滅故，熏種子後生於果。若但現行，現行滅已後果起，闕俱有之因，久已滅故，爲此言種感也。定道種子，定道類故。假名定道，非如餘人將此種子實爲定道戒體也。

章：「若不生」者。身語不生也。

章：「若如前說，即是身業爲重」者。此意說云，仙人意嫌是意業重，能殺國人。若准初解，許有表業，既由有表，國人方死，即是表業，何云意重？

章：「解即亦色也」者。從彼鬼神所發雨石，仙人無表而得色名，依他所發，假名自色。

章：「持七受之業」者。捨論文。

章：「然十業體是思」者。問：業道、無表，二有何別？答：業體實思，無表色者，是唯是假立。防惡色故，假名無表色。又無表者，種上功能，業思實體。又未受戒，但不殺生，唯得一種自性業道。若受戒已，更別得彼無表之戒。又處中善，雖不由受，亦有無表，據其體用，亦與業道而不即一。問：戒體但是種上功能，爲假實耶？答：是假。若爾，假法如無，如何經言戒能感果，而復言持名非色心？答：實種能感，以種體從用，名戒感也。而言持者，亦據體說，言非色心，說彼功能。問：思體是業，體能感者，但是其業，何實戒耶？答：但是一種，約其義用，立名字異。問：戒既種上差別功能，第八緣不？答：不緣。若爾，種上廣大功能如何即緣？答：廣大是實，戒是假故。故緣其實，不緣其假也。問：一種功能，假實何別？答：廣大依種親起，不約防外，名實戒體，其色外防身語，是故名假，如堤塘等亦遮故。思之。

章：「如何得言」至「無表色耶」者。其答意者，假所發雨石之色以立其名，亦復何失。

章：「生今亦」者。二字錯，合是「在」字。

章：「並先從師」者。「師」下脱「受」字。

歸敬章卷第四本

章：「故我稽首大沙門」者。頌云「稽首」，故非身敬。若爾，《雜集序》云「敬禮」，如何即通身語二？答：彼論釋中，自言身語業，實性論中而無釋處，且依有文，作如是判，據實相似。

章：「轉愛果」者。身心〔三〕名愛果，由於善心，轉動愛果，而禮敬也。

章：「《俱舍》」至「之通稱」者。《俱舍》但以身，心不名爲稽首，稽首即是身業別名，亦是三業之通稱也。《俱舍》且約別名而説，據實通三。

章：「隨其所應，亦通種子」者。今是身語二種無表，依思種立，名種爲體。

章：「身語二業」至「聲處」者。次明佛位，歸敬自性，亦得在於色聲二處。佛位既有身語業等無表與色，故通四處。今現文意，身語二業無表色等，故此總是釋名種子之所以，應思。

章：「語業禮」者。所有違妨，如三輪章，及彼記會，故不更釋。

章：「二歸依境廣」等者。問：狹境敬禮，歸依可差，寬境敬禮，歸依何別？答：歸依寬，敬禮不定，故名二差，非是寬敬，即是歸依。歸依三寶，所以寬之，敬禮雖三尊，而非是寬也，亦復全別。

章：「四支、七支」等者。言言支者，語業四支，約語表業，但説於四，身表於語，義准可知，不言三支，合而言七。

章：「七歸依義勝」至「而兼是」者。現理者法寶，意説歸敬必具三寶，敬禮禮賢而又得成，非要具也。

章：「證淨是信」等者。今觀此文意，設遮於下難，會歸敬之境，即是三寶證淨之境。亦是三寶，何不對辨，爲此故言信業別也。

章：「法隨法行」者。隨聞慧法行修思慧，

此法隨與彼法隨第二聽聞何殊？法行中思與彼第三作意何別？答：由二三而爲因故，而能生起，法隨法行，總而言之，前三爲因，第四爲果，果即三慧。

章：「一者諸根不調」者。由根不調，故須歸依練根器。

章：「依不成依」者。所歸者，無恐怖故，更不説求所歸依也。若爾，僧寶又是所歸依收，豈不求依更無怖？答：《勝鬘經》云，「但説如來名歸依」。

章：「七地已前在因位故」者。言因位者，釋身語二有漏所以。言七地者，釋彼意通無漏所以。八地已上唯無漏故，若是地前唯有漏故，所以七地言通。

章：「一界處」者。據其實體，體唯思故。五藴中言色行二種，體表合説。

章：「由形惡」者。即欲界能變惡身恐怖生，類亦生類。

章：「十二受歸依」者。從於師受三歸依。

章：「善十一衆中所謂大師」等者。言大師等，即善十一之衆。

四食章

章：「前解不然」等者。談初師釋與後師解意有别故，名爲不然，非是破前名爲不然。「非要」等下，出前意。

章：「然准諸文，行[五四]解勝」者。准論，但言攝益喜等，不言八識。

章：「能會境思，名意會思」者。意相應思能思於境，令合會故，意會思有，有能令境思，此思能令意於境中思惟也。自聞思與所思，二行何别？答：思但思量彼境，心所即能令心造作等，故二别也。不然，今者正取意相應思而爲食體，何須説言思令思惟自聞取。理猶未盡，應撿彼文。

章：「能攝益識」者。遍八識也。有云但對自三識也，但初益自識，變壞時益更用欲[五五]偏益餘等也。有云，觀大意，但於變壞時益本識，方益諸根，非是自三識也。應撿彼論方悉。今謂不相增邊長養，由段食等令識明利，如何言但資本識。

章：「依止方便」者。思爲依止，是起愛根等，亦方便。

章：「如是三種」至「由體增盛」者。由三食故得增盛，識言通八。有云「其」者，可也。

章：「及緣現在」者。觸食也。

章：「未來生故」者。思食也。

章：「亦緣過去」者。雙説觸思，通緣過去。

章：「此義且依順觸思故，略而不論」者。觸思緣現及未來世而是順故，云説現、未，略而不言緣過去也。

章：「能與後後爲增盛因」者。令彼合識而得生，言意根等，無間滅意。

章：「四者前三之所依止」者。即第八識，由此任持根、大種等，而得安住。

章：「依彼而轉」者。彼即第八識。

章：「能集後有業煩惱識」者。即業煩惱所招當來異熟識也。

章：「由此四種，各有通別」等者。數[五六]能資氣力，觸長樂[五七]愛等，思資欲貪等，識令根等識[五八]而安住也，名爲別通，即能招當來果等。又有通者如上下，思之可知。

章：「欲令根[五九]義明增[六〇]明淨」者。四食各別，名爲本也，此四名得，義[六一]明淨故。

章：「謂變壞故有變壞」者。此等四文，如次四食。初言變礙[六二]非是食，彼言變者正是食，故總結之。一一之中，有是有非。

章：「四有種法」至「四食」者。由此四食各別能資長氣力，四方能資諸根、大也。

章：「又由追求三食」等者。一二未來所有食，若前先不初相從而追求觸、思者，據展轉求三食也。求食，即意起喜樂即觸食。思量二行相難見。

章：「生業煩惱，生後有識」等者。由求三食以爲因，故有業，後有識生。

章：「四是諸行」至「因緣」等者。諸行、多分，以識而爲住因緣，此偏者言識。

章：「嬰兒等類亦能知故」者。雖不能知觸、思、識等體用行相，然亦思量觸對，對諦境故，名爲可知。

章：「日日分易資養」等者。此日日資身也，若闕，身即羸損。

章：「無無生而住故」者。無有衆[六三]而無有生而得住也，故章云「生生即生相」。

章：「由緣未盡善」等者。即是前生能滅生之善，由有此善，有情得住。

章：「謂於是處説由命住」者。即無色界天名爲是處，不曾求食，又不食有求食故，而有難作[六四]對於彼説依命住。

章：「若爾何故」至「處寬遍耶」者。此未詳也。今助釋者，意云若其不損，即名長養者，有處寬遍長養一切，以是不損害也。

章：「根由其識所資長養」者。問：根望於識，有五義勝，如何令識能長養相[六五]耶？答：彼約聞聲見色時，根有力勝，今據爲食，故識若勝，即由第八任持根故。

章：「雖具五處全非是食」者。界繫別故，若無漏者，據有漏故。

章：「然由聖力」至「可爲食故」者。此意説云，聖定等力及思成等[六六]力，爲食之時，但取香味觸三爲食，不取其色而食，故此即法處以爲食也。

章：「有義不然」至「非法處」者。此師意説，聖者定力，變魚米等爲增上緣，有漏[六七]第八據彼自變爲魚米等，受用之時，但用自八所變之者，實香味等，而不用彼法處等色也。所以然者，有情三識而能用法處色故。

章：「此亦不然」至「三處名食」者。此意説云，但能資養即名爲食，非要三識緣故名食。

上有情類食段食勝，正爲食時，三識量〔六八〕是緣，若得三時未爲食故。此亦如是，道理皆難。所以然者，定等所變是上界法，如何得資欲界有情？界隨增過。又無漏者，破於有故，如何食緣之？定通等力即不決定，故得以上而爲下食。雖然，終有致別，非有失。又解，尅實言之，但以彼色而爲其質〔六九〕，自第八識變業果色而受用之，如《義燈》中廣問答辨。

章：「有漏者是善性攝」者。此即是許七地以前，變魚米等得實用，七地以前，有漏尚行，故有漏心亦能變也。

章：「若無漏者」至「漏者」至「彼損有故」者。問：爲食之時，但唯食自第八所變有漏之者，不食無漏，如何得言破於有耶？答：由以無漏爲疎緣故，畢竟能令有情終得斷於有漏。

章：「此義便狹」者。《對法》及彼在下離欲之人，《攝論》無及，故不攝彼下離欲者。

章：「答有二定」至「資下三耶」者。眼耳身意，名四識也。既言下，識思識觸定隨。

章：「問：下資上耶」至「思妙理故」者。「上」字錯，合爲「下」字。

章：「約方便別義」者。此「方」字錯，應撿餘本。

章：界〔七〇〕不思食故，有求不得。

章：「集種子識得〔七一〕有增長」者。前三者，此明由三爲門，起業或識支種子，爲後有因，名識食。

章：「智順益捨故」者。簡非遍境故也。

章：「然唯約與未生諸法作生緣理」者。由此食爲因，食得長養諸種子，彼六識等，准勝果故，以現在食不資落漏謝故。

章：「但由法假」者。更非有受者。

章：「無漏又爾」者。但持無漏故。

章：「初解遍六識」者。但由外聞法，初資名愛，後資名樂，十業防色支，說有文言記心如是等者，但是方便，非本心樂道。

六十二見章 卷第四末

章：「由習異見、異親近故」者。與師見異，名爲見異。與師別爲發，名異親近。

章：「本劫本見」者。前際也。

章：「末劫末見」者。後際也。有云「本是成劫，末是壞劫」者，不然，總名中云，五爲前際，五爲後際。即《阿含》云「本劫末劫」，明知是前後際也。

章：「二十句」等者。即色爲我等是。

章：「《阿含經》有」至「非可全憑」者。此意說云，此六十二見遍計三界，無色界亦有色故，亦非所宗。此經既是大衆部，不可全依彼經所說。定果可爾，業果即非。

章：「由上中下清淨差別」者。淨色也，靜慮異名。

章：「第二觀生」者。唯觀生彼，不觀死此也。應撿疏、論。

章：「若有說言」至「即有違天眼」者。前三者除後一也，《瑜伽》第四名爲天眼，即《婆娑[七二]》第三名爲天眼。所以違也。

章：「常論」者。《瑜伽論》中解常論，更名爲常論。

章：「或見梵王隨意成立」者。見彼梵王大種常，或見心無常，或見自身及衆具，梵王自隨意成立也。

章：「同彼忍」者。彼，梵王也。

章：「或住梵世」者。出[七三]彼在親聞梵語也。

章：「或是展轉聞」者。即生此間，傳聞他說，或可在梵世，亦傳聞說。

章：「皆依靜慮」者。問：第二即聞梵王說，云何依靜慮耶？答：昔在即上中，梵王說令在人間得定，却緣已前聞者，亦無違也。或可現在，梵王說未來前，故亦名前際。

章：「出心以前所有諸位」者。通自心心所法及餘法也。

章：「諸法如我」者。此諸法者，身外諸法，舉自之身，例於諸法而亦無也。問：何故不憶出心以前？答：出心以前，正在無心，無心何憶。問：何故不憶無心以前諸有心位？答：外道宿住極，唯憶八十，爲在無心，經五百劫，故不應能憶無心已前。問：宿住亦得緣於色法，在無心位，心心法雖無礙，色法在，何不緣色執無因耶？答：凡宿住觀，要於心方，觀色出心，前心法既無，如何觀色。

章：「若依緣斷邊際，求世邊時」者。壞時論於盡劫，名斷邊際。盡邊以爲分限，名有邊也。作此見解報故，名求世邊。

章：「出觀[七四]方便」者。出現，成劫也。方便者，以此出現，而名方便。觀邊無邊，今是旦舉劫等，又是方便[七五]。

章：「三種妄想」者。雖列四，今談其體，第四但是第三故，而是無別體。

章：「一、不善清淨」者。外道也。

章：「二、善清淨」者。唯佛也。唯入俗定者，外道定也。

章：「或爲異記」者。善説不善等名爲異記。

章：「或撥實有」者。撥實法以爲無等，或有云應據動。

章：「或許非有」者。外人解云，其有法而乃問言，此法豈不是無耶？而隨問言是非有名淨名有此言三並外思欲名答也，通解四行相。

章：「又以聖者」至「不矯亂天」。有答不亂天故名亂天[七六]，非佛法説彼是不亂天，乍觀欲似以答不亂天故，以從能問，故佛法亦名不亂天，思之。

章：「隨於處所」者。隨世何方域之處也。

章：「案未開[七七]」者。於同淨天而未解也。

章：「性雖有識」者。雖有解性，有本言隨憶也。

章：「答成邪見」者。見不正故，名之爲邪，非要五見中邪見。

章：「不答成妄語」者。雖不分明説我愛有證，能亦繩〔七八〕含自説有證，今總不答，前説有證者，便説妄語。

章：「如是三種假託餘事」者。假託即同餘事行相，各各有別，即壞畏等是。

章：「無色界下三地」「亦通〔七九〕於彼」者。如大衆部，若説無色亦有色者，我有色句亦攝無色。下三無色，何故除有頂？答：彼非有想非無想中故，思之。

章：「第七」者。《大論》第七。

章：「二、執我種種想，謂在下地」者。第四禪下三天及欲界也。欲界可知，初禪爲見，覺樂等別，二三禪等見大水災，有怖不怖差別心故，如《法華抄》。

章：「一、我純有樂」至「謂下三靜慮」者。三唯樂受。

章：「我有麤色」至「我斷滅」者。欲界人起惡道中，以極苦故，不作斷滅故，如《法華抄》。

章：「欲界諸天」者。人天趣別，故別開也。

章：「三、色界諸天」者。章於無〔八〇〕色界合爲一，無色翻色。

章：「不定自他」至「一切皆得」者。若計自身若此若此〔八一〕，他身及此，今説以爲滅，悉皆得故。

章：「我解脱，心得自在」者。由我解脱故，心自在也。

章：「觀得自在」者。於所變境而得自在，名觀得自在。有云「心得自在」者，謂止觀兩行互，未詳所以也。

章：「此説勝妙，略無人中，《婆娑》説有」者。此一段文疑錯。

章：「具足住」者。證得現法樂住也。

章：「何故無有二天」者。三十三天，與四王天。

章：「及仙趣耶」者。亦有於仙而没得之天，執不没者以爲常，何故不立爲一分耶？答：此等難及廣聊簡法，皆如《義燈》。

八解脱章

章：「内未伏除見者色想」者。自内身見有好惡貪等，未盡未除。問：離當地惑及依六行得空識等，即得名八解脱不？答：有云離當地染，非八解脱。八解脱者，要解脱處思惟勝行也。六行者，外道可然，佛弟子但依諦觀修解脱。

章：「見者色想安立現前」者。見者，是能見。能見者，所觀色相安立現前。問：見者色相何安立現前耶？答：有云雖離色染，仍[八二]有定障，見有好惡，故此色相，當情安立。今助釋者，由已離染，爲令障更轉遠，所以安立色相現前，而觀之也。

章：「由前三解脱引勝處」等者。問：爲是八解脱方修勝處，爲將少多即引勝處？答：爲二釋。一、云得於二解脱已，引前四處，次起第三清淨解脱，解脱起已，引前[八三]四處，四處起已，解修餘解脱。二、云定得八解脱已，隨其所應，引其勝處。且依解後釋。若爾，第二解脱而已得，於内無色初二勝處，如何復云内有色耶？答：内安立色，名爲有色，非未離染名有色故。《對法》云：解脱名造，修勝處名起，加行遍處即成滿，故三種次第别也。若如前解，解脱勝處修有雜亂，更思。

章：「或見者無色想安立現前」者。由初習業未能任運，故須安立無色現前。問：設不安立，但依靜慮觀作少多等何失？答：有云由要先安立無色想伏除見者，色想始依靜慮作解脱，以彼先除定[八四]故，更遠防故。問：《瑜伽》《對法》皆不作少多等也，准何言之？答：第二既云「餘如前説」，故知爾也。問：初解脱等但作光明觀，如何如前證少多耶？答：攝少多境，而爲光明，取彼如前所攝少多，故無失也，更思。有云見者色想安立現前，未得無色定，但依諦觀伏除見者色想，或依真觀。問：初二解脱但觀欲，何故但於第二言已離欲、色？答：據實是齊，但初據二果，及外道等，合單作者，故不離色已。有云佛弟子但依諦觀得根本諸定，不依六行，不同外道。如聞佛説法，即得初果，豈説六行得近分也。有云初解若初俱未得無色定，俱依諦觀伏斷色染。

章：「又不思惟彼想」者。不思惟彼初光明相而爲相也。

章：「今此第二内有色有根等色」者。此會違也。有餘文言内有色者，有根等色也。

章：「世間正智」者。修六行智，亦名正智。

章：「前無間道」至「方得至[八五]解脱名」者。欲入滅定，還作無間、解脱道也。

章：「即外色之觀，及有色之觀外色」者。初釋大乘，後及有色等釋小乘，攝大乘初觀觀外色故。

章：「諸色之觀，及内無色之觀外色」者。大小乘兼釋，思惟分別[八六]。

章：「一向意解思惟淨妙者，隨轉理門」者。隨小乘《俱舍》等説，唯作清淨，名一意解。

章：「定等諸所依法」等者。彼同時心心所等也。即此定等，名之爲處。定等非一，名諸所依。即是彼能依功德虚空之所依故，名所依法。言「能依行者，所緣虚空」等者，舉彼能依，顯所依也。能依行者，即功德等，便[八七]思。

章：「餘[八八]無所有，無別境界」者。無所有外，更無境也。

章：「觀已上境，無所有少」者。觀彼識外，名觀已上。有云空無邊處者，緣無邊爲境。若厭色生彼，皆無色故，即緣彼空故。若厭色行，非要緣空對治色也。如滅定，但厭心令滅，非要空也，故但厭色。問：無所有心，唯但思惟，下識處外無餘法，故名解脱，爲亦緣於自他四諦、非擇等法爲解脱耶？答：緣於自他四諦等下。然解脱障，所知障收。若也不解自他之名，亦是障攝。若也解名，除一分障。若欲解名，必須思惟。識所處爲境，戒〔八九〕之外色心等無，名無所有。不爾，如何名無所有。有頂解脱，亦引此知，而言無色，不緣下者，不緣下界。又餘不能作解脱者，不能緣之，非一切也，更思。問：答此難但厭色，作何行解，故緣空及識，更不緣下地，若無所有即緣下識，於識上無彼空境等故，名無有微細，若爾，此與識處何别？答：識處但觀唯有識，更不觀所餘。

章：「故漸入真觀，方斷空障」者。此釋緣如，以觀光明，及少多已，方入真觀，斷於定障，定障斷已，既證真如，所以此觀得緣如也。言緣如者，出《瑜伽論》。

章：「以攝受相」者。即是展轉相攝受。

章：「爲斷此二障」者。色、無色二也。

章：「異生、聖者」至「然有差别」者。聖之中通離染得淨，異生一向是加行得，應更撿彼文。

章：「除變化障，得自在故」者。於色解脱，起諸神通，得自在也，此説聖者，異生不然。

章：「不説異生不作初三」者。論既不説異生不作，明知異生得作也。

章：「由此返顯」至「故通内外有」者。此會意。論既不言唯聖者得。聖之弟子不得。明知異生而又得也。所有言外者。異生名外。或外者外道。彼論但言多生貪味。非是一向不許彼得。文無遮故。應撿彼論。

章：「即於淨色」至「變化相違」者。於淨執不淨執爲定實故，障展轉相待解。言「變化加行功用」者，於淨色變化不淨加行功用行而不能成。或功用者，於淨色加功用行，而執著也，不淨准之。後解好。

章：「惑苦二法」者。是定障中義説，或聞在定障中無有也。

章：「第六解脱」至「之令遠」者。此通對以下爲境，斷定障也，應撿彼論。

章：「後成滿時」至「得後起」者。此證意

者通於二界得起。成滿之者，色界遍處既爲其因，明知必有解脱之果也。如初業者，要慧爲因，方能得定，分成已後，即定爲因、慧爲果也。

章：「不作淨觀[九〇]，不唯在欲」者。作淨無色色亦得。有云又遠作欲顯色淨觀也。今解者，設觀色界顯等色何失，更問。

章：「離欲得」者。但離欲已，而即得之，更修行方便得。問：若離染得依斷者說，何故前言伏除見者色想？答：望義有別。約斷伏入隨有別，亦不相違。而已得解脱，至觀自境，作何行相？答：遂作先等解行俱更增勝。

二執章

章：「思誕提底」者。此無相當，故不翻之。但此四字，助彼「薩」字，自爲「僞」也。

章：「依本我無境」者。依本執心，妄爲我執我境，而無體也。

章：「故法我見亦同生我」者。同上所說我見行相生也。

章：「除染淨意」者。有覆名染，淨等攝無覆無記及以善等。

二十七賢聖章 卷第五本

章：「斷六七[九一]品，即半生在」者。但斷七品，有半生在。而言六者，由斷六故，應義第七所斷半六[九二]故名[九三]。「六」字賸。

章：「初預流向」者。前十五心名之爲向，何故文中更不出？應撿餘章。

章：「八智十六行」者。十六心中，八智爲體，忍從於智，但名八智。四諦之下，各四類行相，乃名十六行。問：前十五心，三諦四行，皆悉是向，如何總説以爲果耶？答：唯道類智，初果正修，餘之七智，初果之時而是得修。正修、得修，總以爲體，故言八智。道四行相而是正修，三諦四行並是得修，亦同智説。不出第二果者，第二果或易，故不説，或是脱也。其第三果及第四果，頓修八智十六行，准初果説。問：分别之惑，初果已除，第三果等不斷彼故，何故取彼八十一無爲爲體？答：果總無爲，所以得有八十一也。此等皆依小乘，應撿《俱舍》等。

章：「轉至前三果」等者。談實，此二四果皆有，利鈍别故，然唯依於初果建立，若四皆立，成雜亂故。今言前三果皆有者，道理稍難。所以然者，若據有體，四果皆有，不唯前三，若約建立，唯初果不依中二，故不可。應撿《瑜伽》第三、《抄》及《俱舍》等。

章：「第三果中爲身證」者。據其别也。通而言之，四皆有故。羅漢之中，第六不動見至，餘五信解。

章：「成就彼對治」者。成三四六對治。

章：「問上之三」「亦應入斷」者。答此問者，初之三品，初入修道，智猛利即斷，中之三品，修道再起，不入斷盡。又中下三倍離欲故不須，初三非倍故入即斷。又初三品麤易故入，中三細斷，入不頓斷。應撿《俱舍》，大乘無文，而解者通大乘，無失。

章：「皆於初禪身」至「而斷受生」者。此半超，不同全超，直生非想，及五淨居，不同遍没，地地皆生，隨於何地而受生，故得半名。今此三種依上流，依初禪身死上生而建立之，故此三種皆言初禪死生上。

章：「答：四[九四]果説」者。此答意云，爲立四果，故説羅漢，羅漢若無，四果不定。

章：「答：約種姓别立六有别」者。三[九五]有别，應撿《俱舍》等。

章：「問：向中何故不取見道無爲」者。此舉見道，而等取修，無爲亦然，向亦無故。答此意者，無爲進向，義不勝故不取。如解向中，已爲此釋，故今不爲答。

章：「以彼經生」至「無由生欲界」者。此是答，二解合在。「必無命終」下，録錯。無命終之所以也，怖生死故，不生上界，欲界惑盡，不於欲生，爲此所以必不命終。如廣章説，録誤失安在問中。

章：「又多障難」者。放逸處故，唯梵王所居，放逸名障。

章：「何界所攝」者。此文説錯，應勘本。

章：「有果而非向」至「不進斷位是」者。此前問意，今約得是果亦爲向之者而以爲問，不據唯果及唯是向而作問端。初果第四，唯果非向，初向唯向，故今答中於此而答。不爾者，何所以而不取之。應撿廣章。

章：「如何而斷欲界第八品」等者。此脱七字。此中問意，八九未斷，有果[九六]生在，可名一間，既斷第八，唯第九下[九七]，而無半生，何名一間？答此意者，據小生説，名爲一間，亦無妨也。

章：「二性煩雜故」者。二性難辨，故不作而般涅槃。又生死厭者，生，性也，唯有一性，無極離厭，故得涅槃，略而言之，名無厭也。不作此釋，道理難知。

章：「略有五義」。如廣章説。

三科章

章：「五蘊通三性」者。問：《唯識》第八説五蘊等通三性收，今唯言二，豈不相違？答：今談蘊等體，遍計無體，故不説之，處、界准此。

章：「除一合我」至「合識爲一」者。問：執一開色爲十，理即章違合識爲一，如何能遣一合之執？答：爲執色身爲一，合我開爲十，但書心法，非見不執一，合不別開，非不開，除彼一合也。此門依彼《般若經》中，破一合相，以爲廢詮。

章：「又釋樂色多」至「開心爲七」者。此等文錯，應撿《俱舍》。

章：「好惡等三，據性是假」者。所之性者，非體性性，用性性也。而言好惡等，無故惡體[九八]，由能發生好惡心故，假名好惡，所依之體而是實，俱生二體是俱生故不説假。味性是假，准香應知，苦[九九]味性假設故也。

章：「定自在生實」者。定所生起色是實。

章：「定境色是假」者。即假想所觀之色，名定境也。

章：「如梵王起論」者。即彼梵王，不矯答梵衆，謟於馬勝，所發語者，皆有覆攝，把馬勝手，引迎馬勝。有覆身業上無不善，有覆心發名爲有覆，身語表實非有覆。

章：「二十四不相應隨應」者。等隨彼所依以明性也。

章：「法中定引果」者。即定果也，由定引故，名爲定引也。

章：「遍計並威儀」者。即遍計心妄爲色境，名遍計色。即遍計心於所計境作威儀解，名爲威儀。

章：「九變化五界中」者。「界」字錯也，合爲「蘊」字。又唯取色界者，「緣」字又[一〇〇]錯，又合爲「蘊」字，下自分別十八界故。若爾，下言識中唯第六等，如何今云唯色蘊？答：談所變化，唯色蘊故，心心所等，非所變化之第六説能化。若爾，眼耳二識，何名能變化？答：眼耳二種，實非能化，以眼耳二有二通故，名爲變化。

章：「五塵全」者。有云據實所變，皆能法處收，但以境對根言五境。

章：「扶根四塵扶根塵非業感」者。各自性收。

章：「非別有自性無記」者。談離異熟無記，更不別有自性無記，異熟生寬，攝得於彼。

章：「無間以辨緣」者。依等無間以辨緣也。

極微章

章：「《瑜伽》亦説」至「中間盡滅」者。更云不至，明無實微，若有實微，應云至也。

章：「翻解此」至「微至邊際」者。非至極微邊名際也，但七極微之處名之爲邊。

章：「便能清淨廣大修習」等者。根諸[一〇一]色心，無一念執著之心，故能廣大修清淨行。

章：「五勝利」者。一、以與二空爲方便故；二、又與至破辨色故；三、又能斷薩迦耶見等；四、憍慢伏故；五、煩惱纏除諸相。

章：「修諸[二〇二]空觀」至「先至極微」者。欲修法空觀，要先折色等。

章：「後入空故」者。「後」字錯也，疑爲「得」字，由斷煩惱得空也。

章：「斷集諦辨苦」者。爲因名集，爲果名苦。一諦體義分不同，小乘此二定別。

法苑義林章決擇記卷下本

校勘記

〔一〕「明」，底本原校云一本作「盛」。

〔二〕「物」，疑爲「無」。

〔三〕「彼云頌」，底本原校云一本無。

〔四〕「道」，底本原校云一本無。

〔五〕「無」，底本原校云一本無。

〔六〕「十善種有十戒但七支」，底本原校云一本作「十善種雖有十類功能，名爲律儀戒，但七支説有無表」。

〔七〕「章」，疑後有脱文。

〔八〕「即」，底本原校云一本前有「豈」字。

〔九〕「外」，底本原校疑衍。

〔一〇〕「令」，底本原校疑後有脱文。

〔一一〕「謂」，底本原校云一本作「須」。

〔一二〕「有也」，底本原校云一本作「者」。

〔一三〕「唱令」，底本原校云一本作「能合」。

〔一四〕「者」，底本原校疑後有脱文。

〔一五〕「爲眼會」，底本原校云一本作「倡令家」。

〔一六〕「僧」，底本原校云一本作「飲」。

〔一七〕「意」，底本原校云一本作「其」。

〔一八〕「具」，底本原校云一本作「制」。

〔一九〕「護謂」，底本原校云一本作「治」。

〔二〇〕「得即」，底本原校疑爲「即得」。

〔二一〕「名得」，底本原校云一本作「得名」。

〔二二〕「知」，底本原校云一本作「如」。

〔二三〕「增」，底本原校云一本作「僧」。

〔二四〕「亦隱形影」，底本原校云一本作「隱顯影彰」。

〔二五〕「形」，底本原校云一本作「戒」。

〔二六〕「大」，底本原校疑爲「不」。

〔二七〕「思」，底本原校云一本作「恩」或「愚」。

〔二八〕「表」，底本原校疑衍。

〔二九〕「斷」，底本原校疑衍。

〔三〇〕「壞」，底本原校疑衍。

〔三一〕「捨」，底本原校疑衍。

〔三二〕「無記」，底本原校云一本無。

〔三三〕「善」，底本原校云一本作「地」。

〔三四〕「表」，底本原校云一本無。

〔三五〕「故」，底本原校云一本作「及」。

〔三六〕「意」，底本原校云一本作「語」。

〔三七〕「行因」，底本原校云一本作「引問」。

〔三八〕「不」，底本原校云一本作「作」。

〔三九〕「俱」，《大乘法苑義林章》作「但」。

〔四〇〕「不」，底本原校云一本作「界」。

〔四一〕「次」，底本原校云一本作「決」。

〔四二〕「違」，底本原校疑爲「遠」。

〔四三〕「怨」，底本原校疑爲「造惡」。

〔四四〕「非」，《大乘法苑義林章》作「或」。

〔四五〕「變感」，底本原校云一本作「發色」。

〔四六〕「鬼」，《大乘法苑義林章》作「罪」。

〔四七〕「據」，《大乘法苑義林章》作「搋迦」。

〔四八〕「汗」，底本原校云一本作「然有」。

〔四九〕「被」，《大乘法苑義林章》作「若」。

〔五〇〕「五」，底本原校云一本後有「百」字。

〔五一〕「持」，底本原校云一本作「時」。

〔五二〕「雖」，底本原校云一本後有「能」字。

〔五三〕「心」，底本原校疑衍，又云一本作「行」，一本作「業」。

〔五四〕「行」，底本原校云一本作「第二」。

〔五五〕「欲」，底本原校云一本作「顯」或「煩」。

〔五六〕「數」，疑爲「段」。

〔五七〕「樂」，底本原校疑爲「養」。
〔五八〕「識」，底本原校疑衍。
〔五九〕「根」，《大乘法苑義林章》作「本」。
〔六〇〕「明增」，《大乘法苑義林章》作「得」。
〔六一〕「義」，底本原校云一本作「識」。
〔六二〕「礙」，底本原校云一本作「壞」。
〔六三〕「衆」，底本原校云一本作「緣」。
〔六四〕「難作」，底本原校疑爲「作難」。
〔六五〕「相」，底本原校云一本作「根」。
〔六六〕「及思成等」，底本原校疑爲「變魚成米」。
〔六七〕「漏」，底本原校云一本作「情」。
〔六八〕「量」，底本原校云一本作「豈」。
〔六九〕「質」，底本原校云一本作「資」。
〔七〇〕「界」，疑後有脱文。
〔七一〕「得」，《大乘法苑義林章》作「後」。
〔七二〕「娑」，疑爲「沙」。
〔七三〕「出」，底本原校疑爲「於」。
〔七四〕「觀」，《大乘法苑義林章》作「現」。
〔七五〕「觀邊」至「方便」，底本原校云一本無。
〔七六〕「名亂天」，底本原校云一本無。
〔七七〕「案未開」，底本原校云一本作「覺未開悟」。
〔七八〕「綞」，底本原校云一本作「淹」。
〔七九〕「通」，《大乘法苑義林章》作「遍」。
〔八〇〕「無」，底本原校疑衍。
〔八一〕「若此」，疑衍。
〔八二〕「仍」，底本原校云一本作「尚」。
〔八三〕「前」，底本原校云一本作「後」或「彼」。
〔八四〕「定」，底本原校云一本作「是」。
〔八五〕「至」，《大乘法苑義林章》無。
〔八六〕「惟分别」，底本原校云一本作「准可知」。
〔八七〕「便」，疑爲「更」。
〔八八〕「餘」，《大乘法苑義林章》作「除」。
〔八九〕「戒」，底本原校云一本作「形」。
〔九〇〕「淨觀」，底本原校云一本作「不淨」。
〔九一〕「六七」，《大乘法苑義林章》作「七八」。
〔九二〕「六」，疑衍。

〔九三〕「名」，疑衍。

〔九四〕「四」，《大乘法苑義林章》前有「對」字。

〔九五〕「三」，底本原校云一本作「六」。

〔九六〕「果」，疑爲「半」。

〔九七〕「下」，底本原校云一本作「品」。

〔九八〕「無故惡體」，底本原校疑爲「惡體無故」。

〔九九〕「苦」，底本原校云一本作「若」。

〔一〇〇〕「又」，底本原校疑爲「亦」。

〔一〇一〕「根諸」，底本原校疑爲「諸根」。

〔一〇二〕「諸」，底本原校云一本作「法」。

法苑義林章決擇記卷下末

沙門智周撰

勝定果色章

章：「心自住轉」者。由自在心，而乃得起。

起者，生義。

章：「微細性」者。談此定色，是微細也。

章：「空量地處」者。毛端量許空，色端量許地，合而言之，空量地也。

章：「豈二乘等者〔一〕亦不能變」者。准彼《顯揚》，二乘聖者亦不能變也。

章：「無色界天許雨淚故」者。牒前《阿含》，證其凡夫而得變也。問：但言天雨，不說凡夫，如何證知凡夫亦得起？答：但言天雨，不言唯聖，不障凡夫，故得通也。

章：「顯非出世智之所行」者。説無分別智，名出世間智，非攝後得智，若不爾者，何所以言非出世定之所行。

章：「隨所修勝定果色勝解」者。隨此修勝果色之勝解，所以一切如實成辨。文中臨〔三〕宗也。

章：「説初勝處」者。八勝處中初勝處也。

章：「若勝者」至「所攝色」者。作此勝處，有其勝劣等之行智相，今舉等勝，總意證之。既依勝處觀聲香等，作八解脱亦復觀之，後起神通變於境，雖解脱等因，故亦變五境。

章：「定前加行因劣故，不能變起[三]」者。彼定前加行但變色三界，不變香、味。所以然者，彼定地無香、味故。加行心不思變，即加行心名爲因。

章：「設復變之，無彼實用」者。問：彼變色等，亦無實用，何即變之？答：雖無實用，以此定地有此三故，故可變之，不用香等。

章：「不可説言」至「有實用故」者。此並牒難詞也，思之。

章：「根爲識依」至「具五境故」者。並是釋難也，思之可知。言似根但是色等五攝者，以無根用，但五塵中收。

章：「然從緣彼」至「發故」者。緣彼觸處大變起影像已，定之大種，方變造爲此疎緣，亦定是色觸大種造。

章：「一者觸處業等」者。等取心心所也。

章：「此唯定果意」者。牒「此唯定果」四字，勘餘本。

章：「或五識境」者。定果色通變五塵，故五識緣也。

章：「或通不繫」者。無漏既許通十八界，觸大種故通不繫。

章：「隨定前因」者。定前以初期心先變大種，後造色也。即是前心，名之爲因。

章：「此大通造三識之境」者。第八、第六、五識爲一，名三識。

章：「亦許定力先起定果」者。起定果者，定果色也。言「本識等境大，後造生故」者，「等」者，等取五、六識，此意説由於彼定色故，第八等境還復[四]自大種變所造而爲境。

章：「或此文説」至「後造生故」者。依初文者，依觸處説，由定繫彼大種起已造色，方依彼能繫，名勝定色。

章：「雖定亦變」至「大種所造」者。此

意説云，定四大種變自親能生定果色時，要託觸處以爲本質，法處四大方變定色，今從本質説初能造。

章：「定大種劣，不説依起」者。定四大種，當身不説，依觸大起，説定果色親依觸大生。

章：「然非本大親變[五]能生」者。觸處本質，名本大也。

章：「《顯揚》意説」至「非定中」者。依此説言非實大生者，非是觸大種親生，名非實生，非説定中大種不親生故，名非定生。

章：「若初大種」至「非親造故」者。三識名准前，應望果色，相依名造，非是親造。

章：「若後大造」至「非疎遠」者。法處大種望定果色，俱時親造。

章：「若依初造」至「能造無漏」者。約大種，約疎相依，名之爲造，所以下大能造上等[六]，思之可知。

章：「或以自處能造他處」者。此有二釋。一云即如經云，「耳根門入正受根門三昧起」等，即以耳根大種造眼處門中定果色等，思之。二云觀此觸處大種起通變起他身定彼色，此不及初釋。

章：「此依依處大種所造」者。此初文中，據依法處大方造色。

章：「如依此處」至「豈無大造」者。入定之時，不杖觸處，以爲本質，又彼定前加行之心，不作期願，先變大種，後變造色。然彼定中得起定果，此定果色豈無大造。

章：「即隨所依」至「第三依處」者。出能造大也。凡入定時，各有所依床座等物，故以此物大種而爲造定果色，此異前二，故名第三。非唯床座名爲第三，俱言前二爲能造者，皆第三攝。

章：「唯故觀處」者。此初方便，但是發起觀行心處，不起定色。若不爾者，方便義同，何故復三即不能發。今助救云，方便以創初故，故心猛利。餘三非創，故不爲例。又初近分得有見道，豈近分同許不起見道耶。

章：「更除中間」者。以隨恐〔七〕處，故此義不好。所以然者，有聖教説梵王來於佛邊聽法，謟至其界際，佛語彼，自應非本起心令變定色，爲自所依，方乃得故。以此故知，此亦不可。

章：「無漏不論」者。無漏非繫，不得論一，共三界差別，故名不論。問：如來所變，亦唯無漏，何故即説通三界耶？答：尅實性論，佛約示現，亦不相違。

章：「善及無記」者。問：今此定果爲定散耶？答。若是定者，何名無記，定唯善故。若非定故，是法處收，不可名散，亦説此爲三摩呬多。故答此義極難，義且相傳，釋非全是，定亦非全散，爲此得名三摩呬多及無記。如睡初起，未醒時，不名全心無，不名全睡，此亦如是，思之。

章：「又菩薩一向善」者。設爲嬉戲，亦爲利益，故唯善也。

章：「定力但是任運生故」者。但於定中，心欲所起，而即非之，不同於通，要加行思，後方變作。

章：「或是根本及果所變」者。定是根本，通是果也，定果故。

章：「根本境定力所起」。是根本家所緣之境。

章：「若解脱境」等者。通是解脱，通所變境，是解脱所觀之境。

章：「然通能引根之與塵」者。通勝定劣，故通根。

十因章 卷第五末

章：「隨之説，名隨説因」者。但言隨説，可是依主。言隨説因，即是持業。今言因者，且總相説。

章：「若待能受有所受」者。問：與前何別？答：前所受爲先，後能受爲先，先後難〔八〕殊，所受一種通一切。

章：「餘有通故」者。即所受也，能受餘故。

章：「若疎緣相攝」者。依《瑜伽・尋伺地》意，除其種子，是因攝，種子是彼生起因收，如《唯識》第八。

章：「依引中等」者。取上品但[九]中，上不引下。

章：「後界狹性寬」者。唯引當界名爲狹，通善惡性，招異熟故，名之爲寬。

章：「諸雜染法清淨法家相違」者。不相違因雜染者，相違因合而言也。言加行者，依生等事明前因，事已更依生住説此二，故名之加行。

章：「有依主釋，亦持業也」者。不但唯依主。亦得持業。思之可知。

章：「若清淨之隨説因」「體通三性」者。以不善心説無漏法，即是不善爲清淨因。餘准可知，總而言故。

章：「若據觀察」至「有漏性」者。其攝受因，攝六依處，妙觀察智與染第七爲無間緣，第七爲果，觀察爲因，據此義邊，故果得通有漏三性。且舉末那，餘准思之。

章：「既言於勝品亦」至「三性」者。雖作此釋，道理稍難。有漏三性望於無漏，無漏可得名之爲上，漏無漏別，善惡等殊，何名同類，故爲不可。

章：「若清淨法之定異」至「果是無爲」者。約究竟説，究意言意，一切有漏爲無漏之因，皆是無爲之因法。

章：「若能同辨」至「通三性也」者。謂從觀待，通至差別，並名同事，即妙觀等與第七識爲等無間，名辨末那，與攝義亦相似。

章：「若總而言之，何妨亦通三性」者。別問[一〇]言之，不善、有覆，總合而説，故可通三。

章：「雜染法之隨説因」者。問：雜染既攝有漏三性，下何故説無記十因？答：雜染義寬，無記義有別，故別明之。

章：「因果差別」等者。雖俱是受，約因果別，所以能受待受也。「差別」「應思」者，即是苦受待樂受等，雖總名受，苦樂等別。

章：「若據表業」至「於理何失」者。若約表邊，何妨果因俱通。善等之首等，舉其表色。

章：「少有雜染牽引因」等者。此中意說，據業牽引邊，有少分雜染牽引因體，與果性可別也，非一切故，故言少有。

章：「若雜染之攝受」至「法性同前」者。同前清淨之攝受因唯清淨，此之攝受果亦唯雜染。

章：「言引發」至「果性同前」者。與之攝受相似，思之可知。

章：「亦可無此釋」者。說三性之因，並能與彼勝三性果而爲其因，論言得與勝爲因故。今不許者，不約三性應得爲因，論中但勝因類故，不言異類。

章：「若據因有漏善」至「無爲耶」者。有漏善者，取六行道，此六行道既能斷惑，何妨雜染因果得通無爲。問：大乘六行，不得雖[二]繫，但得非擇，如何今言證離繫？答：雖實六行不證離繫，由此爲因，得後能證，故據遠說。或此中談薩婆多，彼許六行得離繫故，雖然彼宗不說有十因。

章：「言定異」至「體通善惡二性」者。此中文錯，「果法」二字應重言，「若有爲」者，「若」字賸也，應撿勘餘本。

章：「言相違因」至「唯善性也」者。問：無爲以爲諸法之依，如何說言是雜染法相違因也？答：由無漏道，證真如已，雜染便斷，據此義邊，說彼真如爲相違因，不爾，稍難。問：異生性是聖相違，何故不有雜染，即因清淨准此？答：今說不得雜染，即是雜染家因，異生性者是聖相違，不是雜染相違因也，清淨准知。問：若爾，何故釋名中云相違即因？答：前言即因，不約其性，但總說故，可言即因，今者約性，所以不同相違因。

章：「果即種通一切」者。因唯有漏，可通三性，果通一切，有漏無漏有爲無爲等。俱所障者，皆有名果故，故名寬也。餘准可知。

章：「果上實無記」者。佛之上實無無記。

章：「爲極成」者。爲善極成。

章：「通有漏無漏」者。因果合説。

章：「以果顯形待水」等者。水中顯形者，是影像色也。

章：「以八取外麥」等者。記者，説也。論中據假且説外麥等，據實因種上無記，如名言種子亦是無記，即因。

章：「第四廢立」至「有六別」者。如《義燈》中煩略明之。

五果章

章：「總中」者。總談五果，名之爲總。

章：「於中依總立」者。以彼别法本依總故，云依於總得士用名。

章：「六行所住」等者。「住」字錯也。應合是「得」。由作斷惑，不得離繫，故增上收。

章：「勝者名士用」等者。簡非勝招致也。

章：「果衆唯尅今無〔三〕五果」者。「唯」字疑錯，意説果雖衆多，尅體只合五也。

章：「此依聖教」至「通無爲處」者。大乘聖教，無文説無爲得增上、士用二果處也，若准小乘，我即許得之。

章：「無記望善惡法」者。釋滅異熟也。

章：「以顯無爲」至「一二果」者。一者無爲離繫，二者有爲增上，異熟據相而分别也。

法處色變章

章：「就此論説五」者。此《對法》也，此章本依《對法論》作。

章：「一、影像」者。或託質所變起故，或自心上變現之者。

章：「二、所作成就〔三〕」者。變定果有實用也。

章：「三、無見」者。此定果色，是法七

處[一四]色，色者非眼見故。若爾，如何此界凡夫見佛身等及梵王等？答：言得見者，由他定通之所引，故今談不見，尅體而説。故《唯識》云：「定通等力，即不決定」，測法師云：「定通等色非眼見」，引此文證。而言見者，但是爲緣起業界色，從緣也。

章：「非實大生」者。無別大種而生此色，或隨所依，或杖質，大種生也。

章：「六、計[一五]屬心相」者。此章通等，屬能變心也。

章：「七、世間」者。以是事故，名爲世間，遍無漏云，但辨有漏。又云，世間定果辨能因也。

章：「自他地境」者。所變定色，通自他緣。梵王等自變所依，自受用故，名爲自境，引他爲得見，名他境。

章：「熏種爲因，後生根境」者。由獨意識相境熏種子故，此種爲因，復生根境，若不爾者，獨散意成種也。意識與五，因[一六]緣之時，不緣根故。又意爲因，不説緣彼龜毛、兔角，所起遍計熏種子，後生實現也。

章：「以因從果」者。所生根名之爲果。

章：「以影隨質」者。遍計影像，從所緣質。有云，問：如空華、龜毛等是遍計色，既無果可生，不可從果，是何所攝？無本質攝，此爲法處攝？答：此説果攝，與見同種，法現生隨，色蘊攝故，於法處不可云也。

章：「若假若實」至「異於餘類」者。此談《顯揚》定果十二，與法處中餘四別意，或與餘根塵等，多別意也。有云，諸於差別下屬下，唯立三種等中。

章：「理應法處唯有三種」者。章主聊簡，立爲三也。

章：「《五蘊》等説者」至「此云何然」。難《五蘊論》，思之可知。

章：「影暗」。翻前光明。

章：「上下見別」至「及空一顯」者。上觀

者名空一，下觀之者名向也。

章：「界色攝六種色」者。界者，空界色也，明暗、光影、空一，極逈。

章：「一因中計所變五根五塵」者。牘彼「一」字，意識所變根，皆遍計攝。

章：「定境色」等者。此言定者，即散心定，即是等持，若等引定，是第五自在中收，如何説在遍計中耶？見無用等，言通彼根塵定轉也。有云，除無漏位，以因中遍定心影像無實用者，並名遍此色體者。此釋不然，下許定中而有假色，若假皆遍計收，定中更有何假法，而言通假耶？

章：「一者總義」者。略聚衆色而總之。

章：「今此色者」至「持業爲勝」者。言即色者，簡彼通色，彼通色故，持業勝。

章：「色既通名，初後解勝」者。今者既意明極逈色，初持業釋，極過即色，色在於極。第二釋者，逈色之極，逈色即是色處，逈色極但是法處，法處極持逈色，不該談故爲不好。於三釋者，逈之極色，色談於極，故爲勝也。

章：「逈色」者。總者，逈中攝彼光明、暗影，故得總名。

章：「處所寛廣，復能爲依」者。處所寛者，義同總也，依逈色有光明等。

章：「恐濫虚空」者。恐濫虚空無爲也。

章：「又逈色通」至「但稱極逈」者。此舉例答，如以逈色爲空界。准上釋名，然但名逈，不以通空即名極空。今者極逈亦復如是，雖復通空，不以通空即名極空，爲此但名極逈色也。

章：「散合二名，即成兩釋」者。散，依主釋，合，持業釋，名爲二釋。有云，准此合釋，但一依主，謂受之所引色故等者。今觀合釋，但是持業，依主者即不可也。

章：「又別解脱」至「亦名受所引」者。以彼隨心，從不隨心。有云，或以是無表因故，説彼別縁得名者，此不可也，與下釋何別？

章：「亦亦兩解」者。亦是散合，成其二解，此散即持業，合即依主。

章：「猶如變化」者。此定果色，如變化也。

章：「彼果」者。此定果色，是彼定前加行心果，由加行先期欲變，後方變也。

章：「彼境」者。定果色，定所行境。

章：「解脱勝處」至「實用都無」者。此即皆是假[一七]心中變多等，由此假相能起遍往來無礙。

章：「佛智具能現諸影故」者。諸佛亦有假影像也，如緣龜毛等所有影像，及知外道所執我等。佛不緣，不名遍智，若緣於彼，影像即實，此等影種，豈可生彼龜毛現行耶？故知假也。

章：「然由聖者」至「極殊勝故」者。令他所見，以有形像，名爲成實，極殊勝也。非是令他有受用故，名爲殊勝。

章：「《瑜伽》唯説」至「略而不説」者。此會初引《瑜伽》，彼文但言威德定色而是實色，故略不説，餘假想也。

章：「由三品心」至「後是實色」者。下中品起影色，上品起者名成熟色，初即影像，後成熟。

章：「若與能緣體雖離」者。問：五識緣境依本質，能緣既與本質相離，如何得有合中知耶？答：約相分合中知，八識皆是合中知攝。若隔相分，名離中知，識杖質皆離中知，進退俱過。若言境親近識之者，爲合中知者，既俱言離，何得有親？應尋善釋。

章：「諸非實色」至「無用」者。即緣龜毛等所有相分，與能緣見同種生。

章：「或與質同種生」者。即極微等。

章：「别從種生」。定果善實色。

章：「依此二理」者。即次前三。或有色用假實二理[一八]。

章：「《集量論》説疏所緣緣」等者。此論説云，但疏所緣，皆有本質。

章：「論説極微有十五故」者。欲界十色處，色、無色界定果五塵，以定[一九]報同，故合爲五，應撿彼論。

章：「次影迥」至「色無別處所」者。此極迥，依空界色上下分，成影過及空一顯，色、無色無別處故，不可取無色界也。

章：「然從緣彼種類影迥」者。色界定色種類。

章：「説彼大造」者。所發定色，即以種類色之大種造也，前者本質，至「名教以爲本質」者，前即所説，隨有本質及無本質，總以名教爲本質。

章：「許識行相」至「定有本質」者。此意説云，若質爲所緣，相分爲行相，若相分爲所緣，見分爲行相。若唯影像，如何相分名爲行相？若唯本質，如何見分名爲行相？既説見相分通名行相，故俱有質、影二也，思之。

章：「折緣諸色因名教」者。本質如前者，若緣諸色，若折諸色，并杖名教而爲質，皆有本質，同前師説。

章：「劫盡常假」者。「假」字錯也，合爲「隱」字。如外道計劫壞之時父母而常微，各各散隱，而不滅無。

章：「離説行相」至「通一切心」。若但行相通見，誰言一切心心所法皆相分爲行相耶？

章：「正智緣如行一故」者。見分行也。

章：「若緣如智」至「有真如」者。若根本智亦有相分，相分通隔，更説於誰能親證如？既不親證，誰智如有？

章：「又諸菩薩」至「依何本質」者。此意證云，此位雖有影像威儀，而無本質，明影像非皆有。即此菩薩定前加行願入定已，十方佛土現種種身説種種法以爲佛事，由此加行入定後，而能隨願，種種皆成。

章：「不爾」至「諸威儀」者。若不同前説，爾者，八地上位常定，無別定加行繫發，如何念念能入滅定？既許念念能入滅定，明知不要據彼第六威儀定心，威儀方起。又經言「念念入」者，談彼菩薩堪能如是，非是念念恒在滅定。若恒滅定，一僧祇中所有煩惱等豈不斷除？稍難，思之。第八杖彼第六相分以爲本質而緣持也。

章：「又梵王等」至「爲本質耶」者。此意説云，正聽法時，能變之識而已滅位，又定等識非時時現，此身形兩影像既無本質，何依得有？此既得有，明非影像，皆依質生。餘細思之。

章：「性境不隨心」者。一意之法處色性境等，當何境攝，如《義燈》第一。

三寶章卷第六本

章：「又云」至「一切三寶」者。此並彼論釋詞，意思可知。

章：「安慧意同天親」者。同天親師《俱舍論》中「歸敬頌」中「諸一切」言。

章：「諸會諸聖衆」者。亦是《雜集》「歸敬頌」文。

章：「住道」者。十地菩薩名爲住道。即辟支迦亦名住道，緣覺之中而無前三果及向故，故名住道。

章：「彼由記説變現力故」者。善説諸法，名爲記説。起諸神通，名爲變現。

章：「依彼經」至「名爲命道」者。辨二差別，由持戒後，爲他説聖道等法，名爲示道。但持戒等，不爲他説聖道等法，即名命道。言具六支者，即次云「軌[三〇]則所行清淨」等是如，是無表説。

章：「於汙道中」等者。由無初三，應汙中求有見者而奉事。

章：「乃至弃捨」者。師也，有白法香氣者，即戒種，斷戒種子，但用捨之種子在也。

章：「寂靜根」者。菩薩名也，而能寂靜諸根過故。

章：「因聖所修」等者。因中聖者名因聖。二利行者，唯取無漏真三寶故。

章：「二轉依果是果法寶」者。問：果法佛寶何殊？答：佛果通取五聚諸法及似[三一]假者，法實但取所依真理及彼所依別別無漏之法，故二別也。

章：「能依德義」者。道所依法上，有此能依，佛位僧位，亦取此位，並名佛僧。

章：「麟角獨覺，天趣亦然」者。此麟角獨出天趣之中，無〔三一〕出家僧，是僧種類，總得名僧。雖取事和，有理無諍，同於菩薩，故言亦然。思之。

章：「如上二界」至「四果」者。言二果者，即初二果。言四果者，總談四種，以欲六天得有四有，總説也。今助釋者，二前同前四者，第四欲界六天，舉初二果，顯有學果，但説第四，影第三，不爾，何須言二四？

章：「不同有宗」至「生罪福」者。薩婆多説，五藴假者，非是佛僧，取彼所有無漏法，名佛僧體。彼宗意説，佛僧五藴俱有漏故，即此五藴爲無漏法之所依故，故損益時，成其罪福。

章：「先受歸取〔三二〕，三乘皆取」者。約納受人，通取三乘，皆爲所歸。又云，見道已上，乃至八種亦爾等，並明所歸。聲聞有五，獨覺三種，如乘章説。菩薩八種，撿文可悉。

章：「對〔三四〕詮辨實」者。此意説云，將詮對實，實者真如，實非四諦是詮，實非詮故。

章：「依詮顯旨」者。依於言詮，明於旨者，一體三寶，可滅諦攝。

章：「准下，住持三寶亦苦集攝」者。顯釋破〔三五〕也。

章：「謂聲法處」者。聲處，法處也。言五藴者，聲等藴與行同時，心王心所即四藴攝。住持法中無理果故，但明教行。

章：「於三聚法平等開覺」者。善及不善並無記。

章：「法名不覺」者。問非自覺，亦不覺他，故名不覺。

章：「從多論議」者。多者，衆多也，依多義故，以立僧名，非要言邊作幾字也。

章：「如辨法事」至「而自白耶」者。此意說云，律中說言，四人爲僧，談辨法事，言四人也。得僧名者，即是三人，能白之者，非是僧也。非辨法事，但有三人，即得名僧。又如受日，雖四人，法事不成。一說羯磨，一受四人，餘者二人，不成僧事。以此故知，所和三人，而得僧體。

章：「辨法事故，非所和體」者。即能羯磨自事，三[二六]人非是所和僧體攝也。

章：「所證無異[二七]」者。師資所證，法無差別。

章：「能證因果」者。資因師果。

章：「六種人」等者。能信、所信，合成六種。所信法寶雖非是人，人之所證，亦得人稱。

章：「捨煩惱苦所緣境業」等。正智能捨也，等所捨知所觀境不爲所緣即教理，非以煩惱爲所緣境，思之。

章：「應以餘相隨念」等者。此意說云，具佛寶相，非是法寶，僧寶亦爾。

章：「能覺所覺」等者。談此真如理能覺性，即名佛寶。所覺之性，即法寶收。隨分覺性，即名僧寶。

章：「爲異彼徒」者。但唯言僧，即濫外道，今言佛僧，簡別外道故。

章：「佛據易損」至「通爲二乘」者。化身易損，今說五逆，通對二乘。若說法報，成於逆者，非二乘知，所以不說。

章：「隨類化」至「亦成逆」者。爲傍生類等，縱殺非逆。若其菩薩，同出家類，殺成逆罪。

章：「何不[二八]」至「分三」者。云何性等理一分三？究意依求等果一分三。究意之時，唯即一果，據意方便，分得圓滿，得分三乘果，此約不定性人說好。

章：「或寶雖可重」至「寶一分三一」者。此意說言，寶亦得言一寶，三乘三寶，三乘一一寶中，皆有三乘，名一寶。第二，以佛寶通應二乘，即一佛寶而有三乘。法、僧寶亦爾。雖作此釋，答難不爾。一乘三寶，但具一分，而有三寶。何故？一寶三乘，即寶寶中有三乘，故名一寶三分。解者乘得，然立於一乘，故立一分而有三寶。寶中無文，唯立一寶，寶不同乘。

章：「僧本非多」等者。真如即是僧所依本。

章：「佛非二乘，故無三二」者。此意説云，不得説三，聲聞等佛，故二乘中不別立有三身一身。

章：「何因隨念加六加三」者。念佛、法、僧，六者加施、戒、天，念三令其親近，念六令其行進修。

破魔章

章：「既分二死」等者。於列名之中，雖復不列，然前分段、變易，事有死蘊。

章：「惡魔波旬，號名雙舉」者。魔者是號，波旬是名。上言惡者，對善之稱，非魔稱。

章：「神光用潔名自在名天」者。此中文錯，應言「自在、光潔、神用名天」，勘餘本。

章：「或兼死觸，觸於末摩」者。死觸即是末摩，爲體四大，觸之便死。

章：「變易正死將死二位」者。此亦與彼分段相似。

章：「唯説蘊惑以爲魔軍」者。此以惑蘊爲此十魔，飢渴及欲等，名之爲蘊，三毒等類，即是惑收。

章：「天魏弊阿難心〔三九〕」等者。釋但立三，不立天魔之所以也，舉事明之。

章：「情立一魔」者。情謂有情。

章：「唯業一種不立爲魔」者。分段、變易二俱有業中煩惱業，望因及果，而體是劣，故不立之，變易業事無疑。

章：「一情分假實」者。分段天魔是實情收，變易天魔假情收。

章：「所知障品」至「故説後四」者。此煩惱所知障品不立蘊天魔等，但立四倒爲魔，所以由彼二乘起無常無樂無我等倒，障大涅槃常樂等四德，故亦名魔，然所知障不能別感異熟果也。言「說二乘起障四倒約[三〇]涅槃」者，此中文錯，應云「障涅槃四德位」，或應云「障四德」，「涅槃」約字應是「德」字。

章：「別障相似」者。二四之中，皆有蘊、死，云六或四，故名相似。

章：「由智證真，彼方滅故」者。我生已盡等，四智方成。

章：「又具破四」者。分段、變易二四俱破。

章：「阿彌陀佛既有魔王」等者。此釋變易天魔所以。通十地有，名「已上諸位」。又云，若住菩薩者，通取住十地菩薩。今觀文意，住第七地名爲住，思之。

三慧章 卷第六末

章：「有說此三」至「或七八識」者。此師意說，以果第八緣於教理，故通三慧，第七亦然，因中無漏第七亦得緣教理，故不正義也。

章：「若能引意」至「生得善」者。後師牒前義。言「亦應能引」至「唯五識俱生」者，後師舉例以難前師。「若爾」至「違聖教」者，後師牒前，辯違教，思之可知。

章：「若親聞聲，方名聞者」者。後師牒前師。前師之意云，親聞名義教法之聲，方成聞慧，五識既不親緣於彼，故非聞慧。云「意慧應非」者，後師難前師。前師意云，意識卒[三一]爾，聞聲之時，思未起尋求，尋求以後，其慧方生，此慧既滅，不親聞聲，應同五識，不名聞慧，有尋求時聲之無故。云「若聞聲」至「五亦應有」者，後師舉前師義，例成自義。前師意云，後之慧雖不聞聲，由意聞聲，引成於慧，慧名聞也。後師例云，五識亦爾，雖不親聞名義之教，由彼聞慧第六引成五聞，斯有何失？故後師解爲正。

章：「故耳識俱」至「亦是聞慧」者。縱與耳識同時明了，意亦得是聞。言「意別」者，「別」

字應錯，合是「識」字。問：《瑜伽論》云，聞謂比量，與耳俱意，既是現量，何得有聞？答：《瑜伽》且據獨意而明，今此通説，道理稍難。

章：「由此聞慧」至「亦通五識」者。聞慧自性唯意識，但約所引等，得通五識，如分別惑自性意，但據意引邊，亦通五識。

章：「非七識俱」至「行相深故」者。在無漏位，雖行相深，是修慧，慧亦無思〔三二〕，有漏可知。

章：「佛無思慧，非第八識俱」者。無漏第八，行相雖深，佛位無思，故八不有漏，可知。

章：「思謂思數」至「隣近釋」者。談隣近釋，全取他名。今言思慧名鄰近者，自他俱取。理即有濫，鄰近、依主，二有何別？以是故知，第二釋言依主釋者而爲勝也。如宿住智，亦用此判。

章：「念三藏教及師友教」者。餘也涅槃會之義，非但解三藏教名爲聞慧，解師主教、朋友教，亦名聞慧。

章：「於命牛等」至「食艸所成」者。人以食成命，牛以艸成於命，命名所成。

章：「又於依止」等者。句等即是依止。

章：「雖彼亦説」至「非彼文故」者。此會違也。且〔三三〕素怛纜所詮之義，非思素怛纜能詮教文，故云「非彼文故」，亦無違。

章：「在佛身中」至「然皆證解」者。文即是第二義也。於中難意，思惟可知。

章：「餘爲福相，劣故合説」者。此依六度，分爲二類，餘五度福。

章：「彼地無故」。彼無色界，無決釋〔三四〕分。決釋分爲見道加行，無色以慧劣，不得能爲勝見道加行。問：初無漏根，許在資糧、加行二位，《唯識》七云，「有勝見道，傍修得故」，許無色界有三無漏根，如何加行無色無耶？答：三根義寬，加行即狹。但言無色得有三根，非是一切皆須彼有。資糧未知彼界心有，加行未知彼界即無，未知亦何爽理？又如見道前十五心，有所未知，可當知故，名未知，而不得名爲加行，故未知根寬、加行狹也。或無色以亦能少分作彼加行，加行方便非正彼位，彼位唯依色界，思之。

章：「如目連」至「非聞慧」者。雖以欲界耳根爲緣，但是[三五]修慧，非唯聞慧。

章：「何故中間説無聞慧」者。此難唯在五地中也。又云，不許上三未至地無者，此難或在七地中也。總意難云，有何所以，中間地無未至相似，何故上三即不許有。

章：「有漏無漏異心名出」者。此師意説，出無漏定後，起有漏定，名出無漏定。在有漏定，出有漏定，翻此應知。若其凡夫入初禪定，起餘禪三心，名出初禪，餘皆准此。今且依下起上心爲問。若得初禪，起欲界心，亦名爲出。問：第二師要生彼起聞慧者，七地以前諸菩薩等身欲界，起上定聽佛説法，豈説下界起上聞慧耶？答：依上地心聽法者，實是意識相應修慧義分爲聞慧，非是實起上地聞也，今明起實聞慧也。又起出世心聽法者，非出定心，故亦不可。以此故知，不起者勝。

章：「彼説厭苦」等者。彼《勝鬘經》説，心法智而厭於苦，求涅槃也。

章：「斷諸住地」者。斷五住地也。

章：「三皆通二」者。或勝義，或世俗，皆有四重。合而言之，合世三俗三慧，理即無疑。勝義之中，無漏即各別無漏義分。或可依四重，而説勝義之唯無漏，義説一一通二。

章：「觀」至「境」等者。觀此二十二根功能善能立之所以等。「一、觀業根」，「根」字應錯，合是「報」字。觀意可知。「三、觀羅漢隨眠」者，觀察羅漢爲有隨眠、爲無隨眠也。「四、觀心樂禪樂」等者，觀此心禪兩樂差別。「五、觀聖自在通達」者，觀此三其神通差別。此之五種，並是所觀。

章：「彼經自説」至「道因故」者。引此文意證通三慧。言「隨信」者，聞思二慧。「信增上」者，即是修慧。「依明信」者，即此明信爲三慧依。「隨順法智」者，無分別智。「自性清淨」者，即是真如。「彼爲煩惱染汙而得究意[三六]」者，「彼」者真如，觀真如得離煩惱。且作此釋，理恐未詳，應撿彼經及疏。

章：「通有漏無漏二慧」者。即漏無漏，名之爲二。

章：「因、集、生、緣」等者。此十六，《俱舍論》中及《對法論》廣易多解之，今且依文略釋。因者，爲苦等，因集煩惱。生者，能生諸法。緣爲諸漏等緣。滅者，能滅諸惑。靜者，體離散亂。妙者，起勝爲離諸惑行[三七]。道者，遊履通生之義，由無漏道通生諸聖。如者，稱實之義，如其意實理稱而知之。行、出等者，應撿《俱舍》。

章：「菩薩昔在」至「而爲此觀」者。問：准何得知在菩提樹？答：道樹已雖復亦作，而不定故，菩提樹下唯欲起見道，故艸須化，攝定處，言得理已，後方作淨觀，故道樹下見道之前但化染二更緣生。

章：「前五神通」。之[三八]中前五通也。

章：「空八智攝」者。通四諦十智之中，除彼世俗及他心智，中間八智緣前空。無願六者，法智、類智、苦智、集智、道智、無生智。無生緣諦爲境，至無學位，苦便不生，名爲無生。有爲之法，不可願求，所以六智名無願也。無相五智者，法智、類智、滅智、道智及其空智，法、類二智而是總故，故通無相。空智而滅諦爲境。有漏之者，名爲有相，所以道諦亦無相收。然有處說，空智緣苦，苦果無故，無生緣滅之無生。故諸教不定，且作此釋，爲未定。

章：「評曰」至「是生得慧」者。諸宗意說，受持三藏，但是劣慧，非是殊勝，故生得收。

章：「成八千功德」者。「八」字錯，應是「六」字，應撿餘本。

章：「不爾，三地」至「自在愚」者。此意證有別修法義等四之總持，地[三九]已後方斷此障。

上下細披，義可知異。

章：「由此定非四十心」等者。既言獲常六根等，明知不是四十等也。

章：「是決擇」至「此説聞思」等者。談決擇分體，而是修慧。在此位中，爲佛法及説法，但是殊勝自在聞慧，非是修慧，未能在定而法〔四〇〕故。

章：「如實義者」至「非憂根俱」者。問：如内初之中，五有聞熏，而是正義，如何今者，如實義者，不許聞慧苦根應〔四一〕？答：不障聞慧，與五俱有，然憂、苦受，非聞慧並，義相違故。苦受雖不聞慧相應，不廢聞慧，意識俱有，何妨不與苦受俱起，種類五有。

章：「唯依色地，聞有種類故」者。既漏唯在上二界有，色界之中有散聞慧，是無漏者之種類故，故無漏慧實體是修，聞教等是義分聞慧。

章：「若無學身」至「通無學」者。此説羅漢，而有二説，一云唯無漏法名爲無學，一云無學身有漏善等，順無學收。今取後義，聞慧順無學故，亦名無學。問：何故不以義分聞慧，言通無學説相從？答：聲聞不能無漏心中聽法，思量後得，有不廣不得義分故，但相從名無學也，通緣三種，聞、思、修也。

三輪章

章：「漏盡智通」至「唯是無漏」者。説漏盡智，唯是無漏故，故二智攝。

章：「漏盡身起」至「十智爲性」者。是漏盡身之所起故，名爲無漏，非體全是，故通十智。十智之中，世俗有漏，他心三智通漏、無漏。下之兩義，意同此也。以漏盡通，即三輪教誡輪攝。餘二准此，通漏無漏。

章：「三皆世間」者。今爲二釋：一者世間者，即後〔四二〕智；二者長讀作「通有漏非三智」，「世間」字該下。

章：「作用狹故」者。問：亦能聽法者境，

何故名狹？答：望於色界，仍是狹故，不與通名。

章：「答由遍計」至「三輪清淨」者。此中總意，遍計所執而無自性，故三世無希望等。總談三世離遍計，故三輪淨，非三輪別配三世。

章：「亦名三種神變據教[四三]」者。此總標也。

章：「修所成果」者。三種聞果。

章：「今者大乘」至「教誡攝」者。以四道理，教示於彼，不名示道等。《俱舍》意者，六通之中神境通、他心通及以宿住，名三乘道。所以然者，示現神通及說法，以宿世等事，多令彼證知而生信，故得示道名。天眼等通自性遠見所照境等，然他心不智不肯依信，所以不得示道之稱。

章：「記之說」者。記者。他心即言說，即此言說，名記說輪。

章：「說之記」者。記如前，今即以記復論，三輪皆悉是通所攝，記即是通，故後說勝，說非通故。

章：「屬耳聽」者。此意說云，既能於已生尊重心故，亦於已所說之法能屬耳聽。「於」字疑「依」也，勘餘本。

章：「能知說法音聲義故」者。天耳也。

章：「以知他心」等者。他心通。

章：「依於此義」至「用故」者。談亦通是語淨之所以也。

章：「聞彼聲教，或說法音聲」者。聞聲者，但聞他聲。或說法音者，聞他說法之音聲也。或可聞自聲，及自說法聲，亦無有失。

章：「雖天眼通」至「略而不說」者。此說天眼不是語業之所以也。由彼天眼見未來等，彼意識生死智通緣於未來，爲此所引知未來法，是意業淨，能引天眼。略而不說。談實，天眼見於色已，而說於法，亦合是彼語業淨收，思之。

章：「又爲示現」至「三業化」者。神通、記心、教誡[四四]，如次配之。問：准前《十地論》及「歸敬章」，並皆說記心而是語業，何故今說爲意業？答：由他心智等記，知他心已言語，今彼語業而得清淨，名爲語業，語業非自能記於他。今意業名記心者，談彼意業親能記，望義別也。

章：「六」至「令發心故」者。發心爲第三，即同《瑜伽》十二種方便之中增上皆有者。今除悉恒處中住處，令其證入，已證入者令成熟，成熟即是此間發心，此亦不然。何故成熟名發心？今觀文意，發心即是令彼增，皆處中亦發心。若爾，何故名第三？或可發心而有多義，雖復成熟，亦名發心，撿十二方便。

章：「以一記一」者。以一刹那他心之智記一有情。

章：「以一記多」者。以一他心智記多有情。

章：「即令離欲」等者。遮心等。

章：「唯以一界」者。三千界也。

章：「即是彼所有俗智」者。彼自受用身所有俗智。

章：「上下應思」者。下非一地獄，上但作者欲、色二界。問：何故不化無色界？答：通依色界，色界劣於無色界故，故不作彼。若爾，世尊如何能化？答：世尊自在，故不相例。

章：「小山等類」者。即胎生也。依小山住，即名小山。依大山等亦爾。即胎生人，雞胤相似。

章：「若異生者，可能化之」者。大乘故，緣覺種姓，聲聞可有化得之義，四善根前，可有化義，四善根已，即不可化，餘可知之。

三身章 卷第七本

章：「法身空理」等者。理等空無，名之爲空。問：彼宗俗諦而許是有，何故今者總説爲空？若説爲空者，真諦何別？答：談其法體，真俗二諦悉皆不是空，真諦離妄達無名空，俗諦妄執有名本[四五]，今言空者，談其體也。

章：「此無不然」等者。此並章主而以理斥。

章：「應同彼經」至「皆是法身」者。此難意云，若言鏡智有爲德本，名爲法身，應同《金光明》，是有爲德依，名爲法身，而不得言同於真如，名自性身。

章：「有依他心」者。從緣而起，名依他心。

章：「隨類種種身相，爲變化身」者。隨五趣類所現之身，名種種身。若言化身隨五趣身，而即不爾，若言化身隨類所現，亦爾也。

章：「顯法爾[四六]增令他受用」者。令他受用者，令他受用法樂增也。或依[四七]此身，能現法樂而增勝。

章：「及隨行界」者。界者，因義，隨苦行而現身也。

章：「不待過時」等者。若其衆生，宜見佛者，佛不待請，亦不過時，而即爲現。

章：「説深密法」至「名之爲細」者。談真理非空非有非生滅等，名爲深法，稱之細也。不終十二分教等類差別，施設法身。下言麤者，返此而言。

章：「及由此説當得法身」者。依十二分教説，云修行證得法身，十二即是法身因也。

章：「二、勝義佛」至「或實體故」者。報佛之中，攝他自身，隨十地意，名隨勝心。現他受用，名現細相。自受用體，名之爲實，或兼法身。勝義佛中，通其假故，故言「或」也。若報之中，不兼他受，即不得言隨其勝現細相等，自受不爲菩薩現故。

章：「數數出現」者。他受變化，非自受用，自受用非數數現。

章：「前二義中」至「分爲應、化」者。即初解名前二義，此雙聊簡。前二釋中，合法、報二應[四八]化爲一，云所以也，思[四九]之取[五〇]別。

章：「一、思惟分別」至「化身」者。執無我相，而以爲是障也。問：何故障於化身？答：觀於生類，爲現化身，今總爲無，更何施化，故爲障也。

章：「能取所取雜染相現」者，至「能引所引雜染之心故障報身」。「報身」無，或是「雜」字作「離」，相亦是執也，勘。

章：「三、成就相」至「未眠相故」者。未眠成就之相，緣如真智而無相，故障法身。

章：「煩惱障淨」至「能現法身」者。據於增勝，別障三身。有云，取煩惱所招業名業障。今助一釋，通取二障所發之業。

章：「二者煩惱障品能障涅槃」者。此約無性，故違《光明》。第六據增而説，亦不相違。餘身准此。

章：「四[五一]福相至得法身」「餘施等果」者。即福相身是施等，智慧之餘也。由此福、智能至法身，名爲「至得」。此三四[五二]身皆是報身，撿《能斷疏》。

章：「餘定餘善」等者。此文脱「小」，應勘餘章及《能斷疏》。

章：「由於化身」至「法身因故」者。言化身者，即初化身。言教者，即言説身，菩薩於此化身教故，以二爲因。撿《能斷疏》。

章：「即前應身」者。即前句云「非應身」者，所非之身，即是第二應身攝也，故即取彼所非之身，名即前身。

章：「所現佛身依定而起」者。問：諸佛無非在定之時，何故此身偏言依定？答：爲四善根以前生類，或示王宫後成正覺，或隨餘類，爲此與依定之名。今者此身不作餘類及示王宫，但從所逗，即現佛身，所以獨定之稱。

章：「謂爲地上」至「種種身」者。種種雜類之身。

章：「菩薩所現種種者[五三]」者。由佛現種種身，意令菩薩亦學佛現種種身隨利物，初地能現異類身故。能令菩薩現身，名他受用佛。

章：「無著佛」。於諸世間而無著故。

章：「彼名現等覺佛」者。無著名現等覺同，故此即彼。

章：「願佛」者。因中發願，今時成故，故名願。或今果位願而現，亦名願佛。

章：「業報佛」者。因義，造作義，就一義

以信爲因，造作成故，爲業報佛。

章：「五、涅槃佛，示涅槃故」者。果者，現成正覺。涅槃者，示入涅槃。疑錯餘[五四]本。

章：「九、性佛，善決定故」者。善性決定。

章：「七地中得不思議身」等。此地中喻之，能即空方便智，發起有中殊勝行，而能化物。第六地等，雖能空有二種雙行，未能以空發有，廣利於物。

章：「應物化身，理亦有十」者。應十地小[五五]脱而化報身，理合有十種，非是化身名爲化。

章：「德用既異，名亦應別」者。有本云「德用無異」，「無」字悮也。

章：「唯所證理」等者。舉所證理，證智而有十別也。有言「唯所證」者，「唯」字悮也。

章：「十地之稱，即報身名」者。十地之稱，即是十種報身之名，依能證智分十地故。有本云「十地之攝」者，「攝」定是「稱」字。

章：「弟子一意故現一相」者。弟子意願但言見佛，佛形一相，名一意也。問：何故佛地四句之中，亦應亦化云爲地上現種種身器，豈不相違？答：此他受用，一佛對弟子故恒[五六]現一相，此身不滅，然更別起種種之身，爲令弟子起種種類身故。今言一相，據彼恒身弟子樂者。前言種種，約別起者，亦不相違。問：前四句種種身與諸初，而有何別，俱現種種故？答：彼存佛身別化種種時，佛形即滅故，故有別。問：今者何故十佛以後，更明三佛身，所明增減不次？答：因前具明十種彼報，乘前便故，兼辯三身。

章：「入所知相」者。即後三性，名爲所知。

章：「多聞熏習是出世心種子」者。此無漏種一阿僧祇，藉彼有漏聞熏習故，彼能生現，故説彼種名多聞熏習，非彼種是多聞熏。

章：「若諸習氣」至「遍計相麤重」者。此難意云，習氣總持一切種盡，即此習氣復名遍行麤重，明智種中而無[五七]無漏不得名麤重故。

章：「決擇分善修道斷」者。初言斷者，總

之中決擇分善，當修道斷，意證決擇通有漏故，且舉顯相。據實亦得通見、修斷，如北洲等見道已後不重生故，名爲見斷，即不生斷也，此亦應爾。

章：「然得建立」至「道諦攝故」者。談彼二德無漏種也。言「道諦」者，釋彼無漏之所以。

章：「都無現行文新熏種子」者。都無有教文説現行新熏生種，或可「文」字合是「更」字，撿餘本。

章：「至修道位」至「生中現行」者。問：此道中品種子爲是本有，爲不是耶？若是本有者，種即有多，如何説言本唯一品，劣滅勝生？若非本有，依何而有？答：不是本來有中品種子，下品種子生見現行，現行現成見下品種，同一刹那，即此現種落滅已，種已引起後念種子，後念種子名爲中品，此中品種生修道也。如第十六心，現行種一時滅所引後種，名中品種子也。或於無學，亦准知之。

章：「無所依」者。無有漏第八也。

章：「前之同類」至「後同類果」者。約後不能引於同品，不障引於勝品之果，引於何同類？答：以性同故，不約品也。

章：「如是地地下中上」者。還唯一品，同前見道，轉三行相。

章：「法爾種子皆有三品」者。見、修、無學三品，法爾而有。准此，地地三品不同種子，法爾而有，亦自別。

章：「前中下種」至「故名轉齊」者。問：前中下品既不相續，何名轉齊？答：如修道位，中品種子生中現行，熏成種已，見道下種後念所引種子起時，又成中品，與修道齊，下品之者即後滅。修望無學，亦復如是。言齊勝者，説轉成者，應斷不續者，説彼本中者，捨無常色自類之中品下品説。問：轉齊三中何勝？答：轉齊者勝。一、三道之種，各別不雜，二、三僧祇劫所修無漏轉成上品，以爲佛故。若轉滅者，三大劫中所修無漏，臨至佛果，悉皆捨棄，理爲不可。轉齊之家，亦復不違經論所説捨劣無漏。

章：「令有漏善感十王果」者。正感十王之業，地前時造。

章：「聞似法義理」者。由不親證，但識心似法似義之理現也。

章：「知法已」等者。由前變化似法似義故，而能了知諸法色，更勘「知」字。

章：「能證智起」至「受用身因」者。即能證知所現相好，而熏成種，及重成種，後漸增勝，爲報身因。

章：「所證理明」者。由所證理得明淨故，故爲法身。

章：「於無量煩惱」至「亦無疑故」者。於彼在纏，及於出纏，二藏中皆見疑者，以此爲因得二身。

章：「唯獨諸佛法福成第一體」者。以此教法，獨諸佛法有，外道等無，所以持者福德能成第一體也。

章：「餘謂受報」至「生因故」者。釋頌餘言，報、化二身莊嚴相好，皆生因生。

章：「雖十法行」至「略不説餘」者。此中總意，十種總能爲三身因，總受持自利，演説利他，勝故偏説。此中又錯「地」字，應是「他」字，上脱「利」字也。「受處十行」者，處者在也，持説處在十八中勝。

章：「非諸種子不聞緣」者。爲不取種子而爲了因，一、不能聞故；二、不緣故，唯取現行，現行能聞教受持，演説爲因也。不同生因，生據親生，故取種子。

章：「先菩薩位」至「後方下生」者。先在菩薩十地滿位，欲成正覺，先作一身，在都史多天，變身往彼自在宫中，自在宫中成正覺已，知足化身即下閻浮，亦成正覺，法爾菩薩要如是也。然未見文。

章：「成道離三魔」者。煩惱、死、蘊三種

魔也。

章：「降魔伏一」者。天魔也。

章：「離之别立」者。《攝論》以其出家與彼苦行成道别故，故别離出家也。言「示厭俗」者，釋其所以。

章：「經依出家」至「合建立」者。經約出家本爲修行，故攝彼論出家。

章：「行道證果」至「故離别」者。經據行道、證果、降魔三種有别，故離出降魔。

章：「説在人中除成佛身」者。人本有身即成佛故，所以除之，但言三也。

章：「二、最後身，三、坐道場」等者。餘經論言最後、道場，皆唯在佛。

章：「無分别智觀其真理」者。菩薩等無分别智證真理時，名見佛身。

章：「其深除」者。有本「除」字爲「微」字者，悮。煩惱體總盡，何得言微？

章：「若望化身，一因二果」者。俱前位種，名云一因。正果、殘果，名爲二果。問：豈可化身不由金剛定前無漏種引，而不取彼爲引因？答：談實，化身初起之時，亦由彼引，以後類所現之身俱依現在種子爲因，金剛前時，亦已無故，今據長時多分説也。

章：「他受用、變化通共不共」者。望所化生所現之身，名共不共。若多有情屬一佛者，此化身名爲不共。若一有情屬多佛者，其所現身名之爲共。即百千佛，共化一生，百千佛身，共在一處，而似一身，不相障礙，談實各别，如衆燈明，遍似一身，名之爲共。

章：「正智正爲法身了因，餘二助」等者。此中二智，望彼三身，因果通説。若唯約因者，且如初地前證真如理名爲法身，後得未起，如何後得名之助也；若唯果者，果無加行，如何爲化助因，以此故知因果通説。

章：「行[五八]應得故」者。由行其行應證也。有本「化」字，誤。

章：「菩提心」者。欲願也。

章：「界圓滿因」者。「界」者，「果」也。

章：「説此三因，各感三身」者。即一一因，能招三身。

章：「無著釋」至「欲願」等者。乍觀此文，爲言釋此「云何住」等問詞，尅實釋彼經答詞「如是住」等。

章：「彼經宗」至「亦受用因」者。彼經宗説，此三種爲法身因。然彼經中亦説福、智二相法身，此三亦可爲報身因也。若不爾者，經中福、智二相法身以何爲因？

章：「方便能起作〔五九〕利益無盡」者。中言説他受化身起方便利益有情，以三爲因，亦復無失。然文錯，應勘餘本。

章：「然親得者，法身即非」者。報、化二身，於四因中，通親非親，法唯非親，故別簡中。

章：「嚴淨佛土，皆三身因」者。即《無垢稱經》説六波羅蜜、四攝法等皆淨土因，此因亦即三身因也，如彼疏説。

章：「是故處處如如方便」者。化身處處轉於法輪，即是證真如之方便也。或可化身是如如方便因也。

章：「與智冥合」者。「智」字錯也，合是「理」字，或是「真」字，或「與」字上脱「理」字也，勘餘本也。

章：「此顯等流」者。即報身也，法身流故，即此法身。《金光明經》亦名法身，故得等流分。或相續故，名爲等流。

章：「受法身聖財最增勝故」者。此會意云，自受用身受用聖財最勝，故名爲自利也。他受用身令他受用聖財勝故，受用財等故，從自受用，亦利他攝。思之。

章：「然能證因」至「假説差別」者。從能證因，假説法身爲差別也。

章：「不由依止無差別故」者。但由意樂及於業因無差別故，得無異名。不據依止無差別故，名爲無異。

章：「無量依止差别轉故」者。此解不得約依止説無異所以。

章：「初地自見百千界一盧舍那」者。十地所見皆名盧舍那，今言盧舍那者，即是《梵網經》言「我今盧舍那」也。然准彼經，言盧舍那是二地菩薩所見，言「千世界」等，應撿彼文。

法苑義林章決擇記下末終

校勘記

〔一〕「者」，疑爲「衍」。
〔二〕「臨」，底本原校云一本作「濫」。
〔三〕「起」，底本原校云一本作「化」。
〔四〕「復」，底本原校云一本作「彼」。
〔五〕「變」，《大乘法苑義林章》作「實」。
〔六〕「等」，底本原校云一本作「色」。
〔七〕「恐」，底本原校云一本作「留」。
〔八〕「難」，底本原校疑爲「雖」。
〔九〕「但」，底本原校云一本作「引」。
〔一〇〕「問」，底本原校疑爲「而」。
〔一一〕「雖」，疑爲「離」。
〔一二〕「唯尅今無」，底本原校云一本作「唯尅合立」。
〔一三〕「就」，《大乘法苑義林章》作「熟」。
〔一四〕「七處」，底本原校疑爲「處七」。
〔一五〕「計」，《大乘法苑義林章》作「繫」。
〔一六〕「因」，底本原校云一本作「同」。
〔一七〕「假」，底本原校云一本作「依」。
〔一八〕「理」，底本原校云一本作「種」。
〔一九〕「定」，疑爲「散」。
〔二〇〕「軌」，《大乘法苑義林章》作「軌」。
〔二一〕「似」，底本原校云一本作「以」。
〔二二〕「無」，底本原校云一本作「天」。
〔二三〕「取」，《大乘法苑義林章》作「依」。
〔二四〕「對」，底本原校云一本作「廢」。
〔二五〕「釋破」，底本原校云一本作「人彼」。
〔二六〕「三」，底本原校云一本作「之」。

〔二七〕「異」，底本原校云一本作「量」。

〔二八〕「何不」，底本原校云一本作「不遮何性」。

〔二九〕「天魏弊阿難心」，《大乘法苑義林章》作「天魔蔽阿難之心」。

〔三〇〕「倒約」，《大乘法苑義林章》作「德」。

〔三一〕「卒」，底本原校云一本作「反」。

〔三二〕「慧亦無思」，疑爲「亦無思慧」。

〔三三〕「且」，疑後脱「思」字。

〔三四〕「釋」，疑爲「擇」，下一「釋」字同。

〔三五〕「是」，底本原校云一本作「只」。

〔三六〕「意」，《大乘法苑義林章》作「竟」。

〔三七〕「行」，疑後有脱文。

〔三八〕「之」，底本原校疑前脱「者六通」三字。

〔三九〕「地」，底本原校云一本前有「三」字。

〔四〇〕「法」，底本原校云一本前有「聞」字。

〔四一〕「應」，底本原校云一本前有「相」字。

〔四二〕「後」，底本原校云一本後有「得」字。

〔四三〕「據教」，底本原校云一本作「教授」。

〔四四〕「誠」，疑爲「誠」。

〔四五〕「本」，疑爲「有」。

〔四六〕「爾」，《大乘法苑義林章》作「樂」。

〔四七〕「依」，底本原校云一本作「復」。

〔四八〕「應」，底本原校云一本作「身」。

〔四九〕「思」，底本原校云一本作「得」。

〔五〇〕「取」，底本原校云一本作「以」。

〔五一〕「四」，底本原校云一本作「三」。

〔五二〕「三四」，疑爲「二三」。

〔五三〕「者」，《大乘法苑義林章》作「化身」。

〔五四〕「餘」，底本原校疑前脱「撿」字。

〔五五〕「小」，底本原校云一本作「十」。

〔五六〕「恒」，底本原校云一本作「非」。

〔五七〕「無」，底本原校云一本後有「漏」字。

〔五八〕「行」，《大乘法苑義林章》作「所」。

〔五九〕「方便能起作」，《大乘法苑義林章》作「方能起化」。

（潘桂明、李永晟整理）

○九四三

表無表章栖翫記[一]

宋守千述

「表無表章」者，表及無表，表無表之章，二釋如次。

《章》「若有不欲」等者。此是不與身語俱者。身語俱者，相難知故。問：唯意表者有三思不？答：有如欲修於四無量者，先自審慮合與不合，何時何處，當端寂定，自法作之，名審慮思。既審慮已，知可宜爲，尅擇處，其心決定，更[二]無改，名決定思。後至時處，獨坐靜思，於苦有情，想令離苦，於無樂者，想之與樂，諸如是等，名動發思，作動意故。已前加行，未正想與，不名根本，如是亦成三思業道。問：唯身語者與三俱者，其相云何，身語必須由意發故？答：本發誠心，身禮語讚，雖由意發，但名二業。其有發心，至時專志，策身諦語，并策其意，諦想形像，名爲三業之動發也，自從加行心便別故。

《章》「其此意表」等者。辨無表中，此第一師唯善乃發。言「發無意表者」者，「意」字似剩。然其文理，揀但發於不表。他者，加以「意」字，明辨發於不自表者，方名無表。問：一切種子，皆不表知，約何義故，別説無表？答：約倍增者，方名無表。其不增者，雖自不知，不名無表。何以故？由有勝能，而不了知，立爲無表。汎所不知，何足別立？如世賢達，令譽不彰，人所共意，呼爲隱士，其餘無名，何足呼？然言「菩薩亦成」者，二乘定無。

《章》「唯有三支」者。無貪、無嗔、無癡爲三。

《章》「餘[三]染、無記」者。染及無記，不善有覆，並名爲染，餘處若言不善無記，無記之中便攝有覆。

《章》「業增上者」等者。亦同七支，上品方發，中下即非。有説處中爲下品者，約別義説，若實下品，以此知非。此中必定通處中故，《義燈》指故。

《章》「有義不善」等者。此第二解，二性皆發。

《章》「十惡等道業」者。後三意業，成波羅夷，如何不發殊勝無表。

《章》「寧但發身語思種」等者。此下復以二業相例，言獨意種。二者，共引周法師，善與不善，名之爲二。今問：此言爲對於誰？前師已説，善者發故。又有説云，不善無記，名之爲二。此説頗非，不可此師無記發故。今意解此，所言二者，即是異義，不同身語名之爲二。或遠乘上十重之理，寧由何也。何但身語重成無表，獨意有異，不成無表。問：何故二者乃是異義？答：彼此不同，何非二耶？世有此語，好相看者，便言無二。

《章》「三罰業中」者。身語意三，治罰有情，名三罰業。更撿明文。

《章》「然意無表」等者。由此唯識，不説於此，彼論是説無表色故。

《章》「有義意表」等者。此第三師，一切不發。先教後理，其理大意不外彰他即非上品，故無無表。

《章》「雖發十善」等者。恐外問云：説十善戒，豈無意三？以此答之，十善之戒，依主爲名，業寬戒狹。

《章》「此二説中」等諸[四]。云三師，前二師合，同説發故。今解此言，雖有三師，於善不善，各但二説，發不發故。《燈》第二云：「《法苑》二説云，任意用，不斷後説，義爲決定。」今者意准，定發無表。既菩薩戒，具防三業，勝於二乘，盡未來際，云何不發殊勝無表？前二説者，據處中説，非約律儀。此言已前，只同於後，處中雖諍，其律不律，定發無表，不可諍也。問：如是前後有何差別？答：此辨能發三業之門，下辨無表體類多少。復有二師，師雖無異，義門有別。諸師皆斷，發者爲正，二性皆然，處中亦爾。《對法》《唯識》，約通三乘，立爲色者，故不相違。

《章》「無表色中」者。於無表中，此爲初解。無表具三，有義之下，爲第二解。無表但二。問：向下所辨，應無意三？答：標狹釋寬，標隨諸教，但言其色，釋中盡理，通十支也。或下唯色，十支之者，隨教略示。又前表中，已諍意發，足顯無表，有之與無，此遂但標無表色也，前後相彰，文方具矣。問：前於表中，何無此三？答：持犯正在，無表位故，表極時促，何爲律等。

《章》「若布施等」者。善非律儀、不善非是不律儀者，名爲處中，非是一體。下文但有一體之解，如下當知。如此既亦名爲無表，必須期願，非只汎爾，爲布施等，名爲處中。《唯識論》中，與律不律，一處説故。故彼論言，然依思願，乃至謂此。或依發勝身語善惡思種增長位立，此中七義，無簡別故。《樞》前《燈》後，説通處中，故亦上品期願分限。《纂》有説此爲下品者，約其事相，不期活命。未入法律，名爲下品。不約發心，名爲下品。故發心之處，須要上品。不爾，即無倍增之理。無倍增者，不名無表。問：若爾，如何是此別相？答：且其律儀，但有七衆，支條分限，不可闕故。法律儀軌，非不爾故。如是分受，時少等者，並名處中。《纂》第十二，有此明文，下辨捨衆，處中内有攝善法戒，由攝善法内有處中，由此今言布施等也。問：優婆塞、夷，内有分受，何非七衆？答：在彼分出，便是處中，約類或全，或分之故。《纂》《疏》亦有，比丘戒中，説出少時，名爲處中。其不律儀，翻律儀者，須要活命爲業者，故其餘殺等，非以爲業。而活命者，名處中故。如此中言「歐擊」等者，亦要期願分限者也。問：活命之理，寧翻律儀？答：諸律儀者，道活命故，名爲命道。如《纂》亦有，少時不具，然此非餘，暫節會者，並名處中。歐者，擊也，名訓雙彰。

《章》「決擇」等者。自前再牒，無表之下，對下後師，別成處中，前辨體相，此下引文，其五十三，正説處中，所除之二，具足十支。言一切者，於有期願。上品之者，一切是也，非汎善惡。

《章》「五十四説」等者。文雖説三，正爲處中，言其色用，必非意三。

《章》「説有布施」等者。體相既見，教文又明，故處中業亦有無表。

《章》「有義處中」等者。此師亦附《唯識論》文，須要上品方成無表。此既非勝，故無無表。

《章》「此亦不然」等者。此下文徵，先難後師。大意處中爲下下立無表，此定通上而違彼也。問：如何律儀而有中品，却違《唯識》，依勝思故？答：《唯識》之中，大分三品，勝劣如此。今約其内，品類無量，如是勝中，更細論之，不遮律儀，劣於處中。但約支條，及以時分，具闕分故，不約發心，以分二故。且今支闕，何廢當時發心乞受勝具支者？其布施等有如此故。問：中此言思却名爲勝，如何相狀爲其勝也？答：殷勤三業，盡其力用，名之爲勝。不必悲涕、面門出血與身毛竪，名之爲中。

《章》「法處雖説」等者。《集玄》「法」字，改爲「諸」字，此下會違，先牒後會，正同分受，於近事中而分之也。約類則分，談性在内，或三或二，並不相違。

《章》「一切處中」等者。此下後師却難前師，既言處中，何有上品？故無無表。

《章》「於二説中」等者。雖有此語，前解爲正，順多教故，理亦長故。准《燈》指，前意表發中亦是處中，如是三業，律不律儀，曾無異諍，唯於處中有兩説也。前辨意表發與不發，即准意中有無無表。此中説其施、歐等類，正在身語有無無表，亦見二表發與不發。前來不曾諍其身語，此中不曾辨其意中，兩處相顯，文義已足。若皆具述，却成繁癈。

《章》「謂諸根大種造色」等者。初之四句，舉體總釋，次之三句，復更指陳。前爲三類，後爲兩對，體性無別。五根爲一，大種爲一，造色爲一。造色即是所造四塵，此與五根同爲所造，大種能造，如是根合，總立一名，次下縱奪，但要別身，以表依此，名爲依身，不是建立。問：如何身根別得總名？答：此爲本故，衆聚於此，故此得名，餘皆不立。

《章》「又依止義」等者。此第二義，更有體性，名身一義，此中略之。

《章》「而衆多法」等者。此亦通妨。外應問云：若依止義，名爲身者，其眼等根，豈不亦爾以此？答云：彼非與多爲所依故，此與乃至眼等爲依，彼彼各爲自塵識依，非一切故，不得其名。

《章》「表謂表示」等者。身表之業，只有一義，不同語表，表有二義。内字之上，加以自意，讀之即顯。

《章》「依身之表」者。身是身根，不表内心，但取依身屈申等色，表示内心，故依主釋。不同語表，語能示心，令他知故，彼是持業。

《章》「此能表了」等者。兩解別者，前解表字，不對所詮，直對内心，表了爲訓，後解表字，對於所詮，展轉望心，詮表爲訓，故是不同。問：前解可爾，後解云何名此表業？此中正要表示内心，令他知故。答：亦須令他知所欲説，舉爲詮表，可示他故。或此二義合之方具，表於能説，説所説故。有作是説，兩解皆是，取其假聲，前解非名，後解兼名，爲不同者，非也。今謂決定取其實聲，要令他聞，方表自故，攝假歸實，名等無失，孤用不然。

《章》「語體即表」者。後解共〔五〕語，亦直得名，帶彼名等，語便能表，攝假歸實，以用顯體，故持業釋。直取名等，能詮所詮，無表心義，名等作用，只對所詮，除此更無別作用，故別説作用只在於聲，非名等故，於名等故，無表心義。故《義燈》云：「名等詮所待，不得名語表。」

《章》「皆隣近釋」者。與意相應，及作動意，二義不同，並作隣近。意表亦即業，同身語假，作持業釋，故更不言。問：此表於誰？答：但自表知，自心知故。問：同時王所不互相緣，云何能知成此表義？答：以前表後，後知前故，刹那似俱實理前後。問：何異無表，他不知故？答：無表自亦不能知故。問：如來如何？答：可思。

《章》「戒即解脱」者。屬而釋之，非是作釋，亦非訓釋。

《章》「舊言定共戒」者。共由俱也，道即無漏，共義同此。禪即靜慮，華梵爲別。

《章》「古有釋言」等者。古意善惡，隨其所應，一流一類，名之爲律，亦隨善惡，各有儀軌，名之爲儀。如優婆塞自爲一類，所有儀軌，年三常等，其不律儀，且沽酒家，別爲一類，如是乃至設望置座，春秋改賣，亦有儀軌。仍言不者，不善名，不不律儀，名之律儀。

《章》「今解唯彼善戒得名」等者。言可法軌，不通不善，彼設成軌，不堪可故，如染雖勲，亦名懈怠。

《章》「別解脱即律儀」者。問：律儀之名，豈非相用，今此無表，云何持業？答：本從現立，無表從名，或先有財，方作持業，上下頗多，下解更有無表之名。

《章》「性離囂高」等者。高下悉是，不寂靜故，離之爲靜。

《章》「律儀是思」等者。此定無表，依現思故，作隣近釋。之是語詞。或有隣近，亦置隔法，或意兼帶影，依主釋。問：雖是現思，立爲無表，法處色攝，云何隣近？答：以用從體，作隣近釋。今又解云：隣近不唯心心所作，俱是兼帶，從彼爲名，非所有財，非所能依，二名雙現，皆隣近釋，直取無表，亦可作也。此之無表，不依定立，又不以彼定名呼此，故爲隣近，勝而從之，故隣近釋。

《章》「聖所愛之戒」者。《集玄》等者，所愛是總，通諸無漏，戒是其別，或戒是通，所愛是別，故依主釋。今解所愛，通因通果，所愛若因，所愛即戒，聖之所愛戒，所愛若果，聖之所愛，聖所愛之戒，並依主釋。

《章》「不律儀者」等者。問：不相違因，不相違即因，作持業釋，今何不爾？答：此是不字，望所律儀，如無明等，不作六釋，不相違因，是所不中相望違作。今此若准不相違因，亦可不律即儀作也。彼若准此，亦可說不作六釋。

《章》「如惡尸羅」等者。惡烏故切。防染義同，尸羅之惡，名惡尸羅。今此舉例，諸十惡法，不名律儀，如此不得名尸羅也。非是舉例不作六釋，惡字與不，義不同故，如何不作六合釋也。問：曾有戒人，可置此名，曾無戒人，惡於何耶？答：談性惡彼，非必有所，方能惡也。或有惡他具尸羅者，故佛誡之，令不親近。

《章》「古人解云」等者。古解尸羅即戒名，善染亦名戒，名尸羅也。

《章》「由此難言」等者。既即是惡，故不防非，准此，惡法不得名戒。

《章》「難今解云」等者。此難尸羅，若難戒者，亦准此知。或戒、尸羅，名義不同。尸羅，清凉定非染惡。戒若防非，其義即同。若云防發義，義即寬。防惡發善，防善發惡，並得名故。若以此義對前難者，不善解名我誰，唯以防非解戒，但以防發解於戒故，防發之名同造作故，據難今解只難尸羅，可有此理。然前解勝，有戒無戒，受戒捨戒，只是善故。問：如邪受於雞狗戒等，既不防非，云何名戒？答：約彼執爲防非法故，名義亦同，但妄別也。

《章》「非律儀」等者。兩箇非字，望律不律，皆不作釋。若非律儀，望非不律儀，作相違釋。善者非不律，不善之者非律儀，體不同故，作相違釋。於此段中，影此釋也。前來已示，布施歐擊，見體不同，故影略之。若非此中影作相違，釋如下置亦可之言。若云此中兩名相望，既但雙非，雙非之言，無所表故，不作釋者，此亦不然。何以故？縱爲一體，義相違者，亦可作故。若非是説，約是一體，又但雙非，無所表故。雖是兩非，不可離之，如非空有，離便成失，故不作釋，此解順文。

《章》「亦可解言」等者。乘前一體，雙得二名，既俱雙非，不入六釋，未盡理故，更爲此解。隨善不善，皆得二名，以遮詮中，立此名故。如布施等，非是律儀，亦非不律。歐等准此，故持業釋。然以理准，可相違釋。亦不全同非空非有，然唯隨文，以之爲正，名處中故不可，當曰持業可爾。

《章》「律儀是種子」等者。無表色能依所依，相從得名，此舉所依，意顯律儀，即防非體，不自加行發身語思，故持業釋。下依主者，取前及後諸現行思，名爲律儀，體非無表，故依主釋。定道不可作此兩釋，隨心現行，思上立故，只同善來，持業釋者，名爲不爾。問：律儀爲體，所依現思，無表是用，能依假色，作依主釋云何不可？答：此即可爾，依種子者，亦可此釋。文中且約體性無别，攝用歸體，以體從用，不依百法，别建立説，故不相違，下出體中，即别分别，或前舉等，但要所等，假無表色，作持業釋。仍言種者，言總意别，舉總之語，顯是律儀，種子上立，亦得其名，作持業釋。若依此義，定道雖可作其二釋，然不依種，名爲不爾，又其依主，行相亦别，名爲不爾。此是前後現行之思，彼定道者，是體用故。又或前解等取無表及現行思，都名律儀一分持業，亦通持業，名爲持業。爲别後解，唯持業故，不言依主，舉種即顯，並依主也。所言皆者，並不律等，若依此義，定道作釋，雖亦有二，然無總通種子之理，名爲不爾，於持業中，只有現行及無表也。問：定道無表依現思立，即自表，如何名無表？答：别脱無表，自亦不知。定道但約他不知立，或增長用，自亦不覺，除佛知爾，可思。

《章》「表色爲體」者。有作是説，准《燈》，亦取形色爲體。

《章》「意業取前」等者。且隨小教，要思身語作如此配，理實意業，亦爲動發，如前已解。

《章》「其處中業」者。辨表業也，此中初解，諸不具者，唯有漏故。

《章》「及佛餘善」者。饒益有情，攝善法戒，名爲處中。問：下有章文，《纂》意亦許攝善法戒，名爲處中，云何斷此以爲不正？答：因攝善戒，可爲處中，今並佛位，故爲不正。所以者何？因攝善法戒，有未具足，未可法軌，有名處中，佛位不爾，一切善法，無不具成，正可法軌，名律儀故，前解爲正。問：佛雖可爾，因中無漏，云何不許，言唯有漏，以爲正也？答：因中無漏，亦隨所應，無不具足，於一行中，行一切等，亦可法軌，非處中故，不通無漏。下文直依有漏攝善，不云皆故。問：迴心二乘，見前無漏，既不具成一切，一切何非處中？若爾，初解還非爲正。

答：彼受之表，唯有漏故。此約受體，不論行業，故唯有漏。問：何故但言佛身無漏，可法可軌，不言餘也？答：且言極成，例於十地，無漏之處，必律儀故。下第六門地起之中，却唯後解，須思。

《章》「許佛等」等者。不唯佛位無漏發，十地位中亦爲無漏，發於身語二表業故，所發假業雖是有漏，能發之思通無漏故。

《章》「其別解脱」等者。已上解表，下解無表。處中無表，雖分二性，亦不別配，非律不律，故不相違。

《章》「由願制思」等者。上並三類，總入此文，故處中者，不可别説，非勝期願。

《章》「唯識云」等者。下引諸文，並成假立。此言願者，制戒之願，非菩提願。其菩提願，初引一切菩薩行。故此中識，《疏》自解此云，由願顯成無表之相，乃至隨作，善惡多少，時節限故，其菩提願，制於何故此中乃至不律處中，《樞要》具説，如何説爲等(六)願也。又此正是色支戒願，其等願如何相。故諸未達者，其類頗多，皆於此文證等願，極疎謬矣，妄爲師矣，全不思矣，應疾改矣。尚有固執，不慚所陋，當大衆前，曲配會云，制盡未來，一切戒藏，何非分限，何不同者？此言無義，等心文，只有求佛，度有情言，無此語故。又此中願，通不善故。

《章》「謂此或依一」等者。准彼疏解，於此文中，具有七義，彼疏前五，後復二義，文不具次，今隨論文，略次敘之。一者依義，顯假依實；二者發義，取其正發，揀前二思及後刹那，并揀中間不發身語之思，彼連身語，故揀不發；三者勝義，揀中下思，雖熏種子，不發無表，不倍增故；四者身語，顯得色名之所因處；五者善惡，揀其無記不立無表；六者思種，揀現行思，別脱不依現思立故；七者增長，揀羯磨前犯捨之後，彼前後位非無表故，此不約佛，佛位已滿，雖不增長，名無表故。今詳文理，依常揀法，思種之言，可爲二義，思揀其餘，受想等故，如是即成八義，揀法疏略一義。

《章》「雖非形色」等者。既非實色，明是假立，非思是何？

《章》「十七地中」者。八根本、八近分，并中間禪，名爲十七。如是皆止欲惡，立名戒本，止於不善而立。恐墮惡趣，非止有覆，而立戒故。問：常説靜慮只是四禪，云何此説十七地也？答：名狹體寬，本名只云定律儀故，名體俱寬，言禪律儀名狹，准此。有説准此靜慮名通，非也。

《章》「此説道俱無漏戒」等者。周法師云，此釋定共不通無漏之所以也。顯道共勝，不言定共通於無漏。或順小乘，或示條然，理實定共，亦通無漏，與道共戒，一體義分，與定俱故，與慧俱故，立爲二戒。

《章》「《對法》云」等者。此《對法》文，自已會訖，今借引會，然更釋成。

《章》「十地隨應有之」者。八根本地，未至中間，無七近分，如前已解。言隨應者，其不還應等，多少不定。

《章》「已造作者」等者，爲有現行定慧相應，何不皆耶？或直取彼偏有此語，或遍大文。

《章》「二業三業」者。周法師云，身語爲二，并意爲三。何須二三而別説者？爲約小乘及大乘故。《集玄》解云：「即表無表，名之爲二。此二業中各有三業，故云爾也。」

《章》「實是色是表」者。二義爲實，稱實各實，非別有體。

《章》「然是非業」等者。是一義假。

《章》「身語」等者。上辨假業，此辨實業。一義是實，二義是假。三箇非字，是三義也。相從得名，名之爲假，非于無體。

《章》「其無表色中」等者。一實一假，義准可知。

《章》「不現行法」者。所防者也，所發或有，故不説之，其不律儀定有所發，無則不成七業道故。

《章》「一者分義」等者。周法師云，一一別説，名之爲分，多類合説，名之爲類，故二義別。今解分者即是位義，約位辨之，名爲支分，故并受學皆名爲支，或如品分篇章之名，以將受學品，分勸之後，解爲勝類者，體類即七支，類名爲支類，如下自悉。

《章》「苾蒭律儀」者。若言苾蒭，及具足者，非菩薩戒。

《章》「一、受具足支」者。此初受時，名爲一支。

《章》「謂作表白第四羯磨」者。一白三羯磨，通數表白，名爲第四，以舉兩頭，不言中間二羯磨也，至第四也。作表白前，乞戒之位，是資方便，不在此段。

《章》「及略攝受」等者。麤者，大也，即重戒也。羯磨之後，略爲指示四波羅夷麤罪之相，令彼攝受。已上並約受者爲支，不取受者。問：准《瑜伽論》，先略開示四波羅夷持犯之相，令生愛樂，方得與授，今何授已方略説也？又彼何無先表白也？答：彼説菩薩，此聲聞故。何故不同？釋曰：菩薩尋師，初遇須先説示令樂聲聞，先自爲優婆塞。沙彌之時，已體量故，不須先説，令其愛樂。既與授已，若不爲説持犯何也？又聲聞人，從衆乞受，若不先白，便説羯磨，衆不齊故，聽不專故。菩薩不爾，只從師受白於誰故。

《章》「十戒、六法」等者。十戒即是沙彌、沙彌尼者，六法即是式叉摩那，此之三衆，自從歸依，至於説相，皆是此支。

《章》「二、受隨法學處支」者。受已隨學，名受隨法學處支也，學即行持。

《章》「自初受後」者。解其受字，指初支也。接下字義，是初支後受之隨等。

《章》「於毗奈耶」者。此廣律也，次別解脱是略戒本。於此二中，所有隨順，解其隨字，隨順前受，名爲隨也。苾蒭尸羅，解其法字。次下二句，解其學處。於彼之下，通示奉行。

《章》「此意即顯」等者。此下章釋，配屬可知。

《章》「謂止持」等者。解於彼下，示其所學，初支四重，此順四重，所有止持性、遮之戒，是此支也。如殺人等在初支中，殺傍生等在於此支，是其性罪。其畜養等，是其遮罪。此是止持性、遮二戒，不行彼事，名爲戒故。因止引作，作中性者，侍尊病等。作中遮者，護説法等，所等者，内等明多。問：何名性、遮？答：此是罪名，不由遮制，本性是罪，名爲性罪，因制成罪，非關本性，名爲遮罪。於應止作，皆爲此二。於此二中，應止即止，應作即作，名之爲戒，性遮之戒，依主釋也。於遮罪中，遮意頗多，或防性罪，或生善心，或無利益，或妨道業，諸如是等，皆在此支，並是隨順前受支故。更有爲護佗信心者，不是順前，而亦遮制，在第三支。問：於作持中，云何不制而便成罪？答：不敬侍師，不看尊病，諸如是等，豈須制之方成罪也？餘利他事，彼本自利，不制非罪。且作此解，後更細對一一戒，條而料簡之。

《章》「三、隨護他心支」者。隨亦隨順，隨順前支，而護他心，言由成前故者。此解隨義，由謂成前而修此支，故是隨前。言所有軌則具足者，此一義也。所行具足，是第二義。

《章》「此意即顯」等者。此下次第釋前二義，此釋軌則，即是威儀。

《章》「其沽酒家」等者。此第二義，所行具足，所行處所，不如法處，不應行往。《義燈》第二：「旃陀羅者，嚴熾上屠也，羯耻羅者，云斷獄家。」《纂》第四云：「西域別立斷獄之人，求財活命。」周法師云：「羯耻那者，有云唱令家，不云何者爲唱令家。」此非唱令，至下當引。

《章》「四、隨護如所學處支」者。隨亦隨順，隨順守護，如前所立，所學處支，不令爲罪，言於微細罪中，深見怖畏等者，此第一義。謂字已下，連前進起，由聰叡故，第二義也。牒前見怖欲增聰叡，此雖二義，並微細罪。《顯揚論》云：「所犯可出，名微細罪。」理應更有於深重罪，及隨法罪，深見怖畏。此中但言微細罪者，舉小況大，乃至小罪亦見怖也，即《瑜伽論》無有毁犯，犯已還淨。

《章》「第二十卷」。脱落箇二字，在二十二，第二十是修慧地故。

《章》「若諸苾芻尸羅成就爲第一住」者。乍觀住字，似連於下，今撿二論，皆屬於上。《瑜伽論》云：「云何名爲安住具戒？謂於所受所有學處，不虧身業，不虧語業，無缺無穿，如是名爲安住具戒。」《顯揚論》云：「此中尸羅成就住者，謂於所受學處，身業無犯，語業無犯，不破無穿，如是名爲尸羅成就住。」

《章》「守別解脱律儀爲第二義」者。《瑜伽論》云：「云何名爲善能守護別脱律儀？謂能守護七衆所受別脱律儀，即此律儀衆差別故，成多律儀。」今此義中，唯依比丘律儀處，説善能守護別解脱律儀。《顯揚論》云：「守別解脱者，謂七衆尸羅名別解脱，即此尸羅衆差別故，建立多種。」此中義者，唯依比丘相，説是名守別解脱律儀。前二別者，第一約總，不犯身語，第二約別，差別戒相。

《章》「軌則所行」者。軌則第三，所行第四，於軌則中，復有三種。一、威儀路成就軌則，即四威儀，不越世間，隨順世間，不越毗奈耶，隨順毗奈耶，於所應行，如所應行，即於此中，如是而行。由此行故，不爲世間之所譏毁，不爲賢良正志善士、諸同法者、諸持律者、諸學律者之所呵責。二、於所作事成就軌則，若依服事，若便利事，乃至敷設卧具等事，乃至復有餘事，不越世間，云云同前。三、於諸善品加行處所成就軌則，若於正法，受持讀誦，若於尊長，修和敬業，乃至一切所修加行，不越世間，云云同前。第四所行圓滿之中，復有五種非所行處：一、唱令家；二、婬女家；三、沽酒家；四、國王家；五、旃荼羅羯耻羅家。

《章》「於微細罪」等者。微，據小也，細即隨小，犯已少功能出名小，見怖畏者，勿我因此不堪證得所未證得，乃至世間惡名云。

《章》「受學學處爲第六」者。受即當此四中第一，學即當此四中第二。《瑜伽論》云：「謂於先受別解脱戒，白四羯磨，受具足時，從戒師所得聞，少分學處體性。」當此第一少分，即是四波羅夷。或總相少此受具足，當此第一。次下彼學，當此第二。彼論次云「彼從現[七]教軌範師處，得聞所餘《別解脱經》，總略宣説，過於一[八]百五十學處，皆自誓言，一切當學」云云，故此中言三千學處。

《章》「彼第一、第二」等者。彼之第五，唯怖小罪，今此第四，并怖大罪。於大罪中，總別本末如次，皆爲守護無犯，犯已還淨。問：四波羅夷如何還淨？答：亦許懺悔，不墮惡道，但求不共，不許重攝。

《章》「故苾蒭」等者。此有五衆，故置等者，或但比丘、比丘尼二。《瑜伽》文中，只言苾蒭，無此等字。

《章》「近事律儀」者。《正理論》云：「彼先歸依佛法僧已，親近承事所尊重師，便護尸羅，故名近事」，「或能習近如理所爲，壞惡事業」，「或能親近事佛爲師」。

《章》「即離殺生」者。離損他命，後二可知，文上互影。

《章》「三[九]、違越」等者。此言違者，即是持名，下言越者，即是過名，違於越故，名爲違越。若不爾者，此支便是罪之名也。故此違越同下不越，勿同後云便多違越，彼違即越，是言犯故。

《章》「若有妄語」等者。周法師云：「由妄語故，覆藏己罪，不肯懺悔，熏[一〇]修戒也。」

《章》「離沽酒家、放逸處」者。恐飲等者[一一]。

《章》「近住律儀」者。《正理論》云：「謂此律儀近阿羅漢住，以隨學彼故。有說此近盡壽戒住。有說此戒近時而住。」《纂》第十三云：「近住二因者，謂日夜持離欲惡二行，與盡形持爲因，根性劣故，因近果住，故名近住。」

《章》「一、受遠離」等者。唯有殺盜。

《章》「二、受遠離」等者。前近事戒，只遮佗妻，故與初合，此并遮自，故別爲一。

《章》「三、違越」等者。准前解之。

《章》「即是三種」者。此即五戒之上增者，故此爲八。

《章》「決定齊戒」者。《集玄》解云：「齊是一戒之別名，戒是諸戒之通稱，總別合目，名爲齊戒。」《婆沙論》云：「離非時食，是齊亦是齊支，餘是戒支而非齊。」餘聖教中，名八齊者，是齊支故，總名爲齊。齊是淨義，又離喧義。

《章》「如孝子等離諸樂具」者。此當初義，次下二句當第二義，又次二句是第三也，節食本爲非梵行也。

《章》「五不壞正念支」。與前近事第三支同其名，雖異義相正同，若壞正念，即違犯故。今此立名與前別者，今爲形前正念住故，言不自在轉者，便犯戒也，或此更寬。

《章》「出家五衆」等者。問：沙彌六法，既亦具四十戒，六法如何具也？答：自近事時，已有輕重，故此乃至威儀具，足悔過自淨悉皆具有，言十及六，且約受支，不言學者。

《章》「非定道」等者。定道十善，其支必具，故無不同之所以也。其不律儀及分受者，既非入衆，隨其所宜，故亦不説不同所以，故不立支。

《章》「論其支類」等者。七支十支，須辨多少，至下當知。

《章》「唯有身三語四支」者。七中四支，通其輕重，綺語等三，唯是輕也。於輕之中，更有性、遮，重者唯性，名之爲體。

《章》「所餘但爲」等者。上解四重，内雖有輕，約重別言。下解三輕，内有性罪，約遮而立。或此不是解遮之名，對重如是不論性、遮，言非有別類者，不同四重立爲四支，名非別類，於諸戒條，溷而論之，非不亦有，不可説云前四所攝。《集玄》解云：「普遮之言，遍其七支，七支之餘，爲護七支，不離七支，名非別類。」言四體者，且隨小乘四重，而言實有七支，綺語等三雖非重戒，然是業道，故別爲類，不同其餘輕遮戒也。周法師「問：爲護四體，餘戒皆是，何但三支？答：三防妄語，其用勝故，舉其勝者例劣，不言非無餘也，故但七支。」今解如前，不離七也。性、遮輕重，而有影顯。又解所餘，四重之餘，一切皆是相合，總言不離七支，名非別類。性、遮之理，只如前解。又或四字無，是七字。

《章》「然通防彼」等者。於所防罪，三時三世，依大乘説，並皆防之。周法師云：「加行等三，如次三世，此言非也，三時三世，兩門別故，三時各通三世故也。」大乘義分三世之義，有部實有。

《章》「彼由得別」者。《集玄》云：「得別解脱，與定道別，定散二心，引生別故。」由此理趣，別解脱防現，定道通三。今或解云：定道隨心，別故通防，別脱在前，方便未得，鈍故唯現，有作是説。准《了義燈》第二卷云：「別解脱戒有法俱得，及法後得，無法前得。」色法鈍故，唯防現在。定道之得，俱通三得，通防三世，然唯根本，不防加行，及以後起。更有別解，如顯正集。

《章》「通防三時」者。此是大乘，若小乘説，唯防根本。能防隨心，無有前後，所防亦爾，勢相當也。更有別解，如顯正集。

《章》「近事近住」者。近事之中，亦有男女，是合二衆，已上共五，此下近住，七衆之外。

《章》「餘爲防此」者。不飲酒等。

《章》「近事近住」等者。諸教施設全分之門，在於此中，約其類也。論律不律及以處中分者，在於處中，所攝優婆塞戒門中説分及法處，色唯律不律，義意皆爾，非此分外，更別有分爲處中也。

《章》「少分遠離」等者。約支有三，約時有三，自他爲二，稱讚慶悦共爲十種，合十業道名爲十十。

《章》「既名律儀」等者。分即支分，時義可知，相從得名，分三即別。

《章》「多分一分」有[三]。彼經有四，一分、二分、多分、滿分，故云等也。

《章》「問若唯修學」等者。此問答持，不問答受，其分持者，亦名分成，不云全成。

《章》「皆成彼二」者。彼二之類，亦名彼二。

《章》「義准不律儀」等者。所准全缺，雖同律儀，若分處中，即不同也。今此缺支亦是不律義，有唯殺生亦不律故。於殺生中，更分等降，乃至一類，殺此非彼，方處中也。其餘不爲活命因緣，少時暫爲皆入處中，並如前説。

《章》「此二解中」等者。周法師云：「前解爲正，世現見故。」

《章》「處中業道多少不定」等者。此下即是善中，今者四句約支，三句約時。

《章》「多分少分」等者。一分在少，上約近事近住，下約十善業道。有作是説，此望在家，出家菩薩即須全受，故云出家戒不爾也。近事近住，十善在家，名初攝受，出家久攝，名爲不爾，故須全受。

《章》「論據三乘」等者。會彼所憑，便破彼意，顯彼不違教文意故，言不約多分者，略不言少。《集玄》改「不」以爲「及」字，甚悮，飜上通三乘語。

《章》「何故許有少分持」者。受持相例，雜集問答，即是分持。

《章》「其十善律儀」等者。周法師云：「近事等二，名爲初衆。」近住等二不爾者，其難意云：能攝十善，既許多少，所攝近事、近住二種，何故不許同於十善多少受耶？今解初衆，唯是近事對於近住，名爲初也，不爾，約何名之爲初？又唯菩薩近事通十，其近住戒與十善戒不相似故，雖只約攝近事爲正，亦可成立，二皆分受，相相類故。

《章》「前説爲善」者。此處中中所有二解，與律儀中所有二解，初解即同，後解有異。彼之後解唯除近住，今此二種皆無分受，今斷前解，准彼亦然。

《章》「性罪須護」故者。慳嗔邪見是性罪故，此見是約謗三寶見。《集玄》解云：「翻顯遮罪，有不防護。」世親《攝論》第八卷云：「謂諸菩薩一切性罪，不現行故，與聲聞共，謂殺生等相似遮罪，有現行故，與彼不共。於此學處，有聲聞犯，菩薩不犯，如雨安居，觀益有情，趣行經宿；有菩薩犯，聲聞不犯，觀益有情，而故不行，是故菩薩心亦有犯，非諸聲聞。」

《章》「色性唯七」等者。《集玄》解云：「七支無表，即在法處所攝色，後三無表，既不名色，法同分攝，行蘊收故。」

《章》「前後説之」者。此句連下，前後相望，有其二門，頓漸如下。其單重者，周法師云：「近事戒後受出家戒，四支名重，在近事中，早已得故，今時更得名之爲重。三支名單，曾未得故。又但十戒六法名單，後受具戒名爲重也。」有作是説，十戒六法，皆具七支者，非也。

《章》「從僧乞戒」者。言從僧處是聲聞戒，僧是衆故，聲聞之戒從僧乞故。《唯識疏》中亦言，從僧作白羯磨，是聲聞戒。諸多不了，將彼已爲菩薩戒藏，須思審也。

《章》「心上中下」者。明非唯勝不立表戒，得戒須是勝上心故。若依正解，取其上品，中下不得，於理何失。

《章》「故前位」等者。已上敘解及以破文，並是説受具足戒者，此歸正文，便通七衆，及菩薩戒理趣皆同優婆塞戒，前位亦有請乞之文。按披[三]經云：「大德，我是大夫，具男子身，欲受菩薩優婆塞戒，唯願大德憐愍，故與授此。」是乞戒得表熏依，與前從僧乞戒，位齊及三聚戒，我今欲於大德所等，文義相似，故此文理，義通七衆。沙彌正學未見正文，理須思准。

《章》「故《瑜伽論》」等者。下引此文，但證二表在於前位，非是别證出家戒相。此文雖是説菩薩戒，已説七衆，義理同故。問：何知此文是菩薩戒？答：此中明言從師前故，其出家戒從僧乞故。又按彼論，先説苾蒭，必從佗已遂。問：菩薩既許自受，何須復説從他受耶？彼論答文，有其二義，前義爲顯慚愧緣故，此義爲顯造作勝義。有師之時從師勝故，具足身語，造作勝故；無師之時方可自受，唯意表故，不爲勝作，但得已而自受故。此是彼論文大意，故引此文，但成前位，立身語表，不論何衆。於若字上，論有又字，是第二義。

《章》「又以語言」等者。上身下語，并結可知。問：聲聞請乞，一處無失，三聚淨戒，兩處之請，何位得表，何須兩處？答：准此《瑜伽》及《唯識疏》《義燈》之文，不拘何乘，必依動發勝思之初，應審問彼，彼之二請，誰爲動發。前若動發，即依於前，後若動發，即依於後。若説後位方動發，前請之中先禮雙足，如是請言。云云。何故爲審決思。又彼文云，我今欲於大德所云云之説，正是語言表宣所欲，云何乃言不是動發。有作是難：但是請詞，何爲根本？此言甚陋。《纂疏》明云：「若從他受戒，或由身發七支，如往師所等，或由語發七支，如發語請師等。」又明云：「乞何非乞戒？」有云：欲者，是其將欲乞受，名爲欲乞，故未熏依，非得表者。斯言大踈，彼中明云「我今欲於此所」，引文表宣所欲。又羯磨文云「汝等今者欲於我所」，三説。云云。云何將欲名之爲欲？乞中置欲羯磨牒欲，正相符順，不應於此不爲動發。若有難云：訪師受戒，此纔見師，輙便乞戒，不先致請，勿輕慢乎？此言無義。訪師得見，先申禮訖，不陳請乞，不陳所欲，師爲何事？故隨請時，便伸所欲，師知所爲，度量可否授與不授，聽與不聽。不可聽者，遣而去之，若可聽者，即令供養。淨心行持，令其清淨，方就殿堂，於佛像前，敷設法座，如法登昇，與之而授。爾時不可無言便授，須是受者再覆前欲，云與我授，此第二位，唯是臨授登座之時，再請令授，故辭少也。如是不可，後方動發，由此不可，後位方熏成所依也。《幽贊》之文，直不別言，後位請文，唯舉前云。若諸菩薩先於菩提，發弘願已，（此是標舉發願之文。）欲勤修學，於能開授，如法請受，（此是第二，禮足請師，正是表宣所欲之文。）時彼菩薩令求受者生殷淨心，（此是第三，生殷淨心供養，只是爲生淨心，故不別言，意合在此專念長養，此是後段。）爲正開授。（此是正授。）若其後請乞戒，熏依正爲急用，云何不言？若云略者，乍可略其稍緩之文，不可略其最要之者，故知即是覆前請意。既同前故，更不別言，由此亦知其具足戒只有一處，彼無前來訪師之理，先與其師同處住故，便設法則，集衆請乞，故無兩處請師之理。若爾，後位正是相當，云何不取而取初位？答：約處當後，約相當前，但要其初，以爲正發。雖其後處，正當聲聞乞戒之處，然而已乞，但是再申，故不用之，故後位中無欲乞字，不假言故，只要引發師之語故。如此之說，諸未從者切希省察。又有難云：前位熏依其不堪者，甚爲虛設，今謂無過，有依無戒，得加行故，無依有戒，可成大失。又有說云：身發防三，語發防四。此不然矣，此是不知支分由誰，《識疏》明說，由期願故。又《纂》明說，「身發七支，語亦爾故」。彼次又云，「語爲身表，身爲語表，得互相表」。又如病等，不能動身，并語難發，雖從他受，亦有無表，不依表生，有勝聖師知他心者，凡悮中者更有。云云。恐煩別註。

《章》「又解」等者。下敘異師，五衆同前，近事近住，不可亦爾。此師意云，此說出家五衆可爾，近事近住受三歸處，隨師同說，何不彼位亦得表戒？三歸之言同聲說之，示相之言唯師說故。

《章》「從師求受」等者。此文便是破此師義。其義意云，前求請位，自發殷重，可以立表，隨師言處，心便不定，或無記故，不可立表。此言不定，但約三性，不言無心，隨師語言，非無心故，此即七衆皆從前位，立表戒也。有以此文作正義用，說在家者表與無表，同時得者，不違此文，是其敘異又次破也。集玄解此爲問答文，上問此答，亦爲不可。問：縱爲異解，彼意何以沙彌正學，亦許前位，在後亦同，說三歸故？答：彼前已受，更不立之，但說戒相，唯師言故，不可立表。此中未諍有心無心，但論立表，有心非表，亦不立故。

《章》「又自受既不請師」等者。問：此上標舉自受之者，爲定何戒？若苾芻戒時，違《瑜伽》次前之文，彼文前云，「或復有一，唯自然受，除苾芻律儀，何以故？由苾芻律儀，非一切堪受，乃至」，云云。便無軌則。《樞要》《義燈》，皆同此說，故成相違，若近事戒。其近事戒，如彼經中，亦有揀擇，同苾芻故，若菩薩戒。云何次下復例之云，其菩薩戒，准此應知，若所住戒，豈唯爾耶？答：准於《占察善惡業報差別經》説，通於七衆，皆許自受。問：豈不與前聖教相違？答：如前聖教，説聲聞人入衆之法，須要從師，其占察經説，其菩薩發菩提心，受具足戒，乃至正學皆許自受，故不相違。彼經明説發大心，已自誓而受，不發大心，即不許故。問：其自受者，亦對佛等有乞辭不？若有乞辭，如何相狀？又復云何彼五十三次下文云，「若自受者，唯有意表？若無語言，誰熏所依」？又《菩薩地》説，「自受已復云啟白請證」等，皆如前説。答：若有若無，二義卜之，且一義云，其詞亦有云大德處，及以僧處，云佛菩薩，餘詞並同其五十三，爲不表師，名唯意表，雖對於佛，先已知故，非始表故。又一義云，更別無詞，唯作羯磨，初便熏依，畢已增長，亦是前後，但無別詞。其《菩薩地》，但例已後，啓白請證，及以供養，故置等言，非等已前，一一皆具。諸説表與無表，同時約期可爾。論念不然，表即從初，無表在末，非一念故。其義深遠，不可思議，非宜妄卜。示忻似比，自他益之盗，其詳之。

《章》「後若現行」等者。《樞要》亦云：「少多作彼事，便成不善業。」成業道處，必是表故。

《章》「雖生彼家」等者。《瑜伽》之文，不作縱奪，但是直説，先成不律儀，後成業道。今作遣疑，恐疑既成不律儀者，應已成表，以此通之，雖得無表，未得成表，未曾作故，先但心故。今准於此，可以《瑜伽》五十三文，辨不律儀，配菩薩戒因緣法業，如是四義。其發心者，名之爲因。次樂忍等者，名之爲緣。以別於輕，無此相故，此略不引樂忍之文，或即此上總名爲因。爲名利者，名之爲緣，緣者爲也。彼論次云：「又於此活命事，重復起心，欲樂忍可，爾時説不律儀者。」又此活命，即當彼業，是活業故，即活命中，成其法則，名之爲法，有軌度故。如是具足彼經四義，名不律儀之重者也。問：云何不律先得無表？答：極麤猛故，初便增長，未至根本不成業道，不得表業。問：若有必不至根本者，招於何果？有無罪耶？答：成別報業，若善不善，一切皆爾。

《章》「或發祈願」者。此者有語，次句遣使，後句身業，或亦有語。

《章》「是事如是持」者。無答法言，不須有心，

《章》「答言能持時得」者。有答法語，必須有心，故知二戒有無心別。問：文雖如是，其理者何？答：從衆僧乞，所有羯磨，但白衆僧，令其聽許，故其受者不須有心，不令聽故，但呼大德，僧令聽故，其受戒者，師先已體堪任其戒，只是集衆令印忍故。若菩薩戒，創從師受所有羯磨，白受者云，善男子或法弟，聽竟已即問，汝能受持否？答云能受，即便得戒，不言能受，即不得戒，如何無心？又聲聞戒，羯磨文中唯敘來由，其甲某甲某甲。受具足戒，不言戒相，不牒所持，故通無心。其三聚戒，牒三聚故，既是所持，聽之自忖，能持即答，故非無心，能知於此。

《章》「先邀期心今滿足故」者。此通釋前二種之戒，此中不言有心無心。

《章》「衆僧和合此時具故」者。此釋前來聲聞戒也，此亦不論有心無心，但成末後得戒之理。

《章》「雖由前位起業熏種」等者。此下兩縱，應親問云：前熏種時，云何未得？法事竟後，既或無心，云何猶增不別？縱此一齊奪之，此初二句是縱前位，乞戒之時，雖熏所依，似合得戒。超次二句，先期之下奪之，意云彼未滿故，未得增長，未得無表，今羯磨竟，期願滿故，方始得戒。言法事竟，時雖無心等者，此縱後位，自羯磨竟，至未捨來，運運增長，雖或無心或三性心，不合增長，復用先期之下奪云，先期願滿，而作羯磨，從初念後，白羯磨竟，得戒之初，乃至未捨，亦得增長，不失期故。此通二戒，皆言無心，但明增長，不唯初得，直至未捨，故菩薩戒亦通

無心。若論初得及羯磨時，與聲聞戒有無心别，故不相違。有憑此文，説菩薩戒通無心得，謂羯磨時，許無心者，不知此文云初念後，不但初念，何證於彼？有將《唯識疏》文所説無心得戒，證三聚戒無心得者，此言非也。彼疏明云「從僧乞得」，乃至示法，云「沙彌得」。《義燈》亦只舉云沙彌，何以證此三聚戒耶？彼文定是説聲聞戒，論文正是對小乘故，破色處故。同此前文，破小乘處，云或無心，或復别緣，非大乘戒。問：何知彼論唯小乘戒？答：彼是對破小乘實色，説假色故。小乘無由説三聚戒，而對破故。諸不達者，其類頗多。

《章》「此法事竟時」等者。羯磨竟已，乃至未捨，念念倍增，不拘何戒，皆有異緣，及無心故，故無現熏，如何體增？此文不但指初得位，故菩薩戒亦在其内，准文上下，只説倍增，無文説有七倍增者。《集玄》斥云：「舊相傳解七倍增者，既文説理不然也，七支倍倍，非開七倍。」

《章》「以隨心戒」等者。舉隨心戒，例種無表，言隨未曾得者，念念倍增，故是未曾。後念之戒，非先有故。佛者不增，後念便舊，名爲曾得。

《章》「餘戒名得」等者。周法師解，近合别脱，准定道説，有説例餘近事戒等，亦唯用增。

《章》「十種得戒」者。此皆説得出家具戒，非説所餘。

《章》「相即可爾」等者。周法師云：「據其示相，可如彼説，《正理》即非，如文可知。」此意不許有自然得。《集玄》解云：「實理者何？謂即實身，從因至果，成自受用，解脱道時，得勝捨劣，上品無漏别解脱戒自然而得，名爲實理。若示相者，即化身也。」《集玄》又解，作問答文，從今大乘，至八地初，是問詞也，或説等下，是答詞也。問意顯佛非自然得，答意顯佛是自然得。不從佗受，名自然得。《燈》意有爾，此文恐非。今解自然直不作法，果自受者，非此自然不從他受之自然得，佛滅亦有，此者無故。

《章》「或有初地即得」等者。此下所辨，並是顯佛非是新得，從前受之轉至佛位，不名自然。

《章》「如不定性」等者。此爲舉例，便爲一事。

《章》「此説別受」等者。通心受者，盡形不捨。問：十地位中，何有不受三聚淨戒，尚別心受？答：准此所説，解行千差不遮，亦有但盡形受別解脱者。問：與菩提心如何相應？答：發心即遠，行行不定何妨邀期後，後別受不失於菩提心理，如行施等亦隨力故，或隨機教，却是不避頻受之勤。

《章》「或無漏心」等者。周法師云：「即無漏心得受別脱，命終不捨。」《集玄》解云：「又准《義燈》，定道無表，亦得名爲別脱表戒，定道位中動身發語，亦得説有動發思故。」

《章》「或説生大自[一四]宫」等者。周法師意，此亦不説爲自然得，如見諦得，非自然故，與《燈》意異，別爲一解，亦無過失。《集玄》之意，從前皆推至此，並名自然而得，一切至此皆轉捨劣，新得勝故。今解此意，已前所説皆從前得，不説佛位更有新得，此説亦許佛名新得，其有漏者亦名捨故。捨之別得佛位律儀，或名自然，或非自然，不出前云不名自然，是其本意。

《章》「事業漏故」者。若有可增，不增名捨，佛更無增，不增非捨。

《章》「善心念念不萎歇故」者。雖然不增，不歇非捨，餘位不增，是萎歇故，名爲捨也。

《章》「二見諦得」等者。《了義燈》問：別解脱無表，依於動發思種上立，如入見道，得別解脱戒，既不起身語，依何思立？答：入見道前，有期願心，動發身語，後入見道，依此種立。不爾，即無此從前説有名從他。今詳《燈》文，與此意別。此立比丘何處禀依，誰師誰衆。此文自説未有僧故，應云《義燈》談後有爾。今此章文説，佛初度家族三人，舅氏二人見諦便得，不假熏依。問：依何建立？答：宿世萎種，今再令增，或依見道無漏種子。或《義燈》解，依大乘説，約後有僧有不得者。此依小乘，談初非後，不論種子。問：若依此解，大乘談此五人如何？答：但是示相。

《章》「受時未有僧故」者。此五人時未有僧故，無爲受義。

《章》「然唯初非後」等者。准此文意，但初成佛有見諦得，已後有僧必别受故，《了義燈》説亦有請乞，是已後也，此談無爾。

《章》「三善來得」者。《集玄》解云：「佛命善來苾蒭之時，爾時得戒。」《正理論》云：「由本願力，佛威加故。」今問：大乘熏依等相，其義云何？答：准見諦思，有作是説，既云願力，明知曾熏。梵云耶舍，此云稱也，謂此尊者有大名稱。

《章》「有説因論」等者。《集玄》解云：「佛問汝家在何？答三界無家，稱可佛心，未滿二十，佛許僧中羯磨受戒。」

《章》「敬受八法」等者。大愛道，尼一人，餘非，或及眷屬五百同得，已後不得。言八法者，佛告阿難：今爲女人，制八盡形受不可過法，若能行者，即是受戒。何者八法？阿難，雖百歲比丘尼見新受戒比丘，應起迎來送去，禮拜與敷座令坐，如此法應尊重恭敬讚歎，盡形受不得過。一也。比丘尼不得罵比丘，比丘呵責不應誹謗，言破戒見威儀。二也。比丘尼不應爲比丘作舉罪，作憶念，作自恣，不應遮他覔罪説戒，自恣不應呵比丘，比丘應呵。三也。式沙摩那學戒已，從僧乞受大戒。四也。比丘尼犯僧殘，應在二部僧中，半月行摩那埵，此云折伏貢高我慢。五也。比丘尼半月從僧乞教授。六也。比丘尼不得在無僧處夏安居。七也。比丘〔一五〕夏安居竟，應往比丘僧中，求三事自恣見聞疑罪，此法應尊重恭敬讚歎，盡形受不得過。八也。此後三句，八法皆有。

《章》「七遣使得」者。《俱舍疏》云：「此尼端正，恐路有難，不往僧中。僧遣使尼，傳法往與授戒，彼便得戒以尼端正，別開此緣。」此是遣使與彼授者，無三師等，若自遣使代受之者，即具三師。隨其所應，後三所攝。

《章》「八持律爲第五得」者。《俱舍疏》云：「邊國僧少，許五人受，要須一人持律羯磨，故云第五。」周法師云：「此有二解，一云五人皆悉清淨持律，今言第五者，談羯磨人；二云五人皆悉清淨，言持律者爲第五人，即知法之人。」

《章》「六十賢部」者。《集玄》解云：「部者，類也，此六十人並是。尊者耶舍少小朋友，聞尊者耶舍歸佛出家，遂亦出家，聞三歸時，即得其戒。」

《章》「佛去世無初六種」者。《集玄》解云：「此文略也。據理合云，無初六種及第十也。不爾，何故下云有三？」周法師意，并沙彌戒，即有四種，若具足戒，但七、八、九。佛滅已後，三歸依處得沙彌戒，不得大戒。

《章》「其沙彌尼」等者。除尼爲一，近事中二，共有五衆，得戒皆同，並先邀期支條時分，稟依請乞，至三歸竟，戒便增長。此言竟者，如前所說，第三羯磨竟時得言，更無別語，只是指彼分位之言。今之受者，三竟之法所有語言，未知何典？今檢詳察《優婆塞戒經》中文理，優婆塞戒具有三種，一者三歸，二者五戒，三者六重。第一三歸，彼經自云受三歸依，已是近事。更次進問，於五戒中欲受何戒？汝謂欲受一分、少分、多分、滿分優婆塞戒耶？彼經次云，若言竟說，須彼答竟，欲受何分，方可與授，名爲即說，如此之理，即是授了。三歸依後，更別問彼支條多少，隨彼所欲，方與授之。受三歸依，若已都得，何須更問而更與授？故應別作一家之說。五戒六法，沙彌十戒，並於牒彼戒條已竟，如十善戒，得處而得。今此是約，先期問訖，三歸都得，亦不相違。彼經次後，更有六重優婆塞戒，即十重戒前之六種，更有二十八條輕戒。且如彼經，若以二文和會令一，只恐不順施設之意，且作別部，施設不同，機類異故。如是和會，亦不相違。然須更撿《俱舍論》文，今或更解彼與此文，其義無別，彼言三歸，是優婆塞，即是隨前期願多少，並皆已得，然未彰顯。但彼自期欲爲説相，須當問之，然後方説，故正同也。前解爲本。

《章》「俱論諍」者。此句連上，彼第十四更有一説，慈悲護念竟，但得三歸，不得五戒。上是迦濕彌羅國法師所説，慈悲護念處，已發五戒。於自稱戒，是鄔波素迦處，更有我從今時，乃至命終，捨殺生等語，然後説云，願尊憶持慈悲護念，前意大同《優婆塞經》。

《章》「有説爲受八戒」等者。此師只憑文相不同，得戒處別連環，猶如羯磨之勢，不同近事，解脱之相不開全持，如阿羅漢。又六法戒，依《四分律》説白四得，依《根本律》説白二得，亦是不依三歸而得。其沙彌戒、優婆塞戒，皆不異説，應撿諸文。

《章》「其心廣故」等者。全持條多，名之爲廣，故得戒處不同近事。問：此師沙彌正學如何？答：應同八戒，後更撿文。

《章》「有所了別」者。揀無知者，此當審慮。次下發起期願之心，便是決定。《集玄》解此爲審慮思，今恐此心非未決定。

《章》「又於此活命事」等者。決定思中，重復起心印而希樂，當樂忍時，得無表也。有作是説，爲動發者，非也。殺生動發，豈無身業。

《章》「不爾」等者。此問辭也，兩字直非兩句徵之而無表故，一句出理，諸無表者，要表方成。下二句答，不必當支爲表方成，佗表亦成，殺無表故。又解，此文上之三句可爲審成，此文審成先得無表。大義意云，若不已得無表，爾者何因已名不律儀耶？何以故？無有表業及無無表，雙無此二，無有因由爲不律儀。故上一無字貫下表遮，或可而字，無是及字，或是無字以下兩句爲通妨文。外應問云，既得無表，豈未表業？無表必依表業成故。答意如前。

《章》「二云」等者。此解大意。不律儀者，從當爲名，由有彼根，便立彼名，必當爲故。

《章》「今難若爾」等者。即以律儀例不律儀，律儀前位不得名故。

《章》「既爾律儀」等者。後師爲解先申翻質，律儀亦先有忍樂故，何不先説得無表也？彼有忍樂，未得無表，不約善根，先名律儀，斯有何失？故云當斧。

《章》「後師解云」等者。既爲質已不應斧責，却只歸前無所立義。問：前來妨難終未能免，兩家如何得無妨難？答：前師解云，惡戒易成，先得無表；善戒難辦，事竟方成，所以不同。後師解云，惡易而毁，當成決定，便爲方名；善難而讚，有可不成，成時方立，故亦有異。問：有此義齊，何師爲正？答：准《樞要》意，前師爲正，有作是説。准《纂》十三，後師爲正，説前發心尚爲輕故，少多作時名爲重故。

《章》「處分已後」等者。此是遣使作殺生等者，事竟方得。問：遣殺羊等，殺猪如何？令施僧食，施餘何若？答：不稱邀期，無根本業，以此准知互用結罪之所以也，不可不忌。

《章》「有自然受」者。《集玄》解前十種得中，自然同此，是義錯也。彼佛滅後，不説有爾，此自然受，佛滅豈無。須思勿悞。此約無師，名爲自然，前直約於不作法故。此自然者，自作法故，《瑜伽》自有自受羯磨。

《章》「若許自受」等者。此下並是《瑜伽》之意。此並約於聲聞之人。若大乘人，發大心已，即許自受。如《占察經》，至正學戒，亦許自受。若其菩薩，是欲出家，便出家故。聲聞不爾，辦堪不堪，故須從師。

《章》「由六因中」者。一、意樂損害，非實心者；二、依止損害，身帶病者；三、男形損害，謂形没等；四、白法損害，造無間等污尼賊住；五、繫屬於陀，國王父母不聽許等；六、爲護佗故，即變化人。

《章》「唯除闕滅」等者。此上是前六因擇資，此下是後擇師之文。唯者，定義。論文中無，疏義加之，論有「又」字。阿遮梨耶即軌範師，鄔波抡耶即是和上。有人無解，無行亦闕，非唯無有承當之者。其軌範師正要作法，必須有知，與衆一類，更要清淨。唯其和尚，二師爲諍，住清淨戒一句之文，屬上屬下，兩師用別，前師衆淨不假言之，後師其師不須清淨。

《章》「不知不清淨」者。「知」字傳悞，宜爲「和」字，不和師故，不假和故，但和僧也。《集玄》解云：「但見聞疑三根清淨，不知彼師，不清淨者，亦即得戒，不從乞故。」《集玄》解云：「但從和尚求受，不從和尚乞戒者，非也。」求之與乞，其義何別？又云「羯磨爲和尚者」，此亦非也。應説此是得戒和尚不語者也，亦非親教。

《章》「羯磨雖不稱和尚名」者。問：准彼羯磨，稱和尚名，何言不稱和尚名也？羯磨文云：

大德僧聽，此某甲，此稱三箇受戒人名，下准《集玄》，有解此中稱和尚名非也。求受具足戒，此某甲今從僧乞受具足戒，某甲此處方稱和尚之名。爲和尚，某甲自説清淨，無諸難事，年滿二十，三衣鉢具，僧今授某甲具足戒，某甲爲和尚，誰諸長老忍，僧與是甲授具足戒，某甲爲和尚者默然，誰不忍者説。僧已忍與某甲授具足戒竟，某甲爲和尚，僧忍默然故，是事如是持。准此，正是稱和尚名，何言不稱？由此，《集玄》解此所言不稱羯磨和尚名也。今解不爾，決定是言不稱得戒和尚之名，應爲答云：於乞戒處，不標和尚，但云衆僧，明正乞受在衆僧也，所以和尚不須清淨。言和尚處，但是指授，非是於彼乞受戒故。問：言羯磨中，何言乞戒？答：羯磨牒前，乞戒言故。

《章》「而已與彼戒」者。先已體量，已許與授，名已與戒。恐衆不聽，集衆與授，是故不須標和尚也。今世所集，受業和尚，雖是當此，然不用之，別立一人，而代之也，如親教也。

《章》「諸師」等者。《集玄》以此三字屬上，遂云字錯，合云須標。今謂屬下，依倚諸師，而斷之也。

《章》「及菩薩戒」者。三聚十善，或意准前，出家五衆，菩薩受者。

《章》「令尊重戒」等者。會彼經文，以爲一相，非盡理言。

《章》「答由二因緣令慚愧增故」者。慚愧爲二，自受無慚。論云：「由有二種，遠離惡戒，受隨護支，所謂慚愧。若於佗處，及於自處，現行罪時，深生羞耻，如是於離惡戒，受隨護支，乃能具足，故從佗受。若有慚正現前，必亦有愧，非有愧者必定有慚，是故慚法最爲强勝。」問：慚愧遍善，何有此相？答：如《義燈》會，且依一相，自耻必佗，耻佗非自，愧耻佗故。

《章》「若等護持，福無差別」者。論云：「若有如自所受，而深護持，當知所生福德等無差別。」次下是前「又若起心」云云。之文。

《章》「於自佗罪」等者。此是疏主助意結文。對佗佗責，名爲佗罪。癈佗自責，名爲自罪。罪爲佗也，餘人不論。若唯自受，不護佗罪，故通佗受，自佗修護，是爲勝義。

《章》「從佗何人」等者。於從佗中，問起兩門，易而不答，應准《解》云：「從師非餘，師謂軌範，及以和尚，必須清淨，非不清淨。」《集玄》謂「下菩薩地等，是答此者」，非也，義門別故，下説表非表，不開師淨故。

《章》「若自受」等者。此約無有所表之師，名爲意表，非無語言。《瑜伽》自有羯磨文，故四十一云：「又諸菩薩，欲受菩薩淨戒律儀，若不會遇具足功德補特伽羅，爾時應對如來像前，自受菩薩淨戒律儀。應如是受，偏袒有[一六]肩，右膝著地，或蹲跪坐，作如是言：仰啓十方一切諸佛如來，已入大地諸菩薩衆，我今欲於十方世界佛菩薩所，誓受一切菩薩學處，誓受一切菩薩淨戒，謂律儀戒、攝善法戒、饒益有情戒，如是學處，如是淨戒，過去一切菩薩已具，未來一切菩薩當具，普於十方過去一切菩薩今具，於是學處，於是淨戒，過去一切菩薩已學，未來一切菩薩當學，普於十方現在一切菩薩今學。第二、第三，亦如是說。説已應起，啓白請證等，皆如前說。」又准《纂》《疏》，於此不遮有心念者，更無語言，唯意表發。故彼文云：「若自然受者，唯有意表業。」此不以身語爲方便，唯以意爲方便，受得身語七支無表。雖云身語，亦不表知。問：即有無表不從表生，無身語故？答：有意成表，故此上文不遮心念，彼次下文如前所解。

《章》「縱有傍人」等者。此文通妨，或有發語，或唯心念，必有身業，傍有人見，何唯意表。以此通之，不對彼故，不爲令於傍人知故，不名爲表。

《章》「或亦有表」者。意即對前傍人名表。

《章》「論説傍邊一人亦無」等者。此會論文，既通有表，豈不違論，唯意表耶？此會大意，我不說云定有傍人，亦有傍邊無一人者，論據於此都無傍人，一人亦無，云自受者，故無表業，但有意表，亦不相違。四字爲句，其義甚明。

《章》「如今對衆」等者。其自懺者，雖無其師，亦對其衆，非定無人，故有表業。

《章》「遠前方便」等者。此說定道有從佗義，遠從資糧，有所教故，近從鄰見，佛爲說故。言正起者，正能發起，是前念也。問：此定道戒既不作法，何須强說從佗受義？答：對法皆言受所引故，不爾如何在彼色攝？

《章》「故唯可說」等者。問：意表何無？答：當念即無，無分別故。望後即有，後有知故。

《章》「非同前位」等者。准此捨戒，只是不增，此文甚明，如何惑者謂與犯別？謂此奪體一齊都無，名爲捨也。故應說云，已增之用不可令無，如期盡者，准犯重者，一切皆爾。問：如是犯者與捨何別？答：但中下等，許可再增，與捨不同，捨者一向不可重增，只許重受，犯者只是懺訖使增，不重受故。定道隨心，相中不言，彼并體捨，如身語表。

《章》「其身語二表」等者。有説此下辨相之中辨捨表業，《集玄》此下爲捨縁也，不及前判。此文正同《識疏》《義燈》，但依初念，此必約於一期之初，其初一念爲正發故，起已未竟，皆是由初，故唯一念，第二念等，非正由故，不可取之。若了知此正發之理，必不肯説，三番各初，以一發起，後皆同故。亦有説云，至乞字處，至欲字處，如是種種，皆由不達正發之理。又有説云，身語各初，各防發故，是乃不見互表之文，亦不了知立支因意。並如前説，應解《義燈》，或俱時等，約其身語，有俱不俱。若俱不俱皆依初念，俱者易知，其不俱者，熏種雖别，其立戒者，只要一初互防發故，如自在前，身立防七，語亦如是，如前引《纂》。恐有説於身語各立，身前語後，亦依語立，故作此言，令知後語不依彼立，唯依於前。身立七支，語先准此，是一期故，不可别初，定是初發，一思初故，不可一思，有兩初故，又不可説兩動發故。既一動發，故唯一初，須説互表。文理既明，不可異思。又此文中明説，初發身語之處，名爲表戒。其無表戒，依此種立，所有禮足請師之文，正發身語，不取何爲？若以彼爲審慮決定，何固陋哉！若爲只是請師之文，非熏依者，《纂》第十三直指唯語發七支云，如發語請師等故，如何不許請師處立？又況後文亦是請故。若云先禮雙足之處，已發身業，應已立者，是義不然。彼未是表，心本微故，但是人事，先設禮故，表欲之動，即用之故。《纂》雖説云身發七支，如往師所，不可在路熏戒依故。故下等字取在所者，禮敬等業發戒依也。又有只爲纔見便乞，事大速易而不許者，此在自情，豈關法軌？又況先申人[一七]事已畢，不陳所乞，更待何時？若云已乞，何要後位蹲跪請者？如前已解。臨授再覆，知無退轉，更加謙敬，而希授也，具如前説。

《章》「不由於此定發身語」者。先已發起，是不由此，即《義燈》云「刹那等起」，但是刹那刹那相引起也。

《章》「有無三性」等者。性不同前，故不可取。問：三性不定，其理如是，如何得有無此思者？答：此前指於第二念後，已後不遮有無心時，或有無字義連三性，只是三性不定之語。又此舉總意，只要於有無善性不定者也。次善只是説善戒故，其不善者念念發故，但説同時。或彼亦初言同時者，約非兩次，亦不云唯。又但談初已後，亦或無心等故，此依後解。

《章》「佛即不然」等者。有説審前捨無表語，有説審前捨表之語，准然字下，後解爲勝。近乘捨表，佛不名捨，雖不捨表，然亦不可更發無表。又或合二以爲勝義，然字之下，别通發表，依此義故，言不爾者，雖種不增，現雖刹那，並不名捨。次下審順，如是成已，恐疑問云，既佛有表，應發無表，故此遮之，不假出理，已圓滿故，不更熏故。捨下「緣」字，今疑無用。應是《集玄》見此「緣」字，判其身下，皆爲捨緣。今不如是，如前已解。

《章》「《瑜伽論》云」者。亦五十三前四支中，其第二支名所學處，今此須通一切學處，四根本外，並在此攝。發心棄捨，云更不學，名爲捨戒。此等既輕，犯而不捨，發心棄捨，方乃捨戒。發心捨此，亦捨根本，以相類故，劣尚然故。三邪戒中，學處准此，彼言更寬。淨戒即是根本戒也。或此誓捨亦通根本，雖不曾犯，慮犯而捨，下釋略此。

《章》「一解云」等者。只形没者，其戒不捨，没一生二，方捨戒也，故是一緣。

《章》「雖知聖人」等者。自作無形，便是無知，故非聖人，肯爲此事。但見欲損男根之者，方便救護，不令損害，名施男根，獲大功德。

《章》「如凡時得戒，後被虫食」者。《阿育王經》第八卷説，旃陀羅子已得初果，身有惡病，一切身體爲虫所食，口氣臰穢。問：此經是説入見方食，如何爲證？答：例臨入見有被食者，或更別有。

《章》「虫食之時」等者。周法師云：「説言入見，得戒不失，若無其戒，如何入見。然有沙彌入見道者。」

《章》「今言形没」等者。此入論文，須先一没，其二方生，或没唯一，亦名爲没。舊一不捨，後牒雖此，不名爲没，此解約數，亦名没一。

《章》「二云」等者。實有六緣，約類合此，爲五緣也。有只損形，有只增一，爲二緣故。問：如何形没，或生於二，即捨於戒？答：准下所解，煩惱重故，世俗呼彼，此爲命根，是人性氣，皆由此也。《俱舍疏》云：「所依變者，心隨變故。」其失改者，舊性便變，移改舊日受戒情性，故捨戒也。

《章》「《瑜伽》第一百」等者。此下前師難後師也。

《章》「比丘轉爲尼」等者。《十誦》四十，敘佛昔在舍衛國時，爾時有比丘失男根，成女形，諸比丘不知云何，是事白佛。佛言，即以先出家受具足戒歲數，遣入比丘尼衆中。又有比丘尼失女形，得男根，准此。問：二衆戒條，既是不等，何不別受？如何持犯？答：根本既同，更不重受，受具足中，唯根本故，餘但隨學非別受，如是二衆，後隨遣入學而持之，犯亦爾也。周法師解：「由受戒時，諸惡皆斷，是發僧尼二戒，但爲佛制，持有差別，故轉根持，隨得彼戒。」僧有不犯尼戒之者，約佛不制，此又前師難後，意者轉尚不失，何況只損？故唯二生，方乃失矣。

《章》「欲入見諦」等者。三句相連，先牒後非，此即前來虫食形者。

《章》「漸命終」者。此難意云，不至命終，先捨其根，戒必先捨，何要命終之一緣也？《俱舍論》説，四根命終，身命意捨，故先無形。

《章》「若爾何故」等者。此下後師却難前師，六緣不授。第三緣，是男根損害，既不許授，明知須捨。

《章》「必無入見諦」等者。臨入見諦，必不失形，前所引緣，是初果故，已入見者，捨戒何失？非犯失故，犯失必無，此但由如命終緣故。

《章》「亦無漸命終，而不捨戒」者。此意漸死捨形之時，便已捨戒，正符前難。次下解之，但無形時，便名命終，將死之死，亦是死支，故已捨戒。次句復遮非要命終，非要已終，方召[一八]命終，故無前來先捨難也。問：二緣齊捨，亦不須二？答：有未命終，失形者故，其一者但彰命終。問：如是只以失形之緣，已諺[一九]命終，何須別立？答：爲棄同分不死之者，有此緣故，若只命終，即可廢從形没内也。此由別有捨同分者，故須別立。棄衆同分與形没者，可作四句，互寛狹故。

《章》「《俱舍》云」等者。前雖互斷，此下別斷，前師爲勝。將斷先與，會釋相違，前説入見有失形者，即初無漏有俱[二〇]無形。其《俱舍》説，初無漏根，定成十三，不説十二。俱無二形，即十二故。信等五根，眼等五根，五受隨一，并及命根。既云十三，故并男女隨一根也。以此會之，是小乘義。大乘加意，却除其形。小乘意在過去世故，現定成就無意相也。問：雙聾絶聾，其義云何？答：必無此者，更審思之。周師不見五受須一意根，過去却並意根爲十三也。《集玄》解此作前師縱後師文，後師會前，所憑《俱舍》十三根文。無男女者，是小乘義，不可依據，乃牒縱之，後引《瑜伽》而爲奪也。彼十三者，意身命三，除憂四受，並信等五，初無漏根，此言非也，且文不順，又根亦差，無眼等四，何有四受？

《章》「成十九」者。除三無漏，二形之人無三無漏，不説無形，故但二形而乃捨戒，非無形也。

《章》「亦有無形故」者。即前所引《阿育王經》。

《章》「斷善根得」等者。周抄牒文，得是問字近一行，問受時二善，捨時誰先？此無答文，或此「得」字，無是「捨」字，或猶可也，連下標舉分別二捨。周法師解，受別解脱戒，而有二心，方便心受斷善方便，其戒即捨，生得心受正斷善時，其戒方捨。所以然者，斷善但斷生得善根，無義能斷方便善故，必先斷故，所以其戒捨有先後。問：生得心戒，如何感果？答：求三乘果，名爲方便。求三界等，皆生得收。今恐此言有少未盡，有漏方便豈可不得三界之果？

《章》「命終已方捨」者。後身之上失先戒也，此就一分，論中只云棄衆同分。

《章》「一、起不同分心」者。誓捨者也，於苾蒭戒，論言捨學，《樞》章名同近事、近住，論章皆言不同分心，《樞要》亦言捨學處也。名字雖別，並是誓願捨之者也。名别所以爲苾芻戒，學處多故。

《章》「然正法滅」等者。亦《瑜伽》文，已得不捨，更無新受。所以者何？由於爾時穢劫正起，無一有情不損意樂，能受具戒，此即六因之一因也，此非五中捨戒之緣。問：若有具戒，如何法滅，無傳受人，方爲滅故？答：雖有具戒，未必解而能傳受，故文雖具戒，意樂不順，不曾作法，而捨於戒。不斷善根，未是捨緣。雖不傳受，其戒亦在，故不相違。

《章》「三、捨衆同分」者。此中亦有命終之者，亦有入彼異衆之者，即入外道。

《章》「《瑜伽論》又若」等者。問：此是辨受，何證不捨？答：既許受得，故定不捨。問：前苾蒭戒云，何不同其正義師，形没不捨而不受，故據其不受，合亦捨故，此中不捨，即許受故？答：受與不捨，不受與捨，降其一等，若許受者，必定不捨，不許受者，未必皆捨。如正法滅，不許有受而不捨故。故苾蒭者，損形不受而不捨戒，近事損形受而不捨。何以故者？其受初得雖於不捨，其許受者必定不捨，不受理即易之於捨，其不許受不必捨也。又受雖難，捨之復難，所以如此，細思細思。

章「男女煩惱，恒俱行故」者。恐爲過也，二衆並爾，由此雖得近事之戒，不堪承事，不名近事。前苾蒭中，以此爲理，真不許受。

《章》「若具受已」者。此牒具受，次下分持，是所問答。

《章》「二、起不同分心」者。不滿一日，誓捨者也。周法師云：「入外道類。」今恐此却是第三中。

《章》「一、云起不同分心二」者。是第二故，内有二故。問：《樞要》只云捨學處者，如何攝二？答：《樞》依後解，亦不相違。故彼次云「非斷善法滅」，以此准知，後解爲勝。

《章》「以近事戒」等者。恐外問云，何不别開？此下答之，三句爲理，意爲偏有，日出捨故，所以合此，理頗同故，又無闕故，何妨數同？

《章》「故知二種爲不同分」者。此結成也，二合爲一不同分心。有説二戒不相似，故名不同分，非也。

《章》「隱顯影彰」者。不開爲隱，近事中有而顯此也，合之爲影，准近事有，名之爲彰，此無互義。有説互影，是爲太迷。

《章》「如先已起」等者。恐云時促，如何斷善？斷善要先起加行故，此下示之，若約開之，故應有四。准此所示，不及後解，如何已起斷善加行而得受戒。

《章》「上品邪見」等者。上品邪見已起加行，如何得有上品善心而受戒耶？

《章》「起上品纏」等者。梵語波羅夷，此云佗勝處。此是其罪所招之果，即無間獄，名佗勝處，是最劣處，爲佗所勝，舉處皆勝，獨立此名。若望其罪，有財得名，有罪字者，亦通依主。不知何緣，諸有所説，不達此義，但各述於相濫之解。如有説云，持者爲佗，犯者爲自，爲佗持勝。有翻此説。又如有云，煩惱爲佗，爲煩惱勝。此等豈不濫於輕罪？又有説云，准《瑜伽論》四十一卷，一切犯戒皆爲他勝。此言妄也，《瑜伽》無文如此説故。《律抄》中之翻波羅夷爲不共住，此是錯者。義淨三藏翻佗勝處，同此章文。此言四者，是菩薩者，即是十重之中後四，若聲聞者，即是前四。不同所以，今略言之。菩薩防心，以之爲勝，聲聞防身，以之爲本。語四後一，特違菩薩，欲和人故，利一切故。今審毁離，故是其重。聲聞要證，靈稱自障，故以爲重，所餘之罪不及此也。又有處言八重之者，出家菩薩，前四後四。又有處言六重罪者，《優婆塞戒》十中前六，於四本上，加不沽酒及説過故。故經稱爲優婆塞中芬陀利華。其十重者通論四衆，諸常云爾，故略言之。不同所以及異相狀，後段當述。問：如何是此三品相狀？答：四十末云，「若諸菩薩毁犯四種佗勝處法，數數現行都無慚愧，深生愛樂，見是功德，當知説名上品纏犯。」《幽讚》略此，以爲三義：數犯四種，一也，取恒犯義。都無慚愧，二也，取全犯四。樂犯爲德。三也。以此准知，具三義者，名爲上品，具二義者，名爲中品，具一義者，便入下品。又准《幽讚》次下文云「非一暫行」，即名爲捨，須數須四，於一而數，四而非數，皆非上品。一數〔三〕爲上，又解於中，四而非數，一而數者，亦名上品。彼意遮於一非數，故別遮之世〔三〕。數一捨者，所便捨全，非但捨一，須詳何正。

《章》「此同於上」者。有義「上」字，便目上品，太心急也。應云指此同上所説苾蒭戒也，下舉所同。要猶取也，取《決擇分》説苾蒭戒犯重捨也。此舉菩薩同於聲聞，意欲會釋聲聞戒，違《十輪經》，是聲聞戒故。《集玄》「要」字屬上而用，謂《樞》爲錯，一時悞也。

《章》「上欲梵〔三〕燒」等者。此是聲聞，故舉上欲，例於餘三。又言慚愧，當前一義，亦例餘二。

《章》「然不得共住治罰」者。不得共住，即是治罰。雖然治罰同上犯者，而此不捨。

《章》「《十輪》據」等者。此會二文，言如水火，意符膠添斷爲勝，仍伸後解。《集玄》問云：「犯重不捨，與捨何別？」彼自答云：「犯者微增，捨者全無，或復雖有防發功能，然全不增。」今謂不爾，微增之理出在自情，非本建立無表之趣，若少增長名無表者，何須上品？又其全無，及全不增，由失無意，乃爲進退。諸處皆説，用修舊故。應説犯捨，必定不增，用皆修舊，但犯之者，懺已再增，其捨之者，不可再增，如是差別，不可異求。問：犯有上下，廢有等降，何義不許有分全耶？答：若有微增，而防於何下品易防尚猶不防，不可防於上品者，故不同斷善，上善難生而易斷故，上惡難防，不可微用而防之也。故用兩同，舊而不增。問：如何不增而言修舊？答：已增之用不可無故，已妨之惡不可患故，但不防於已後惡，故不增而舊，理在此矣。

《章》「又解經中」等者。下第二解，先會經文，以歸密意，後方歸論，解二乘者，不同菩薩。

《章》「又菩薩戒」等者。上雖會文，未會正解，大小同異，故置又空。又上會經，以爲化相，尚可苾蒭同前解，故約經説全爲化相，故猶此棄，上會經別前，更於實捨，亦異前解，故置「又」字。有作是説，此下菩薩三品皆捨，同於苾蒭，故次文云「亦非上纏」。《集玄》「亦」字改爲「上」字，意超用文上纏犯失，非上纏犯即不失也。今解此言菩薩同前，但苾蒭異，「亦」字不差，然須問用亦上，非上失與不失，是其大意，亦者即是同前解也。翻顯苾蒭，不須同前，是要皆捨，如是用文察其聖意，妙之妙矣。

《章》「《涅槃經》云」等者。下歸詳斷。若全捨者，非不解也，故各通於有捨不捨，全捨全非皆不解意，彼師便却解此斷意，實説爲捨，不了化相，亦名亦解。

《章》「四緣故捨」者。初二但是心言有異，並是退捨菩提心攝。後二雖是本隨不同，並佗勝處亦攝，據前不增，揀本與隨故，隨中言品，准本亦然，此是初解一一同前二緣也。所言隨者是同類義，如五無間，並皆説有同類罪故，如污母罪，是殺父母之同類罪，諸如是等，具如瑜伽。今此亦爾，其四種之同類罪名爲隨順。問：如何相狀？答：且如邪見謗三寶罪，名爲根本，其毁壞者，是此同類。又如其慳破壞佗施，是此同類。如是其餘未能具示，後更撿文，又解本隨，或約人説，本作隨助，是此二別。

《章》「根本勝處」等者。此第二解，並解前來二緣，亦別無牒，此中本隨不同，前二緣中説，言其品即同，此中言品者也，即《菩薩地》。且説隨順，如是本四，三品皆捨，重於隨故。隨順既輕，上品方捨，次下翻成。若不作此品捨不同，如是本隨，輕重何別？捨之寧異？《集玄》本隨作性遮者，此太踈也。如何遮罪犯而捨戒？今言稍輕，亦可爾也，雖輕亦是性罪所攝，亦不入於四十八輕，只是重中分稍輕也。其波羅夷無等降乎？又四十八往往説云便遮罪，非之非矣，謬之謬矣，全不思矣，殊不詳矣，如放火等、交會婬等、有殺生等、破三寶等，豈遮罪也？應强會耶，莫廢力也，不改問爾。問：與重何別？答：十重之上，所有四義因緣法業，便是與輕不同者也。不爾，輕中何不言爾輕？既不言，故無四者入於輕中。重具四義，招於無間，輕者不爾，即招餘獄。具四義者是不律儀，無四義者或是處中，故殺生等兩下皆有，輕重不同。如是且説二十分差別，其餘別相，難以具述。如《瑜伽論》自讚毁佗，輕重皆有。《纂》自解云：「不爲名利，名爲輕罪，是佗勝處。」問：爲名利者，四義何攝？若不攝者，應有不盡。答：是活業攝，或是緣中，緣者爲也，此解爲勝。

《章》「又退菩提心」等者。必先退捨菩提心故，此解爲正。

《章》「問《菩薩地》云」等者。所受既同，捨何不爾？下答大意，相狀雖同，其心何異，是故捨緣亦不同也。《集玄》答下棄字改「之」以爲「受」字。今解別牒初之一句，即不須改。又目所棄，亦不須改。《集玄》又依向下章文，改「慢」爲「漫」。今解慢字，運心寬廣，時劫長遠，不求疾終，名之爲慢。如世間説，大海不論杓子，香累劫累生須香了，此豈非是心寬慢乎？又心急者爲大器乎？燒著鍋兒欲開謂乎？問：七衆即是菩薩，律儀其相，由疑如何一身受七衆耶？軌則支條形相，衆類皆不同故。若約支攝，應説苾蒭具七衆故，縱亦不能，後不重説重受者。違瑜伽故，若七身受，如何一受不重受耶？又羯磨文受一切戒，一身受一，寧一切耶？何名類耶？別別一切與別七衆，云何別耶？必不契於羯磨之文，一切學處通七衆故。答：應説菩薩所有發心極寬廣故，從今身受盡未來身，其身無量，隨何類身，皆持是戒故。如是受一身受七，菩薩不愧爲女身，故知必不唯此一類，故非定不受於女身，故又知有益須受之故，不爾，不應盡未來身，更不重受，須思須審，勿悮勿錯。問：十無盡戒盡未來身，應具受七？答：彼正是此，不論何身，便具七也。不爾，心言不相應，故非迷心，故一身必不能盡未來。

《章》「若不受菩薩戒」等者。《集玄》等説，此説菩薩別心受者，二時皆捨，菩薩隨類教化衆生，有別受也。或隨聖教導化衆生，須隨別受。前解爲本，下章有文。

《章》「若生分捨」等者。《集玄》解云：「生分二字，傳寫者悮。」按彼論云，若有不捨如是律儀，當知餘生亦得隨轉，非彼捨者。或字不錯，此句先牒命終之者，名生分捨，顯此不捨菩薩戒也。此是彼論四緣捨前，先辨不捨，然後是前四緣捨文。

《章》「即出家戒」等者。樓閣受者，如頓受者，期願令盡未來身者，轉爲不捨，或直發心，百千生者，盡未來者，先期盡形，不在此限。

《章》「即説多日」等者。復更准餘近事、近住，皆有期願，過無設者，此示別受，許如此也，仍令堪文。

《章》「别者不得」者。若非菩薩期願發心，别入不得過無施設。

《章》「若起異品」者。分也，三界九地，三世别類，並名異分。

《章》「由四緣」者。初一後二，即皆全捨，其受戒捨，分全不定。

《章》「二、受戒捨」者。若有不先發願捨者，而便受戒，雖有懺悔，不必誓捨，故别爲緣。

《章》「若暫受戒」者。明不永捨，期願滿已，捨善戒後，不須作惡，却成不律，順舊意故。如是故有，得定捨者，後引定故。言四業者，《集玄》改「四」以爲「思」字。有解身三語一名四，或順現等。

《章》「《瑜伽》説言」等者。休戒還具，亦名未捨，永捨故。

《章》「不説休戒」等者。不説休戒，相願滿已，於此已後，便名永捨不律儀也。

《章》「義准期願」等者。既説捨時，有期分限，不遮具者，亦有短長。准此捨具隨支，别説解脱，故即有一人得律不律二名之者。問：期願盡處，是何緣捨？答：是捨之類，初緣所攝，願亦攝故，惡願盡處，捨願必生，勢相番故。或入處中之第二緣。

《章》「三、命終捨」者。勢期盡故，願捨勢故。問：願在多生，命終捨不？答：活命之理，但一生故，彼彼不知，在多生故，知者作惡，不强勝故，或命終攝至後後中，亦死捨故。須詳撿之。

《章》「四、得定捨」者。問：得定之時，必先具戒，何要此緣説不受戒，無人身故？答：修總報思，不心恒與戒思相應，但要有戒，遠依亦得。如先受戒，期滿却成不律儀者。如此修定，依先戒故，捨後不律，故須此緣。又戒有分，亦可爲依，説全無戒，乃至三歸，亦無之者，必無人身。此分有戒，隨其所應者，所未捨修定捨故。但三歸者，雖得善趣，不捨不律。依如是戒修定之者，捨不律儀説不律儀，乃至亦有引定之者，屠兒廣額示此相也。

《章》「有説形没」等者。應會《瑜伽》，四緣不盡，故此不勝。

《章》「又説不然」者。惡戒難捨，此不然。

《章》「許此二種」等者。形没正義，皆不捨戒，二形不捨近事戒故，全分總言，皆云不捨。

《章》「由六緣捨」者。初之五緣，通善不善，第六一種，唯捨善者，或於彼中，影顯受戒，斷不善者。不爾，此緣在何處攝？

《章》「一、由受心斷壞」等者。此是誓捨第二期盡，淨信煩惱，目善不善，第三業滿，雖期未盡，事竟亦捨。此自業滿，四已施佗，所施總壞，無表便捨。

《章》「若菩薩戒中」等者。此中既辨攝善法戒，明知此戒處中所施〔三四〕。問：如是即違前來所説，處中無表有漏爲正，攝善法戒通無漏故。答：此中不言皆爲處中，應説除佛及因無漏，彼彼可法非缺少故，在律儀攝。今説其餘少布施等之攝善法，非可法軌，故入處中。由此説於小布施等，由此入前六因，辨捨彼無漏等，不可約此，六因捨故。

《章》「除此即捨」者。除命終緣，故但有五。

《章》「或復加六」者。亦有限至命終者，故或是於退菩提心，有作是説。且言攝善，餘二亦有，今謂律儀，更何處有？應説善止已在前文六因之内，其饒益戒准此思之。攝善饒益，可有二門：或在處中，或在律儀。問：如是三聚亦有相濫？答：若約三聚，不名律儀，别建立故。若於律儀不律儀中，於彼律儀，有攝善等，施設異故。如是三聚律儀等三定各不同兩處律儀，寬狹有異。若不爾者，前説佛位攝善法戒，可法軌故，在律儀攝，如何和會？

《章》「七十八指攝事分」者。彼文自敘契經、調伏、本母。於契經中，或四或九，二十九事。於調伏中，説其七相。於本母中，説十一相。調伏七者，一者宣說受學軌則事故，二者宣說隨順佗勝處事故，三者宣說隨順毀犯事故，四者宣說有犯自性故，五者宣說無犯自性故，六者宣說出所犯故，七者宣說捨律儀故。所言事者，當攝事分，故名爲指，然無此言，或標名指。

《章》「有義身業」等者。語假尋伺，唯同前解。身既不爾，故復別解。思爲業體，故通上三。此解爲正，許受戒故，上地不造下地業故，其借識者但無記故。

《章》「其無漏」等者。上辨有漏，則有兩師。下辨無漏，更無別解[二五]。

《章》「如鼻舌識」等者。恐外問云，諸佛恒居第四靜慮，上無尋伺，何有身語？或何有語？隨前兩師，爲問可知，下舉例答，如常可知。

《章》「豈彼世尊」等者。舉果顧因，世尊猶前引而有故。

《章》「定是無漏」者。定有是也，不言唯是，故不相違。由前唯曾說於八地無漏別脱，故作此語，顯通十地，漸悟地前皆通無漏，受別脱戒，通依上地，不遮有漏，不須畢解。

《章》「盧舍那佛經」者。即《梵網》盧舍說，故以爲名。言十八梵天者，諸共解云，於前三禪，各有三天，第四禪九，除無想外，取大自在。遂有問云：其五淨居如何得戒？彼決定性無發心故。彼自答云，言總意別，或不愚法，許皆受持，或就化相。今謂不爾，如《大般若》，除五淨居，別有十八，前三禪上各加一，是其總名，初禪梵天，二禪光天，三禪淨天，三四十二，第四禪六，福生、福受[二六]及廣果天，上三各別即是。舊三品業者，下更有三，清淨自在大自在，如是成九，通爲十八，受菩薩戒，不相違也。問：雖有此說，豈不相違？答：其天有二，大乘小乘各說十八，其四禪各三業報之天，大小乘同。已外若依小乘天者，加五淨居及無想天，以成十八，此中不用。若依大乘，於前三禪，各更加一菩薩之天總名者，是於第四禪，別加三箇菩薩之天。何以故？八地九地十地定生，如次，是前所加三天，下地不定，只總加一。如次説此十八梵天，言此受得菩薩戒，故亦不相違。此出《瑜伽論疏》所説，諸勿疑謗。

《章》「不得別受別脱之戒」者。此意不許聖者別受，除聖已外有別受者。上但説聖，故無別受，但有通受。問：前説十地亦有新受，須是曾已而再受之，其所捨者豈非別受？況彼文云，命終猶捨出家戒，故此説別受。答：彼通下界，此論上界，無出家相，心非極厭，故無別受。問：通受如何？答：通受之意非一身，故不遮下生，當持之故。復言除者亦除上界，下界即有此意。上凡別受在家，如何不許聖者別受？又解此文初之二句。牒凡無別顯，但通受。又次二句，明聖有別受，別脱者麤顯凡無，除其要也。上界之下，釋凡之理，不同聖人，不須極厭，便許能受。或可聖人通厭三界，厭欲亦有凡厭現身，無欲等境，無極厭心，故無別受，此解上界凡唯通受，不許別受，聖道通別，此解稍勝。地前菩薩在家出家，不能等行。入地已後，許等行故。在家亦許受出家戒，凡夫菩薩通受之者，邀期不唯在一身受，即許受之。別受之者在此身故，無出家相，或無欲厭，故無別受。至於近事，亦須近事出家衆故，亦厭欲故，亦無此理。

《章》「既許欲天」等者。欲天凡夫即許別受，近事別脱，有欲厭故，有所事故，亦非出家五衆。別解，通受即得聖者同前。問：諸聖菩薩如何不受？盡未來際，如何有捨？答：如前已解。

《章》「但非彼性」者。如半擇迦雖具彼戒，不得名爲近事男女，名非彼性。

《章》「故有別脱非菩薩戒」者。容有彼也，不同地獄，無非菩薩之別脱戒，但有菩薩別脱戒故。地獄後解，即同鬼傍，有非菩薩別解脱戒，有是菩薩別解脱戒，其説地獄，除其無間，有説亦通，佛威力故。問：此説五趣皆許受戒，菩薩戒經何無地獄？其變化人是傍生故。答：在乃至中，又解彼約未受戒者，即無地獄，此中通説往

兩句，結破可知。《集玄》等云，此破小乘。《俱

此言靜慮亦通無色，已約相從，得名說故。次下

《章》「法爾靜慮皆能伏非」者。釋成破意，

起，破異既假得名，何妨異界大種造也。

《章》「此從所防假名爲色」者。通釋自名發

表也。

言色戒者，無表色戒，名爲色戒，揀於意中無

《章》「略不建立」者。既言略者，明知實有。

治之。

《章》「已上並是」等者。望欲惡故，但遠

《章》「或少分」等者。隨其伏斷，品有多少。

名，不假異想。

《章》「靜慮律儀」等者。無色界者，相從得

獄之後解，來鬼誘無諍，兼正無失，或作通文。

亦不遮於畜生等受，故以爲證等取地獄，正證地

一向不受。第二形活(三七)許受彼戒，不名近事，

《章》「《瑜伽》」等者。近事二緣，意樂損害，

彼與授，亦通地獄，故不相違。

但說已上爲遠分治，不約已上容有斷治，而說之

至，故須會之，彼論約於已上遠分，而決定故。

《章》「雖知論文」等者。《對法》唯說此依未

惑也。

直取第四，是超中二。此人許依九地，斷於欲界

果，或單讀兩字，略標束惑。次下舉自初果之上，

《章》「許超初果」等者。初果上超，名超初

超人通九，次第同前。

修，即唯五地。今唯斷修，即遍九地。此亦束惑

九地，能斷欲惑，所言唯者，揀伏惑超，通斷見

《章》「有義唯修道」等者。此第一解，通於

初未至，初根本後皆治遠分。

并四根本，束惑超人，通依此六。若次第人，唯

《章》「唯色六」等者。此第一解，未至中間，

亦修道惑。辨此二惑，斷治遠分。

《章》「若見道」者。見道惑也。下言修道，

不許有異界造故。

舍》所說，實大種造。彼既無身，故無表，彼

也，實亦不遮上有遠治。有改「遠」字爲「近」字者，不得上意。此論前師亦合會釋，説未至故，准此知之。《樞要》之中，唯有後解，無六地者。

《章》「明得斷義」等者。上明依地，下明依身，由有遠分，故通三界，斷治唯欲。

《章》「不律儀」等者。先身後繫。

《章》「處中」等者。前有兩解，初唯有漏，後通無漏。彼雖斷初，唯有漏正。今此都敘通無漏者，故知二師合任用也，令勿執也。

《章》「身語色者」等者。前來已總辨實表業，此中復别辨二假業，故文不重。又處中内此通無漏，可以通攝，故偏言之。其餘二假，非無漏故。此惑通佛，故通無漏。言二界者，是舉總也，或兼變似欲界而説，或因[三八]無漏便總辨之。

《章》「其表」等者。等無表色，上是有漏，下舉無漏。下言三界，又是舉總。

《章》「除律儀善外」等者。攝善饒益，皆是處中，通不通佛，可以思之。

《章》「唯人趣」者。但通三州，不通欲天。

《章》「或除地獄皆有」者。前説具戒，但是處中；此説律儀，不通地獄，故不相違，此於律儀分二解也。《集玄》總説有無二解，云《梵網經》不説地獄，故却除之。

《章》「不律儀心非勝」故者。無見惑故。

《章》「《顯揚論》云」等者。其律儀色合於定道，不言所發。

《章》「即三界别解脱」者。《集玄》解云：「合定道説，或有資糧，生彼亦受。」

《章》「設佛身」等者。並約防於欲界惡故。

《章》「《顯揚》簡别定道」者。定道不發，爲簡定道亦發者故，但約所防，由與合説，故如此也。

《章》「殺一國人」者。下言三國，此隨舉一，名之爲一，又是滿義，如云滿國。

《章》「小乘必有表」者。次下釋之。《正理論》云：「彼由意憤，身語必變。或由呪詛，必動身語。」

《章》「大乘唯意表業發殺生」者。牒大乘義，次下爲問，唯問色名及造，不問成殺之相，下舉成殺以顯造色。

《章》「若不爾者」者。若非唯以意成殺者云云，彼論分明名意罰，故《集玄》解云：「罰者罪也，今謂治罰，治罰有情。」

《章》「今解」等者。兩句之文，總舉成殺，亦有作具。又次二句亦總想云，約此名色，既有殺具，必有色名。

《章》「非彼論意」等。此下方明示其色相，先顯論非唯意獨成，須是假佗身語而殺，今得色名，遠從彼也。此直從佗身語名色，言唯意者，約自無失。

《章》「動身語必有相故」者。此却番破小乘，説仙自動身語如何相狀，雖云呪詛，不見教典。問：如説戒前，有罪不言，成故妄語，約何名色？答：由其默故。法師知淨，發起法師之身語故，亦遠從彼，如仙人意，發起鬼神身語殺也。又解，猶如所止惡色，不必現有，亦從爲名。今默代語，云我清淨，便從彼立，且解更思。

《章》「准此二説」者。有表唯意，名爲二説。

《章》「於中有二」者。此之科列，不是大文，但是別脱，有師資也。

《章》「又所逼録」者。逼迫記録。

《章》「雖懷恐怖」等者。恐擯而行，明非實行，又不具行，恒行隨一，故恐擯也。

《章》「然後意樂」者。「後」字，論中是其「彼」字，或此義爲自，詐現下成損害故。

《章》「若復有人」等者。下第二人不名損害，非詐現故，實修行故。

《章》「由彼如是無力能故」者。唯是牒前無力能也。前有論言，雖復出家，然無力能供事師長。

《章》「所受師長」等者。此下方舉二所受物，此舉所受師長等物，此物名爲供事之業，是自供事之所得故。業如家業，自家物業名之爲業，此亦無是信施之物，故下通爲淨信所施。

《章》「及受純信行」等者。上受師物，下自受施，此文之下，通結難消，由難消故，飜折除等故滅善根，有解退滅信施善根，不及前義。

《章》「若扇搋迦，及半擇迦」者。《纂》云：「扇搋迦，此云無根勢用，半擇迦，此云樂欲，樂佗於己爲過故。」

《章》「又半擇迦」等者。於第二中，復有三種，《對法》有五，生便半月，嫉妬灌洒，除去爲五。彼生除去，當此初後。此二別者，初即一生無男勢用，必定樂佗於己爲過，是扇搋迦名半擇迦。第三曾有男根勢用。後時方無，不定樂佗於己爲過，或唯扇搋，或得二名，其少分中此文有三，此三皆有男根勢用，非扇搋迦，必定樂佗於己爲過，名半擇迦。《纂》云：「此中無其灌洒，却開嫉妬以爲二種，妬佗於己，方自起用，妬佗於他，方自起用。」其灌洒者，得佗精血，方起男用，是嫉妬類，不爲嫉妬。《集玄》問云，此中爲攝，當二形不？答爲二解，「一云即前嫉妬中攝，二云不攝，然是彼類」。彼自斷云，「後説爲正」。《對法論》中，説扇搋迦、半擇迦例二形故，今恐此中須要攝之，然在半月男女中攝。此中且舉有時節者，類無時者，彼文別例無時節者。

《章》「外道賊住」者。周法師云：「外道詐爲比丘，名爲賊住。」若受戒時，緣不具受，雖受無戒，處比丘中，同布薩者，亦名賊住。《集玄》解云：「詐在比丘，欲覓過者名爲賊住。」

《章》「若別異住」等者。周法師云：「犯根本罪，懺悔之者，名別異住，不懺悔者名不共住。」《集玄》解云：「犯僧殘者，名別異住，犯波羅夷，名不共住。」有飜波羅夷爲不共住，今謂二名是其二罪。波羅夷者，當來果報，罪從果名。不共住者，現在治罰，不令與僧共住布薩。既是二罪，不應飜爲不共住也。故大乘中無不共住，大乘無此治罰罪故，無衆聚故，通四衆故。俗無此罪，其不共住如今規繩。又此一名更無二相，已懺未懺行相同故。故《律本》云：「如前後亦如，是故勿分二。」又此是說不許受戒，犯僧殘者，何預於此？彼雖犯戒，猶在衆故，不須受故。應説此言別異住者，是說不肯事出家衆，半年之者，或不曾來作勤策者，雖除鬚髮，別異住故，是損白法，不與受戒。其不共住，勿與更授。

《章》「若諸王臣」等者。准此不得與佗授戒，王臣更互有繫屬故，互聽如何可思。或王之臣若王所嫌者，不得受具。若佗劫剥者，爲賊所收，若佗所得者，無依倚人，爲佗所收。與佗劫別。《纂》云：「小夫父母，爲佗收養，雖非父母，亦是佗得。」

《章》「既睡眠已」者。已即是覺，論云：「既睡寤已。」

《章》「若守薗」者。《纂》云：「即守寺門人。」此下正是所護之意，恐謗真實，皆非人故。

《章》「得此惡見」者。憎惡嫌惡。

《章》「或有爲受」者。但形損害，不損意樂，即許受之。若損意樂，即不容受，故置或言。

《章》「不說因緣，前已具辨」者。不爲近事，此是論文，前有論云。問：何故此二扇搋、半擇迦二。雖受歸依，亦能隨受諸近事男所有學處，而不得名近事男耶？答：近事男者，名能親近承事苾芻苾芻尼衆。彼雖能護所受律儀，而不應數親近承事苾芻苾芻尼衆。苾芻苾芻尼等亦復不應親近攝受，若摩若觸，如是種類，又亦不應如近事男，而相親善，是故彼類不得名近事男。然其受護所有學處，當知福德等無差別。

《章》「不應爲受」者。有作是說，合此授字。今觀頭尾，並見資法，合此受字，只應爲字平聲呼之，爲猶作也，不作受者。

《章》「應爲受具足戒故」者。論文是說前三類了，通翻應受三類之文。論文只云「當知應受」，如前所說，所有律儀，無其爲字，及具足字，加具足字，顯三別相，舉一例餘，爲猶作也，不堪爲資。

《章》「尸羅不清淨」等者。准此得定必須具戒。問：但不作惡，得引定不？答：准此必戒。問：如劫壞時，自然得定，及修無想，豈先戒耶？答：壞劫初起，亦有菩薩獨覺，令修先戒，十惡便是其戒，其三歸依或先有故，或有佛時須其三歸，無佛之世法僧亦得。言自然者，不須强緣，又無佛法，名爲自然，非不修作，其修無想。准此亦先修十善戒，方得初定，乃至方起上界邪見，修無想定，非不防於欲惡見故，不説此思俱時修故，但定戒思必俱時故。如是一切所有善法，若不先依一戒思者，不成人天，何況上界有戒相助，隨應成就，人天尊貴，若總若別。問：若爾如何得〔二九〕定防惡？答：可思如前。又隨所應。戒防何惡？不必全盡，定防所餘，其支同者，可思更有淺深防也，伏種等故。

《章》「更不須重受戒也」者。問：支條尼多，如何便得？答：其不同者，但所學故，既非所受根本有異，故不重受。受具足支，唯根本故，其不同者，是學處支。問：沙彌轉女，云何重受六法戒耶？答：要二年故，受六法戒，異沙彌故，苾芻與尼受法同故。

《章》「更加一也」者。《集玄》解云：「此依《四分》。」其《五分律》，加不非時食。若《十誦律》説六法者，四重爲四，第五不得與男子身相觸，謂腕已上，第六不得與男捉手等，謂脱〔三〇〕已下。又《説一切有部根本律》云：「六法者，一者不得獨在道行，二者不得獨渡河，三者不得觸丈夫身，四者不得與男子同室宿，五者不得爲媒嫁事，六者不得覆尼重罪。」又《四分》《五分律》中皆言白四受，若《根本律》説白二受，諸律不同，隨部異也。前章中説三歸竟時，得六法戒者，從沙彌尼十戒而説，以即彼戒更無別故。若各別説，理實羯磨竟時得也。或是一宗，若別二〔三一〕宗，受法皆同。

《章》「若從五戒」等者。受法別故，須重受也。僧尼互轉，受法不別，但學處別，故不重受。此雖重受，亦不别熏，戒所依也。沙彌受具所熏戒依，但玄生支言，但是遮戒者所增者也。准此尼受六法戒者，白四白二亦但增緣，沙彌受具所增遍〔三二〕性。

《章》「若堅〔三三〕爲言」等者。不約三聚，三聚淨戒，一齊受七。

《章》「若横而言之」等者。出家五衆，不説處中。

《章》「若捨之時」等者。便飜明之，下正是文，斷善命終，决定頓捨，誓犯不定。

《章》「若烏波索迦」等者。斯迦准此，在家二衆并説，處中全，頓律分，漸處中，並如前説。

《章》「又尼五百戒」等者。此問尼轉爲正學者，雖總言七，意在四支，爲捨不捨。

《章》「一云」等者。下第二解即與前同，此第一解即與前異，但捨具足戒之三支，不捨同者之四支也。問：何意不同？又出理言亦正相違，前所出理體同皆捨，此所出理體同不捨。答：此但約誓捨具定戒，不捨正學，而以爲問，故作此言。既説不捨正學之戒，此四同彼，如何捨耶？前來總相問捨不捨，既是同體，一齊皆捨。前約體同一齊皆捨，此約體同亦皆不捨，故言正順。下第二解，雖四體同，其相既别，亦捨具七，其正學四尚在故也。准此似説，戒所依别，前後類説，名同亦得，然須更思。問：前來若問捨正學戒，不説十戒，如何爲解？答：無有所以，捨六非十，全無别故，不同七支，别有三故。問：若只問捨所增如何？答：除四外問亦不遮爾，此約誓捨，隨力爲故，前來但問四支體故，即一向答具足六法，捨了三支爲六法故故，可爲問，可作兩答，須思。問：犯捨如何？答：必定一齊，并五戒等。周法師解，《集玄》亦解，並云六法具足，作法不同，所有四支，有捨不捨。六法沙彌，受法無異，定一齊捨。今謂須思受法同別，又若命終犯重必頓。有作是問：如何受時即須三次，及其捨時即有一齊？答：難易不同，如山上下，可以思之。今解受時亦有一齊，如三聚戒，此約聲聞，力小量狹，故定漸次。問：先受具足，後受三聚，其相云何？答：如從六法，受具足戒，但加意三，并攝善等，餘唯增緣，所有應戒，亦盡未來，由再願助令用增故。問：退菩提心捨者云何？答：退歸二乘，存聲聞戒，退歸外道，一切皆無，應皆思審，犯重捨者如歸外道。

《章》「解云」等者。修習在現或果，歸種一切皆爾，種子成辦，現所作故。

《章》「以是」等者。相從得名，以遣殘疑，假非此名，亦無過失，隨心家種，隨心家熏，招隨心家習業之果，正相須故。此約超起，只是種子。若汎言招引起，名招亦通，現行不爾，現修要何所用。問：道戒如何？答：約資有漏，及變易説。

《章》「一云」等者。此小乘説，仙人亦動脣口等也，既無經教，不可爲憑。

《章》「且如」等者。舉諸説重，但要意重，即此仙人既歸身語，何名意重？約前只言動脣口等，但結難身，若前曾引，云呪詛等，合結難語。

《章》「但由仙人」等者。下解大意[三四]，仙人實是無有身語。

《章》「若如此」等者。此下即是覆其後開[三五]。合結難云：何得説名無表色耶？但唯無表，成相符故。意三無表不須身語。下答直遠從他名色，如前已解。問：何不直遮，如無貪等，須説遠從他身語也？答：此須歸於殺生罪故，色支攝故，不同意三。

《章》「於中重輕」等者。四重餘輕，七支如常，在二年内，先令知此生愛樂，方與授之。非正學戒已受七支，故不相違。

《章》「問：何故」等者。此問八上所增之者，次問八合此開之者。言離錢者，遠離名離，與下共是八上增者八中無此，故以爲問。言生像者，衆生像也。更有別解，疑而略引，生即金，像即銀。

《章》「問：何故」等者。其八戒者，五戒之上加其三種，不得坐臥高廣大床，不得故往觀聽歌舞作唱，香油塗身，不非時食。沙彌十者，此八之上，加前不得捉金銀等。開此故往觀聽歌舞作唱，爲一香油塗身，爲一離者開也，出家招嫌，故開令別顯要堅也，不總然也。

《章》「問：通受菩薩戒」等者。准此問意，受三聚戒，亦受定道，約邀期也。

《章》「菩薩若起異心」等者。既名爲捨，應名爲闕，應名無戒，如何名具隨心戒耶？不可說言盡未來際，是此問意。

《章》「答：以身中有種子故」者。具彼種子，亦名爲具。此種非是本有種子，是新修者。下第二解可生名具，不名爲闕，不名失等。有作是說，菩薩通受攝得定道，故有種子，及當可成，餘不爲例，此即亦是思種子也。談其受時，一齊受得。應思問意，何問捨已？問：定道在於三聚，何攝？答：名律儀故。於律儀中，且言七衆，理有十善，及以定道，其近住戒近事兼之，日六[三六]是持此八戒，故五條恒持。

《章》「功德在故」等者。此下結答已修不無捨者，准此，此即便是有修舊用，不爾，不盡捨者如何無表？雖非感果之用，由彼勢力，種子感果。感果種子或同或異，其感果種多於無表，無表即但動發思故。

《章》「答：有二解」者。准《燈》判前，初文所辨，是其處中，更有第三，俱不發解。此律不律，故唯二解。善律無由，說不發故。

《章》「答：表即是假」等者。《集玄》解云：「遠表實心，亦名爲表。」

《章》「刹那即感」者。「感」是「滅」字。

《章》「是彼種類故也」者。即是前云從現得名。問：若爾，云何偏名隨心？答：准《纂》云，如別解脱，從受已去，刹那刹那，運運增長。逢緣捨已，舊種不滅。非如小，乘斷得名捨。但新剎那，七支不生，名爲捨戒。定道自然有心之時，剎那增長七，支倍增。若無心已，一類者種，相續而生，無新增義，説名爲捨。非如別脱，一受已去，有心無心，皆得增長，故名隨心。

《章》「問：《菩薩地》云」等者。前得捨中，有此問答。大義無別，准此慢字。前是慢字，慢即寬也。慢字已解，不知從何，又爲何緣，重此問答。

《章》「若別受」者。等字別受，出家地前通五，入見但二，并在家二，十地有一天女身故。於此隨類，實爾受捨，其殺生等，尚實行故。問：若爾，何故不通七衆？答：可思此異，三聚同受之者，彼必不捨。此有捨者，亦有不捨，隨邀期故。《集玄》一解，自利心受，名別受者，此言甚非。應唯説云，別受七衆，名爲別受，三聚之中，通受七衆，名爲通受。

《章》「亦可説言不從表生」者。生不從表，發色望他，並如前已。意表能發，身語無表，即此便是。又前引《纂》「又有動身令解」等者，語示身者，並可准知。

《章》「問：然十業道」等者。業道無表，二有別者，實種假用，二不同也。又有有業，無無表者，假雖不感，然由修力。又有從實亦説無表，能感果者。《義燈》又云：「無表業道，無差別者，無表如業，應行蘊攝。攝處既別，明假實異。」又有別説業爲有分熏，亦名爲假，別建立故。

《章》「大乘既無」等者。已上立理，此下結問，云何從佗，兩不名色？章文無答，意已如前，既假名色，何妨云爾？

《章》「成佛有與今不無」者。周法師云：「此學[三七]應差，須勘餘本。」今且義解，其「成佛有」三字連上，至成佛有，應是從他，次下四字，牒今不捨，連下爲難，如何更受？與猶并也，進第二難，名之爲與。先有不捨，如何自然。

《章》「得勝捨劣」等者。由果初成，特説此言。若論新生，念念皆爾。由此前中，有破小乘自然之得，畢竟但是假説自然，又或約捨有漏之者，新得無漏可别因位，因通無漏，不決定故。《集玄》問云：「既説自然，寧受所引?」答：「却遠從也，今或自然，亦名爲受，不假作法，而領之故。」

《章》「問：如加行心中」者。加行善心，非生得心。

《章》「答：加行善惡依生得」者。此顯生得在於前也。諸生在前，捨之在後。如肉團心，先託後捨。後字之下，標加行心所受之戒，却捨在於邪見加行，方便却是斷善加行。或後字連上，次以生下示相釋成揀擇之時，已違前來加行善也。翻者，違也，勝者雖成，斷之即易。是故纔欲斷善根時，其加行戒已捨之也。由此邪見有其九品，逆次斷於九品善心，上上邪見方可斷於下下善心，故蚊虻等不殺者少，其人類等殺者亦少。

表無表章栖翫記終

于時正德五乙未十月二十三日，一交加點畢。寫本文字紛乱，令他書寫，亦有錯濫，故多難知，重得良本，應改正矣。

應理末學沙門高範胎生六十一歲

享保八年癸卯三月朔日，以極樂院新禪院二本，一交加點畢。

諸樂藥師寺報恩院高範戒五十七，年六十九

校勘記

〔一〕底本據《卍續藏》。

〔二〕「更」，底本原校云一本前有「時」字。

〔三〕「餘」，底本原校云一本作「除」。

〔四〕「諸」，底本原校云一本作「者」。

〔五〕「共」，底本原校疑爲「其」。

〔六〕「等」，底本原校云一本作「菩提」，下三「等」字同。

〔七〕「現」，底本原校疑爲「親」。

〔八〕「一」，《瑜伽師地論》(《大正藏》本，下同)

作「二」。

〔九〕「三」，《瑜伽師地論》作「二」。

〔一〇〕「熏」，底本原校云一本作「重」。

〔一一〕「者」，底本原校疑爲「故」。

〔一二〕「有」，疑爲「者」。

〔一三〕「披」，疑爲「彼」。

〔一四〕「自」，底本原校疑後脱「在」字。

〔一五〕「丘」，底本原校云一本後有「尼」字。

〔一六〕「有」，疑爲「右」。

〔一七〕「人」，底本原校云一本作「及」。

〔一八〕「召」，疑爲「名」。

〔一九〕「諺」，底本原校云一本作「彰」。

〔二〇〕「俱」，底本原校疑爲「但」。

〔二一〕「數」，底本原校云一本作「類」。

〔二二〕「世」，底本原校云一本作「也」。

〔二三〕「梵」，底本原校疑爲「焚」。

〔二四〕「施」，底本原校云一本作「攝」。

〔二五〕「解」，底本原校云一本作「諍」。

〔二六〕「福受」，底本原校疑爲「無雲」。

〔二七〕「活」，底本原校疑爲「没」。

〔二八〕「因」，底本原校疑爲「同」。

〔二九〕「得」，底本原校云一本作「待」。

〔三〇〕「脱」，底本原校疑爲「腕」。

〔三一〕「二」，底本原校云一本作「一」。

〔三二〕「遍」，底本原校云一本作「遮」。

〔三三〕「堅」，底本原校云一本作「豎」。

〔三四〕「意」，底本原校疑爲「乘」。

〔三五〕「開」，底本原校疑爲「問」。

〔三六〕「六」，底本原校疑爲「出」。

〔三七〕「學」，底本原校疑爲「字」。

（潘桂明、李永晟整理）

○九四四

表無表章科[二]

弘一

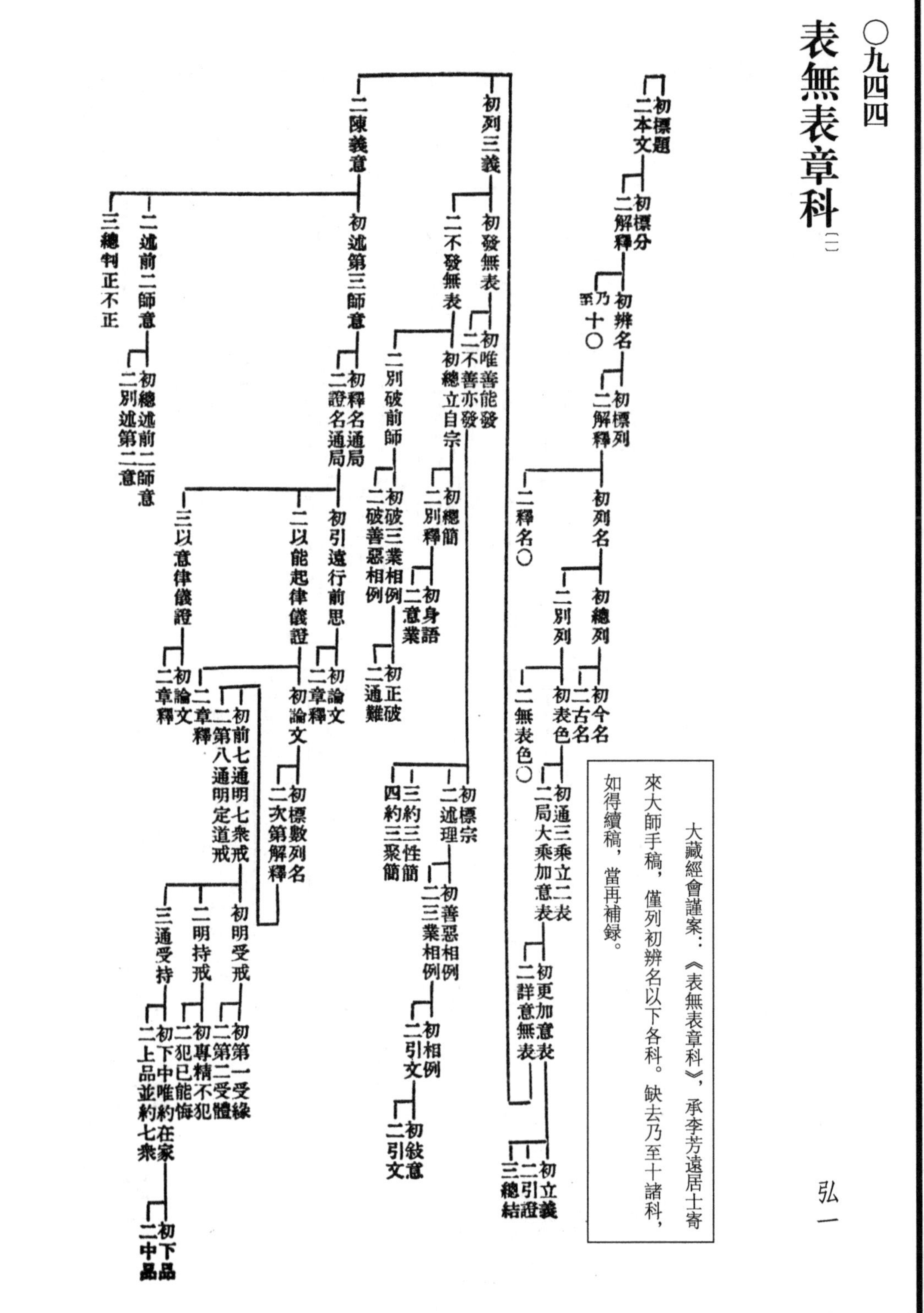

大藏經會謹案：《表無表章科》，承李芳遠居士寄來大師手稿，僅列初辨名以下各科。缺去乃至十諸科，如得續稿，當再補録。

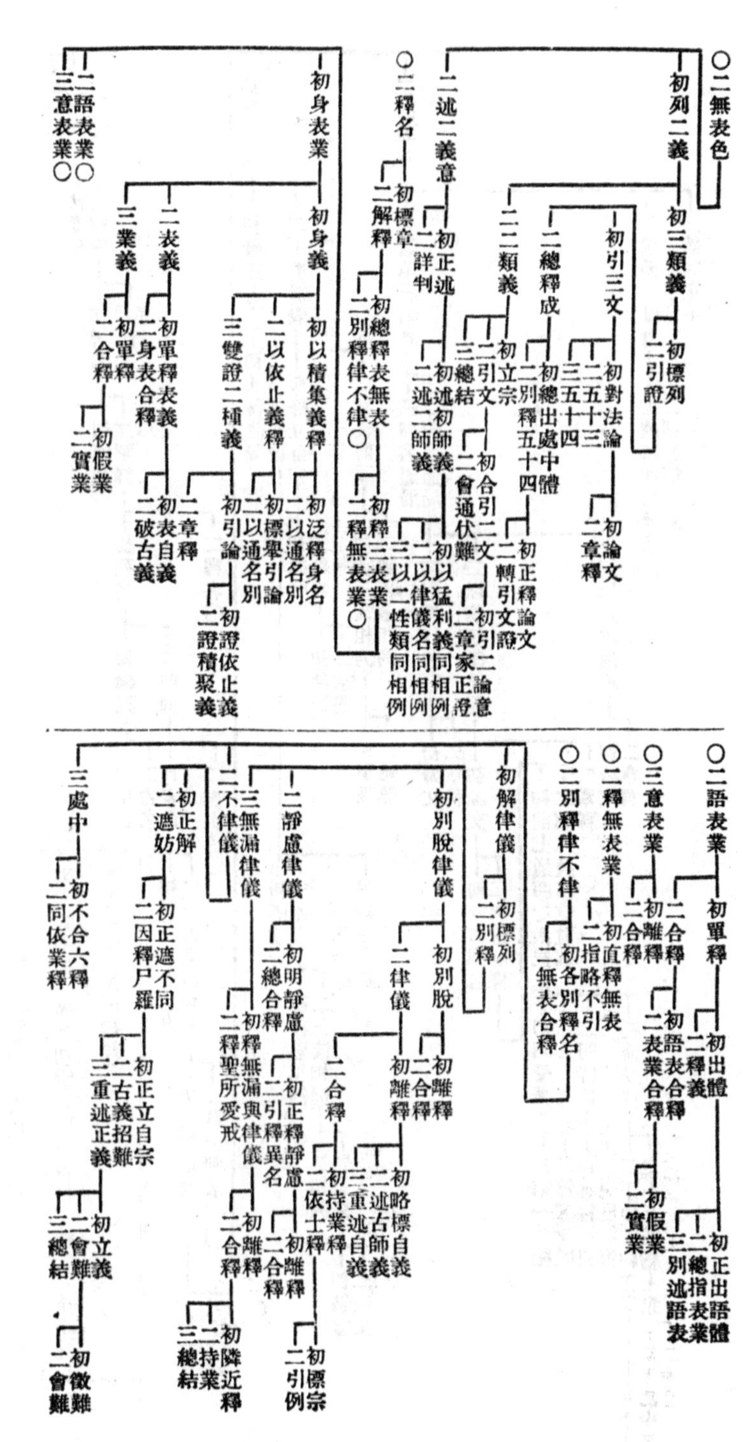

校勘記

〔一〕底本據《普慧藏》。

（慧因整理）

○九四五

大乘法苑義林章師子吼鈔[二]

南都西京藥師大寺法相大乘宗沙門釋基辨撰

大乘法苑義林章師子頻伸鈔敍

安永第五春，有掛錫于平安講《大乘義林章》，而欲令學者蹈足于中道之正路焉。嗟呼，斯講也豈易辨哉。至論其中道之正路，芒乎忘疇畦于有無也。然輓近他家之講學，多以易易言之，以故但數其名相，談其玄者蓋鮮有之矣。修多羅有之，如師子王晨朝出穴，頻申欠呿，發聲震吼，是爲十一事。一、爲欲壞實非師子詐作師子故，二、爲欲試自身力故，三、爲欲令住處淨故，四、爲諸子知處所故，五、爲令羣輩無怖心故，六、爲眼[三]者得覺悟故，七、爲一切放逸諸獸不遊逸故，八、爲諸獸來依附故，九、爲欲調大香象故，十、爲教告諸子息故，十一、爲欲莊嚴自眷屬故。我今所講説亦復爾。一、爲欲壞實心非大乘口唱大乘故，二、爲欲試自學力故，三、爲欲令心地淨故，四、爲門弟子知我心地故，五、爲聽衆無退心故，六、爲懈怠者生勤勇故，七、爲一切不實學者不膚受故，八、爲諸好學者來依學故，九、爲欲調大强嗷起執著者故，十、爲教告諸弟子故，十一、爲欲莊嚴我門學者故。一切蔽塞中道學者聞我講説，則蓁棘自闢，得駸駸古學之正路焉。故今聊記所講説，以題目《師子頻伸鈔》而已。乃今且以所以題者，書之筴端云爾。南都諸大寺留學法相大乘沙門基辨，謹書于平安城第五橋鹽竈邊之客舍。

附言

一、斯書於南京諸大寺見數多本，文字脱落、錯亂、寫誤，其品非一，皆以疎筆草書所致誤謬也。余於南京諸大寺見兩本。其一置題云《大乘法苑林章大乘基撰》，闕義一字，又有一本如現本。其後在興福寺頗見數本，置題非一二差。或云《大乘法苑林第一》，闕義、章、卷三字。或云《法苑義林章》，闕大乘字。或云《大乘法苑章》，闕義林二字。不知何是。今所講註由現梓行本，是亦南京所藏一本而已。

一、撰號亦復爾，但云基撰，或云大乘基撰，或云沙門基撰。現梓行本亦是一本也。

一、篇目有無，其品非一。現本初所記，其言非虛，今就一一有篇目本而已。此篇目中第五所載《二十七賢章》，往古別行，非《義林》中又有此中攝本，恐後人加入歟。

慈恩末資釋基辨敬識

校勘記

〔一〕底本據《普慧藏》。叙題下小注云：「據日本《大正藏》本重刊，並將其校勘記附於每卷之末。」

〔二〕「眼」，疑爲「眠」。

大乘法苑義林章師子頻伸鈔卷第一

自卷初至十紙右四行。

南都西京藥師大寺法相大乘宗沙門釋基辨撰

章題目。《鈔》曰：將釋此題目，大分爲二。初、離釋，後、合釋。

初離釋者，此有四釋。初、釋大乘，二、釋法義二字，三、釋義林字，四、釋章一字。

初大乘者，簡別小乘，小乘亦應有《法苑義林》故。釋大乘名，諸家爭競，今且由章主釋。《對法抄》曰：大謂弘廣，七義相應，形小之辭。乘謂運載，教、理、行、果，健運之義。云云。此中七義者，《對法》十一云：一、境大性，無量教法爲境界故，至外道、小乘等，一切悉爲所緣境故。二、行大性，行二利故。三、智大性，了二空故。四、精進大，三劫修難行行故。五、善巧大，不住生死、涅槃故。六、證得大，證得百四十不共法故。七、業大性，窮生死際作佛事故。如是七大性相應，云七義相應也。又此中，教健運是教大乘，謂詮大乘三藏教等，能詮教文廣名大，有健運云乘。次理健運是理大乘，謂真如理衆德所依，能持諸法勝遍稱大，六度等行乘此真如理故，能有所往，故名大乘。又行健運是行大乘，謂六度等健運名乘，體用弘廣，目之爲大。又果健運是果大乘，謂佛所有菩提、涅槃體業勝遍，名之名〔二〕大，自他健運，目之爲乘。已上《對法抄》意。又名無上乘，《二十唯識疏》引《辨中邊・無上乘品》釋大乘言故，云非唯識教則不成無上及大名故。唯識教者，契會中邊之教，故云無上，亦云大也。

二釋法義二字者，法謂軌持，軌謂軌範，可生物解，持謂任持，不捨自相。一、體有無對，二、自性、差別對，三、有爲、無爲對，四、先陳、後陳對。前唯有體軌〔三〕，後亦通無。《瑜伽》五十二説意，不壞法現前，無亦名法，今者相分必有，似無名無。由是應知，今此法言攝盡大乘一切教法，是章主義。以何得知。謂例如《對法》名，諸師以教、理、行、果四釋法之言。天親論主釋法言但在教，故今章主亦從論主，應言法言攝盡一切大乘教法也。義謂境也，能緣大乘智起，大乘教法爲所緣境。又謂理也，能詮大乘言起，此大乘法爲所詮理。又義者謂差別義，境第七聲，能差別故，名之爲門，門是差別義故。今此法義言即是法門，今此義林明大乘法門故，云大乘法義也。

三釋苑、林二字者，此有四段釋。初、就世俗釋，二、就他家釋，三、由相傳釋，四、由章主敍今義。初就世俗釋者，顔師古曰：養鳥獸云苑，苑有垣曰園。云云。今譬大乘法門無邊無限，云苑不云園，園有限名故。又譬大乘法門能聞思熏增長本有無漏種故，云苑取長養義也。林者，《説文》云：平土有叢木曰林。譬大乘法門種種無盡，皆是中道契會義故，平等性無二法門。《二十論疏》説一切法唯識，唯識契中道義。故表無高下平等云林也〔三〕。二就他家釋者，《大日經疏》十一曰：園苑者，人所種殖栽接園苑之處。若不種自成，即是廣野，非苑也。若就祕説者，園苑謂大菩提心，此處寬廣無所不有，依此修道最爲第一上處也。云云。又云：隨上、中、下事作成就法，下事林間等。云云。以此等説釋今題苑林，則大乘法門悉皆大菩提心能起教法，即是瑜伽師地，故云法苑。又由此大乘法門觀察小乘謬教、外道迷教，亦皆無不攝處，及上下事故，云苑林也。三就相傳説者，《義鏡》第一曰：題目者，此章二名，一法苑林，二名義林，相傳此等名皆據古典名。唐西明寺沙門釋玄暉，讀一切經，抄諸要事，撰成一部名《法苑珠林》，全有百卷。又梁大通年始，開善寺沙門釋智藏等二十大德撰諸經論爲八十卷，名爲《義林》。疏主取梁爲義林，據唐爲法苑，故非無典據。雖有如是傳説，難以龜鏡。今章家主意，唯據聖典以爲軌範，豈憑人意。又云：法苑林者一部之都名，言義林者義科通名也。云云。今云：如秋篠評，此相傳説未穩當也。四由章主意敍今義者，《維摩經》八説：總持之園苑，無漏法林樹。云云。《無垢稱經》八説：總持爲園苑，大法爲林樹。云云。基疏釋曰：總持爲苑，攝持諸行陀羅尼門、三摩地門。故。大法爲林，萬德滋茂故。云云。由此疏釋今題，則今所論大乘法門，攝持一切教門，含容一切義門故，今攝持爲苑、含容爲林，云法苑義林也。由何得知。謂下總料簡竟云：前總料簡義通諸教，所餘有學宜應用之。若講別部，用此文義，於一一門中應結歸自義。云云。此即攝持含容一切諸教之義也。上來釋苑、林二字，四段文釋竟。

第四釋章一字者，此有二釋，初、准外典釋，後、舉内典釋。初准外典釋者，句謂詞絶也，文詞止處云句。《詩·關雎》註疏云：古謂之言，秦漢以來乃有句稱。又句者局也，聯字分疆，所以局言者。已上句。章者，《韻會》曰：又篇章也，《詩》有章句。《關雎》注疏云：總義包體，所以明情也。又條也，漢約法三章。云云。篇者，《韻會》曰：《説文》徐案詩書一篇一義篇聯也。《詩·關雎》注疏：篇，遍也，出情鋪事，明而遍也。已上外説。二舉内典釋者，此立三門。初、句章同説，次、句章別説，後、會釋二説。初句章同説者，《俱舍論》云：句者謂章，詮義究竟，如説諸行無常等章。云云。同《光記》五五十二丁。曰：梵云鉢陀，唐言迹，如一象身四[四]足迹，如一頌總四句成故。今就義翻之爲句，句能詮義究竟。梵云縛迦，唐言章，還是詮義究竟，如説諸行無常等章。云云。又《顯揚論》第十二丁。説：句身者，謂依名字釋義滿足《伽》八十一説：謂名字圓滿。此復六種。一、不滿句，《伽》八十一説：不圓滿句。二、滿句，《伽》説：圓滿句。三、所成句，四、能成句，五、序句，《伽》説：標句。六、釋句。不滿句者，謂文不究竟，義不究竟，更加餘句方得成滿，如説：諸惡者莫作，諸善者奉行，善調伏自心，是諸佛聖教。若唯言諸惡，則於文未足。若復言諸惡者，又於義未足。若具言諸惡者莫作，則二俱滿足。是則名爲第二滿句。所成句者，所謂前句待後句成，如説：諸行無常，有起盡法，生必滅故，彼寂爲樂。此中諸行無常是所成句，由有起盡法句之所成立。能成句者謂第二句，以能成立第一句故。序句者，如言善人。釋句者，如言謂趣正丈夫云云。上來二論所説，句之外不立章名，同説也。二句。章別説者，次總料簡曰：世俗諦中可亦説有，句、言、章、論，聲爲教體。梵云鉢陀，此翻爲跡，當古之句。句有二種，一、集法滿足句，二、顯義周圓句。如説：不生亦不滅，不來亦不去，不一亦不異，不常亦不斷。此一一句義雖未圓，亦名爲句，法滿足故，當中道所説名也。梵云縛迦，此云言也，此當中道所説句也，義周圓句故[五]。梵云鉢刺迦羅，此云章也，章段一章一段以明諸義，此無所當。《對法抄》第一亦如是説：然此無所當之言，作中道無此也。梵云奢薩呾羅，此翻爲論，總周一部立以論名。云云。已上句、章別説。三會釋兩説者，雖兩説異，但名異，其實同。外典所言句，集法滿足句，非顯義周圓句，既云文詞止處名句故。又外典所言章者，是内道所言義周圓句也，既云總義包體，所以明情[六]。已上會内外典已。

又内典中會《俱舍》説者，彼論云句者謂章者就顯義周圓句而釋，即外所言章也。《光記》云梵云縛迦，唐言章，是詮義究竟，是以義周圓句，亦准支那釋爲章也。又會《瑜伽》《顯揚》六種句者，二論所言不圓滿句，是名身、多名〔七〕身，即集法滿足句。又圓滿句當有二種。一、文圓滿句。即義不圓滿句。若但言諸惡，則於文未足，是文不滿句。若言諸惡者，又於義未足，是即文圓滿句。外典所言句也。二、義圓滿句。若具言諸惡者莫作，則二俱滿足，即是顯義周圓句，准支那則亦是章也。已上會二論句章，此下會言與句也。是故下章文云：梵云縛迦，此云言也，此當中道所説句也。如外典言：古謂之言，秦漢以來乃有句稱。故句與言其體是一也，以法滿足名爲句故，今以義周圓句翻爲言也，爲恐濫故。又會章與篇者，下文云：梵云鉢刺迦羅，此云章者，是外典所言篇也。《關雎》注疏：篇，遍也，出情鋪事，明而遍也。以是併考下章，云一章一段以明諸義是也。又《無垢稱讚》云：章者，明也。故内典所言鉢刺迦羅之章，外典所云篇也，同以明義釋故。《瑜伽》《顯揚論》中，不説與篇同章故，下文云此無所當，亦云中道無此也。如是雖諸説有異，至實意全無違。今此《義林》云《總料簡章》《五心章》等之章言，若准支那外典，則應名《總料簡篇》或《五心篇》等。篇中有章，章中有句。今内典中，以篇名章，章中有門，門中有句也。此准印度内教軌式説也，如《婆沙論》四十六説，先立章後作門，説九復次。彼論曰：問：何故於是先立章耶。答：爲欲顯示諸門義故。若不立章，門義無由得顯，如彩畫者不能彩畫虚空乃至復次如佛説法故。如佛説，先標後釋，謂先標言六界、六觸處、十八意近行，及四依處，説名有情，後復釋言，如是名六界乃至如是名四依處。尊者亦然，如先標法故先立章，如後釋法故後作門。云云。此是雖小乘論説，今取用是釋大乘意，蓋夫大乘教理，同一離言法性，遍一切一味相。《顯揚》第八説無上大乘施設建立，緣離言説一切法真如無分別慧，《瑜伽》《攝論》等説菩薩所緣不可言法性，若不分篇章論，則如彩畫虚空，如何説離言境。故今立彼彼章而以談論，是所以立章段而釋也。然今此總題云章者，建立篇章遍明大乘教理。此一書體，取下所立彼彼章言，今總合題云章也。如世俗中論，撰論定先王之道，宣尼聖語，是一書體，故名《論語》，篇篇皆是論語，自可知已。上來離釋竟。

次合釋者，有三對釋。

初大乘二字對釋者，准《攝論》説，亦大亦乘，持業釋也。

次大乘與法苑義林六字對釋者，若以攝持含容義釋苑林言，大乘法義即攝含一切教，則大乘法義即苑林，持業釋也。今此中所申法苑義林，離大乘非餘，法苑義林即大乘，持業釋也。又法苑義林之名，於小乘教亦得故，今亦以大乘言簡，則大乘之法苑義林，依主釋也。

後七字對釋者，章一字通大小乘，小乘論中亦立章故。今此一書所立章段，皆是依大乘法義之章，依主釋也，以別簡通故。又此章言離大乘法義非餘，此書章段即大乘法義，持業釋也。

上來總題目釋竟。

次撰號者，沙門，梵名，此云勤息，以種種勤行息諸煩惱故，具釋如苑師《華嚴音》等。基撰者，基法師行業如《宋僧傳》四。撰謂述也，造也。總置撰號有二，一、自置，二、他置，二之中今仍初。章主諱稱窺基，然自謙退但稱云基，如云基學慚融、愷等。《慈恩傳》中表文，但云奘不云玄奘，如《南海傳》中，亦但云淨不云義淨也。

章《總料簡章》。《鈔》曰：此即別目也。總者，《説文》：聚束也。《增韻》：統也，括也。料者，量也。簡者，柬也，或作揀，通作簡。《説文》：分別之也，從束八。八，分別也。又選也，擇也。作料揀爲本字。

問：總料簡何物耶。答：總料量選擇一切所

教、所學。下文云：前總聊簡義通諸教，所餘有學宜應用之等。云云。

問：總言統括何物耶。若總舉異計、大乘，將括敍彼彼所立耶。答：此總言非總舉異計、大乘義，亦非總括大綱明彼彼所立之義。檢下文，至一一結文，云上來總是教益有殊，或云總是敍古説，或云總是敍其非，或云總是述今文。若云總舉異計、大乘，則何但述今文，云總是耶。若亦云總略括示彼彼所立，則何云上來總是述今文，而次復云略示教者，總略示耶。是故應知，此總之言有深意趣，於一切教門料簡教益義益等故。謂就此異計執大乘名教，則悉是異計，亦就大乘觀異計名教，則悉是大乘，諸教不可定判。如下文云定判諸經爲頓漸者，義即難解。又云無頓漸别定教門，又云前總聊簡義通諸教，所餘有學宜應用之，若講别部，用此文義於一一門中，應結歸自義。云云。若談唯識中，可言唯識證入中道也。又談般若空之處稱中道，是即空教。如《唯識樞要》初以總料簡科示輪益義益有殊等。亦《心經幽讚》中，以般若空爲第三時，復談蘊、處、界之處稱中道，是即大乘三科法門。如《對法疏》一説《對法論》所明三科，中道爲宗，此且就中道言示耳。一切名教類是可知，有智學者須復翻觀，於談唯識亦談空教亦談真如。若如異計執著，則唯識、真如等悉皆異計，非大乘教。又如破古説立時妄謬，亦定但劉虬等設談三時教，亦封執定判云此是局第一時教，局是第二、三時等，則如古説，共同爲非，故次下文云總是破古説非等也。總言意趣甚深微妙，不可以容易論，如至下具辨也。

又若以章言云諸章之通名，則總料簡之章，依主得名。又此一章段一條所談，離總料簡無别所談，此章即總料簡，持業得名。

章第一總辨諸教、業、宗、體、名。《鈔》曰：將今釋此章，且由西國有部相傳，大分爲三段。初、立章標法，二、作門釋法，三、釋結勸信，問：何故云由有部立科耶。答：初立章，次立門，是《婆沙》說。爾大乘教於其教言所闕，多分由有部教，如《表無表章》辨。今即初也。

總者，此一章眼目，如上所辨。

辨者，料簡也，剖判也，分別也。

諸教業等者，諸言通五，具云諸教、諸業、諸宗、諸體、諸名。今略置初，是即今《章》所料簡法式，次所列五門也。

教、業、宗等者，《周記》曰：教、業、宗、體、名之五字，如次是下所列五門。

時利差別者，有利之業，名爲業也，餘四可知。云云。今云：此釋尤好。

章於中略以至得名懸隔。《鈔》曰：自下大段第二立門釋法。此中亦大分爲二段，初、分大科，二、隨科釋成。此即初也。門者有四義，一、通入義，二、出入義，三、方便義，四、差別義。夫大乘教法皆是離言境，若非設方便，則難通入其境，故今施設五種方便以令通入。

問：何由云大乘教離言境耶。答：《顯揚》第八說乘施設建立云：無上大乘施設建立者，緣離言說一切法真如無分別平等出離慧，此慧所依、所緣、伴類、所作業、助慧資糧、所證果。云云。《瑜伽·真實義品》說大乘離言法相，無性《攝論》第八說菩薩所緣不可言法性。

又門者，即料簡分別義也，如下章以五門分別云五門聊簡。若不作爲差別，猶如彩畫虛空，故今立五種差別聊簡分別。

一教益有殊者，教益者說教利益，教謂教示，益謂饒益。秋篠《義鏡》一曰：若論詮彼云教，教能益根機故名教益。云云。有殊者，辨設教有輪益與義益之殊也。

二時利差別者，秋篠曰：機熟前後，故教時異，當時蒙利故云時利也。云云。

章第一教益至後明大乘。《鈔》曰：自下立門釋法中，第二隨科釋成。此中有五科，即五門分別，此下即初門分別也。

此初門中大分爲二，初、輪益，次、義益。輪者，法輪摧破義也，此就能詮語言有益云輪益也。義者，了義、不了義，此就所詮義有益云義益也。輪是摧伏，摧惑即益，持業得名。義益亦持業釋也。

明輪益中下，初明輪益。此中大分爲三，初、分子科，二、就異計明，三、就大乘明。今即明二益，科及分子科之二文也，有二重科，自可知已。輪者，由章主意有四義。一、圓滿義，具轂、輞、輻，或擇法覺等體用周備，名之爲輪。二、摧壞義，此四種法眼、智、明、覺。若伏、若斷、若助、若正，未斷煩惱皆能摧故。三、鎮遏義，已伏煩惱令勢遠故。四、不定義，從自見至自修，從自修至自無學，智發言教，他從言教解於諦理，他從諦理起於正行，他從正行起於果智，如是展轉復爲他說。如轉輪王所有輪寶，能降未伏諸煩惱故，能鎮已伏諸煩惱故，往復往故。《瑜伽論》說：當知世尊轉所解法置於阿若憍陳如身中，此復隨轉置餘身中，彼復隨轉置餘身中，以是展轉隨轉義故，說名爲輪。已上《玄讚》四《法輪章》意。如是如來所說言教，展轉隨轉作利益事，云輪益也。《玄讚》四曰：轉者，動也，顯也，運也，起也。動宣言教，顯揚如理，運聖道於聲前，起真智於言後，圓摧障惱，名轉法輪。云云。此即就能詮名輪義也。上所言四義之中，第四不定義亦就能詮云也。

章明異計者至經量等十部。《鈔》曰：此下二就異計明。此中有四，初、總標，二、舉佛教有非法輪計，三、舉佛教皆轉法輪計，四、總結異計。

明異計者四字，此初總標也。

其多聞等下，第二舉佛教有非法輪部計。此有五文，初、舉同計執部名，二、示計唯八聖道是正法輪，三、示一切教有非法輪，四、舉示非法輪語，五、結成佛教計有非法輪之部，今即初也。此中多聞部，本從大衆部流出此部。多聞部說：佛五音是出世教，一、無常，二、苦，三、空，四、諸法無我，五、涅槃寂靜也。此五能引出離道故，如來餘音是世間故。若離此五，雖八道支、見道所修。七覺等教，修道所修。皆非出世。其八道等作此行相，亦是出世，如次下釋。此多聞部自大衆部出，而違本部，却同有部，雖非全同，不云佛音一切能引出離道故。今此中攝薩婆多已下九部，本從上座部流出，故向計執，今云同說也。

章同說非諸至名爲輪故。《鈔》曰：此二示云唯八聖道是正法輪。

非諸佛語皆爲利益者，薩婆多等說，八聖道支是正法輪，見道稱輪，亦非佛語皆爲轉法輪。云云。

要逗物機等者，釋利益字，意謂佛語中亦有非有如是利益事，故云有佛非法輪語也。

唯八聖道是正法輪等者，正明薩婆多等立法輪。彼說輪有二種，一者梵輪，二者法輪。梵輪者，如來、應供是梵增語，彼所轉故亦名梵輪。法輪者，法謂可軌持義，正見等法所成性故，說名法輪。《俱舍論》二十四說：所說沙門性亦名婆羅門，亦名爲梵輪，真梵所轉故。於中梵輪。唯見道說名爲法輪，由速等似輪，或具輻等故。云云。就言唯見道名爲法輪爲薩婆多等義，有二說別。第一說者，唯見道說名爲法輪，爲薩婆多本義，謂即於梵輪中，依見道世尊有處說名法輪，如世間輪有速等相。見道似彼故名法輪，謂見諦道速疾行故、十五刹那。有取捨故、取集捨苦等。降未伏故、鎮已伏故、上下轉故，觀下四諦、觀上四諦。具此五相似世間輪。故《顯宗》曰：如聖王輪取前捨後，見道亦爾，捨苦等境取集等故。云云。此意顯示，見四諦理必不俱時，如聖王輪降未伏故。尊者妙音作如是說：如世間輪有輻等故，八聖道支似彼名輪，謂正見、正思惟、正勤、正念似世輪輻，正語、正業、正命似轂，正定似輞，故名法輪。寧知法輪唯是見道。憍陳那等見道生時，說名已轉正法輪故。云云。此是《俱舍》《顯宗》中，就妙音義立唯見道八聖道支。名法輪之義也。第二說者，以云一切聖道皆名法輪爲薩婆多本義，今云：此薩婆多異義。謂天親論主依經部宗破薩婆多言：三轉行相非唯見道，如何可説唯於見道立法輪名。是故唯應即此三轉十二行相所有法門名爲法輪，可應正理。云何名轉。由此法門往他相續令解義故。或諸聖道皆名法輪，於所化生身轉故，於他相續見道生時已至轉初故名已轉。此等説，有釋言：初説見道名爲法輪，非薩波多正義。《雜心論》亦敍不正義云：牟尼説，見道速疾名法輪。《俱舍》復言：或諸聖道皆是法輪等。此是薩波多師本意，故《顯宗》云：毘婆師本意，總説一切聖道皆名法輪，以説三轉三道攝故。於他相續見道生時，已至轉初故名已轉，非唯見道以八聖道支獨名法輪，妙音所説非正義故。云云。今云：《法輪章》中〔八〕《法輪章》中舉此兩説，然以妙音爲不正説，非迦濕彌羅國義。《雜心論》主亦有部之異計。《顯宗論》説，亦救《俱舍》破之義，是故以妙音爲《婆沙》正説。此章所言亦由妙音，云唯八聖道是正法輪。《婆沙》百八十二所説，往彼可考。轂、輞、輻圓等者，釋名法輪。轂者，《説文》：輻所湊也。云云。《老子》曰：三十輻共一轂。轂者，居輪之正中而爲輻之所湊。云云。輞者，車之牙輞，輮也。車網也。輻者，《説文》：輪轑也。《詩·正月》：員子爾輻。《注》謂輪中木之直指者，下有菑以指輞，上有爪以湊轂。云云。今云：轂、輞、輻之三圓滿具足名輪，即具五相，一、速疾義，譬見道十五刹那。二、有捨取義，譬捨前諦取後諦。三、降未伏義，四、鎮已伏義，五、上下轉義。譬觀上苦等已，觀下苦等。此中第三，章主云摧壞義，如前舉《俱舍論》中云轂、輞、輻圓滿具足，今云摧破煩惱者。《俱舍》説五相，第三相摧壞義，今文由《俱舍》釋成，即以圓滿、摧壞之二義釋成也。法即輪，持業釋也。若云轉法輪，則所轉即法輪，法輪之轉，持業、依主二釋皆得。

章故世友説至不名法輪。《鈔》曰：三、示一切教有非法輪。

故世友説者，《周記》曰：此世友尊者説，《婆沙論》，於此論中所説，非如來語皆轉法輪。云云。今云：《周記》所言未了，《婆沙》五百羅漢所造，如何世友獨説耶。若言四評家中以世友爲正義故，今云世友説《婆沙論》亦無害，則不應理。論世以世友爲正義，説極微觸不觸，論主既判大德説可愛樂，云何但以世友爲正義耶。准此應知，論法輪義以妙音爲正義，《婆沙》文分明，豈但以世友爲正義耶。況世友二字，一本作妙音，文爲穩當。復云故世友之故言，既承上唯八聖道正法輪轂、輞、輻圓等文，而云説非如來語皆爲法輪，《婆沙》《俱舍》中轂、輞、輻等説，亦説唯八聖道正法輪，皆妙音説，炳然可知。故世友二字是傳寫所致，應改作妙音也。故《周記》訓釋甚爲不是。

世尊所言亦有不如義等者，《開發》曰：十部同説，非諸佛語皆轉法輪，唯八道教名爲法輪，世尊所言非皆利益，未必如義，八聖道教咸爲利益，其必如義，見道因故。又已輪〔九〕者如是引生見通果，故名法輪也，佛所餘教不名法輪。云至〔一〇〕。

詮八正道教等者，《周記》曰：問：此宗何故不取此教以爲其因，而以爲境耶。答：見道已前有漏之智，名爲因故，彼宗不取。以法輪言教爲因，即證摧破智所以，彼教説爲輪境，苦諦等法即是教也。云云。

章如問慶喜至不如義言。《鈔》曰：四、舉示非法輪語。《開發》中舉四箇語，此章三語，一、問天雨不，二、乞食易不，三、氣力安不，《開發》增少病少惱不語。今按：氣力安與少病少惱，意全無違，《法華經》《見寶塔品》。等中，有少病少惱、氣力安穩不之語故。此章爲三語，義意無違。

問天雨不者，出《婆沙》十六。初左。問諸比丘等，出《四分律》第二。十四丁。

此何利益等下，此文以十部計執立佛説非法輪之理。

如説逆害等者，引經立非利益、非如義之理，此《阿含經》文。《對法》十六所引。《開發》中云：如經言：逆害於父母，王及二多聞，誅國及隨行，是人説清淨。今此章中，但舉逆害父母，以等言等取餘語，欲以次大衆部等十部而對敘，則如《開發》中，悉知有所餘語而當對敘。

此教所言等下，結不如義。此教者，説逆害等之經教。《開發》云：如經言等。或云：《大寶積經》中有此教文。云云。《雜集論》第十六引此契經偈等成祕密決擇，如次下引。

章此等十部至而無利益。《鈔》曰：五、結成佛教有非法輪部。

總説諸經等者，《開發》曰：此等聖教何必如義。故諸佛語非皆轉法輪，有不能生他聖道故，又已轉者解心生故。云云。今云：此等十部任文局執作解也。

章其大衆部至飲光部十部。《鈔》曰：自下第三舉佛教皆轉法輪計。此有四文，初、舉同計執部名，二、示佛教皆轉法輪計，三、會薩婆多等爲非法輪語以爲法輪，四、結成佛教皆轉法輪皆如義語，今即初也。此十部中，一説部、説出世部、雞胤部之三部，於佛滅後第二百年，從根本大衆部流出此三部。真諦《部執異論疏》曰：第二百年，大衆部併度行央掘多羅國，此國在王舍城北，此部引《華嚴》《涅槃》《勝鬘》《維摩》《金光明》《般若》等諸大乘經。於此部中，有信此經者，有不信者，遂分三部。若不信者，謗言無《般若》等諸大乘經，言此等經皆是人作，非是佛説，簡置一處，還依三藏根本而執用，云小乘弟子唯信有三藏，由不親聞佛説大乘故爾。云云。今案：設不信大乘經者，亦從引用大乘根本大衆部而流出部故，計執固〔二〕義云佛語皆轉法輪也。説假部，佛滅第二百年分部。制多山、西山、北山住三部，第二百年滿時，皆從大衆出。法藏、飲光二部，從有部出，同大〔三〕大衆計。

章同説佛一切至故號爲輪。《鈔》曰：第二、示佛教皆轉法輪計。《周記》曰：問：此等部説與大乘如何爲别。答：亦有别。彼部等説，一切佛語皆正輪體，大乘所説，唯八聖道名正法輪，餘非正輪，故與彼别，如文自悉。云云。

皆爲利益等者，大衆等四部説，佛所説語令他利益，無有虚言不利益者。義謂義利，皆饒益故。又佛所説皆無違失，稱可道理，不可立難，名爲如義。已上《宗輪疏》。

非唯八聖道等者，大衆等四部説，佛所説語皆爲法輪，故佛法輪非唯八道，非唯見道獨名爲輪，佛所説語無非利益，故所説皆是法輪。已上《宗輪疏》。

能摧諸惑等者，一切功德有能摧用故名法輪。

法輪因境等者，一切聖言教示，若約能詮，則能詮教生正法輪八正道一切功德。爲因，名[三]起能緣智緣法輪聖教，則一切聖教悉爲所緣境故，一切聖教亦名法輪。由此等説，八聖道及一切功德、諸聖教，皆名法輪。因、境二字，相違釋也。

《宗輪論》説等者，舉證大衆等四部執之文。

摧伏轉動下，章主文也，摧伏煩惱云摧伏，自在説法云轉動。《玄贊》四曰：轉者動也，運聖道於聲前，起真智於言後，圓摧煩惱。云云。

佛説轉動者，一本作佛語爲是。轉動者，自在義也。

在他身已者，《開發》作至他身爲是。能聽者聽佛説法，其語聲轉動至他身之耳根時，有他身中惑自摧破之義。

無知惑者，染污無知、不染污無知，今合云無知，無知即惑也。

章如問慶喜至必不如言。《鈔》曰：第三、會薩婆多等爲非法輪語以爲法輪。此有三文，初、立二所由會第一語，二、立二利由會第二語，三、會引逆害父母等經爲不如義。

如問慶喜等下，初立二所田[四]會第一語也，此中，如問慶等二句牒第一語。爲令阿難等下，立第一所由會第一語。

未圓智者，指除佛一切人。

亦除餘人等下，以第二所由會第一語。

增上慢者，不知爲知是增上慢。

於餘未了等者，謂於餘未知諸法性相，不作審問，何爲已知，自高舉耶。由是多義二句結成第一語法輪如義語。

佛顯慈悲等下，二立二利由會第二語，此中，問比丘等二句牒第二語。

令生喜心下，立第一利由會第二語。此四句第一利也。問乞食易不，顯佛悲心，若不問者，謂佛無慈悲，不知弟子安危之事，故發問耳。爲令比丘歡喜修道，佛問説我生大歡喜而修學道故，亦令未來行此事故。

亦令未來等者，立第二利由會第二語，令順世俗而令勤修學業。

然以慶爲母等下，會薩婆多等以逆害父母等經爲不如義，是示祕密決擇爲如義語，由《對法》十六十四丁。釋是。

則祕密決擇者，謂説餘義名、句、文身隱密轉變更顯餘義，如經説言：逆害於父母，王及二多聞，誅國及隨行，是人説清淨。今此頌中詮表世間共可極重罪惡文字轉變密顯餘清淨義。何等世間共可極重罪惡。謂逆害尊人及大衆。尊人有二，一、別，二、共。別亦二種，一、父，二、母。共亦有二，一、護世間，二、應供養。護世間者，謂王。應供養者，謂多聞梵志，世間共許最清淨故。若總殺害名逆尊人，若誅國人及隨行畜生名害大衆。顯此義者，名詮表世間共可極重罪惡文字。云何轉此文字密顯清淨義。謂逆害父母等言轉變密顯永斷愛等餘義故。所以者何。若愛、若業，若有、取、識，戒、見二取，眼等六處，及所行境，如其次第名母、父等，法相似故。愛爲發因，業爲生因，由此能植習氣種子，類世間父，由此二因令有、取、識流轉不絶。於流轉時，雖求解脱，然由二種非方便法降(一五)解脱得。謂妄計度清淨最勝，戒、見二取猶如世間多聞梵志恒妄計著最勝清淨。此有、取、識、所依所緣六處境界，猶如世間國及隨行，若能永斷如是等法，當知是人最爲清淨。已上《對法》。今云：由此論文應解此文，此是祕密決擇。大衆部等由大乘經起計執故，言陳是大乘，封執是異計。

非害生母等者，結歸如義語。有、取、識爲玉[二六]者，取是愛增俱一切煩惱之名，愛支潤業支，種五果種名爲有，取支潤業五果種名有支。

章故佛所説至無有虚言。《鈔》曰：此第四大結佛教皆轉法輪皆如義語。

章此則是初明異計也。《鈔》曰：明異計中，大文第四總結異計也。

章明大乘者至是助法輪。《鈔》曰：自下示輪益有二所立，科中第三就大乘明。此中有九段文，初、標牒，二、正示大乘立正、助二法輪，三、立正法輪理證，四、立助法輪，五、立五法輪，六、釋法輪名，七、示佛教皆如義，八、結大乘所立，一切佛教皆名法輪悉是如義，九、總結輪益，今即初二也。

雖無正文等者，九段文中，二正示大乘立正、助二法輪。此中二文，初示但以理證立，即此文是也。然正法輪下，二正示大乘立正、助，次下立理證具辨。

章《無垢稱經》至是正法輪。《鈔》曰：第三、立正法輪理證，有三理證。

《無垢稱經》等者，第一理證，即經第一六左。《佛國品》偈頌文。具文云：三轉法輪於大千，其輪本來常清淨，天人得道此爲證，三寶於是現世間。云云。《疏》曰：贊云：此明轉法輪三寶出世也。法輪有三，謂聲聞、獨覺、菩薩法輪，隨機有異，法成此三。且准《法華》等乃至廣説，具如次下。於大千者，大千世界，百億釋迦一時同轉，俱釋迦化，故言大千。其輪能寂，本性寂。本性寂者，即是真如本體寂理，法輪境性，可名法輪。昔未轉時，爲種煩惱生於現行，囂煩所覆，今轉法輪，生聖道故，煩惱都盡，本性真寂，其理便顯故，能[一七]寂其本性寂。云云。餘文非今所用故略云等。

《法花》又云等者，《方便品》文，即第二證也。彼[一八]具意云：於三七日中思惟是事已，方趣波羅捺[一九]，爲五比丘衆轉四諦法輪。此四諦輪[二〇]，聲聞之人於三生等行修習已，依蘊、處、界證四諦故，名聲聞法輪。獨覺之人於四生等行修習已，依十二緣證四諦故，名獨覺法輪。菩薩之人三大阿僧祇劫，修六度行十善巧，觀於三性證四諦故，名菩薩法輪。

又《瑜伽論》九十五說等下，第三理證。此非《瑜伽》全文，取意引是。

佛轉三周等者，《伽》正文云：即於此四聖諦中，三周正轉十二相智，是名得方便，是名三性。云云。

今將釋三種三周義，大分爲三，初、就小乘明，二、就大乘明，三、正釋今文。

初就小乘明者，《俱舍・賢聖品》說：云何三轉十二行相。三周循歷四聖諦故，謂此是苦，此是集，此是滅，此是道。光云：此一周轉四諦，此名示相轉也，說見道也。此應遍知，此應永斷，此應作證，此應修習。光云：此第二周轉四諦，此名勸學轉也，此說修道也。此已遍知，此已永斷，此已作證，此已修習。光云：是第三周轉四諦，此名引證轉，此說無學道也。由此法門，於他相續令解義故，光云：是由三轉十二行相所有法門，往他相續身中令解義故，故名爲轉，約教法輪名爲轉也。又云：或諸見、修、無學聖道皆是法輪，於所化生身中轉故，故爲轉，約聖道法輪轉名爲轉也。於憍陳那他相續身見道生時，已至轉初，理實三道皆名法輪也。經云見道名法輪者，法輪初故，從初立名，不依餘二文。是名三轉。一一轉時，別別發生眼、智、明、覺。云云。又《婆沙》百八十二曰：轉法輪有二種，一、自相續中轉，二、令他相續中轉。菩薩樹下是自轉法輪，婆羅痆斯國是令他轉法輪，佛以饒益他爲正事故，依令他轉說初轉法輪。

二就大乘明者，總有三種三轉，一、隨機三轉，二、自爲三轉，三、爲他三轉。初隨機三轉者，《無垢稱贊》釋經三轉云：法輪有三，謂聲聞、獨覺、菩薩法輪，隨機有異，法成此三。且准《法花》等，廣如彼明。二自爲三轉者，由《法輪章》云：初轉在見道名即相轉，次轉在修名應作轉，後轉在無學道名已作轉。三爲他三轉者，同章云：一、示相轉，示其五人四諦相故，謂此是苦，此是集，此是滅，此是道。二、勸修轉，勸其五人修四諦故，謂此是苦，汝應知，此是集，汝應斷，此是滅，汝應證，此是道，汝應修。三、作證轉，恐其不信，佛引自身而終作證明，此是苦，我已知，此是集，我已斷，此是滅，我已證，此是道，我已修。如是雖有三種三轉，同一時轉，謂佛爲他示四諦相初轉轉時，憍陳那等隨聞自即四諦相得入見道，次佛爲他勸修轉時，自應作轉得至修道。後佛爲他作證轉時，自己作轉成無學道。此且佛約對聲聞機說。佛一音説法故，同時緣、菩二機亦如是轉，故三種三轉同一時轉，是爲約大乘説也。若不作如是解，則小乘中亦立自他相續兩轉，以何爲大小乘別耶。大乘教中以展轉隨轉義名轉法輪故，如下引《瑜伽》文。

三正釋今文者，文云三周者，即三轉也，如光師釋。十二行相者，此亦立兩釋，一者、小乘説，二者、大乘義。

初小乘説者，《俱舍》曰：一一轉時，別別發生眼、智、明、覺。光法師由《婆沙》解云：於見道中，法忍名眼，法智名智，類忍名明，類智名覺。復次觀見名眼，決斷名智，照了名明，警察名覺。初解約唯見道，後解通三道，如苦諦下有三轉十二行相，見、修、無學各有眼、智、明、覺。集、滅、道諦各有三轉十二行相，理實總有十二轉四十八行相，然數等故，但説三轉十二行相。已上光法師由《婆沙》七十九釋也。此《毘婆沙》師説。若依經部，非唯見道，即此三轉十二行相所有法門，名爲法輪。三轉者，三周轉故。言十二行相者，三周循歷四聖諦故。光師釋云：此是輪[三]主中自義。云云。

二明大乘義亦二，初、隨轉理，後、真實理。初中亦二，初、由薩婆多。《法輪章》曰：忍、智一一皆具四行相，照境分明者名眼，對治無智名智，對治無明名明，對治邪見名覺。云云。此是由《婆沙》七十九初說，唯約見道。《周記》亦由《婆沙》，據《法輪章》，作總成四十八行相說。次、由經部。《法輪章》曰：三轉法輪，同《俱舍》說三周循歷四聖諦故，謂此是苦等乃至廣說。云云。又今章所引《瑜伽》文，云見、修、無學三位之中等，此等兩說不以眼、智、明、覺，唯以三道爲三周，循歷四諦說十二行相。此等同《俱舍》說。此等三文兩義所敘，章主由隨轉理作此等釋。

二明大乘義者，今章所引《瑜伽論》說，雖以眼、智、明、覺釋十二行相，不與小乘同，謂如於苦諦生聖慧眼爲總〔三〕，別於過去苦諦生智，未來苦諦生明，現在苦諦生覺乃至道諦亦爾。此說一智總名慧眼，三世別行相合爲四種，非於一諦別起四智，由真見道唯一刹那，不同小乘上下別觀，彰所得慧念念真聖，非是滅諦通三世有。然立十二行相，不取總聖慧眼，但取別相智、明、覺三，總不離別故，顯於四聖諦有智、明、覺，是則十二行相。此大乘不共說。次章文云生眼、智、明、覺，眼字古本無，是爲正，現本衍眼，不成句故。

甚深法輪者，今問：今所說《瑜伽》文云佛轉三周十二行相，此爲自爲轉耶，將爲爲他轉耶。答：《法輪章》云：此說世尊自得道故，復爲於他三轉法輪，同《俱舍》說三周循歷四聖諦故，謂此是苦等乃至廣說，如前所引。如次顯示見、修、無學三道，此是佛爲他三轉者，初名示相，示四諦故，次名勸修，勸修諦行故，後名作證，爲作證明知彼滿故。已上《法輪章》文。今云：章主意由是應知，就佛爲他三轉而釋，前《無垢稱》《法花》文，亦爲佛爲他三轉也。三周者，三轉也，由三位循歷四諦說，云三周亦云三轉，佛爲他三轉故，今云甚深法輪也。見、修、無學至勸修、作證者，明上句所言佛轉三周甚深法輪是佛爲他轉。

問：此文既舉見、修、無學，而次云示相、勸修等，若任文取義，則明自爲、爲他兩轉，何故云唯明佛爲他轉耶。答：初舉見、修、無學，彰爲他轉所爲，謂示相、勸修、作證，何之所爲。爲令他得三道。

問：何以知是。答：文云三位之中，中言境第七，指示示相等三轉之處所，彰示、勸、作三位之處而能差別，非餘處。

問：此三道言，何故非佛自爲轉耶。答：佛轉示相等三時，既是無學，爲何説見、修二。謂佛爲他示四諦相，爲令得見道等，故今云如其次第，故云明唯佛爲他轉也。又但云見、修等，不云印[一三]。

相等自爲轉三，但舉示相等爲他轉名，故知明唯佛爲他轉。又今此章明教意故，今文亦云佛轉三周等，明知唯佛爲他三轉，今此所用。又可初舉三道明示相等爲他轉三，彰説者爲他轉，聽者自爲轉，同一時起也。《周記》所釋但明示相等配三道，不以自、他爲，可謂粗釋。

觀於四聖諦至永斷煩惱者，明佛轉甚深法輪時，因佛爲他轉，三乘三道有自爲轉。《法輪章》中釋今《瑜伽》文云：得方便者，謂即於此四聖諦中，三周正轉十二相智，此自三周轉法輪相，爲得無上菩提因故。云云。此爲菩薩乘自爲三轉釋也。謂今此章釋成佛教輪益有殊故，此觀於四聖諦等文，雖約自説，從上佛轉言及示相等句而所出文故，彰爲他轉同時有此自爲轉也，所引意與《法輪章》別，故作此異。

已觀者，能觀人三乘隨廣[一四]所觀四諦，此四諦觀非唯見道，於三位中所觀四諦。

生聖慧眼者，顯因佛轉自轉總相。

各於去、來者，顯生聖慧自轉別相，即三周十二別相智，如別已明。

生眼、智、明、覺者，現本有眼字，南京古

本無是爲正，現本不是。智、明、覺三，如次過去、未來、現在智相，如前已明。

能斷所廣*二句，以摧伏義釋成輪名。自、他二轉俱以摧伏名爲轉輪，道數數故，斷亦數數，隨所廣斷，能斷智亦別起，故云所廣*。又可今舉三道所觀四諦故，能觀智亦有差別，煖智斷上惑，上智斷細惑，故云所廣。

問：由何此文知云由佛爲他轉而同時有自、他兩轉耶。答：《法輪章》中由《瑜伽》意云：謂如長老阿若憍陳如從世尊所聞正法輪已，最初悟解四聖諦法。又答問言我已解法，從此已後，如前所説究竟行相，五皆證得阿羅漢果生解脱處乃至阿若憍陳如已證我法。地神知已，舉聲傳告，經於刹那、瞬息、須臾，其聲展轉乃至梵世世間。云云。《瑜伽論》九十五曰：當知世尊轉所解法置於阿若憍陳如身中，此復隨轉置餘身中，彼復隨轉置餘身中，以是展轉隨轉義故，説名爲輪，是即轉法輪相，故云佛爲他同時，餘自他亦同時轉也。

故八聖道是正法輪者，《周記》曰：此上引彼文證，除八聖道所有佛教，並名法輪，雖助、正別，總得名輪，即《法華經》觀十二有[二五]支亦名法輪。又《法華》言轉四諦輪，豈總名八聖道。故所引證得通助、正。已上《周記》明章主釋意，已下設難明結文意。若爾，何故結云故八聖道是正法輪耶。答：此結云由觀四諦，無漏慧眼等正能斷惑，故八聖道名正法輪，非總結前《無垢稱》等。已上《周記》問答，立結觀於四諦，已下文之義也。今詳曰：《周記》所釋不穩。基辨。謹按《無垢稱贊》釋三轉法輪於大千之全文，以《法華》《瑜伽》之文，其中釋法輪二字及三之言，由《法華》《般若》轉三乘四諦法輪文。又釋三轉言，專用《瑜伽》五十九三轉十二行相法輪自爲、爲他義。由是深撿今章文意，雖有三理證，以《無垢稱經》文爲本，次舉《法華經》文，示法輪境釋《無垢稱經》法輪言，次舉《瑜伽》釋經三轉大千文，故至結文云八聖道是正法輪，專釋結《無垢稱經》文，故《周記》

云非總結前《無垢稱》等，爲不穩當。

問：何故釋《無垢稱經》三轉法輪於大千文以《法華》《瑜伽》文，結是云八聖道是正法輪耶？結意未彰，如何？答：《周記》釋違章主意，謂教益有殊中，今此文段明輪益殊。教謂教示，輪謂於能詮教有摧破義，是云輪益。今章主意，以八聖道爲正法輪，所餘功德爲助法輪。准是可知，八聖道中以正語爲正輪，所餘道支有亦爲助義也。《法輪章》曰：輪者，説也，法既名輪，説亦名輪。云云。又曰：轉者，動也，顯也，運也，起也。動宣言教，顯揚妙理，運聖道於聲前，起真智於言後，圓摧障惱，名轉法輪。所轉即法輪，法輪之轉，二釋皆得。云云。謂由正進、正業有正念、正定，由正念、定有正見、正思惟，而住正見、正思惟，正語説法，故處處釋云：此法輪體，即佛所有名、句、聲等教法爲體。云云。正語爲體，同時所具七聖道支，亦雖可云助法，見道八聖道支同一時具，初生慧眼有能摧用，四義圓滿故，對所餘功德爲助法輪。今大乘亦立八聖道是正法輪，上所理證《無垢稱經》三轉法輪於大千之文，初生慧眼有能摧用，四義圓滿轉法輪故，今引爲正法輪之證，所餘爲助法輪之證，次所引用《無垢稱經》第五文是也。今以《法華》《瑜伽》釋《無垢稱經》文，成正法輪理證已，今結云八聖道是正法輪也，由是《周記》云非總結前《無垢稱》等，爲不穩當也。舉助法輪證成上所言，如次所引。又今引《無垢稱經》云三轉者，三謂聲、緣、菩之三乘，隨機轉四諦輪也。又約自爲轉，則見、修、無學三道轉也，約他爲轉，則示相、勸修、作證三轉也，經含容此等三説三轉法輪。此經贊中，以《瑜伽論》眼、智、明、覺之文釋經三轉故[二六]，爲正法輪之理證炳然。今結云八聖道是正法輪，是章主意也。

章《無垢稱經》至是輪義故。《鈔》曰：此下第四立一切佛教助法輪之理證。

《無垢稱經》等者，《菩薩行品》之文也。彼經贊曰：此顯動止皆益。行、住、坐、臥名威儀，或去或住名進止，緣領諸境名受用，凡所起作名施爲。不獲廣説，且要言者，如是等類，一切皆令所化調伏，調生長善，伏制斷惡，是故一切皆名佛事。如問阿難當天雨不，知而問者，欲餘人審諦事故，佛知尚問，況於我等，故皆佛事。已上贊文。

説轂、輞、輻等者，釋正法輪唯八聖道之由。《婆沙》《俱舍》同説：尊者妙音作如是説，如世間輪有輻等故，八聖道支似彼名輪，謂正見、正思惟、正勤、正念似世輪輻，正語、正業、正命似轂，正定似輞，故名法輪。云云。今此云説者，指此妙音説。如世輪有轂、輞、輻差别名車輪，以八聖道名法輪，離八聖道無法輪名，有圓滿義故，如世輪離轂、輞、輻無車輪體，此轂、輞、輻圓滿具足名輪，今法輪亦復爾，八支具足圓滿名輪。此聖道支，圓滿、摧伏、動轉義之初本故，今名爲正，不名助也。

所餘功德等者，示助法輪義。

摧伏、動轉等者，明所餘功德爲助法輪。由八聖道支具圓滿、摧伏、動轉，故是正法輪。所餘一切佛事、佛教，具摧伏、動轉義，不具圓滿義故，雖名法輪，但名助不名正。

問：何故以圓滿、摧伏、動轉釋正、助差别耶。答：《法輪章》云：輪有四義，一、圓滿義，具轂、輞、輻，或擇法、覺等體用周備，名之爲輪。二、摧壞義，此四種法眼、明、覺、智。若伏、若斷、若助、若正，未斷煩惱皆能摧故。三、鎮遏義，已伏煩惱令勢遠故。四、不定義，從自見至自修，從自修至自無學，從自無學智發言教，他從言教解於諦理，他從諦理起於正行，他從正行起於果智，如是展轉復爲他説，如轉輪王所有輪寶，能降未伏諸煩惱故，能鎮已伏諸煩惱故，往復往故。云云。如是輪四義，今所云三義，云説轂、輞、輻有差别，是彼章圓滿義。此章云摧伏，彼章所云第二摧壞、第三鎮伏兩義。此章云動轉，彼章所云不定義。八聖道支能摧初故，具四義本故云正，其餘非四義起根本故，但有摧伏、動轉二義，故是助非正。

問：前云八聖道中正語但是法輪，然今復如何云轂、輞、輻圓滿具足，唯八聖道是正法輪耶。答：前云正語但是法輪，就今章所明法輪云教益有殊，但取正語，非云餘七聖支同時無，無七聖支非云正語。今説轂等圓滿是正法輪，就八聖支必同時具，前後全無違。尊者妙音亦説以正語、正業、正命似轂，轂是輻所湊、輞所指，雖云數車無車，以轂爲車爲車之初，此義應思。

問：《法輪章》中，由大乘義釋法輪體云：或體唯取八聖道支，具轂、輞、輻圓滿義故。正見、正思惟説名爲轂，是根本故，正語、業、命説名爲輻，因轂有故，正念、勤、定説名爲輞，攝録餘故，不同小乘。云云。既有如是大乘之説，云何不由是用小乘妙音説成以正語爲本義耶。答：大乘立身、語業體是思，由尋、伺發語言，而其尋、伺以思、慧爲體。小乘不爾，立有實有語業。大乘立體是思，亦立尋、伺體是思、慧，正見是慧，正思惟是思數[二七]。今約語業尋、伺體性，云正見、正思惟説名爲轂，是根本故也。小乘約語業尋、伺實有，以正語爲轂。然今不由大乘説用小乘説。今此明輪益，對異計敍大乘，明佛語輪非輪。雖大、小乘説異，今且隨轉理門辨佛語輪非輪，故由正語似轂之説也。

章《涅槃經》中至皆名法輪。《鈔》曰：此亦立助法輪之理證。北本經十四。《聖行品》文也。

問：此文既説諸佛所説皆名爲轉法輪，何故上文云雖無正文説佛所語皆如其義咸轉法輪耶。答：大乘之中云無説佛所語皆如其義咸轉法輪正文，故立佛語皆轉法輪，不同大衆部等。今大乘宗以理立正、助二法輪，正、助合爲佛語皆名法輪。今所引《涅槃經》文，是助法輪之證，非正、助合名法輪之證。

問：以何得知耶。答：此文但説摧伏、動轉

之二義名輪，故此經雖説凡有所説名轉法輪，非具四義説，故非正法輪之證。如八聖道，能摧初故，具四義本故，是爲正輪。正、助合名法輪之義，今以道理立之也。

能令降伏者，四義中摧壞義。

能令安穩者，鎮遏義也。遏者，止也。

故佛身、語等者，以動轉、不定義結佛語皆法輪也。故之言承上釋身言，佛身、語之二字，今義正用雖但應佛語，上既引《無垢稱經》説諸佛威儀等皆名佛事故，今承之云佛身、語。身業既是佛事，語業豈非佛事。故次結云佛語皆名等也。

凡所運動等者，即所前明動轉不定義，合上以摧伏、動轉義而釋，以圓滿義不釋，故是亦助法輪之總結也。今云：除八聖道所餘教法，亦雖非無摧破等義故可名法輪，於自爲、爲他兩轉，初生慧眼，初摧斷惑，但在八聖道初具時，是即輪益之初，故前云八聖道是正法輪也。世尊説法度生，必有此正輪益之義，名轉法輪。所餘教法有助輪益之義故，合正、助義云佛語皆名法輪也。此約粗相説，若如實義，此正法輪必有助餘後念法等。法輪義，此助法輪亦有八道支俱義，即攝應云正法輪也。

章以要言之至自當廣説。《鈔》曰：第五、以五法輪釋。

以要言之者，由《法輪章》云今者大乘總貫諸文法輪有五，以彼見是，大乘諸論教中説法輪名，總括其要，不過以此五名輪也。

一法輪體等者，是由《瑜伽》九十五説正見等法所成性故説名法輪，自、他三轉通見及修、無學道故，諸聖慧眼能摧煩惱説名輪也。此八聖道別修行相，雖在修道，體實通餘見、無學道。若不爾者，留尊應無八聖道故。

二法輪境等者，法輪是聖慧眼故，即能緣智，今此所言其聖慧所緣境，謂四諦理等，等言等取十二因緣、三性等法。是由何立？謂《瑜伽》九十五説爲得所得，所緣境者，謂四聖諦。又《法華經》中亦説大通智勝佛轉十二因緣。又《解深密經》説，依顯了相説三無性皆依遍計所執，已名法輪故。

三法輪眷屬等者，謂諸聖道助伴及五蘊等。今此文云餘，聖道之餘故，與聖道俱時五蘊，此皆功德法故。又云助伴者，助現觀戒、信等。《瑜伽》《顯揚》《對法》《成唯識》説六現觀，其中第一思現觀，最上品喜受相應思所成慧。第二信現觀，緣三寶世、出世間決定淨信。第三戒現觀道共戒。也，此三助無漏觀令增明。今文云等，等取此助伴。

四法輪因等者，因者能生後聖道之因，謂佛教法及聞、思、修三慧，此即前爲後因，合爲果因故，諸經論中説佛教法名法輪是也。

五法輪果等者，謂四沙門果所攝受聲聞菩提、獨覺菩提、若諸如來無上菩提，是法輪果。《瑜伽》九十五説爲得所得者，謂大菩提，有菩提必有涅槃故，今云謂菩提、涅槃。

如《法輪章》等者，《法華玄讚》第四卷五十五丁。有《法輪義章》，彼云：然此五種不過四種，一、教，二、理，三、行，四、果。云云。

章一切佛語至是輪義故。《鈔》曰：第六、釋法輪名，即成佛語法輪義也。

或近或遠者，近謂親近，親生真智，遠謂疏遠，爲增上緣能生真智。又云：近者親近輪，即正法輪也。遠者疏遠輪，即助法輪也。能生真智者，此不定義也，即移轉也。

怨敵所有二障者，煩惱、所知二障即令處生死怨敵。又怨敵者人、法二執，此爲根本，有二障故，云所有二障也。

摧伏者，令摧伏怨敵所有二障也。移動者，令或近或遠能生真智，是移動也。以此二或通助、正二而釋。

章以佛所説至無疏亂故。《鈔》曰：第七、釋一切佛説皆是如義語，文自可知。

章由此道理至歸勝義故。《鈔》曰：第八、結大乘所說。或近者正法輪也，或遠者助法輪也，生無漏智者彰輪義，無漏智生則必摧伏煩惱必令移轉也。

是故一切三藏等者，以三乘隨機教法皆名輪故云一切。《法輪章》曰：雖轉四諦法相不殊，三乘之人各各證果，聲聞姓人已於三生或六十劫先修習已，聞佛所說，依蘊、處、界證四諦理，名聲聞法輪。獨覺姓人已於四生或於百劫先修習已，聞佛所說，依十二緣起修證四諦，名獨覺法輪。菩薩姓人已於一大阿僧祇劫先修習已，聞佛所說，緣三性等證四諦理，名菩薩法輪。不爾，三乘俱觀四諦俱時證聖，有何差別。《大般若》云：世尊初於波羅奈國轉四諦法輪時，無量衆生發聲聞心證聲聞果，無量衆生發獨覺心證獨覺果，無量衆生發起無上正等覺心證於初地、二地、三地，乃至一生當得菩提。云云。由是自知，今云一切三藏教法，是三乘一切教法。

或曲或直等者，曲謂非直說，直謂直說，如次下釋。十二分教中，最初契經名爲直說，其餘分教名非直說，或直說或非直說皆名法輪。

悉皆如義等者，結如義語。

粗言細語等者，世間言教，如天雨不〔二八〕，亦是佛說則歸勝義。此云粗言歸勝義，細語者出世間語，歸勝義自可知已。此雖無正文，就助法輪爲如義語也。

上來總是等者，九段文中，第九、總結輪益，謂明一切輪益故云總也。今云：上來明異計中，薩婆多等十部執文生畏，立佛語中有非法輪。又大衆部等十部任大乘經言教起執，立佛語皆轉法輪。又大乘中雖由五法輪云佛語皆法輪，以五法輪中境輪非因輪等互所無，可云輪、非輪。雖爾，觀察五法輪能轉相，同一時處爲輪，起能轉用，而互相輪、非輪各別宛然，謂非輪、非非輪，至如實義，離言說相是輪義也。《無垢稱疏》曰：其輪能寂本性寂，本性寂即是真如。云云。是爲大乘所說法輪也。如是三意，於一切言教中必具足故，今云總是明輪益也。或〔二九〕《唯識了義燈》一本。曰：問：前説輪益、義益二理何殊。答：義約所詮之理爲稱，輪據斷道爲言，二義各約一途故，云輪、義二益。云云。基辨詳曰：《燈》主所釋，一往道理就論成唯識法門，明輪、義二益故，以唯識能觀智爲能斷道釋輪言，故爲一往論義爲所詮，輪爲能斷。今此章所言，就明教益有殊，示佛一切言教有能摧伏輪益，能説轉動即是輪義故，非但約能斷道立輪名言。五法輪中，能證所證、能詮所詮同一時處得法輪名。又正法輪中，《無垢稱疏》釋經三轉法輪文曰：其輪能寂本性寂，即〔三〇〕真如。云云。真如泯能所，廢詮，非境界，此爲《法輪》章主本旨，故《燈》釋爲一往。又曰：問：以教對機，教有三時之別，未審輪體爲別爲同。答：根性既差，輪體有別，約初有教，説體如常。空教之中以八空聖道爲體，第三時法輪體者，雙合前二。已上取意。今云：此答釋約自爲轉而辨，若約佛爲他轉，則輪體無別，但衆生隨類各得解，此即章主意。《法輪章》中引《大般若》云：世尊初於波羅奈轉四諦法輪時，無量衆生證聲聞果，或證獨覺果，或證無上菩提。云云。此即以一四諦教法，隨機摧伏隨轉，約自邊別，約佛邊佛智唯一，如前已辨。又問：准義益了、不了，輪中亦有輪、非輪不。答：有二解，初解有輪、非輪，後解唯輪無非。二解之中，初解准此章也，後解非誤。

章辨義益者至後辨大乘。《鈔》曰：初門之中，大文第二明義益。此中有三文，初、分科，二、辨異計，三、辨大乘，今即初也。

章辨異計者至有不了義。《鈔》曰：二、辨異計。此中有四，初、標牒，二、薩婆多等計，三、大衆部等計，四、總結，今即初、二也。

非皆了義等者，此中云了義者，契當道理也。言不了義者，不契道理。

如契經説等者，《對法》第十六説祕密決擇，引此契經偈，未知何經。此十部意説佛經有不了義，今此所引契經爲不了義經。

章大衆部等至有不了義。《鈔》曰：辨異計中，第三大衆部等計。

皆法輪故者，明佛經皆了義之由。此等十部立一切佛教皆法輪，既稱法輪，豈不契道理。故佛教一切皆是了義。

其密語經等者，此二句，前薩婆多等十部設問難。前所舉契經文，不信不知恩等偈，《對法》中名祕密決擇。此十部立一切佛經皆了義故，前十部設此難。

自證諦理等者，此下答前難。此二句釋不信言，《周記》曰：如入見道自證諦理，智非深故，不信他也。又解：有隨法行，有隨信行。隨法行者，自尋教法，即便信解。隨信行者，要信他言教，方能信解。今言自證諦理，即隨法行。二解俱得。云云。

能知圓寂等者，釋不知恩。《周記》曰：如真見道，能證智圓寂平等平等無恩無德，名不知恩。云云。

永棄後業等者，《周記》曰：業力難知，名之爲密，斷此業已更無生處，名無容處。

猶如食吐等者，《周記》曰：如有病人患吐，爲藥而食之時，但希除病，不食其味。受資具等亦復如是，但欲資身而求聖道，不生貪著，如《維摩經》爲不食故，所以受食。云云。今云：《周記》釋食吐，與《對法》違，似未穩當。章主全由《對法》釋，如《對法》第十六說。又如經說：不信不知恩，斷密無容處。恒食人知吐，是最上丈夫。今此頌中，宣説世間極下劣義所有文字，轉變密顯餘最上義。世間下劣凡有四種，謂意業下劣、身業下劣、語業下劣、受用下劣。意業下劣復有二種。一者、不信，善生相違，不信有後世等，不行施等故。二、不知恩，順生不善，不顧往恩，違越世理，起害母等所有惡行故。身業下劣者，謂行竊盜，攻墻密處，最可輕賤，活命業故。語業下劣者，謂妄語等最可輕賤，於善衆中所不容故。受用下劣者，謂鬼、犬、烏等好食所吐故。

顯此義者，名説世間極下劣義文字。云何轉此文字顯無上義。謂不信等言轉變密顯餘勝義故。

不信者，謂解脱知見，自現證故。

不知恩者，謂涅槃智，有爲名恩，無爲非恩，知非恩故，名不知恩。

斷密者，謂永斷後有續因煩惱故。

無容處者，謂於當來諸趣苦處不復生故。

食吐者，謂於現法中雖假資具力暫持身，而於命財不生欣樂故。若能如是，是最上丈夫。以上《對法》。《開發》中亦由《對法》釋，故《周記》釋似未允當。

既契正理等者，正答前難。以顯露釋，則似不契正理，若轉變密顯義，則皆契正理，豈非了義。《攝論》第八説密語説十利，謂令説法者易可安立，總括義故，乃至於智者前，論義決擇入總慜數，爲斯十利説祕密語。云云。既爾，如何四依

中等者，前十部又難。四依者，《瑜伽》所説菩薩所修行。謂勸彼依等下，答難，此答意，世尊所説經教皆是了義，外道言教爲不了義。

章此即是先辨異計也。《鈔》曰：第四、總結異計。

章辨大乘者至名不了義。《鈔》曰：義益之中，自下第三明大乘。此中有八段，初、標牒，二、聲聞乘爲不了義，三、成大乘中亦有不了義，四、寄難成，五、結非皆了義，六、四門分別，七、結四門，八、總結教益有殊，今即初二也。《涅槃經》中等者，即第二科，經第六卷《如來性品》文也。

猶如初種等者，雖非非種，其體全無實，入無餘涅槃，是非實却爲實。如無餘依地説，由無下劣心能忍受勤苦，彼所趣解脱，譬如證涅槃，由是聲聞乘不得真實果故，教不令依聲聞乘〔三〕。

章然《瑜伽論》至了義經故。《鈔》曰：三、示大乘教中亦有不了義。

然者，轉語，與前義别，故置此言。

《瑜伽論》者，《菩薩地·菩提分品》文。

修正四依者，《無垢稱經·法供養品》，《涅槃經》第六卷，說菩薩四依[三二]。《涅槃經》從本起末作用次第。第一、依法不依人，謂法是真如理體。第二、依義不依語，謂義是佛果，所謂般若、解脱、法身，依理成德，故次辨之。第三、依智不依識[三三]，智是佛智，即是用聞依德起用，故次辨之。第四、依了義經不依不了義，依智起說，故後辨之。又《法供養品》舉深尋淺次第。第一、依義，義是二空所顯真如。第二、依智，智是證智，由理方起，故次辨之。第三、依了義經，經是義詮，前所辨義由詮故顯，故次辨之。第四、依法，法謂地前行法，依於行法修習，方得證理之智。又今此所引《瑜伽論》文，依義道理起修次第。第一、依義不依語，即用教下所詮一切義以爲所依，不依於語。雖復依義，義若與彼四道理法不相違者，方可得依，是故次辨。第二、依法，法是四種道理之法。此上二種依義道理以明次第，後之二種起修次第。第三、依了義經不依不了義經，即詮三性教法爲了義經，餘教不了不可爲依。由依了義教故修成證智，是故次辨。第四、依智不依聞、思。

謂諸菩薩等者，《瑜伽論》說四依，其第三依之文也，今明了、不了，餘依無所用故略已。《周記》釋此文云：菩薩修正四依等者，謂諸菩薩，一、深植正信，二、深植清淨，三、一向澄淨，四、依如來了義經典。前三配前資糧、加行及以見道，即其一信分三種别。加行之位信轉强勝，得名爲力，與清淨名資糧，不爾但名正信。云云。今云：此釋不穩。但此一文分四依，置一、二、三等，雖似有理，違《瑜伽》文，故爲不穩。

法毘奈耶者，《倫記》二十一有兩釋：一云法是二藏，毘奈耶即是毘奈耶藏。二云法是三藏，即是三藏滅惡之用，通名毘奈耶。云云。今云：二解俱得。

不可引奪者，《論》文云：若諸菩薩於了義經不決定者，於佛所説法毘奈耶，猶可引奪。云云。又云：了義經典爲所依故，於佛所説法毘奈耶，不可引奪。云云。今云：今文了義者，顯了決定説故。不了義者，隱密不決定説故。是故於了義經未決定者，雖説佛説三藏教，人猶引奪此所説義，自不信用。若了義經典爲所依者，所説文義顯了決定故，其人所演佛説，三藏人皆信從，不能引奪也。

故大乘中下，結大乘教中亦有不了義經，故言承《瑜伽》説。

以勸當依了等者，明大乘中應有不了義所由。於菩薩所修中，既云不可依不了義，明知大乘中有不了義。

章既爾如何至具成尼等。《鈔》曰：第四、寄難成。既爾二字，承上義難。

《涅槃經》説等者，第六《如來性品》云：又聲聞乘名不了義，無上大乘乃名了義。云云。

此理不然下，答難而成。

豈諸大乘等者，初總成。

如契經説等者，舉證成。

淫欲即是道者，《周記》云：淫欲、貪愛、義愛彼十二分教，名之爲道。

問：論言：彼法起愛、恚等著，皆名法執，如何今説貪爲道耶。答：法執名寛，於諸法中，以名屬義，以義屬名，作此分別而生愛著，即法執收。令彼惡道不生分別，不以相屬故非法執。云云。又《維摩經·觀衆生品》説佛説：淫、怒、癡性即是解脱。云云。此等亦義意同。

覺不堅爲堅者，《對法》第十六引此契經成祕密決擇。又《攝論》説四祕密，其第四轉變祕密，謂於是處以其別義，諸言諸字即顯別義，如有頌言：《阿含經》文。覺不堅爲堅，善住於顛倒，極煩惱所惱，得最上菩提。《無性》五十一(三)丁。釋曰：轉變祕密者，謂於字義轉變差別。覺不堅爲堅者，剛强流散説名爲堅，非此堅故説名不堅，即是調柔無散亂定，即於此中起堅固慧覺彼爲堅。善住於顛倒者，謂於四顛倒善能安住，知是顛倒決定無動。極煩惱所惱者，爲化有情精進劬勞所疲倦故，如有頌言：處生死久惱，但由於大悲。如是等。得最上菩提者，是得諸佛三菩提義。云云。已上《無性攝論》五，十二丁。

又說諸法皆無生等者，《般若經》之說也。又《無量義經》等說：我滅[三五]道來，四十餘年，常說諸法，不生不滅，不來不去等。云云。

密義趣經者，結不了義。

又《瑜伽》說等者，論六十四七右。說。

不了義教者，謂契經、應頌、記別等，世尊略說，其義未了，應當更釋。云云。此取契經、應頌、記別一分爲不了義，非取全分，至次下具辨。此《瑜伽》文。次下四門分別中，第四言略語廣門。

豈大乘經等者，結大乘教亦有不了義。

又說菩薩殟波陀等者，舉密語成大乘教亦有不了義。

殟烏骨切。波陀慳者，《無著攝論》《無性論》八。說：云何菩薩其施清淨。若諸菩薩殟波陀慳。《無性釋》曰：殟波陀言，顯目生起，密詮拔足，今取密義，拔除慳足而行惠施。云云。

具戍尼者，一本作貝戍尼，不是也。《無著攝論》說：云何具戍尼。若能常居最勝空住。《無性釋》八。曰：若能常居最勝空住者，依世訓釋文詞道理，答上所問。具戍尼言，此勝空常，顯目離間語，密詮常勝空。具表勝義，戍表空義，尼表常義，今取密義。問答相應，顯則不爾。云云。

《無性攝論》八七右。問：如是密語爲何用焉。答：按《無性攝論》，說菩薩十離行，其第八云隨覺離行。釋曰：八隨覺離行，於諸如來所說甚深祕密言詞，能隨覺故。云云。此是捨隨聞義覺不聞義甚爲難故，名爲難行。今此所言殟波陀慳、具戍尼、波魯師等，《周記》曰：問：此密意有何所以。答：若生善法，便能拔得慳之足。言離間者，非是兩相離間，但能離彼惡，即是最勝空。云云。今云：次下明四門中第三門，以顯了爲了義，以隱密爲不了故。密義趣經皆是不了義教，大乘經中既有密義趣密語，自知大乘教中亦有不了義教。

章故大乘經非皆了義。《鈔》曰：第五、結大乘教中亦有不了義。

章由如是理至略語廣門。《鈔》曰：此下第六、四門分別。此中有五文，初、標牒四門，二、釋初門，三、第二門，四、第三門，五、第四門，今即初也。

由如是理等者，彰雖無教證，以理立四門。

略有四重者，以此四門攝諸經論中所說了、不了言義盡。然《了義燈》中，斥破《要集》解已云：今者正解應云：依法分四，如《法苑》明。又加依人，對解了不執名爲了義，對執著者名不了義，如似二諦。云云。今云：是本由《要集》以《自在王菩薩經》説了義經者，一切諸經皆是了義等更加一門。今以人與法判斷焉，然《燈》主謬矣。云何爲謬耶。謂了義、不了義之名，就所詮義、所緣境分了、不了。若於能詮、能緣上分了、不了，則應有依人釋義。然既但於所詮義、所緣境立了義、不了義名，儼然可知，故云依人立不了義，妄謬之説。若然[三六]，如對解了不執名爲了義，對執著者名不了義。於此四門中，何門攝耶。謂若外道執者，初門攝，有能執人則必有所執義，就其所執義立了、不了。若小乘執，則第二門所攝，是亦就所執義立了、不了，《燈》主以似二諦爲准例焉。今云：是亦不然。似二諦非人是法，若外道執則初門攝，若小乘執則第二門所攝。故今章四門之外，無別加門，不更可增減也。

章法印非印至非了義經。《鈔》曰：此下第二釋初門。此有六段，初、標牒，二、舉三法印[三七]，三、立外道教皆不了義、佛教皆了義之理，四、引《瑜伽》成了義，五、引《涅槃》成不了，六、評此門示立後門。

法印者，印謂決定，於法決定可印可，不可

更加也。以三種印印定諸法，能令永捨惑、業、苦故。諸外道教並非了義，非三種印，印不能永捨三有爲故，今云非印。

一諸行無常等者，《倶舍光記》及《神泰疏》一曰：西方造論皆釋佛經，經教雖多，略有三種，謂三法印，一、諸法無我，二、諸行無常，三、涅槃寂靜。此印諸法故名法印，若順此印即是佛經，若違此印即非佛說。故後作論者皆釋法印，於中意樂廣略不同，或有偏釋一法印，或有舉一以明三。如《五蘊論》等，唯解諸行無常，如《涅槃論》等，唯釋涅槃寂靜，此即偏釋一法印。如《倶舍論》等，解諸法無我，此即是舉一以明三。云云。

或說四鄔拕南等者，《瑜伽論》四十六說復有四種法嗢拕南[三八]，諸佛菩薩欲令有情清淨故說。何等爲四。一切諸行皆是無常，是名第一法嗢拕南。一切諸行皆悉是苦，是名第二法嗢拕南。一切諸法皆無有我，是名第三法嗢拕南。涅槃寂靜，是名第四法嗢拕南。諸佛菩薩多爲有情宣說如是法相應義，是故說名法嗢拕南。云云。《倫記》釋云：自下第十五解四鄔拕南，若作嗢字，皆須改正。舊語不正，名四優陀那，翻名爲印，今翻名說，即世尊常誦說。此義似無問自說，隨義傍翻，亦得名印。或名總略義，或名標相，如說無常是有爲標相，苦是有漏法標相，無我是一切法標相，涅槃寂靜是無爲法標相。若名嗢拕南，則名集施，即名烏拕南，故是標相。云云。光、寶、泰三師《倶舍疏》亦同釋也。鄔陀南此云自說，嗢拕南此云集施，必不可混也。又《伽鈔》亦鄔陀南，此云說，嗢拕南名攝散[三九]。如下《唯識章》第三門末。

章由此道理至或業、苦故。《鈔》曰：第三、立外教不了佛教了義之理。

三乘、三藏、十二等者，一本作三藏、二乘，不是也，准《開發》應作三乘、三藏也。

無非了義者，三乘、三藏、十二分教，皆爲三種理法所印，以三種印印定諸法。

由佛如是等者，如是者歸依四緣。論中云：由如是故，彼所立法，彼弟子衆皆可歸依。云云。彼所立法即法毘奈耶，是皆可歸依也。

章《涅槃》又云至名非了義。《鈔》曰：第五、引《涅槃》成，謂外道教妄語故，不可歸故，是不了義。經第十八《梵行品》文也[四〇]。《開發》曰：《涅槃》復云：一切外道取可言說悉皆妄語，是諸外道癡如小兒，不能了達常、無常等，於佛法中取少分義，虛妄計有常、無常等，而實不知常、無常等。故唯佛教[四一]是了義經，順三法印，可歸依故，外道所說名非了義，違三法印，不可歸故。云云。

設有聖教等者，《周記》曰：設有聖教等者，此據第一法印、非法印門。外道之教諸法是常，不言諸行無常。外道涅槃暫時止息，亦非寂靜。外道執我，不云諸法無我。違三法印，故外道教名不了義。云云。今云：此釋未盡。由《開發》曰：然佛經教是了義經中，說有常、樂、我、淨等者，能捨言准《開發》，能令永捨惑、業、苦也，故一切佛教無非了義也。

能捨等者，舉一切佛教了義之由。

不能永捨等者，舉外道教不了義由也。

章故《瑜伽論》至亦可勝依。《鈔》曰：第四舉《瑜伽》成了義故者，承上順印名了，違印名不了。次舉《瑜伽》所歸成了義，舉《涅槃》外言妄成不了義，順印故所歸依，違印說是妄言。

歸依有幾者，問所歸頭數。

何緣但有等者，問所歸依數有幾何耶。二問也。歸依有三等下，答文也。

四緣者，第一緣者如今此引。第二緣，云二於一切種所調、能調善方便故。三具大悲故。四以一切財供養未生歡喜，要以正行供養乃生歡喜。今此但舉初緣略餘三緣。

一由如來等者，第一緣也。

性調善者，煩惱已盡，習氣亦除，如巧鍊金極調善故。

是依法身、佛性理説，非説諸行即是常等故，與三印義不相違。若有説言一切諸行即真如理，皆常等者，雖違三印，不同外道宗非爲正教不可依止，然經中説三寶、衆生悉是常等，此有別意，至下當知。云云。准此《開發》，今此設有聖教文。於設有下，應有説常、樂、我、淨等六字，恐脱落歟。此是遮妨難文。難云：若言順三法印是了義經，則何故《涅槃經》中云常、樂、我、淨，違三法印耶。今遮此妨，有此文也。意言：設此字示有別意。有説常、樂、我、淨等如來聖教，唯是説佛所説教，非如外常、我言，故是皆爲了義説，外道所説我、常等言名非了義。

章以此門通至唯了義故。《鈔》曰：第六、評此門示立後門。以者謂也，通者漫也，梗概立此門也。

非佛教中等者，如實義者，佛説教中亦有了、不了，如後門説。然今云佛教皆了，外皆不了，是梗概説也。此文二句明通之所由。

章詮常、非常至名不了義。《鈔》曰：此下第二門。此中有四文，初、標牒，二、引《涅槃經》，三、引《深密》《瑜伽》，四、解立門名而結，今即初二也，經《如來性品》文也。

無常變易者，經云：若言如來無常變易，食所長養，則名不了義。若言如來常住不變，非食長養，是名了義。云云。又《周記》云：言諸小乘教名不了義者，問：小乘中豈無法身中常佛，何非了義耶。答：小乘戒、定等爲法身佛，以王宫、雙樹爲報身，以猨、猴、鹿、馬爲化身，故此三身皆無常。云云〔四三〕。

此經意言下，章主文也。

若經中者，指一切大乘經也。

章《解深密經》至名非了義。《鈔》曰：第三、引《深密》《瑜伽》。

唯爲發趣等者，爲趣二乘偏説四諦，安立諦有，是諸數執諍安立處。此即隱密爲説依他、圓成二性是有，恐增空見，而不爲説遍計所執性空，名不了義。

轉正法輪者，如前已明，佛正語、正思惟説四諦，令阿若憍陳如等生聖慧眼斷見道煩惱，故云輪〔四三〕正法輪。

雖是希奇等者，《周記》曰：意云：佛初説四諦輪，雖是希奇，亦是有上，然此以後所説法輪更勝於前。上謂勝也，故四諦輪是未了義。云云。

即顯大乘等下，章主文也，由《瑜伽》《深密》彰結聲聞乘教是非了義。現本作然字，非也，亦寫誤也。

章此中一往至名非了義。《鈔》曰：第四、解立門名結。

此中一往者，表此門非盡理。

依乘所明者，所明之言但云所詮，乘有能詮，而離能詮無所詮名故，合能、所詮，今名詮常、無常門。然今於義益辨此了、不了，義謂了、不、益能運載，故云乘所明也。乘所明者何。謂大乘教多分明常住不變，佛一切法性是真如，十二因緣無生無滅故，詮常是名爲了義。小乘教中與是相違，言如來無常變易等，即是不了義，然是即一往説。

非諸大乘等者，彰此門一往説，雖於此門大乘教是了義，於次第三門，有於大乘隱密不了義在，復於第四門有大乘言略不了義，故非諸大乘無不了義也。又於此門中聲聞乘教是不了義，雖然於初門見，則聲聞乘教是三法印，復於第四門亦聲聞乘教語廣是了義教，故今云非聲聞乘經都無了義。非言以一字令冠兩處也。

如次當引等者，初引《涅槃經》證大乘教説常住不變是了義，次引《深密》《瑜伽》證聲聞乘是有上未了義故，云如次等也。

章顯了隱密至非了義經。《鈔》曰：此下第三門。此中有五文，初、標牒，二、引《瑜伽》，三、引《深密》《瑜伽》，四、引《成唯識》，五、結成，今即初二也。

《瑜伽論》中等者，即前所引正四依中第三依文，如前已辨。

以佛所説不了義等者，釋隱密不了義之由。

依種種門等者，測云：依於一切異種種門，辨盡所有性、如所有性故，云依種種門辨本性義。云云。基法師云：本性義者，即諸法本體。言識有八種，是識之本性。小乘不了義不説故，辨於本性亦不能了也。云云。《周記》云：言本性義深難解故，以種種門辨之言隱密。云云。

即依此文等者，章主文也，彰大乘中亦有顯了了義、隱密不了義。

章《解深密經》至名非了義。《鈔》曰：第三、引《深密》《瑜伽》即證隱密不了義。意言：若諸經中依法性相顯了而説詮理究竟，名爲了義，若非顯了，隨宜方便密意趣説，不究竟故名不了義。故《深密經》第二卷中，佛自説云：善男子，如來但依如是三種無性性，由深密意，於所宣説不了義經，以隱密相説諸法要，謂一切法，皆無自性，無生無滅，本來寂靜，自性涅槃。云云。又《顯揚》六説：隱密者，謂當隨三種自性義解釋一切不了義經，由《無量義經》中一切如來隱密語言及一切菩薩隱密語言，皆隨三種自性，方可悟入彼義故。云云。

唯爲發趣等者，舉所被機，如《成唯識疏》云：如來設教隨機所宜，機有三品不同，教逐三時亦異。云云。三時教示隨機品別故，今舉機示，如下時利中辨。

依一切法等者，第二時中，爲初發趣大乘諸菩薩衆，破其有執説《大般若》示諸法空，即是隱密。

以隱密相轉正法輪者，世尊爲他大乘菩薩衆，住正語、正思惟等，説諸法皆空等，諸菩薩衆聞此所説生聖慧眼，是即正法輪義，如前既辨。

雖更希奇等者，明末了義由。意云：説諸法空轉正法輪，雖可廣對初時教更希有奇特，復此上有勝故，猶非了義。何者。《大般若》中説諸法空，爲説遍計所執自性本無，恐增有見，未爲説依他、圓成二性是有，名未了義。

即説一切等者，章主文也，舉教示相也。此隨機有此教示別，於佛邊遍一切一味之相，如《深密・勝義論品》。

章《成唯識論》至顯非了義。《鈔》曰：第四、引《成唯識》示密意不了義。

非性全無等者，《攝論》説：依他起性是遍計所緣，圓成實性依展轉説亦所遍計。七十六説：非由別觀三種自性立三無性，然由有情於依他起自性及圓成實自性上，增益遍計所執自性故，我立三種無自性性。乃至廣説。故依三性有體無體，總密意説三種無性，三種無性非無後二性，但無計所執，於性非全無，説一切法無自性，是即密意，故密意教是不了義，故云説密意言等也。

章故大乘經至名了義故。《鈔》曰：第五、結成顯了了義、隱密不了義。故言承上，大乘經言簡小乘教，説諸法相之言，境第七於聲，此四字亦冠次言若顯了上。

言非顯了、言若顯了者，此言字爲字眼，示能詮言教顯了所詮與不顯了之差別是了義、不了義別。

此據能詮等者，結釋成。

無異者，能詮與所詮無別異也。

章言略語廣至應知其相。《鈔》曰：此下第四門。此中有四，初、標牒，二、引《瑜伽》成，三、彰聲聞乘亦有了義，四、彰大乘中亦有不了，今即初二也。

謂契經等者，此門示大乘中亦有不了，小乘教中亦有了義。契經者，梵云修多羅，修多羅有總有別，總者即攝十二部盡，《涅槃經》第十五説從如是我聞乃至歡喜奉行，如是一切名修多羅即是也。別者唯攝長行，略説所應説義，與所餘分相不同故，名之爲別。云云。《對法論》第十一説謂以長行綴緝略説所應説義，名爲契經。此唯長行，名爲別相，偈頌便非別契經攝。云云。應頌者[四四]有二相，一、爲益後來，二、顯前未了義。《對法》等云：謂諸經中，或中或後，以頌重頌前長行義，名益後來。又云：不了義經應更頌釋，長行雖說，義未了故，名顯前未了義。《涅槃》唯說初之一義。記別者有三相，一、記弟子死生因果，二、分明記深密之義，三、記菩薩當成佛事。《對法》等云：謂於此處聖弟子等謝往還去，記別德失生處差別。此記弟子死生因果，又云不了義經說名記別，記別開示深密義故，即此第二記深密義故。如是契經、應頌、記別之全分，非爲不了義，契經中別，應頌中顯未了，記別中記深密之義，是名不了義。今此門名言略未了義，名語廣此即了義。十二分教中，除契經、應頌、記別之一分，其餘一分及九分教，名爲了義，語廣故。

世尊略說等者，示言略未了之由。

此中意說等者，章主文也，彰大乘顯了之教應名了義中，有此契經、應頌、記別故，大乘教亦有不了。

章由此即顯至名了義經。《鈔》曰：第三、示聲聞乘亦有了義。除契經等下，意云：聲聞乘中亦有除契經等略說，餘自說等語具廣教故，聲聞乘亦有了義經。

章大乘之中至名了、不了。《鈔》曰：第四、彰大乘中亦有不了義，結成此門。雖大乘顯了教，必有契經等言略故亦未了義。此依說義下，結成此門。

問：此第四門就言有廣、略名了、不了者，此是約能詮廣、略辨。若爾，應輪益中攝，何故此云義益耶。答：此但釋了、不了字，非釋義言。了、不了字就言有廣、略釋，依言了、不了之義，依主釋也。前二門了、不了即義，持業釋也。第三門通二釋，第四門但依主釋也，故云義益攝也。

章此中第一至當應配之。《鈔》曰：明大乘中第七結成立四門所爲。此中有三，此初正明所爲。

以此四門下，二彰大乘中無性相次定了、不了。由此四門，以[四五]諸經論所說一切了義、不了義言盡，目與心謀知了、不了，不可封執此是局了局不了故，云而於其中復應取捨。

勸諸弟子等下，三示佛説隨機了、不了别。

隨其所應等者，正四依中第三依，勸依了義，亦隨弟子所被機别。此了義亦應有差别，勸隨言勿封執，是即大乘一法中道之源底。

隨所講教等者，勸講説者勿失大乘心。

應配之者，謂目與心謀，此是言略不了，非隱密不了，故大乘不了，小乘了義，小乘不了，大乘了義，文句自在配釋，必勿守株焉，此即學大乘之要法已[四六]。

上來所明了、不了之四門，是三藏之相傳，非章主自意述。《開發》曰：且依相傳，總四義釋，别對諸教，如理應思。云云。又《大菩薩藏經》第二十八卷，以九復次説了、不了。其中初一復次，依能、所詮明了、不了，後八復次，約能詮教廣分别之。如彼經云：舍利子，諸菩薩等善能通達所有廣文，名不了義，如是廣文不應依趣，所有廣義是名了義，如是廣義則可依趣。《開發》解云：此初復次，一切佛經其能詮文皆名不了，但所詮義即名爲了。意謂能詮本爲表義，若不觀義，能詮何爲。生解之中所詮親勝故，所詮義總名爲了。若能説者對心所發表善諸法生他解者，即能詮勝，非所詮義，彼依親生行者解心故，説所詮名了義也。即依此義，《瑜伽》《顯揚》説能詮皆爲經體，至下當知。已上《開發》。又云：下八復次，唯約能詮明了、不了，勸諸弟子依了義經，隨其所應當善思説。云云。

今問：如上來所明《開發》所解，今章所明四門，爲不攝盡此《大菩薩藏經》説耶。若爾，何故此章文云以此四門了、不了義釋一切教了、不了言耶。答：此章中亦以能詮、所詮不可分離，雖約能詮應説了、不了，於能詮爲益邊辨輪益，先已釋已，故但於所詮義辨義益殊釋了、不了。又了、不了言雖應於能詮釋，加義言云了義、不了義，則必是在所詮，約斯邊此章但於義益具辨，《菩薩藏經》約能、所詮不可分離邊，唯約能詮釋了、不了之言。雖約能詮，離所無能，今云一[四七]釋一切教了、不了也，義意全無相違。

章　上來總是教益有殊。《鈔》曰：大文第八總結教益。

章　第二時利至後敍其非。《鈔》曰：自下第二門。此門中大分爲三，票[四八]牒分科，二、敍古說，三、述今文。古說中分四，初、分子科，二、敍古說，三、敍其非，四、結非，今即初也。二重科[四九]自可知。

時利者[五〇]，時謂機熟，說聽究竟時也，利謂利益，即教時之業用。時有三種。一者、世俗時，世人悉言時節，謂執別有此時、彼時、俱時、不俱時、遲時、速時，詮緣因而詮緣時。或言非時一切不成，時來則熟，時來則壞，故別有實體一切悉成。二者、道理時，小乘論云：問：劫性是何。答：謂唯五蘊，時無別體，依法而立也。五蘊諸法刹那生滅，前後相續事緒究竟，名云時也。三者、識變時[五一]，謂年、月、前、後，識心之上變作此時、彼時、俱時、不俱時、遲時、速時等相狀而起，其實俱是同一刹那心現相分，隨緣勢力變作年、月、前、後、此時、彼時等，名之爲時。如夢所見，謂有多生，覺後唯心，都無實境，唯意識所緣境，是不相應分位假立，非有實物論時也。今此所言時利之時，第六識變，此時有二，一者、能說者識變時，二者、能聽者識變時。初能說者識變時者，護法菩薩等說，謂宜聞者本願緣力，願聞佛說，如來識上文義相生，聽者識心既聞佛說，亦有如是似文義相，如是佛識上文義相生時，名能說者識變時。約佛邊，則寂默牟尼，大定智悲凝然而住，隨衆生本願緣擊發，大定智心上文義相自顯現。譬如大海水湛然，隨風等擊緣起大小浪，而不離大海水。如來文義相亦不離寂默牟尼故，如來說教，體一真如，平等利生，實無差異[五二]，然隨根性悟解不同，頓漸、有空等有差別，似三時等說教有異。經云：如來一音演說法，衆生隨類各得解。云云。二者能聽者識變時，謂宜聞衆生隨自因緣力，以佛識現文義相爲增上緣，自心上文義相現時，名能聽者識變時。如《成唯識疏》云：如來説教，隨機所宜，機有三品不同，教遂三時亦異。云云。故論教時約衆生機發，機發者隨緣力，隨三品機發緣，佛識上三品文義相現，此爲增上緣。衆生心上三品文義相現，此云三時教相。如上所言，三種時中，初二時非今所用，後一正今所論，而能説、能聽雖識變別，其相等同，教同一時，名之爲教時。如是教時無不利衆生故，今云時利。論此時利，有古今師説異，故云時利差別，此即諸教業用，故總云業也。

問：機有三品不同，教遂三時亦異，則佛説此一經或一語時，無量衆生，萬差機根，一時對向爲能聽者。若爾，於能説者一心上，如何有隨萬差機發緣萬差文義相現耶。答：是即如來寂默牟尼不思議智力，如至次下具辨。立世俗時如常，立道理時如《俱舍》《婆沙・世品》，立識變時如由《佛地論》《無垢贊》《法花贊》中具叙。

章叙古説者至無二三等。《鈔》曰：自下二叙古説。此中有七段，初、總標，二、立一時教，三、立頓漸二時教，四、別立二時教，五、立半滿二時，六、立五時教，七、結文，今即初二也。

菩提流支等者，後魏三藏[五三]，具如《續僧傳》一。

此名覺愛者，《二十疏》云：菩提鶻露支，此云覺愛，先云覺喜，即魏時菩提流支法師。云云。

唯立一時教者，他家云菩提留支立一音教，謂一切聖教唯是如來一圓音教。今章主《開發》中云：彼説聖教唯有一時，無有前後、世出世間、漸頓等異。云云。今詳此兩名異，唯有一時，無有前後，即一圓音教，至實意無有異。然他家不云一時教，彼等但論立教差別，十類之初安立留支，故名一音，不云一時。今此章主論時利差別之初，安立此説，故名一時，不云一音。

問：若爾，何故他家不云時利但云立教，今

章但云時利不云立教耶。答：他家爲立小、始、終等五教，辨餘家差別故，不强取云時。今家爲立三時教，辨餘家差別故，但取立時教，不拘餘立教判釋，故初標云時利差別。他家與今家其所歸別，近世不辨別是，浪一雷同，諍其勝劣，嗚呼，慎哉。

佛得自在等者，《開發》云：彼説聖教唯有一時，無有前後等異。所以者何。由佛本願，欲令衆生證大菩提及涅槃故，既成佛已，便得自在，於一切時，一音演教，都不起心説有前後、世出世間、漸頓等異。云云。

有説、不説者，《周記》曰：佛自在故，於一時中頓説三時，都不起心而分別言，我説此教，不説彼教。但爲感不同故，如唯有聲聞種姓者，唯聞聲聞之教，不聞緣覺、菩薩之教，非佛其時不説菩薩教也。譬如天樂、末尼，此等無分別，但自有情各自隨識而自感得。云云。今云：此釋尤好。

但衆生有感等者，《開發》中引天樂、末尼喻已云：佛無心有差別説，衆生機感有差別，如月影別，隨何時、處，聞各不同。謂水像現亦似面像逐鏡等生，影像雖復不同，月、面本無有異，異由水、鏡，非月、面殊，故佛言音異無差別。云云。

於一切時者，種種之時。又説一切法者，種種教法。意言：各各衆生有感歎言，如來今日爲我説法。各各衆生同時如是思故，云於種種時謂説種種法也。《如來姓品》云：一切衆生種種形類，二足、四足、多足、無足，佛以一音而爲説法，彼彼異類各自得解，各歎言，如來今日爲我説法。云云。

譬如天樂等者，舉喻而成，此譬本出《攝論》，《無性論》第八十九丁。曰：如末尼、天樂，無思成自事，種種佛事成，常離思亦爾。云云。無性釋曰：今此頌中引彼末尼、天樂兩喻，成立所得無分別智，雖無分別，不依功用成種種事。如如意珠及以天樂，雖無是念，我當放光，我當出聲，並無思故，然由生彼有情福業意樂勢力，不待擊發，放種種光，出種種聲。諸佛菩薩無分別智，當知亦爾，雖離分別，不作功用，而能隨彼所化有情福力意樂，現作種種利樂事故。云云。

問：留支一音，燈主所言如來説教體一真如，二師同以佛以一音演説法文爲據，意如何別耶。答：或異或同。留支云：雖對機佛言音別，捨機約佛邊言，則唯一音一時教，如雖現種種影，約月〔五四〕邊一日〔五五〕影。又燈主云：如來設教體一真如，於如來大牟尼凝寂，示機感相有別。二師意全同，爾章主破流支説，斥以一音義爲一時，一音在佛邊，時機感故在衆生，以如來一音義爲一時教，道理不成故，破不取也。

《華嚴經》云等下，引五箇證而成經。晉經第三《盧舍那佛品》。又彼經云：如來一音説，各隨其所應，滅諸煩惱病，令住薩婆若等。云云。此第一箇證文。

《維摩經》云等者，第二證文，舊《佛國品》、新經《序品》歎佛文也。彼經頌曰：佛以一音演説法，衆生隨類各得解，皆謂世尊同其語，斯則神力不共法。《無垢稱贊》曰：此歎詞無礙解爲利益也。佛一音者，謂一刹那聲，一方音聲，一本質聲，一法教聲，宣説法時，八部、四衆隨類各解，隨其方域詞韻不同，佛皆能同，彼謂各同故成不共。九地雖能得詞無礙，尚未圓滿，今顯圓故。佛以一音〔五六〕演説法，衆生各各隨所解，普得受行獲其利，斯則神力不共法。贊曰：此歎法無礙解。説法逗機，應根勝解，應界性不同故言。各各隨其所解，聽者聞法，隨其根性普得受行，隨獲彼果，故爲不共。一雨普潤，稟不同故。云云。佛以一音演説法，或有恐怖或歡喜，或生厭離或斷疑，斯則神力不共法。贊曰：此歎義無礙解。佛説法義，先行惡者聞法即怖，怖墮落故，先行善者聞法歡喜，善路生故，耽生死者聞法厭離，欣涅槃故，心不定者聞法斷疑，心正定故。三獸渡河，證淺深故。按章主引此經，初云佛以一音演説法，在三頌初句，今合取，文言同故，不煩別舉。次云衆生隨類各得解，舉初一頌第二句。次云或有恐怖等，舉第三頌二、三句，此即舉前後略中頌也。意彰今三頌共取爲證也，謂一音之一，此少分之一，釋云一刹那、一方言等故，而以次句所言普得受行等，照應一刹那等一音而見，則少分之一音具無邊利益海，及具詞、法、義無礙解故，此一即圓滿一也。此今家釋流支意也。

故無一教等者，以圓一義釋一之言。故者承上，一者少分之一也，教者教示，即語言，是具法詞義，定者決定。意謂，此師説意，於佛説些少一教一音，具出無邊德海，隨機感別，故無決定此言是頓是漸也。

又《無量義經》言等下，第三證也。此經一卷三品[五七]，此文《説法品》文。彼品云：善男子，自我得道初起説法，至于今日演説《大乘無量義經》，未曾不説苦、空、無常、無我，非真非假，非大非少，本來不增，今亦不減，一相無相，法相法性不來不去，而生等四相所遷。善男子，以是義故，諸佛無有二言，能以一音應衆聲。云云。此中一相者，一真法界遍一切一味相，於此理上無有男、女、生、住、異、滅、色、香、味、觸十種之相，故云無相。不生不滅、不來不去、無此無彼、無德無失者即無相，是亦一相。

但由衆生等者，經云：善男子，是故初説、中説、今説，文辭是一而義別異，義別異故，衆生解異，解異故，得法、得果、得道亦異。云云。今章取意引證，非全文也。

《法華》亦言等下，第四證文，經第三《藥草喻品》文也。四喻別中，第四不自覺知喻也。三乘學人依一佛教一雨所潤，如諸草木稟潤雖別，不自覺知，亦不依他，稟潤生長。一雨者喻教，一地者喻理也。經全文云：雖一地所生，一雨所潤，而諸草木生長各異。云云。

《優婆塞經》言下，第五證文。此經一部十卷二十八品，經第一卷《三種菩提品》文也。彼具文云：善男子，如恒河水，三獸俱度，兔、馬、香象，兔不至底浮水而度，馬或至底或不至底，象則盡底[五八]。恒河水者即是十二因緣河也，聲聞度時猶如兔，緣覺度時猶如馬，如來度時猶如香象，是故如來得名爲佛。聲聞、緣覺雖斷煩惱，不斷習氣，如來能拔一切煩惱、習氣根源，故名爲佛。云云。

故知諸教等者，結成一時教。故知者承上，諸教者，約所化邊，隨諸機感種種言教，其諸言教一刹那、一方言，悉具無邊利益海故。但總圓一時，無二三等，如《開發》言：由是如來所有聖教，但總一時，無别一教定頓、定漸、世、出世異，亦無前後時分差別。約機悟解，雖復不同，廢機如論故無有異。又别敍覺愛意云：若隨機感，教非無三，我立一時，但約如來隨本願力常説頓圓頓。教，然由衆生自根欲力悟解不同，設一會中，唯被大機，或唯被小，皆由聞者根欲有異，廢機以辨，教仍一時，故所成立實無乖返。

然古來釋此流支一音有兩家別，一者、西明五義，二者、燈家七義。初西明五義者，秋篠記曰：西明解云：今依大乘，同《婆沙》七十九所説初師説。七十九説：問：佛以聖説四聖諦，能令所化皆得解，設爾何失。若能解者，毘奈耶説如何會釋。毘奈耶説：世尊有時爲四天王先以聖語説四聖諦，四天王中，二能領解，二不領解。世尊憐愍饒益彼故，以南印度邊國俗語説四聖諦，謂醫泥迷泥蹋部達䟦部，二天王中，一能領解，一不領解。世尊憐愍饒益彼故，復以一種蔑戾車語説四諦，謂摩奢覩奢僧攝摩薩修怛羅毘剌遲，時四天王皆得領解。若不能加他所説，當云何通。如有頌言：佛以一音演説法，衆生隨類各得解，謂世尊同其語，獨爲我説種種義。一音者謂梵音，乃至廣説。答有二説。一有作是説，佛以聖語説四聖諦，皆能領解，而四天王意示有異，爲滿彼意故佛異説，乃至廣説。復次，世尊欲顯於諸言音皆能善解，故作是説，謂有生疑，佛唯能作聖語説法，於餘言音未必自在，爲決彼疑，佛以種種言説法。復次，有所化者依佛不變形言而得受化，有所化者佛變形言而得受化，乃至廣説，是故世尊説三種語。聖語、蔑戾車語、邊國俗語三。二云。第二説非今所用，文長故略。西明云：一梵音故説一音，故《無量義經》云：稽首歸依梵音聲。云云。然其一義總有兩種，一、大小二藏同一音説，二、三時所説皆同一音，故《無量義經》云：三時所説，文一義異。言文一音説而義異者，觀義勝劣有差別故。若依《維摩》，且約三義以辨一音。一者、隨類同其語，如支那國等語及六趣語等。二者、約取解以辨一音，如多貪者聞不淨觀等。三者、約恐怖歡喜等以辨。云云。秋篠評曰：今燈家旨，略依五義總名一音，如文可解。燈文云：不以小乘爲定量故。以是准知，菩提流支一音義不依小乘。前五義中，隨詮一如名曰一音，非是頓義説爲一音，若取頓義即同小乘。云云。同《婆沙》第二説云：佛語輕利，速疾迴轉，雖作種種語而謂一時。

二者燈家七義，秋篠曰：今燈家旨，即隨七義皆名一音。云云。

問：七義者如何。答：七義之中，初五義取西明五義，其餘二義者，《燈》一本。曰：言一音者，爲一梵音，爲一刹那，爲名等各別，爲一名中此現多名等。今謂，一一聲、一一刹那聲、一一名等，各能現多，或一聲現多名，或多聲現一名，或一名現多名，或多聲現一名，或一名現多名，或多名現一名。句、義准知，隨義皆得名爲一音。又既如如意隨求兩寶，隨生惑各各現聲。已上秋篠《增明記》取意甚辨。今按：章主、燈家意全無相違。一音者，一刹那音、一方音等，然隨衆生機緣多類，此一刹那音中，同時現無邊利益海，以是約佛邊，則可云圓一音或頓具音或一時音。如一音等已，但隨器機之別得各解別，雖然，音但一刹那音，如月、面、影像喻，自可解已。

章又古來大德至名爲漸也。《鈔》曰：此文古説之中，第三敍古德立二時教。凡立二時有三家，一者、此方古來大德，二者、大唐菩提流支，三者、北涼曇無讖，次下各明。《開發》曰：且依此方古德[五九]共説。云云。

立有頓漸二教[六〇]等者，由《開發》云：有立二時，於中有異。一、此方古德説，二、流支説，三、曇無讖之説。且依此方古德共説，佛教有二，一、頓，二、漸。云云。今章文言存略，初標時利故，今亦准

《開發》，可置有立二時於中復異之言。

爲諸菩薩等者，此是頓悟者，大根大莖者。《法華·藥草喻品》説草木叢林及諸藥草，小根小莖，小枝小葉，大根大莖，大枝大葉。云云。草者，百草總名。卉即三草，喻三乘也。木者，二木，喻二聖。叢者，卉及木皆有叢林，意彰草木各有衆多。此雖衆多，就中世、出世善法種子，喻於藥草。二木者，大木、小木。此有二：一云：七地以前名爲小木，八地已上名爲大木。二云：初地已前名小木，初地已上名大木。即不退義名大，大木是大根大莖，教、理、行、果喻爲根、莖、枝、葉，依教〔六一〕依理起行，依行得果，如根、莖等生次第故。今明爲地上菩薩依教證理，説《花嚴》《楞伽》等，云爲諸菩薩大根大莖等也。

説《花嚴》《楞伽》等者，《花嚴經》，世尊成道已，爲頓大機菩薩説。《楞伽經》者，《能顯中邊慧日論》三云：《入楞伽經》者，准三藏菩提流支云：又依結集，初年説《大集寶幢陀羅尼》及《楞伽海龍王經》等，九年説《鴦掘摩羅》，十年説《如來藏》。又云：《華嚴》《涅槃》《般舟》《鴦掘摩》《如來藏》等，皆自説年月，准此，《楞伽》非四十年後。雖下指云我於《楞伽》《涅槃》《大雲》等經已令斷肉，《楞伽》未必在《涅槃經》後。云云。由是《楞伽》在《涅槃》前説，明被大機菩薩，如常可知。《大雲》者，號《大方等大雲經》，一部四卷，北涼曇無讖三藏譯也。《法鼓》者，號《大法鼓經》，一部二卷，劉宋求那跋陀羅三藏譯，此經説如來涅槃常住不滅。《勝鬘》者，號《勝鬘師子吼一乘大方便方廣經》，一卷，求那跋陀羅譯，此經説三乘即是一乘。

如從佛樹已下明漸教。漸次説法下，應有施等二字，恐脱落歟。異本有施等二字。

三乘有教者，恐三乘二〔六二〕寫誤，應作人天，《阿含經》下，恐脱三乘有教四字，由異本及是即《提謂經》等也。《開發》意也。

《維摩》《思益》等者，《維摩經》如常可知，《思益》者，《思益梵天所問經》，四卷，梁菩提流支譯。《大品》者，《大品般若經》三十卷，羅什譯。

《維摩》説如水月，如鏡像，如熱炎，如呼響，如空雲，如水沫，如水泡，如芭蕉，如電住，菩薩觀衆生亦若是。云云。《思益經》説一切皆空，《大品》亦爾，故云空教，即是三乘同行之空教也。

皆是漸教者，《開發》曰：從淺至深，漸次説法。初説人天善法，謂三歸、五戒等。次説三乘人空之教，謂《阿含》等。次説大乘法空之教，謂《般若》等。次説一切無二教，《法華經》等，乃至雙林爲除四倒説佛法身常樂我淨、佛性常等。初説人天施等善法令離惡趣，次爲二乘説無我等令出生死，後《般若》等令求大果。然於其中，由先執有，初爲説空，所執自除，説無二果。又先未迴知無我，即説常樂，恐彼生疑，故《涅槃》時方爲演説。此等諸教從淺至深，大由小起，故名爲漸。云云。

章又菩提流至名之爲頓。《鈔》曰：第四、敍亦立漸、頓二時教。

菩提流支者，由《周記》意，大唐菩提流支也。彼記曰：今時此師説頓者，與前説一時教同。云云。既云今時，明知大唐菩提流支。又秋篠記曰：但立二時。菩提流支説頓義云頓者，如來能一時頓説一切法，名之爲頓。今燈家意即似彼師所説頓義，非是後魏流支一時教義。云云。明知此菩提流支非後魏菩提流支也。

《楞伽經》説者，十卷經第二《果（六三）一切佛法品》。云：大惠，譬如明鏡無分別心，一時俱現一切色像，如來世尊亦復如是，無有分別，淨諸衆生，自心現流，一時清淨，非漸次。云云。又四卷經第一十九丁左云。莫問聲聞等者，《開發》曰：三乘人皆漸次學。云云。今舉菩薩、聲聞，略緣覺。

皆漸次修行者，《周記》曰：問：此説漸者，與次前漸此方古德所立。如何別耶。答：亦有別。前據説法五時教中有其次第，名之爲漸，此約修行，各自乘中從初修行乃至於果，名爲淺深，名爲漸。云云。《開發》亦云：三乘之人皆漸次學，從淺至深方得究竟故，所學教總名爲漸。云云。

頓者如來等者，《開發》曰：如來自在，一時頓說一切法盡，名之爲頓。此即約學就行並名爲漸，依說自在悉名爲頓，無別一教定漸定頓。云云。《周記》曰：今時此師說頓者，與自前說一時教同，如來於一時中說一切法，頓能得被三種根機故，言一時頓說一切法。云云。

章又有二教至而說滿字。《鈔》曰：此下第五敍亦立半滿二時教。由《開發》，初云有立二時，於中有異，作總牒已，其下分古德頓漸，或流支漸頓，及此半、滿，故皆是立二時教家也。

又有二教等者，此時北涼天竺三藏曇無讖，依《涅槃經·如來性品》立半、滿二教也。今所引，由南經引北本經《如來性品》云：又半字義者，皆是煩惱言說之本，故名半字。滿字者，乃是一切善法言說之根本也。譬如世間爲惡之人爲半字[六四]，修善之人名爲滿字。云云。又云：善男子，是故汝今應離半字，善解滿字。云云。又經五二。《如來性品》曰：善男子，譬如長者唯有一子，以愛念故，晝夜慇懃教其半字，而不教誨《毘伽羅論》。何以故。以其幼稚，力未堪故。善男子，假使長者教半字已，是兒即時能得了知《毘伽羅論》不。不也。善男子，彼大長者謂如來也，所言一子者謂一切衆生，如來視於一切衆生，猶如一子。一子者謂聲聞弟子，半字者謂九部經，《毘伽羅論》者所謂方等大乘經典也。乃至廣說。又《法華玄論》五七丁。云：又菩提留支，此云道希，其親翻《十地論》，但明半、滿。留支是地論之宗，即知半、滿有[六五]本而依。云云。由是，曇無讖之後，唱半、滿，留支也。

章又《勝鬘經》至名爲滿教。《鈔》曰：此引經論成半、滿教。

有作無作者，斯經《述記》基法師說，門人義令述。下曰：《瑜伽》據法體實性證而知者，說非安唯一，安立有四，《唯識論》第九據別法相形有勝有劣故成各四，此經據聖人說法，有無各四。作是生義，起滅之用，安立通事理二門，有作唯在其事也。云云。經云有作無作，論云安立非安立，有作亦説有量，無作云無量，量謂限量，二乘劣智且知有量，法無邊際名爲無量。已上《鬘述記》意。《玄贊》七曰：有作四聖諦(六六)者，分段生死十二因緣名苦，煩惱及業名集，擇滅名滅，生空智品名道。今云：此即聲聞乘四諦也。無作四聖諦者，變易生死五蘊名苦，所知障名集，涅槃名滅，法空智品名道。今云：是菩薩乘四諦也。

問：何故名聖耶。答：諦者實義，唯聖知實，故名四聖諦。又《述記》曰：有作名聖諦，即二乘人但成就無量少分功德，名之爲聖，不名大聖，以未得無量全分功德。故明聖義，非二乘義，要無作諦始名聖諦，始覺知已，復能無倒爲彼世間無明鼓藏愚痴衆生開觀演説，故名聖諦。云云。已上《述記》取意。由此等義應解，以有生滅四諦，二乘所知，少分名聖，爲有作四聖諦。以無生滅四諦，佛菩薩所知，全分是聖，名無作四聖諦。

聲聞知有等者，彼經曰：如是八聖諦，如來説四聖諦，如是四無作聖諦義，唯如來應正等覺事究竟，非阿羅漢、辟支佛事究竟。云云。《述記》曰：二乘以欲界爲下智，色界智名中，無色名上，既起三界斷智，唯能證有作四聖諦，不能得無作四聖諦，故知非究竟。唯如來應正等覺，不但知現在，亦知未來苦三障等，總斷、修、證、盡四諦，以此所以，如來事究竟。已上《述記》取意。

《瑜伽》等説等者，《瑜伽》六十四四左。説安立真實、非安立真實，初四聖諦，次諸法真如。云云。

問：《瑜伽》所説安立、非安立四諦及一真法界，《勝鬘》有作、無作俱是四諦，無作與非安立體義既殊，爾下《唯識章》云安、非安即《勝鬘》有作、無作，亦《心經幽讚》云《勝鬘經》説安立四聖諦、非安立四聖諦，今亦此文有作、無作、安、非安立，同爲半、滿二教耶。答：古來有二義。一者、古德義云：章主意，舊有作、無作，新安、非安立，此名詞義同，非云其體同。

子島六卷《私記》載之。二者、子島義云：《勝鬘》無作四諦名非安立有二義。一、微隱難知，非粗淺境，名非安立。此是《幽讚》初義也。二、或觀察二空真如，不作別觀，名非安立。亦是《幽贊》後義也。子島判此二義云：初義與《瑜伽》異，後義與《瑜加》非安立是同也。云云。今云：古來二釋中，古德釋子島不取，實粗謬也。子島釋由《幽讚》故，雖無加焉，會釋未彰實意，幼學但眩繁文而已。今更加一解，謂《勝鬘》無作，由《述記》意，無生滅義，無量無邊際義，故無作四諦者無生滅、無邊際故，雖云四諦，非四諦，非非四諦，即廢詮一實如、一真法界，故《瑜伽》説非安立一真法界，即《勝鬘》無作四諦，故《幽讚》云安立四諦、非安立四諦也。

問：何故不云無作真如，而云無作四諦耶。

答：如《章》云：俗自不俗，待真有俗，真自不真，待俗有真，故無四諦，待何立無作名。四諦宛然即無作故，欲彰離俗無真，名云無作四諦。四諦即有生滅也，其四諦全與無作四諦無別意，故觀四諦理，有作、無作，法體是一，故不云無作真如，云無作四諦，亦義意全無違。有作即四諦，准是可解。

唯説安立等者，結歸半、滿。《幽讚》曰：粗顯施設，淺智所知，名安立諦，微隱難知，非粗淺境，名非安立。云云。以是檢讀《如來性品》曰：以諸聲聞無有慧力，是故如來爲説半字九部經典，不説大乘。若諸聲聞有堪任力，能受大乘。云云。此中無有慧力者，即淺智二乘，有堪任力者，堪任微隱難知境界也。如是併尋可解。

章又有二教至以明半、滿。《鈔》曰：此亦以二空、二諦成半、滿教。

《二十唯識》等者，此是頌文。長行釋曰：依此所説十二處教受化益。者，能入悟入。數取趣無我。疏釋曰：補特伽羅名數取趣，以能數數取諸趣故，有其果位，有情趣果現。亦立因數取趣。名，由無實我故。數取趣，知十二處六根、六境。無實我但有五蘊。蘊，積集義，除常、一。故，受化者入有情無我。又疏曰：二乘根機者，名爲應受有情無我教，由知唯有根、六。境，六。無實我故，二乘根者便入有情無我正理，除計我人。執得二乘果，是密意説十二處教之勝利也。云云。

復由餘教等者，此亦頌文。長行釋曰：復依此十二處教。餘説唯識教，受化者能入所執法一切諸法。無我，謂入法無我者謂。若了知唯識現變現。似色等法起，此中都無色等相法，應受諸法無我教者，非凡愚，大乘姓。便能悟入諸法無我。疏曰：有情無我密意教餘故云餘，菩薩根機名爲應受法無我教，由知諸法唯有識故，菩薩根者便能悟入諸法無我，除計法執得成佛果，是諸法空唯有識教之勝利也。云云。由此釋文應知，能入數取趣無我教，今所言生空教。二乘根機應受故，半教也。又餘入法無我教，今所言法空教。菩薩根性應受故，滿字教也。

又有二教等者，舉二諦明半、滿，現本此文亂脱，餘教入三字下，應置此三句。

一勝義諦等者，説真、俗二諦。善珠曰：《涅槃經》十五。説七番二諦，初一番依人明二諦，後六番依法明二諦，今隨其所應名勝義、世俗，具如《二諦章》中。《勝鬘經》中唯説真實一諦，《仁王般若》總説二諦，《涅槃經》南本十三《梵行品》。中，二諦各有真、俗二諦，同南經十七。《梵行品》，説佛爲真諦説於世諦。《顯揚論》五二下亦説。又二十一《高貴德王品》説以世諦入第一義諦，又三十三《獅子吼品》説爲衆生真諦説爲世諦、爲[六七]真諦，又諸佛説法正依二諦，《顯揚》第五卷亦具説，同第十九説真諦名諦之義。義勝者，殊勝智境，故名勝義。世謂代也，俗謂風俗也，可破壞義、遷流義也，具如《二諦章》[六八]。

此以二空等者，現本錯亂，此以等十字應置二世俗諦下，而二障二字應作二諦，此即結歸半、滿。

問：何故以二諦爲半、滿耶。答：《涅槃經》三十五《迦葉品》説：善男子，我往一時在耆闍崛山，與彌勒菩薩共論世諦，舍利弗等五百聲聞於是事中都不識知，何況出世第一義諦。云云。第一勝義諦非聲聞智所及故，是滿字教。又經一三《聖行品》説：出世人之所知者名第一義諦，世人知者名爲世諦。云云。由是世俗諦即半字教。

章晉時有隱士至立五時教。《鈔》曰：此下第六敍劉虬五時教。此中有八文，初、標牒，二、簡濫，三、敍第一時，四、敍第二時，五、敍第三時，六、敍第四時，七、敍第五時，八、示不可取，此即初也。

晉時者，《傳燈録》永超。云：齊南郡隱士劉虬，作《註法華經》七卷。云云。或云：盧山隱士劉虬。云云。

立五時教者〔六九〕，此云七階五時教，劉虬所造《註無量義經序》曰：根異教殊，其階成七。先爲波利等説五戒，所謂人天善根一。也。次爲拘隣等轉四諦，所謂聲聞乘二。也。次爲中根演説十二因緣，所謂緣覺乘三。也。次爲上根舉六波羅蜜，所謂授八大乘四。也。八大乘者，《般若》《般舟三昧》《鴦掘摩羅》《如來藏》《維摩》《思益》《楞伽》《普曜》等經也。衆經宜融，羣類須通。次《觀無量義經》，既講得道差別，後云未顯真實，便易成實之機用，開一極之由序五。也。次《法華經》，唱顯一除三權，順彼求實之稱，去此施權之名六。也。雖權開而實現，猶掩常住之正體，在雙林臨寂滅，乃暢我、淨之玄旨七。也。遵此以往，法門雖多，撮其大歸，數等盡於此，亦由衆聲不出八音也。云云。此中雖有七階，第五攝第六，第三攝第二，名爲五時，是劉虬居士所立之源由也。

章或有説云至真諦等作。《鈔》曰：二、簡濫。

真諦三藏等者，此有説大妄説也。《開發》曰：有立四時，如真諦三藏。一、四諦法輪，謂《阿含》等。二、無相大乘，謂《般若》等。三、法相大乘，如《楞伽》等，廣明五法、三種自性、八識、二無我諸法相故。四、觀行大乘，如《華嚴》等，廣明四十二賢聖觀故。有立五時，如波頗三藏[七〇]。一、四諦，二、無相，三、觀行，此三如真諦三藏。四、安樂大乘，如《涅槃》等，詮大涅槃，最安樂故。五、守護，如《大悲》《大集》《仁王經》等，諸天、龍神、國王、大臣，受佛付屬護正法故。云云。由是明知，真諦三藏不立五時。

作文疏破之者，破五時教如次下引。

居梁在魏者，流支居前，真諦在後，故此五時教非真諦作，真諦後流支大凡六十年也。

章第一時者至善根器故。《鈔》曰：三、敍第一時。

即《提謂》等五戒等者，《周記》曰：此《本行經》非是《佛本行經》也，此經但說持五戒之行得人天果，《本行經》也。云云。今云：《周記》釋妙，然《提謂經》即《說五戒本行經》，故今云《五戒本行》，即指《提謂經》所說要也，非別有《五戒本行經》也。或云：指《三歸五戒慈心厭離功德經》。云云。今云：前義爲正，《開發》但云《提謂經》是故。又現本有寫脫，按《了義燈》云爲提謂等說《五戒本行經》時，由是則《提謂經》即《五戒本行經》也。現本有寫誤脫落，一本作《爲提謂等說五戒本行經》是，與《了義燈》同。

章第二時者至小乘經是。《鈔》曰：四、敍第二時，如文可解。

章第三時者至《大品》等經是。《鈔》曰：五、敍第三時。

三十年中等者，《周記》曰：說彼三乘同行空教者，此有二釋。一云：人天中定有三乘根性，此人聞此空教，而與能行之，名曰三乘同行空教。二云：教雖是空教，亦可通被三乘，以彼根性各各別故。若爾，而與《深密》相違。《深密經》第二六右。言：初時有教惟爲發趣聲聞乘者，第二時空教惟爲發趣修大乘者，第三時教普爲發趣一切乘者。若言空教三乘同行，則應第二空教名爲普發趣一切乘者。此意難解，故言同行空教者，恐是劉虬自憶[七一]說，都無典據說歟。云云。今云：由

《開發》作唯説三乘空行之教，於第二時文既云説三乘有行之教，由是則此章現本寫誤乎。然三乘有行共空行亦應同行，若不爾，則爲何云三乘耶。今案劉虬意，第二時云三乘有行者，取小乘菩薩云三乘也，雖云三乘有行，猶云小乘有行之教也。次於第三時云三乘空行者，取不愚法二乘，今云三乘也。約回心機，雖云三乘空行，猶云大乘空行之教也。此居士執著三乘劣一乘勝，立此五時故，以《深密》三時不可難是，《深密》普爲機被顯了説之機，故於空教處不可相例，但被不愚法故，全非普爲。《周記》難答恐不合居士意也。

章第四時者常住佛性故。《鈔》曰：第六、敍第四時。

尚説無常佛等者，此居士意，《法華經》未説常、樂、我、淨故，云説無常佛也。

顯一乘佛果等者，説開、示、悟、入四佛知見及佛智慧，難解難入也。

以前者，《法華》以前也。

此中等者，明於此時後立第五時。

章第五時者《悲經》等是。《鈔》曰：第七、明第五時。

《大悲經》等者，一部五卷，高齊天竺三藏那連提黎耶舍共法智譯出。

章此雖可爾，未可依信。《鈔》曰：第八、示此五時教不可取用。

既無經論誠文者，略破上來古説已也皆是臆談，如次下破。

問：《開發》中舉真諦四時、波頗五時，何故今章不舉是耶。答：今此既無經論誠文之一言總略破已，故不舉是。

章前來總是敍古説也。《鈔》曰：敍古説中，第七總結。如《開發》唯名唯識料簡，不云總料簡，今此章料簡，總料簡一切教故，但舉一二古説，總及一切。設立四時，或立五時，或立一時、二時，悉無誠文，臆談浪説，故不可依信。此餘，有人立時教判，無誠文，悉不取，今但示其例，故今云總是也。

大乘法苑義林章獅子吼卷一尾

安永第五丙申歲，於皇都京極善長寺，有講《義林章》之企，爲其講資。自前年於南都興福寺菩提院方妙光院，以愚見解説之次，不憚拙智，草草任義解發，書記之了。

回向四恩法界海，回向無上大菩提。法相大乘沙門釋基。大同房，生五十九歲。

同第十丑歲，於東武淺草安部川町延命院講此《義林章》，自前年加校正了。釋基花判

天明第七未歲三月下旬，於皇都京極善長寺復有此講演之砌，自前午十月，於南都興福院妙光院，重校正之了。基辨。六十九歲。

講筵發起衆，東都緣山衆二十人，京都禪林寺衆十二人，東西兩派衆十人，東福寺衆兩三人。

校勘記

〔一〕「名」，底本原校云甲本作「爲」。

〔二〕「軌」，底本原校云甲本無。

〔三〕底本原校云：「原本冠註曰：《顯揚論》十六説般涅槃法、不般涅槃法性無二故，是亦無高下，平等義也。」

〔四〕「四」，底本原校云甲本前有「有」字。

〔五〕底本原校云：「原本冠註曰：此云言，此言如何義周圓句耶。答：俗典所云，閔子騫曰：仍舊貫如何，何必改作。子曰：夫人不言，言必有中。言字，義圓句。復内典誰白佛言之言字，亦義周圓句也。」

〔六〕「情」，底本原校云甲本後有「故」字。

〔七〕「名」，底本原校云甲本作「居」。

〔八〕「法輪章中」，底本原校云甲本無。

〔九〕「輪」，底本原校云甲本作「轉」。

〔一〇〕「至」，疑爲「云」。

〔一一〕「固」，底本原校云甲本作「同」。

〔一二〕「大」，疑衍。

〔一三〕「名」，底本原校云甲本作「若」。

〔一四〕「田」，疑爲「由」。

〔一五〕「降」，底本原校云甲本作「障」。

〔一六〕「玉」，疑爲「王」。

〔一七〕「能」，底本原校云甲本前有「乃」字。

〔一八〕「彼」，底本原校云甲本作「俱」。

〔一九〕「捺」，底本原校云甲本作「奈」。

〔二〇〕底本原校云：「甲本冠註曰：三乘法輪，《法輪章》云：《大般若》曰：世尊初於波羅奈國轉四諦法輪時，無量衆生發聲聞心證聲聞果，無量衆生發獨覺心，無量衆生發起無上正等覺心，證初地、二地、三地乃至一生當得菩提。云云。問：第二七日已説十地，何不名法輪耶。答：謂彼非三乘同所修故，不與初轉法輪名。鹿野初轉，乘通行法輪故，鹿野名初轉。已上《法輪章》。」

〔二一〕「輪」，疑爲「論」。

〔二二〕底本原校云：「原本冠註曰：問：以何知分總別。云云。答：《法花贊》四云：或忍智一一皆具四行相，對治無知名智，對治無明名明，對治邪覺名覺，照境分明者名眼。云云。由是可知，若照境不分明，則不能對治無知等故。於智、明、覺一一之上，有照境分明之用名眼，故是總也。」

〔二三〕「印」，疑爲「示」。

〔二四〕「廣」，底本原校云甲本作「應」，下「廣」同。

〔二五〕「有」，底本原校云甲本無。

〔二六〕「故」，底本原校云甲本後有「此無垢稱經之文含一切轉法輪故」十四字。

〔二七〕底本原校云：「原本冠註曰：《對法》第十及《十地論》第一等説正思惟是語言因，故知尋通無漏。尋既爾，伺亦然。」

〔二八〕「不」，疑爲「下」。

〔二九〕「或」，底本原校云甲本作「成」。

〔三〇〕「即」，底本原校云甲本前有「是」字。

〔三一〕底本原校云：「甲本冠註曰：《涅槃經》後文，總説言：聲聞乘法何不可依。何以故。如來爲欲度衆生故，以方便力説聲聞乘，猶如長者教子半字。云云。」

〔三一〕底本原校云：「原本冠註曰：嘉祥《大乘玄》五云：四依有二。一、法四依者，如《涅槃經》說。二、人四依者，依小乘，五方便爲第一依，初、二果爲第二依，第三果爲第三依，第四果爲第四依。若依大乘，地前四十心具煩惱名第一依，自初地至第六地爲第二依，七、八、九地爲第三依，第十地爲第四依。云云。今云：此說尤可愛樂。《瑜伽論》中亦云：菩薩修四依故，能修人四依。所修法四依，自可知。」

〔三二〕底本原校云：「原本冠註曰：《伽》云：又諸菩薩於真證智見爲真實，非於聞思，但識法義，非真證智。云云。」

〔三四〕「一」，疑爲「二」。

〔三五〕「滅」，底本原校云甲本作「成」。

〔三六〕「然」，底本原校云甲本作「爾」。

〔三七〕底本原校云：「原本冠註曰：今云：此且舉小乘說三法印印定教法，與外道教對揚辨了不了故。若但約内道辨，則大乘實相印是了義，此三法印不了義。《法花玄讚》曰：經爲說實相印者，謂即二空大乘之理，以此理印印大教故，大教決定勝實非權，如小乘中說三法印印定教法。云云。由是應知，非說二空所顯真理真淨法界教法，則非大乘教法。」

〔三八〕底本原校云：「原本冠註曰：四鄔陀南之四句，《海龍王法印經》之所說也，義淨所譯也，然章主由《瑜伽論》舉之也。」

〔三九〕底本原校云：「原本冠註曰：《伽鈔》云：世尊常誦說之，故云說。又云：即以略偈而攝長行，故名攝散。」

〔四〇〕底本原校云：「原本冠註曰：南本經文也。北經十八《梵行品》云：諸外道等雖復說言有我、樂、淨，而實不解我、樂、淨義，直以佛法一字二字、一句二句，說言我典有如是義。云云。」

〔四一〕底本原校云：「原本冠註曰：故唯佛教之故，言承上《瑜伽》所歸依次，故諸外道之故，言承上《涅槃》外言妄。」

〔四二〕底本原校云：「原本冠註曰：今云：《周記》所答，薩波多等所立，以王宫、雙樹爲報身故。如《宗輪疏》問：大衆部所立如何。答：《宗輪疏》云：此部意説，佛經多劫修得報身圓極法藴界，無有邊際，所見丈六非實佛身，隨機化故。云云。問：佛經多劫者何。答：三大阿僧祇。問：如何爲三大阿僧祇劫耶。答：大衆部等立，初劫異生，二劫已上聖者當聲聞煖法，第三劫當聲聞頂法，此爲受記位，百劫爲忍位。自煖位不起于座，至菩提三十四心斷結成道，此時修得圓極法藴，得無邊際色身。云云。」

〔四三〕「輪」，疑爲「轉」。

〔四四〕底本原校云：「原本冠註曰：今云應頌者，非云頌文，云應更頌釋長行，長行雖説，義未了故。云云。」

〔四五〕「以」，底本原校云甲本作「攝」。

〔四六〕「已」，底本原校云甲本後有「明相傳」三字。

〔四七〕「一」，底本原校云甲本無。

〔四八〕「票」，底本原校云甲本作「初標」。

〔四九〕「科」，底本原校云甲本後有「目」字。

〔五〇〕底本原校云：「原本冠註曰：秋篠云：機熟前後，故教時異，當時蒙利，故云時利。」

〔五一〕底本原校云：「原本冠註曰：識變時，此有二，初、任運變時，謂異熟識變時，於須彌四洲，東洲日中，南洲日出，南洲日中，西洲日出等。而人趣長時，天短時，人短時，蜉蝣長時，於是苦時，彼樂時。如是同一處異熟識任運變現，皆是由業增上緣力而現。二、分別變時，謂第六識變，如盧生邯鄲夢中長，覺已短。」

〔五二〕底本原校云：「原本冠註曰：《顯揚》十六説：諸佛大智不可思議故，不住有無二邊，能作一切衆生利樂事故。又無有二，謂般涅槃、不般涅槃，性無二故。云云。又《義燈》云：如來設教，體一真如。云云。」

〔五三〕底本原校云：「原本冠註曰：後魏者，簡大唐菩提流支，或云元魏北天竺三藏菩提流支，又云梁北天竺三藏，皆同也。《歷代三寶記》云：梁中大通三年來譯《開元釋教録》，元魏永安三年即此後魏代，故云後魏也。簡三國曹魏，云後魏。孝文帝改姓元故，亦云元魏也，亦云北朝也。」

〔五四〕「月」，底本原校云甲本作「身」。

〔五五〕「日」，底本原校云甲本作「月」。

〔五六〕底本原校云：「原本冠註曰：佛以一音，《涅槃經》十《如來性品》云：一切衆生種種形類，二足、四足、多足、無足，佛以一音而爲說法，彼彼異類各自得解，各各歎言如來今日爲我說法。云云。又云：如來所說如獅子吼，隨順世間種種音聲而爲衆生演說妙法。云云。又《花嚴》六十亦說，八部人、非人、梵天、四大王隨類音聲解，此即隨六道類解。」

〔五七〕底本原校云：「原本冠註曰：三品者，《德行品》《說法品》《十功德品》。」

〔五八〕底本原校云：「原本冠註曰：《周記》曰：問：二乘證理即齊，如何淺深成別。答：獨覺伏定障，顯理明淨故云深。云云。」

〔五九〕底本原校云：「原本冠註曰：此方古德，或云真諦三藏。云云。今云：不可也。真諦三藏立四時人也，如次下辨。」

〔六〇〕底本原校云：「原本冠註曰：嘉祥《大品經遊意》云：慧觀在宋道場寺依《涅槃經》第十四五味相生次第立五時云，略判佛教爲二科，一者、頓教，二者、漸教。頓教者，即《花嚴》之流。開漸教爲五時，一、三乘別行，二、三乘通教，《般若》等，三、抑揚教，即《淨名》《思益》等，四、同歸教，即《法華經》，五、常住教，《涅槃經》等，具如《三論玄》《法華玄》二三。○又傳云：古師立頓漸有異義。一者、淨影等，《花嚴》名頓，最初頓大教，自小轉入大乘稱名漸，不從小入大不名頓漸。此所立頓漸，不攝盡一切也。○二者、慧觀所立頓漸攝一切盡。云云。基辨云：今云古德指慧觀。次下定說五時爲漸教故。」

〔六一〕「教」，底本原校云甲本後有「證理」二字。

〔六二〕「二」，底本原校云甲本後有「字」字。

〔六三〕「果」，疑爲「集」。

〔六四〕「字」，底本原校云甲本作「人」，下一「字」字同。

〔六五〕「有」，底本原校云甲本前有「無」字。

〔六六〕「論」，底本原校云甲本作「諦」。

〔六七〕「爲」，底本原校云甲本前有「說世諦」三字。

〔六八〕底本原校云：「原本冠註曰：他家亦以二諦爲宗，《中論》云：諸佛依二諦，爲衆生說法。云云。《十二門論》云：以識二諦故，即得自利、利他及共利。云云。《瓔珞經・佛母品》說二諦是佛母。云云。」

〔六九〕底本原校云：「原本冠註曰：慧觀以後立五時有八家，一、慧觀，二、開善，三、光宅，四、莊嚴，五、劉虬，六、成實師有三教，一、頓，二、偏方不定教，三、漸教，七、大高法師，八、波羅蜜多羅三藏。嘉祥《大品遊意》作五時，師不同，而義本是慧觀師所說也。云云。《法華玄論》三引慧觀《涅槃序》明立頓漸二教，漸有五時。」

〔七〇〕底本原校云：「原本冠註曰：波頗者，大唐三藏天竺沙門波羅頗蜜多羅也，譯《大乘莊嚴論》人也。」

〔七一〕「憶」，疑爲「臆」。

大乘法苑義林章師子吼鈔卷第二自

敍古說非至時利差別竟。

南都西京藥師寺傳法相宗沙門基辨撰

章敍其非者至大乘者也。《鈔》曰：自下敍古說中，第二敍其非。此中有七文，初、標牒，二、破一時教，三、破古德二時，四、破唐流支頓漸二時，五、破曇無讖半滿二時，六、破劉虬五時，七、結古說非，今即初二也。且如第一等三句別牒。

菩提流支等者，《周記》曰：菩提流支唯立一時教，所引教文有五種別。一、譬如天鼓，此《攝論》文談其本一名爲一時。二、如《華嚴》《維摩》依教說一名爲一時，自說言於一音故。三、《無量義經》據相無異名一時。四、《法華經》約一乘故名爲一時。五、《優婆塞經》證理是一名爲一時。此據正義作如是釋，非是流支作此言也，彼但言一時不説差别，故有異也。云云。今云：若由流支説，《周記》釋不穩。流支意雖五箇證似有别，皆是約如來邊則是一也，此一具圓一與一刹那之一時也，差别但在能感邊故成立，但衆生有感於一切時謂諸〔二〕一切法，故周釋所言穿鑿矣。

若廢事談理等者，二但破名一時教，非破覺愛所立之理。廢事者，廢機、器差別，一向不論也。理談〔三〕者，但談所證理也，若不論直往、漸入等機、器差別，而但談所證、所説理，則此是一相一味圓一真如，故應如所説以一刹那音圓一義名一時教，復於説教一會必有大小機，則應如所説名一時教。然既有唯頓、唯大、唯小、唯漸故，以隨類得解立圓音義，有時成，如一會大小等機具時，有時不成，如一會唯大、唯小機集時，故立一時教名全不應成。

若唯被大等下，三舉例難。有五個例證。此第一證。《周記》曰：如《勝鬘》説，有四機〔三〕不同，如何説唯被於大。答：爲菩薩説有四機而行化利，非爲聲聞説彼經也，權實准知。云云。今云：此釋尤好。

或但被小如《遺教經》者，此第二例證。

問：准大周目録，此經乃是大乘所收，今何唯小。答：夫論大小約對機理，今《遺教》中唯明四諦，但對聲聞，如何得云大乘。故此章爲正。

或初有大等者，此第三證也。至《入法界品》初有聲聞，故其已前諸會唯被大機，説舍利弗等如聾盲故。

云初有大無小，初有小無大等者，第四例證，此以理證難也，如文自知。

或有諸經等者，第五例難。此意言：見一切經教之説相，有全分大，有全分小，有多分大，有多分小，如何云一時耶。

言唯一時等者，四結非，謂如是教示相隨機爲異，然今覺愛立名云一時教，深是猛亂。作孟浪，《莊子·齊物論》字，唐陵〔四〕德明音注云：孟浪一音漫爛，猶率略〔五〕也。

豈無一會頓等者，此亦結非文。《周記》曰：此意難云：既有一會頓發三乘，一會漸入大乘，發心既復不同，總〔六〕名一時哉。今云：尤好。如《華嚴》《深密》《法華》等，皆是一會頓發三乘之心，如下具辨。又如《般若》《法華》《深密》等，此中既有一會漸入大乘者，然覺愛何必定以一剎那一圓音義云一時教耶。若唯被大等，嘉祥《法華義疏》云：諸大乘經有四句，一、但菩薩衆，無聞聲衆，如《華嚴》七會。二、有聲聞衆，無菩薩衆，如《金剛般若》。三、具二衆，如《法華》等。第〔七〕四、俱無二衆，如《金光明經》。如《智論》云大乘具二衆，是四句中第三句也。問：何故大乘經中列大小二衆哉。答：《智論》云欲辨二乘義故。意云：明小乘方便說，大乘究竟也。問：何故必小乘教無菩薩衆耶。答：《智論》四云，聲聞乘狹小，不受摩訶衍，譬如恒沙不受大海，以其狹小故。云云。今云：此說與今釋會〔八〕同也。又說〔九〕破云：《金光明》及《解深密》《瑜伽論》等皆說三時，今但言一，便違理教，由是覺愛所立義不可依。今以彼意設救云：所說聖教有大小殊，然《深密》等說三時別，皆約衆生悟解不同，非佛本教有大小別。是則說一會中對三種機亦有大小、漸頓等異，未必前後方說三時。若隨機感教非無三，我立一時，但約如來隨本願力常說圓音〔一〇〕，設一會中唯被大機，或唯被小，皆由聞者根欲有異，廢機以辨，教仍一時，故我所立實無乖返。又問彼云：實理無餘乘，所說教唯一，既有五乘別，經應非唯一時。又理、行、果既自不同，如何說教獨唯有一耶。彼答云：諸乘差別由機感故，約機辨教，實應分教。今廢談立一時教故，與五乘不相違，即隨機、理、行、果有殊，本教能詮何有差別。故立一時。又問彼云：諸佛言教本欲被機，機行既自有殊，何故教唯說一。答：此由諸佛意樂殊勝，欲令所化得最上乘故，機雖復不同，本教體乃一也。又問彼云：雖所化機不同，隨勝意樂唯說一時，亦可雖所化機差別，隨勝唯應現報身。答：現身令他見，隨機有化身。若爾，說法亦令他聞，機、教非一。由是，今解諸佛之身唯有真報，隨機見異，說有化身，依本言之，皆無差別。此解因下勝軍等說。立理非破至下當知，然諸教許有二身，以教例身，豈得言唯一。故如《深密》實有三時，說一時言，依別意也。何云別意。謂且如《法華》《無量義》化不定性說教無差，究竟同歸一佛乘故，二乘既是一乘方便，依此密意說教無差[二]。彼經自說爲三乘，前後漸頓人說各異故，第一、二、三等文，極理分明，至下三時自廣辨釋。彼依《華嚴》《維摩》等立一時教，然此等文讚佛力，非明說教唯一，謂佛一時不共法力唯現一身、但說一教，令諸衆生見聞各異，非一切時身、教唯一故。佛處處經中說言爲有情故現種種身、說種種法，皆爲證也。教既在機，然以佛邊德用名爲一時，不應道理。已上破覺愛一時教已。此以《開發》意作問答。

章第二古德者至後當敍非。《鈔》曰：破此方古德立頓漸二時。

古德者，總取舊譯家中立頓漸二時教師，其中宋道場寺慧觀爲首，取隋淨影寺慧遠等，如第一卷已明。然今此次文云定說五時所說之經爲漸教者故，專取慧觀以爲所破，諸立頓漸二時師皆攝慧觀所立已。嘉祥《義疏》曰：五時本慧觀師說，末有開善、光宅等說。云云。

說有頓漸等者，總破定判諸經爲頓漸也。

且如《華嚴經》等者，明於一經不可定判或漸或頓之由。

《華嚴經》者，舊經四十五，三丁右。新經六十。三丁右。

列名歎德者，歎聲聞真實功德，如來普爲現大莊嚴。

又舍利弗等者，舊經四十六，二十二丁右。新經六十一十七丁右。文。彼云：又文殊師利從大會起，與諸大衆遊化南方，舍利弗與六千弟子從自房出至文殊所，見文殊師利相好莊嚴，一切皆發無上道心，文殊師利爲說十法，十幻、十如。皆得無礙淨眼三昧。《周記》釋曰：問：此華嚴會其舍利弗已發大心，何故乃言法華會亦發大心耶。答：有三解，舍利弗之中，有是聲聞，有是菩薩，華嚴會乃是菩薩舍利弗，非聲聞也。一云：華嚴會中化舍利弗，非實聲聞也。一云：華嚴會舍利弗即是法華會者，在華嚴會但發信向無上道心，至法華會方始趣向，故無違也。今依後解爲正。若依第一解，既是菩薩，《華嚴》即是唯頓，以義〔三〕爲例，如何破他哉。今云：此三解中，第一解是實類菩薩舍利弗，第二解是應化聲聞。然如初解，舍利弗菩薩非聲聞攝，然經中無證文，故難信用。如第二解，經中有證，《不思議境界經》第一會異譯。說：復有無量千倍〔三〕菩薩現聲聞形，亦來會座。云云。又《盧遮那品》晉經第三。說：十方菩薩雲集，毛孔出光，一一光中出塵數菩薩，塵數衆生令至聲聞、獨覺地等。云云。依是等文，《法華玄讚》中，《華嚴經》初說有舍利弗是應化等。云云。此《賢首品》中有一舍利弗，是名應化。《鏡水鈔》取意。立《華嚴經》中應化聲聞在前七會，如何今以第八會舍利弗得爲應化耶。故第二解亦不成，後解爲好，云實類聲聞故，況《入法界品》在塵苑四諦教後而說，故實類聲聞自明。由是應知，以《華嚴》一經定判是唯頓教，不應道理。

《楞伽經》中等者，四卷經第一、初丁。十卷經一、初丁。七卷經初丁。意言：是雖唯大乘教被菩薩經，聲聞在座故，可言如此《楞伽》望菩薩是頓，望聲聞是漸，何定判一經得云唯頓唯漸。

《法鼓經》等者，經下卷十丁。文同《法華》說長者窮子喻故，雖唯一乘說，是漸教也。此等諸教非首末悉皆被大根，可言通漸教，然何一經定判云唯頓耶。爲何今舉《楞伽》《法華》等爲此難耶。謂慧觀等所立，前云《華嚴》《楞伽》《大雲》《法鼓》等爲頓故。

《勝鬘經》說等者，《周記》曰：此論文中既引《勝鬘》云引攝一類姓者，明知《勝鬘》非是頓教。

問：前破覺愛，即言《勝鬘》唯被大，然今復引《攝論》云《勝鬘》是漸教，豈非前後矛楯耶。

答：前據勝鬘會無聲聞，今據一乘而能可被漸機言不定性，亦不相違。云云。今云：此釋尤妙。

三種意生身者，《勝鬘述記》下曰：有三種意生身，謂阿羅漢、辟支佛、大力菩薩，阿羅馬[一四]喻欲界，辟支佛若色界，大力菩薩猶無色界。《成唯識》名大自在菩薩，謂八地已上皆得相、土二自在故，名爲自在。

問：何故《楞伽經》云前五地名三摩跋提業藥[一五]意生身，六、七二地名覺法自在意生身，八、九、十地名種類意生身，然今此經即言羅漢等三耶。答：此經據三業不定者但言羅漢、辟支佛，以前三果迴心受變易不定故，菩薩之中唯據頓悟大悲增者要八地以上方受變易身，其《楞伽經》唯據頓悟，不說二乘漸悟，唯論大智增上、悲增上者故。云云。

《攝大乘》者，《無性》十十五丁。文。

非爲頓教等者，結破。古德以《華嚴》《楞伽》《大雲》《法鼓》《勝鬘》《梵網》等名爲頓教，今如上所言《華嚴經》等雖首末悉皆非被大根大莖，名爲頓教，此約多分說，然古德定判爲頓經，不應道理。

定說五時等者，舉慧觀所立漸教略破。

五時者，如第一卷敍，後當敍非[一六]，以次所舉劉虬五時例斥破也，謂如《法華經·分別功德品》云：佛說《如來壽量品》時，八世界微塵衆生發菩提心。如是等文，處處非一，如何定判名爲漸。《華嚴》等經通被頓漸，何定判名爲頓耶。是故，古德立時教定判一經，爲大錯謬也。若約機、理說爲頓漸，全無相違。《周記》曰：定說五時至後當敍非者，上來且破頓說[一七]，破漸教與劉虬義意相似，故指如後破五時，雖不分明，次第義意如劉虬，依之可悉。云云。今云：此釋未穩。今此所言五時之言，不辨其由，云似劉虬，智周法師未知慧觀於漸教中立五時歟。今云後當敍非，破斥推後，指破劉虬文。此有所由，謂劉虬五時亦本自慧觀五時而起故，破斥與劉虬同破。

章第三又菩至亦不可取。《鈔》曰：四、破唐菩提流支二時。

以佛能頓等者，如來自在一時頓說一切法盡，名爲頓故，今云能頓，此是以說爲頓。三乘之人漸次修學爲漸者，以行爲漸。《楞伽經》意，非約所說所聞之教以爲漸教，約能說云頓，約能修云漸，故此等所說不足依用。

非約教時者，意言：此《楞伽經》非說判教時利故，以此經爲證立二時教，亦不可取用也。

章又第四依至以明半滿。《鈔》曰：五、破曇無讖立半、滿二時教。破意言，經說半、滿，約聲聞乘所明之理不盡名爲半字，約大乘經典所明之理盡名爲滿字，非以逗機直往爲頓名滿，亦非以逗機迂回爲漸名半，故由半、滿之經說立時教不應理。

不定依逗機等者，《周記》曰：問：經中自云爲聲聞人而說半字，爲菩薩人而爲滿字，何故今言不定依逗機等耶。答：正遮爲機，不障兼也。

云云。今云：此答不然。讀《涅槃經》《如來性品》。云半字者九部經典，毘伽羅論者大乘經典，今引此義云爲[一八]菩薩乘而說滿字之名，必非經全文。又經說：汝今應離半字善解滿字。由是半、滿之言是所解所明之理，非約機言，故《周記》答不得經意。然《開發》中以彼師意返破云：不然，若不約機有盡、不盡，所以者如何。正由對機詮、行有異，彼經方說有半、滿，故經說云爲諸聲聞乘說半字等。又述正義云：然此半、滿，《勝鬘》說爲有作、無作四諦，《瑜伽》說爲安立、非安立諦，此皆據義立名，皆不違理。然隨己情說故，今總撥爲非。《開發》具說，此本意[一九]略舉，全無相違。

章第五劉虬至故未名轉法輪。《鈔》曰：此下六破劉虬五時教。此中有四，初、標牒，二、破第一時，三、破第二時，四、結非，今即初二也。

今者且依等下，二破第一時，謂劉虬在晉，

菩提流支在後魏，後劉虯既五十年，故後立一時教。既不破之，則吾所立不成，仍作斥破，今家亦用此破斥而破。

問：慧觀與劉虯出世年代前後如何。答：劉虯東晉末人，慧觀南朝宋人，出世同時。併立五時，慧觀爲先。

《提謂經》等者，彼立第一時所據，今破云非唯人天蒙[三〇]。然此經有兩本，一、《提謂經》一卷，二、《提謂波利經》二卷。初所言經，梁僧祐《出三歲[三一]記》四，五十六丁左。《失譯雜經録》云：《提謂經》一卷，未見其本，今闕此經。云云。又唐佛授記寺明佺等撰《武周刊定衆經目録》第十二，十八丁右。《大小乘闕本經目》云：《提謂經》一卷。云云。又《開元録》五，十五丁左，《貞元録》八，十四丁左。《總括羣經録》舉宋代中亦云：《提謂經》一卷。乃至卷末云：右三百七部，三百四十卷，唯初九部九卷有本，餘並闕本。後所言二卷經本，僧祐《出三藏記》五，七十丁左，《疑經僞撰雜録》三云：《提謂波利經》二卷，舊別有《提謂經》一卷，右一部，宋孝武時北國比丘曇無靖撰。又費長房《開皇三寶録》九，十二丁云：《提謂波利經》二卷，見《出三藏記》，右一部合二卷，宋孝武世，元魏沙門釋曇靖於北臺撰。見其文云：東方太山，漢言代嶽，陰陽交代故云代嶽，於魏世出，唯應云魏言，乃曰漢言，不辨時代，一之妄也。太山即此方言，乃以代嶽譯之，兩語相翻，不識梵魏，二之妄也。其例甚多，不可具述，備在兩卷經文。舊録別載有《提謂經》一卷，與諸經語同，但靜[三二]加足五方五行，用石糅金，致成疑耳，今以一卷成者爲定。云云。已上《三寶録》。又道宣《大唐内典録》十下，五丁右，《歷代所出疑僞經論録》第八云：《提謂波利經》二卷，宋武時北國曇靖撰。又《開元録》六，十一丁右，《貞元録》二十八，十丁左，《僞妄亂真録》七云：提謂波利經二卷，宋武時北國比丘曇靖撰，舊別有《提謂經》一卷，與此真僞全別。有人由此等諸録考曰：諸家判云《提謂經》明人天教等，恐在彼二卷僞經者，依天台等諸家處處所引之文，多以彼經所説五方、五嶽、五常、五行等法配對五戒，是非一卷真經處[三三]必矣。若如一卷真經，梁僧祐録已下並爲失譯闕本，云何亦依一卷真者耶。然如晉時劉虯及元魏流支等或親檢一卷真者，亦不可量矣。基辨評曰：有人所云雖似有理，意味未決，大凡闕本者云非全無，例如《集量論》雖云失譯，闕本處處引用，多分缺，少分缺，共名爲闕本，如何云以云缺本爲全無引僞經耶。又《三寶録》中云舊録別載有《提謂經》一卷，與諸經語同，費長房云何以全無本云與諸經語同耶，雖非全備，見少分有本炳然，勿以云闕本必云引用僞經也。

得四大本淨等者，《周記》曰：不執五蘊爲我，名爲我淨。

問：若是爾，五蘊本淨者，不執四大爲我，應云無我。答：五蘊唯內，四大通外，不於執我故，所以不説云無我，雖作此解，然檢彼疏及經文云無我，亦無過。云云。今云：本淨者有二義，一者、證得本來自性清淨涅槃，云得本淨，得者悟入也。二者、於四大、五塵等悟入本來無自性，發得無漏智也。吾我本淨者，現本作五戒，草寫誤也。《清涼華嚴疏鈔玄談》曰：謂彼經文云五百賈人得受五戒乃至六塵本淨、五根本淨。今云：此亦不爾，《開發》作吾我。古本亦然。《周記》曰：准覺愛章句，作吾我而自釋。云云。今云：四大、五陰、六塵是別，吾我是總，吾我本淨是即無我，約總別而云。《開發》及覺愛覽本作吾我，以是爲正。

問：懺悔罪已，如何云得本淨耶。答：《菩薩戒・序》曰：衆當一心善聽，有罪者發露，無罪者默然，默然故當知，諸大德清淨，堪説優婆塞、優婆夷菩薩戒。云云。是故，提謂長者亦懺悔彼五逆等罪已，自得四大、五陰、六塵清淨，此清淨故，吾我自清淨。何故懺悔得清淨不。謂懺悔是慧，經言：衆罪如霜露，慧日能消除。云云。又言：一切業障海，皆從妄想生。云云。又言：盡受得戒，皆名第一清淨者，得不起法忍者。明提謂得果，不謂無也。起謂生也，即無生法忍，云證初地。

柔順忍者，調柔云柔，隨順云順。柔順忍者何位哉。謂四加行位歟[三四]。

滅三界苦等者，《周記》曰：提謂既得不起法忍，受變易生，更不被三界分段苦果之身。又無生忍通在初地及八地，今提謂者應是八地。所以然者，以得記故，是此章家作此釋。云云。今云：此釋尤好。今引此《提謂經》難意，既説提謂長者得無生法忍等，何但云世間因果之教耶。是難之意也。

又《普曜經》等者，經第七六丁。文。《周記》曰：謂齊等五百賈人俱得授記，齊得成佛，名曰齊成，施佛麨蜜得成佛故。

問：五百賈人得初果時，佛皆授記而得成佛，明《法華》已前有授聲聞記意，如何得言法華會時方與聲聞而授記耶。答：此中總也，但言與記，不言五百中無不得記，復無等言，亦不違也。今云：此答尤不盡，授記是十二分教之一，佛必由十二分教説法[二五]，授記教豈局法華會耶。他家古師引此經作密成，云齊成爲誤。有云：凡酬因感果如影隨形，説由施麨蜜之德授與佛號故，宜云密成。若云齊成，則似無所由。此等今妄説，不可取用。

云何但言等下，敍流支破。雖作此破等下，今家評古破。流支引《普曜經》難意言：既於第二七日提謂等授記云得作佛，如何云此經但第一時世間教耶。《周記》曰：言覺愛雖作此破，劉虬義亦難知，既以不名轉法輪故。由未分明下，乃是助覺愛敍語。未同所觀諦，未於鹿苑轉四諦輪已來，三乘各各自緣四諦，不可名爲轉法輪也。即鹿苑中轉四諦輪已後，方始三乘同觀四諦，此時初名轉法輪也。今云：《周記》釋誤矣，《章》云義亦難知，非劉虬義，指覺愛難破義意也。又由未分明下助覺愛，甚不是也。正敍覺愛難劉虬義意難知之由，雖義難知，一往應有此破，故先舉此[二六]由。秋篠《增明記》一曰：問：深密會可普被一切故，是第三時，則四諦教時亦普被一切，何故不名普爲一切乘第三時耶。答：《智度論》六十九云：諸佛事有二種，一、祕密轉，二、顯示轉。云云。凡判教時，約顯示轉。《深密經》普者，約顯示轉故第三攝，初時普者，約祕密轉故初時攝，各顯一途，故不相違。由此義，劉虬反破云：我立五時，約顯示轉，非祕密轉。提謂波利等五百賈人，皆利根頓機也，聞世間教則入出世位。説此經時，説得諸乘聖道者，是約密轉，云初時唯人天教者，約顯示轉，云未有出世善根器，是就凡相約顯輪也。又《大品經》中亦說：佛在鹿苑轉四諦輪，無量衆生發菩提心，無量菩薩得無生忍，住於初地乃至十地，皆是密轉，非顯示轉。是故我立五時，全無相違。已上《增明》取意。今云：由此二轉劉虬應返難流支故，章主評流支破云，雖作此破，義亦難知。

云由未分明等者，祕密轉故，不名轉法輪，至五比丘法輪方轉，是即顯示轉，三乘同觀四諦故。秋篠曰：此中言分明，顯示異名也，是政覺愛斥破義意難辨。

問：若爾，章主云何破劉虬五時耶。答：次下結文總破云，然此所立雖理可然，既無教文，未可依疏[二七]。云云。是章主破意也。

章次第二時至說法同也。《鈔》曰：下三破第二時。此中有三文，初、牒劉虬第二時說，二、覺愛破，三、覺愛結破斥，今即初二也。

十二年中等者，牒劉虬所立。《周記》曰：問：雖云第二，即《深密》第一時教，何故今破耶。答：《深密》爲不生性初正說有，兼亦說彼非有非空，及於空教，今此即舉總判爲有故爲不可，知文應悉。云云。

覺愛破云等下，舉流支破，有六箇難。是亦不爾四字總破。

成道五年等者，第一難。謂成道已第五年說《般若》，何云十二年唯說有教耶。

又第七年等者，第二難也。謂云爲八菩薩明五蘊本空，何云十二年唯說有說耶。

又第九年等者，第三難，難意准前可知。

又提謂等者，第四難，如前已辨。此亦十二年内，故作此難。

又《摩訶般若》等者，第五難。《摩訶般若經》亦名《大品經》，全三十卷，羅什譯也。秋篠《義鏡》一曰：勘《大品經》新舊兩本俱無此說，然《智論》六十五《無作行品》，釋第二轉法輪處有此文也，恐現傳經脱此文歟。云云[二八]。考他家書，《五教草》上二十丁。中亦引此文云《大品經》云，又《三論玄》中引《大品經》第十九。云：諸天子歎曰：我於閻浮見第二法輪轉。龍樹釋云：鹿苑已轉小輪，今復轉六法輪。云云。嘉祥所覽經論同秋篠，賢首所言同章主。若爾，經本有異本歟。唐道綽引梁曇鸞《往生論註》云：論云：今亦此類歟。古所不少也。《開發》中引此文云《大般若》第六分說，今撿現流經論〔二九〕。

又成道竟等下，第六難也。

第二七日等者，此敘初七日不說法義，難劉虬十二年唯說有教，云成道已第二七日說《華嚴經》，諸論疏家通所說也。就成道已初七日說法或不說法之義，有二家別。一、由賢首說。《探玄記》二ノ九丁。云：菩提流支云：華嚴八會中，前之五會是佛成道初七日說，第六會後是第二七日說，以《十地經》初云第二七日故。賢首難此說云：此等所判恐不順文，以初七日定不說法。《十地論》云：何故不初七日說。思惟行因緣行故。既言思惟，明知非說法。設有救言只不說十地，非不說餘法者，則不得言思惟也。下論又釋：爲顯已法樂，是故不說。故知初七定非說耳。云云。然淄洲《慧日論》中舉此流支說云有大乘論說，《同學鈔》中舉此說云《金剛仙論》所說也。有釋云：《金剛仙論》者，菩提流支所造。云云。由是則可言菩提流支立初七日說法之人也。二、由慈恩家說。《金剛般若贊述》中，有云金剛仙所造《般若論》十一卷等，是南地異人造，非真聖教之文。若由是，金剛仙，人名，非論名也，古來云《金剛仙論》菩提流支造，恐妄說也。又永超《傳燈目録》曰：《金剛般若經金剛仙論》又云記。十卷。金剛仙造，天親弟子，菩提流支譯，云云。若由此義，則雖云《金剛仙論》中有初七日有說法之說，是非菩提流支說。又以今此所明菩提流支破斥之文，自爲成初七日有說法之義，非菩提流支之說。

問云：何自爲成非流支之說耶。答：若云初七日有說法之義，菩提流支之說，則今此文何故不云成道已初七日說《華嚴》前五會，而云第二七日說《十地經》耶。難劉虬意，云初七日說前五會，與云第二七日說，無其別故。《周記》中雖辨其別，是一往理，非盡理言。若爾，於他家以初七日有説法義爲流支説，別人菩提流支，非後魏流支歟。可云此所言菩提流支，非云初七日説法人也。由是次所設三七日不説，六七日不説等義難，亦可言成非流支難。有何所由，不以初七説法自所立作難，而以非自所立不説義作難耶。故今此所言流支，非賢首所云流支也。

且如《法華經》等下，以三七日不説法等義難劉虬説。即成道竟下，正敍難意也。且字不穩，作只亦衍，應考別本。如《法華》者，《方便品》文也。

問：常思惟者，思惟何事耶。答：古有四説。一、初七日思惟佛智微妙，二七日思惟衆生鈍根，三七日思惟不可以妙慧授鈍根。二、初七日欲法説一乘，無機即止，三[三〇]七日思惟欲譬説一乘，無機即止，三七日欲宿世因緣説一乘，無機即止。以覓下、中、上三機悟一乘不得故，三七日也。三、初七日以勸門説大乘不得，二七日誡門説大乘不得，三七日誡、勸合説不得。四、此是隨從世法，即世界悉檀也。世人思惟凡有二種，一、觀物思惟，二、經行思惟。今隨從世法，亦作此二也，云三七日亦隨世法故。此中，第一説未知誰解，第二、三是天台用之，第四嘉祥義。今章主由嘉祥，今更加一解。思惟者，正思惟也。初七日思惟者，由《佛地經》如來懸圓鏡智處淨法界，論曰：何故安處大圓鏡智在淨法界。爲令無量無數衆生觀染淨故。何故觀彼。爲欲取淨捨諸染故，大圓鏡智方便善巧勸修習故。證得此智依緣法界，相續無動，雖無作意、分別、戲論，而相續轉爲增上緣，令諸有情隨所求願，安立、長養、成熟無量善根種子，得世間樂、出世解脱。此由如來大圓鏡智起化生用，爲諸有情宣説法要，令知染淨，取淨捨染，即是利樂有情根本。云云。由是應知，初七日思惟者，顯處淨法界相，無作意、無戲論、無分別故，《十地論》説顯示自受法樂故，又説爲令生愛敬等也，或處説不説法。又第二七日思惟者，彰平等性智圓滿成就顯現。《佛地經》雖説十平等法性圓滿成就，文煩廣故，今舉一相以釋。經曰：一切衆生敬受所説平等法性圓滿成故。論曰：如來雖無戲論分別，由悲願力如是示現，所化有情自勝解力如是變異，謂自心外聞佛音聲，如來所出一切語言稱機宜故，諸人天等皆無違逆，故名敬受。又曰：如來雖居無戲論位，由平等智增上力故，大圓鏡智相應淨識現瑠璃等微妙色身，令諸有情善根成熟，自心變似如是身相，謂自心外見如來身。云云。故《十地論》説爲令衆生於如來所增愛敬故。又《成唯識》十説：他受用身亦依自土，謂平等智、大慈悲力由昔所修利他無漏純淨佛土因緣成熟，隨住十地菩薩所宜變爲身土。初地菩薩見百葉世界化佛，即百箇三千大千世界也。又第三七日思惟者，彰觀察智助成事智顯現。《佛地論》中雖説十種因明此智德，恐文煩慮〔三〕，今舉一二。經曰：如是如來妙觀察智，世及出世衰盛因果，聲聞、獨覺、菩薩圓證，無餘觀察妙飾間列。云云。又曰：如是觀察智上，無邊因果，五趣三界差別，具足顯現。云云。論曰：如是如來妙觀察智助平等智爲增上緣，擊發鏡智相應淨識，現受用身種種衆會威德熾盛，雨大法雨，爲令地上諸大菩薩受大法樂，亦助如來成所作智爲增上緣，擊發鏡智相應淨識，現變化身種種衆會威德熾盛，雨正法雨，爲令地前所化有情受用法樂。云云。由如上《佛地經論》，應解此三七日思惟，謂四智雖同時現，彰安處大圓鏡智功德，云初七日思惟，云不説法，云自受法樂，又云爲令生愛敬故。又彰平等性智圓滿成就顯現，云第二七日思惟，復云第二七日説十地法門等，此彰他受用身土故，爲地上薩埵種種衆會威德熾盛，雨大法雨等，故華嚴會無聲聞衆等，自應知。又彰妙觀察智助成作智現隨類身，爲未登地説法斷疑，云第三七日思惟，復云於鹿苑初轉法輪等，云於般若會轉第二法輪也。思惟者，正思惟也，《瑜伽》等説如來説法住正思惟非尋故，佛説法體是正思惟。

由是初七日思惟云不說法，亦云說法，俱有道理。謂安處圓鏡智，宣說法要利樂有情之根本故，云自受法樂，亦云說法，亦云思惟，意同。又第二七日已後，對機說法皆正思惟故，云三七日中常思惟也。

即成道竟下，正敍難也。《法華》云三七日不說法，是任文取義而論也。

《彌沙塞律》云等者，明七日不說義。《五分律》第十五二十八丁。三昧七日者，入定七日。

《十地經》云等者，論第一文也。

不說法者，即入定七日，此亦七日不說義也。

顯示自受下，《十地論》主文，引是釋不說法也。

增愛敬故者，《法華義疏》四三十五丁。云：顯示自受大法樂故。顯已法樂，爲令衆生於如來所增長愛敬心故。復捨如是法樂，悲愍衆生爲說法故，此即初七日不說，第二七日方始說法。云云。今云：此說任文而釋，深意趣如前釋。

然律及薩婆多等下，明六七日不說法義。律者，《四分律》三十一受戒犍度文也。

《薩婆多傳》者，梁僧祐撰，一部五卷，其第一卷文也。

即四十二日下，正敍難也。

十二由經等下，明一年不說義。此經全一卷，東晉迦留陀迦譯，明藏云《十二遊經》，或云《十二由遊經》，又云《十二由延經》，嘉祥并今章主俱處處云《十二由經》，應撿本經。

經十二年方等者，嘉祥《法華義疏》七六丁。云第二年方度五人，則一年不說。由是知，今章作十，寫誤。撿《法華玄贊》云《十二由經》成道後第二年方度五人，故爲[三]第爲是。

《智度論》云等者，論三十四十二丁。文也。

五十七日者，《法華玄贊》四云：《智度論》說五十箇七日不說法。云云。有人解云：等者，嘉祥《法華義疏》四三十五丁。云：或是可五十箇七日，計近一年，與《十二由經》相應。云云。此嘉祥會

《智論》與《十二由經》，今章主亦朋嘉祥，《玄贊》《開發》兩書云五十箇七日也。

章如是經傳至何得一準。《鈔》曰：破第二時中，第三覺愛結破斥。經傳者，律亦爲傳，二十部傳説故。

何得以已胸臆等者，正是今家難劉虬五時，設雖有理，無誠證文，以已胸談立五時。其第二時中云十二年唯説有教，道理不成，違有成道後不説法日之説故。

又若前後等下，立理破。十二年間唯度破有教機，則應如彼説，既有機、器千品來集會上，何得云一準説有教。

章今依古説至立教不同。《鈔》曰：破劉虬中，第四結非。

古説者，指覺愛破，但破初二。自餘三時破斥推覺愛別傳，何故不舉破自餘耶。答：有二意。一、破自餘三時同初二故，以已胸臆立時教故，既機、器千品，何得一準。故不同別破。二、覺愛破亦難解，恐文煩廣，不別舉也。

章此即别破至所説時也。《鈔》曰：敍其非中，第七總結古説非。此者，總指上來所敍别破一時、二時、五時等立教不同。

然此所立已下，以今家意總破諸師，云一時、二時、五時所立雖可有理，皆已無誠證教文，恥爲依據。並者，一時、二時、五時今同一指也。

違《解深密》等者，敍今家所立必有誠證，違此證文則古説皆非，今總結已。

章上來總是至敍古説也。《鈔》曰：敍古説中，大文第四結成。上來下，結敍其非，總並前科結。此中，總是二字，總料簡章之總言也，如前已釋。

章述今文中至後略示教。《鈔》曰：自下五門第二時利差别中，第二述今文。此中大分爲四，初、分科，二、述今文，三、略示教，四、結此師授，今即初也。

述今文者，今謂今家，即護法宗所立也，文

者，證據教文也。前段終文結古説非，云雖理可，然既無教文，未可依據。古説以無文證臆談判爲妄謬，由是今家時利差別，以佛所説爲依據故。今舉示其證文，云述今文。述言：凡斯所敍彰皆是師傳非自作，下結文云今依師授略敍古今時利差別是也。近代他家學者，此一段文不識述證文與示教判文別明，以初《深密》文是爲三時教判，專辨是非，浪作妄評。

以次下，正示教判文。不辨是，則以三時教作一代教判，而作無用長談，皆是爲今章主還爲仇讎。今家學者辨此差別可唱三時也，章主作斯科文，舉《深密》《金光明》等説三時經示述今文，不云述文，總略一代示教判也。彰但由佛説三時名而立今家別義，一代教判即辨時利差別。今所言科，章主別存意趣，我得冥感受此正傳，我門學者慎勿忽諸。

章述今文者至所執性已。《鈔》曰：此下二述今文。此中有七，初、標牒，二、舉《深密》《瑜伽》三時説爲證，三、舉《金光明經》，四、舉《涅槃經》，五、舉《瑜伽釋》，六、示由此等證立三時教，七、結成。

第二舉《深密》《瑜伽》中有七，初、牒經名，二、示佛説三無性，三、勝義生領解，四、世尊讚歎，五、定三時教機優劣，六、説持經福利，七、説得益，今即初標牒及舉《深密》《瑜伽》中初二科也。

《深密經》者，《無自性品》也。

第一卷者，一字寫誤，應作二也。

世尊廣爲下，二示佛爲勝義生菩薩説三無性，《深密經》文甚長，今但取要引是。由彼經，則初勝義生菩薩請問三無性義，次世尊讚起問，勅聽許説，然後正答，答有長行及頌。初請問意云：世尊處處經説蘊、界、處等種種諸法，生滅、染淨，知、斷、證、修，後時復説一切諸法皆無自性，無生無滅，本來寂靜自性涅槃，前後二説豈不相違。佛爲答此問，説答三種無自性性。今云爲勝義生，彰答請問。

依遍計所執等者，遍計所執相無性性即是依他，悟解計所執本來都無已，其處即一切法依他緣生義宛然顯現，是故於此同處一法具生無性、勝義無性之二無性也。《成唯識論》第九。曰：謂後二性雖體非無，而有愚夫於彼增益，妄執實有我、法自性，此即名爲遍計所執。爲除此執故，佛世尊於有及無總説無性。云云。疏釋曰：然由有情於依他起自性及圓成實自性上增益遍計所執自性故，我立三種無自性性乃至廣説。故依三性有體無體，總密意説三種無性，三種無性非無後二性，但無計所執。云云。

相無性者，經曰：善男子，云何諸法相無自性性。謂諸法遍計所執相。何以故。此由假名安立爲相，非由自性安立爲相，是故説名相無自性性。云云。

依性依他起上等者，略舉説生無自性性意。

經文：云何諸法生無自性性。謂諸法依他起相。何以故。此由依他妙力故有，非自然有，是故説名生無自性性。云云。此約彼所迷執處爲言故，言後立依他生無自性及勝義無性，無性唯是遍計無相，是收無性義盡。弘景等亦作此釋。神泰云：若於依他起上觀無遍計所增益性，即是遍計無相性，亦是依他無生性。亦於圓成實性上觀亦無遍計所執性，亦爾，是遍計所執無相性，亦是圓成實無性性。依此文觀依他性、圓成實性上無遍計所執性故三無性。遍計所執無自體故説無性性，依他、圓成無他遍計所執體故説無性。云云。今按：神泰所釋，大乘基法師常途所談，如《三十疏》，弘景等亦同釋，即《成唯識論》意是。此釋，三藏相傳，門人等皆同釋不異解也。今解：生者，依他緣生一切諸法。無自性性者〔三〕，即遍計所執本來都無義。生言表有，無自性言遮有執，即生言遮有執，無自性言表緣生有。生之無自性，依主得名。上表下遮。生即無自性，持業釋。上表，下亦表故也。

及即依此等下，略舉説勝義無性意。經曰：

云何諸法勝義無自性性。謂諸法由生無自性性故，説名無自性性，即緣生法，亦名勝義無自性性。何以故。於諸法中，若是清淨所緣境界，我顯示彼以爲勝義無自性性。依他起相非是清淨所緣境界，是故亦説名爲勝義無自性性。復有諸法圓成實相亦名勝義無自性性。何以故。一切諸法法無我性名爲勝義，亦得名爲無自性性，是一切法勝義諦故，無自性性之所顯故，由此因緣名爲勝義無自性性。云云。今云：釋此經文有二意，一者、依他緣生諸法名勝義，是即四重勝義、四重世俗，有漏、無漏二種依他，皆得名勝義無性，是即勝義無遍計故，名勝義無性。

問：何故二種依他名爲勝義。答：經文有二義別，一者、依他緣生法本性非所執法，是即淨智所緣境界，此無遍計義名勝義，此勝義即無自性性。二者、依他起法，一緣起法非云圓成實，今云勝義即圓成實，於二種依他法，其法與圓成相別，即應云無故，勝義之無自性。又勝義即無處，是依他起。二釋並得。又勝義言遮有分別表離言境，無自性性者遮離言境表一法緣生法，而於一緣生法，此遮與表同一時處，非即非離。二者、圓成實境名勝義，是一切法廢詮談旨非境界處名爲勝義。經云一切法勝義諦故，是即悟入本來計執都無所顯之處，故經云無自性性所顯。今此文云及、即者，釋依他勝義，彰同時同處非即非離義也。及者，合集義，彰相違三性各別相今合集而論，於一法上三性相各別應詮緣故云及。即者，不離義，論生無性性處，即計執都無故是相無性性，此處即勝義無性性。此及與即同一時處非即非離。

又依此者，此言指依他起生無性，依者所依託義，第七依於聲，前文云依他起之上，言於聲故能差別義。

一分勝義等者，一分謂如前已釋。勝義言含依他、圓成，今説依他勝義故言一分，以圓成實勝義言一分，准此應解。《周記》釋如此〔三四〕。

依圓成實上等者，釋圓成實勝義，圓乘實性無自性所顯故，云圓成實上無遍計所執故也。

又説一分等者，取圓成實勝義言一分也。

説三種無性等者，結佛説已。經曰：然由有情於依他起自性及圓成宗自性上增益遍計所執自性故，我立三種無自性性。由遍計所執自性相故。云云。

問：《深密經》中，勝義生請問一切諸法無生無滅、本來寂靜、自性涅槃所有密意，世尊答此密意已，故復次勝義生説法譬領解此密意，文長如經。然此章但説三種無性皆依所執性，不言無生無滅、本來寂靜、自性涅槃，而次説領解此密意譬況，佛説與領解意似齟齬。何故如經不舉説無生無滅、本來寂靜、自性涅槃所有密意文耶。

答：經文云：勝義生當知，我依相無自性性，密意説言一切諸法無生無滅、本來寂靜、自性涅槃。何以故。若法自性都無所有，則無有生。若無有生，則無有滅。若無生無滅，則本來寂靜。若本來寂靜，則自性涅槃。於中都無少分所有，更可令其般涅槃故。我[三五]依相無自性性，密意説言一切諸法無生無滅、本來寂靜、自性涅槃。善男子，我亦依法無我性所顯勝義無自性性，密意説言一切諸法無生無滅、本來寂靜、自性涅槃。何以故。法無我性所顯勝義無自性性，於常常時、於恒恒時，諸法法性安住無爲，一切雜染不相應故。於常常時、於恒恒時，諸法法性安位[三六]故無爲，由無爲故無生無滅，一切雜染不相應故，本來寂靜、自性涅槃。是故，我依法無我性所顯勝義無自性性，密意説言一切諸法無生無滅、本來寂靜、自性涅槃。云云。今尋思此經旨，云一切諸法無生無滅、本來寂靜、自性涅槃之言，句雖是一，依相無自性性與依勝義無自性性之二密意，同時處具。復即云一切法言，是依他生無自性性，故於一言句上，三無性相同具。故今章中云説三種無性皆依所執，不云一切法無生滅業，文存略故。又次所舉譬況，領解一切法無生滅等密意已故，略舉佛說，但說三無性，影略互顯，意義無違。

章勝義生菩至諸譬喻已。《鈔》曰：三、明勝義生領解。

深生領解者，經曰：爾時勝義生白佛言：世尊，諸佛如來密意語言甚奇希有，乃至微妙最微妙，甚深最甚深，難通達最難通達。如是我今領解世尊所說義者，乃至廣說。

廣說世間等者，經中廣說領解三世性性已，次舉世間譬況明領解相。

毘濕縛藥者，經曰：世尊，譬如毘濕縛藥，一切散藥仙藥方中，皆應安處。倫云：初舉毘濕縛藥，一切散藥仙藥方中皆安處者，此藥平穩調和諸藥，一切丸散皆安一味，此間無當此名，故存梵語。又解：梵言毘濕縛，唐云有功能，於諸藥中而置於此，有功能故，《周記》用之。如是，世尊依此諸法皆無自性，無生無滅、本來寂靜、自性涅槃無自性性了義言教，遍於一切不了義經皆應安處。倫云：前爲初學大乘菩薩，總說諸法皆無自性。本來(三七)辨依他、圓成是有，名不了義，今領解唯遍計所執是無，餘二性有，是真了義。將此有無了義道理，解釋前說不了義經，即知佛說無自性義，即非一切諸法皆無故，云遍於一切不了義經皆應安處。雜菜(三八)畫地者，經曰：世尊，如彩畫地遍於一切彩畫事業皆同一味，或青或黃或赤或白，復能顯發彩畫事業。倫云：二舉畫喻，如欲畫時，先必彩(三九)地遍諸彩色，由此彩地復能顯發彩畫事業相貌分明。如是，世尊依此諸法皆無自性，廣說乃至自性涅槃無自性性了義言教遍於一切不了義經皆同一味，復能顯發彼諸經中所不了義。倫云：以諸法中空、不空理了義言教，顯不了義經說於諸法皆無性者唯據遍計所執。

熟蘇者，經云：世尊，譬如一切成熟珍羞諸餅果內，投之熟蘇更生勝味。此譬可解。羞者，品也。如是，世尊依此諸法皆無自性，廣說乃至自性涅槃無自性性了義言教置於一切不了義經，生勝歡喜。合譬自可知。虛空等者，經曰：世尊，譬如虛空遍一切處皆同一味，不障一切所作事業。已上譬。如是，世尊依此諸法皆無自性，廣說乃至自性涅槃無自性性了義言教遍於一切不了義經，皆同一味，不障一切聲聞、獨覺及諸大乘所修事業。注云：具說三性空、不空義，帶有説空名了義，遍於一切不了義經唯明空處分別解釋，不障一切中道作業，如空遍滿一切色處，不障一切所作別業。勝義生説此譬已，佛讚歎。

章世尊讚歎善解所依。　《鈔》曰：四、佛讚歎。經文曰：爾時，世尊歎勝義生曰：善哉，善哉，善男子，汝今乃能善解如來所説甚深密意言義，復於此義善作譬喻，所謂世間毘濕縛藥、雜彩畫地、熟蘇、虛空。勝義生，如是如是更無有異，如是如是汝應受持。云云。

章勝義生菩至安息處所。　《鈔》曰：五、定三時教、機優劣。此經辨持經功德中，先定三時教、機。

初於一時者，説第一時機。今問：此文置初字，次第二時置昔字，後第三時置今字。此初、昔、今三字，是年月前後次第，分明可知，然《了義燈》七本。中云：經辨三時，非約前後，但以類相從，有爲第一，空爲第二，俱爲第三。云云。若燈家意，則唯義類從名爲三時，非約前後。若非約前後，則何哉此經文置初、昔、今三字耶。答：《同學抄》等中，雖設此難，不舉答文。我宗立三時教判趣，但在答此難，故爲令人於此答設劬勞，不舉答文，是示三藏相傳實義耳。於無此答處，近代他家講學猥辨，以燈家爲妄説，來我爲汝等述立三時教實義焉。謂釋此《深密》文有二義，一者、約漸次機不定性。任文取義，二者、約得益邊一切諸機。深取意趣。有如是二意，二意之中，初義約此經多分機説，後義約此經少分機立。今家〔四〇〕次文亦判無頓漸別定教，但約衆生機、器及理。燈家亦云爲對漸悟説教三時，若對頓悟無三時別。又云非如是前後定判爲三時別，並約所説義類相從，總有二義，一、約前後，二、約義類。今謂章主與燈家雖所言別，至深意趣全無相違，至下具辨。今此經文乍見約前後文云初、昔、今故，此是經多分約不定性漸次機説故，然膠執此初、昔、今字。此經文但云約前後是正説，約義類説是妄談，則此經得益文何故舉頓悟人耶。

既説六百千衆生發菩提心，聲聞亦得聲聞益故。若約衆生發無上菩提心，則此經雖説初、昔、今，但是頓悟無年月前後，全與《華嚴》同。若約得聲聞益邊，則雖説昔、今，但是初時教。故今云：初、昔、今多分雖對漸次不定性機約前後説，一分約偏圓機。此經或初一時，或第三時，不拘前後説。蒙聲聞益邊，是初時教，蒙大心益邊，是第三時，若約如來邊，則説時雖一，約衆生機、器邊，則初時、二時、第三時必同一處有。是故，此初、昔、今言有約前後、約義類二之意。又今家意，但以此經文爲立三時名目證也。此《深密經》文，任文非立我宗三時教判。如次下文云：由此誠證，若以偏、圓機宜、漸次教但三時。此中偏者，偏機偏教，定性蒙有教益機及蒙空教益機。圓者，定性蒙中道教益機。教、機宜者，偏機、圓機。漸次者，有、空、中次第蒙益，簡偏機、圓機不歷次第蒙益。如是教導次第、不次第機，其教示説但三時事已足，故云教但三時。由是應知，此《深密》文立三時名目之證。由此名言，我宗三時教判意，此三時言攝一時偏機、圓機、漸次機盡，故但約次第、前後非爲三時教判。既立科名，云述今文，而引《深密》三時文等已，次云略示教，而以《華嚴》爲第三時，義類相從，至下具辨。燈家以經三時但約義類，云非約前後。取經得益邊，由我宗立三時教判，不任文取義，深取意趣也。

問：若約前後云初、昔、今，其義可知，若約義類得益邊，初、昔、今，第一、第二、第三名，云何解耶。答：《深密經》約漸次機，第三時教。雖然，約於深密會上蒙聲聞得益邊，則是初一時教，此機初被益故。約六百千衆生發無上菩提心邊，則不拘年月前後，第三時教，與《華嚴》同，此機與漸次第三時得益齊故。又解：第一時説有，但約有法體説，非對何物説有之義，但獨一之義名初一時。又名第二時，第者居也，居二名第二。二者如何？謂説空，但一無空義，必空有物立空名也。故由空、有二物，有此空教時故，空教時名第二。又名第三時，説中道時，由空、有立中故。如無一、二則無三數，今亦復爾，無空、有二則無中名，非有非空是中道故，名居中時。時者説聽究竟時，非約前後時也，由是《華嚴經》不拘年月前後名第三時，於深密會頓悟衆生亦不拘年月前後名第三時也。合約前後不拘前後之二種三時立今家第三時，是即三藏相傳説也，我宗學者慎勿忽諸。

在婆羅痆斯[四二]等者，舊云波羅奈，訛也。中印度境。

仙人墮處者，舊名仙人住處，景云：此爲謬。又名仙人輪處。今云墮處者，以昔在王將諸綵女在園遊，有五仙空中欲度，見已墮落，故云仙人墮處，具如新《婆沙》百八十三説。

施鹿林因緣，如《西域記》七、《智論》十六、《玄贊》等。

唯爲發趣等者，弘景云：爲趣二乘，偏説四諦安立諦有，是諸教執諍安息處，此即隱密爲説依他、圓成二性是有。恐增空見，而不爲説遍計所執性空，名不了義。云云。

唯者，守千曰：約正所被云唯爲聲聞，實兼諸乘皆獲利益。云云。今詳曰：此釋甚有理，謂佛以一音説四諦，據衆生機、器所聞、所觀各異。聲聞寄三科觀四諦，緣覺寄緣起觀四諦，菩薩寄三性、三無性觀四諦，故一四諦教必有三乘益也。

轉正法輪者，此就顯示轉云唯爲聲聞等，云實有三乘益，兼明祕密輪也，如上已明。《大般若》曰：世尊初於波羅奈轉四諦法輪時，無量衆生發聲聞心證聲聞果，無量衆生發獨覺心，無量衆生發起無上正等覺心，證於初地、二地、三地，乃至一生當得菩提。云云。《玄贊》中，章主評此云：故知鹿苑創轉三乘通行法輪。故以守千爲正。

雖是甚奇等者，上人《四貼抄》。云：未聞法故，云希奇也。云云。

問：次第二、三時亦云甚奇希有，與今此云

有何異耶。答：自次第二、三時教而見，則雖難云甚奇希有，從一切世間天人等説見，則甚奇希有。故次云一切世間等，又第二時云更，第三時云第一，而以論教、機優劣，自可知已。

有上、有容者，《周記》曰：更有過故，名爲有上，而義有餘理尚未盡，名云有容。云云。

是諸諍論等者，守千云：對説常義雖是希奇，不顯法空，由隱實性，教義未足，猶招諍論。又上人云：諸法非有非空，一向説有故，尚招應空諍論，諍論猶未去，安足與諍爲無盡期，故云安足處所。云云。

世尊在昔等下，明第二時教。在者，於聲。

唯爲發趣等者，第二時中爲初發趣大乘諸菩薩衆，破其有執，説《大般若》云諸法空，即是隱密爲説計所執自性本無。恐增有見，未爲説依他、圓成二性是有，名未了義。是説法空故，大乘教也。守千云：亦依正被唯爲趣大，實具三乘。又云：趣者，令發起也。今言：佛以一音説空，三乘隨機所聞、所觀各異，謂定性二乘雖聞法空，但觀人無我，如正量部《舍利弗毘曇論》第十九。《非問分道品》。《心經幽贊》中云：或復我執依法執生，但觀法空，我隨空故。又《大品經》第三《勸學品》。説：欲學聲聞地，亦當應聞《般若波羅蜜》，受持、讀誦、正憶念、如説行。今云：此是共般若，約二乘空慧説。又《大般若》第一會百二十九説：廣果天以下已發菩提心者，尊重《般若》，觀禮、讀誦，合掌而去。今詳，生五淨居有二類。一者、於廣果天已下回心生五淨居，變易身受佛位，此約不定性。二者、於廣果天已下已不回心，至五淨居無回心理，此是約定性人。《三十論疏》云：若生淨居，必不生上，亦不回心，取涅槃近，躭寂心堅，化必難得故無回者。爾此定性説恒來尊重《般若》所觀禮、讀誦，若無所益，不可來降，故定性聲聞亦聞《般若》必得利益，自可知已。又不定性二乘，今此説趣大乘者是也。

問：其趣大人爲是誰耶。答：守千云：須菩

提。今云：般若會上對告聲聞，皆是趣大乘者也。又《法華・信解品》説四大聲聞自述所得空云：我等長夜修習空法，無生無滅、無小無大、無漏無爲，於佛智慧不生貪者[四二]，得脱三界苦惱之患，住最後身有餘涅槃。云云。此即不定性二乘趣大乘者，聞《般若》空教領解得益之證也。又頓菩薩乘者得益者，《大品經》二十二説：二乘得空有分有量，諸佛、菩薩無分無量。又云：須菩提所行空行欲比菩薩空行，百分不及一，如毛孔之空比十方空。又《涅槃經》二十七説：聲聞之人但見於空不見不空，智者見空及不空，空者一切生死，不空者大涅槃，見一切空不見不空，不名中道，中道者名爲佛性。云云。今云：依此等意，《幽贊》中説：空言有二，一者、三無性空，二者、法性空，初蒙不定性，次被菩薩性也。

問：何故置唯言耶。若小乘雖悟我空，未悟法空故，爲令彼機知法空，設第二時，故云唯也。或觀第三時教，爲趣諸乘者説法空教，故法空教唯爲大乘説也。

依一切法等者，由經文有二意，一者、約遍計所執解，二者、就圓成實解。二意之中，今此第二時所説無生無滅等約遍計所執説，謂以其遍計都無有體故無有生，若無性[四三]則無滅，由無生滅即本來寂靜，寂靜之義即與涅槃相似，名爲涅槃，非滅諦涅槃也。景、泰二師。

以隱密相等者，問：第二時中，云皆無自性、無生無滅、本來寂靜、自性涅槃，第三時中亦同無別，何故第二時云隱密相轉，第三時云顯了相轉，爲此差別耶。答：神泰云：初轉聲聞四諦法輪，第二時爲發起[四四]唯一性空大乘者説諸法無自性性，然不約三性、三無性分别故，名隱密相轉。但言一切皆空，不説依他、圓成爲有，如《大品》等是其教也。於今第三時，爲發趣一切大乘者，以普明了説三性、三無性轉正法輪，更無有上，如《華嚴》等是其教也。以説横計法無，因緣及圓成法爲有故。云云。由以三性、三無性説無生無滅、本來寂靜、自性涅槃，與不以三性、三無性之別，爲隱密、顯了別。第二時約遍計所執辨本來寂靜等，第三時約圓實亦名無生無滅等，所謂無自性空與法性空之別而已。

雖更甚奇者，上人云：更云猶云亦，是第二時之説[四五]也。自第一時教見，則其希有奇妙未聞，非同日論，故置更言。雖然，是對機説，隱密轉故，非顯了相，爲未了義，故云猶也。

是諸諍論等者，守千云：總相以密説一切諸法體義俱無，以顯本當涅槃自性，雖過有教名更奇，不彰依、圓，理亦未明，猶招諍論，是安足處。

彼時者，第二時所轉也。

亦是有上等者，亦初時有上等，更有三性、三無性教彰法性空，更有容受三性、三無性彰法性義，故有容受。

世尊於今第三時等下，説第三時教。

普爲發趣一切乘者，泰云：第二教中不明三乘得益故但説大乘，第三教中辨不定性三乘成佛故云一切。景云：説遍計所執空，即此義當爲初發趣大乘者説，具説三性空有義，是即當彼爲久學菩薩轉正法輪了義説也，故言普爲發趣一切乘者説真了義。云云。今云：雖似二解有異，辨五種性及辨三乘得益，非久學菩薩則不能辨，故二解意全無相違。

依一切法等者，一切法謂依他緣生諸法，此緣生法皆生無自性，於此緣生法所起計所執亦相無性，此相無自性所顯處，即圓成實勝義無自性，故云一切法皆無自性。

無生無滅等者，經曰：善男子，我依法無我性所顯勝義無自性性，密意説言一切諸法無生無滅、本來寂靜、自性涅槃。何以故。法無我性所顯勝義無自性性，於常常時，於恒恒時，諸法法性安住無爲，一切雜染不相應故。於常常、恒恒時，諸法法性安住故無爲。由無爲故，無生無滅。一切雜染不相應故，本來寂靜、自性涅槃。是故，我依法無我所顯勝義無自性性，密意説言一切諸法無生無滅等。景云[四六]：不以無我即爲圓成實體，圓成實體乃是真如。然由無我門入故，從入門説云無我，名爲勝義。真如是諸法勝義諦體，由性、無性門之所顯故説勝義，名爲無性。倫[四七]云：欲辨真如之體，法無我性亦名勝義，由所辨之三種，種種無性之所顯故，名無自性性也。

問：何故第二時但云自性涅槃，此第三時云自性涅槃無自性性，加增無自性性耶。答：第二時約遍計所執云無生滅等，此無生滅乃至自性涅槃即無自性性，第三時約圓成實云無生滅乃至自性涅槃，故彰此自性涅槃是無性性所顯。今加增言云自性涅槃無自性性，自性涅槃之無自性性故。第二時教約三無性空説一切法皆空，第三時約法性空説本來寂靜等。

謂一切法者，依他緣起一一別相。

緣起本性者，同一時處離言境故。

無可守自性者，故云無自性性。如是緣起離言境故，生處即滅，滅處即生，如何種子生現行，現行熏種子。三法展轉因果同時，如束蘆互相依故，云無生無滅。如是緣起離言境故，離一切障常恒顯現，故云本來寂靜，亦云自性涅槃。雖言辭是一，以三性、有。三無性空。彰此寂靜涅槃，與但以三無性空。彰此寂靜涅槃，此爲第二、三時別，於離言法性境全無有別。由如是道理故，若第二[四八]時中不言無自性性，則以寂靜涅槃雖彰非空義，非有之義遂不彰，欲説非有非空中道，加無自性性言也。《幽贊》云：慈尊説有爲無爲名之爲有，我及我所稱之爲無，非説有空法皆空有。觀此聖意，空有無乖，法離智詮，何空何有。對機有空。遣病有空。假説有空，後諸學徒隨文起執，已之所解謂契中宗，他之所知將爲謬説。云云。今言：輓[四九]近講學大乘之輩，皆以隨文起執，不識十玄緣起亦墮外執，百界千如亦爲妄執，猥隨語言[五〇]論優劣爲大乘，是余常所惡者。如《大莊嚴論》説，大乘任文不取義。又《對法論》十二十丁。説：復次何緣一分有情，於方廣分廣大甚深雖生勝解，而不得出離耶。由深安住自見取故，常堅執著如言義故。深安住自見取者，更不進求了義經故。常堅執著如言義者，恒堅對執不了義經故。如聞一切法畢竟無自性言故，便撥一切諸法性相皆無所有，如是於餘不了義經堅執如言義亦爾。是故，雖信大乘而不得出離，以大乘經由種種意説故，如薄伽梵於《大法鏡經》中説，若諸菩薩隨言取義，不如正理思擇法故便生二十八不正見。云云。今時稱學大乘之徒，讀此《對法論》文，應信余常所誡勸已。

問：如上來既明以三性、有。三無性空。明中道爲第三時教，他家所難如何通耶。嘉祥《十二門論疏》下本。曰：理明不曾有三性，何有三無性。故正道非三非不三，非性非不性。即設問言：無著菩薩依經立三無性，云何破耶。答：此是一往對三性故言無性已，三性既無，無性即無，講者不體論意故宜破也。又論主明無性者，明無有性，非謂有無性，講人乃明無有性而有於無性，不識論意。問：《攝論》何處有此文耶。答：論有一句語，一切諸法以無所得爲本，可細尋之。已上《嘉祥疏》文。此疏意破三性、三無性，似破我宗，如何通耶。答：《嘉祥疏》意非破我宗，却成我宗，此以空明離言中道也。又我宗以有明中道，中道無二，中道離言，無二離言，故其旨一致也。謂我宗三性若云實有，則此遍計取執性，非三性。若云遍計所執性是都無，則是依他緣生法，其緣起性本來同時處現故，即圓成實性。若舉一緣起性法體，非計執性，緣起性故。非一緣起性，圓成實故。復非圓實，已舉一法今論故。如是推徵，三性都不可得，離言説相，亦是觀三無性，故〔五二〕非相無性都無云相無性故。無應相無性者，亦非生無性實有生無性，則應名所執性，體是都無，都無實生無性故。無應生無性者，勝義無性亦復爾。如是推求，何物是三無性。都不可得故，無三亦無性亦無無性，以何言體。强名爲離言，亦名中道，此是以無性空談廢詮旨。《攝論》云以無所得爲本，以廢詮境爲無所得，與我宗全無違，但以緣起有談廢詮爲異已。

以顯了相等者，以非有非空中道轉法輪故，非對機談法性故，云顯了相。

問：如是顯了輪，何故云普爲一切乘耶。答：第三時教談廢詮中道故，盡法性論，由是談般涅槃法、不般涅槃法性無二故，說五性化儀同無二，於此處談三乘證益故，云普爲一切。若非久學大乘菩薩，如何得解此性無二？解五性性無二者，名發趣一切乘人也。

無上、無容等者，上人云：今第三時教無勝是法，故云無上也。初、二時教未滿故有容，第三時教圓滿故無容也。有說有，無說無，於一法上有無同時具足，心言俱絶，無應諍論法，故云非諸諍論安足處所也。云云。

章爾時世尊至不及一。《鈔》曰：六、明持今經福利。

比此所說了義等者，經曰：於此如來依一切法皆無自性、無生無滅、本來寂靜、自性涅槃所說甚深了義言教，聞已信解、書寫等。云云。

鄔波尼殺曇分者，倫云：是數之最極處。云云。《周記》曰：相傳云因緣也，或云因果之數名也。

亦不及一者，以了義言教功德鄔波尼殺曇分，令至最極分量，比不了義教功德之一，此一不及彼最極分量也。

章說此經時至無生法忍。《鈔》曰：七、辨說今經益。《倫記》曰：三藏曰：辨得利有三乘利。遂引《釋論》兩[五三]解：一解：一音演說，隨類各解，如《維摩經》說。一解：所見雖異，所聞義同，此明同聞一教，說人異故，大小三乘各得其果。如《地持》云所見雖異，所聞義同，此亦如是，雖聞一教，而聲聞解人空理，菩薩解二空故。經云三百千聲聞遠塵離垢等，意在於此。云云。《周記》釋曰：問：此與次前得法眼淨有何別耶。答：亦有別。得法眼淨者，乃於遠塵初果即得，今云永盡諸漏者，此約阿羅漢果，故有不同。

云云。今云：此得益文，於次下立我家教判，義類相從無定判教之證據也。

六百千衆生等者，頓悟第三時得益也。

三百千聲聞、一百五十千聲聞等者，定姓初時得益也。

七十五千等者，漸悟菩薩第三時益也。

此皆於此一經會三時俱具，如至下辨。

章《金光明經》至謂轉、照、持。《鈔》曰：述今文中，第三以《金光明經》爲證也。此經有兩譯本：一、名《金光明最勝王經》，大唐三藏義淨奉制譯，有全十卷三十一品。二、名《金光明經》，又云《合部金光明經》。隋開皇十七年。大興善寺沙門寶貴，道安神足。對北天竺健馱羅國。三藏闍那崛多此云志德。合入，有全八卷二十四品。釋彦琮作序云：《金光明》見有三本。一、北涼天竺三藏曇無讖譯爲四卷，有十八品。二、周天竺三藏耶舍崛多譯爲五卷，有二十二品。三、梁三藏真諦譯，增加四品。今合入爲八卷二十四品，名《合部金光明經》。今撿《金光明最勝王經》第三《滅業障品第五》初丁下。云：若有衆生由業障故造諸罪者，應晝夜六時一心專念，口自説言：歸命頂禮現前十方一切諸佛已得阿耨菩提者，轉妙法輪、持照法輪、雨大法雨等。云云。又《合部金光明經》第二卷《業障滅品第五》十三丁上。云：歸命頂禮一切諸佛世尊現在十方世界已得阿耨菩提者，轉法輪、照法輪、持法輪、雨大法雨等。云云。此兩本中，章主以《合部》本，義淨所譯今章制述後故，然淄洲《最勝王經疏》云三末三丁。云。又釋：初三準《深密經》，是三時教，此中持應在後，以文言便，持在照前。云云。此是會不次第。

轉、照、持者，《無垢稱贊》曰：《金光明經》中説轉、照、持三種法輪，世尊初説三乘同行四諦有教，名轉法輪，以十二行相獨得轉名。第二時説大乘獨行空理之教，照破有故名照法輪。第三時説遺所執空存二性有，三乘之人皆可修持，名持法輪。云云。《法華玄贊》亦同云，《金光明經》

亦説三法輪，謂轉、照、持，轉四諦法，以空照有，非有非空，可任持故。云云。今云：非有非空，離言中道，何取何捨。故今云可任持故也。《周記》由《玄贊》釋。今云：以此經轉、照、持三法輪名三時教，義意同故，以是非立我家教判，此亦立三時名之誠證也。然賢首《華嚴五教章》上。云：依大唐三藏玄奘法師，依《深密經》《金光明經》及《瑜伽論》立三種教，即三法輪是也。一、名轉法輪，謂於初時鹿苑中，轉四諦法輪，即小乘法。二、名照法輪，謂於中時於大乘内，密意説言諸法空等。三、名持法輪，謂於後時於大乘中，顯了意説三性及真如不空理等。此三法輪中，但攝小乘及三乘中始、終二教，不攝别教一乘。何以故。《華嚴經》在初時説，非是小乘故，彼持法輪在後時説，非是《華嚴》，故是不攝《華嚴》法門也。云云。今詳曰：賢首法師爲强《華嚴》爲别教一乘作此判也，賢首所言非必大唐三藏所立意。今家師傳以《深密〔五三〕》三時名目立，由得益邊别意趣作一家判。《金光明經》《涅槃經》等，亦與《深密》三時同意趣故，同舉爲證，以《金光明》及《涅槃》等所説，令與《深密》三時同旨，而以爲三時名目證立别旨趣，如次下具辨也。然彼章以三法輪名云立三種教，此非今家所立，由時立教是今家意，不由時名，自己胸臆立一箇名，作判教義，非今家所關預。今章中已云明時利别，而破一時教及五時教爲無誠證，今由三時證經，以此名目，次下作一家判，今〔五四〕家所明也。賢首以三法輪之名爲立教名，於釋其名中，以初時、中時、後時名爲釋名助，不爲正立教名用時言，是非今家師傳意。又云《華嚴經》在初時説，非是小乘，是故不攝《華嚴》法門。云云。今云：賢首不拘今家師傳實意作如是説，謂以《深密》所説三時，但任文所義，則應云不攝《華嚴》法門，然如次下明。今家由《深密》三時名立别旨趣判教，則可言我家三時教判攝《華嚴》法門及一切經教盡。

問：若爾，以賢首説應爲妄説耶。答：不爾，於立賢首所判五教，非是妄説。若以此説謂爲唐三藏所傳教判，則此是大妄説也。

問：何故云於立賢首家五教非妄説耶。答：賢首判教別作一家意趣，專爲立別教一乘之所判，欲以《華嚴》爲別教乘，以三法輪爲唐三藏立判，云不攝《華嚴》法門也。

問：何故賢首判教立別教一乘，云爲判教主耶。答：先有慧思禪師、智者禪師立藏、通、別、圓四教，云該攝一代東流教文，而《華嚴經》爲別教攝。若不作賢首判，但以天台判教而爲別教，則釋迦海印三昧一乘，盡十世古今、主伴無窮、自在教義遂以不彰，以圓兼一別爲《華嚴》之至極。復南岳天台所云圓教，被漸機之圓教，云會三歸一也。今此《華嚴》圓教被頓機之圓教，不令會、不令歸，海印定中炳現自在之圓教也，可言頓大圓一乘也。而雖於圓一乘無有二體，緣起因分有如是二，由是五教判初，云示海印一乘教義有二之中，初立別教一乘，此賢首教判所由起也。以《華嚴》名別教故，不辨唐三藏以《華嚴》爲第三時，而云不攝《華嚴》，則例難即起，故[五五]不攝《華嚴》也。

問：若爾，何故不以三時教云三法輪辨是耶。答：以三時教名難唐三藏所傳，則今家返難云：汝所立五教云無誠證可據，但出自己胸臆，如難一時、五時等焉。復云：今家所立非如汝所言，自立《華嚴》第三時義，故不云三時教，云三法輪，以除《華嚴》爲別教一乘已，持法輪言取三乘人可修持義釋故，蒙漸機義，自不攝《華嚴經》爲別教乘之便尤好，故就三法輪判。由是應知，爲賢首所立便宜，判唐三藏所傳，非今家所關預，於賢首家是正説也，於今家所傳必如賢首所言者爲妄説也。

章《涅槃經》説至所説義同。《鈔》曰：四、舉《涅槃經》，經第二《壽命品》之文也，經文最長，今由《玄贊》取意引之。經言：初有醫師教人服乳，由純服乳，國人多死。後有明醫説乳爲毒，教並令斷，國人並差。後王有疾，問藥所宜，醫更藥方以乳和藥。王嗔問彼：汝先所説乳爲毒藥，何故今者令和藥服。醫答王言：前爲純服，國人多死，常純服之，故説爲毒，恐不能斷，總令斷之。案實理者，有病宜服，有病不宜，王今此病宜和藥服，正所應可。佛言：我法亦復如是。云云。我初令皆服乳者，喻初説有。次教總斷乳者，喻次説一切皆空。後教有應者，況後説非有非空。《法華玄贊》一云：《法華》亦云：我等内滅自謂爲足，唯了此事更無餘事，初時教也。我等聞淨佛國土、教化衆生，都無欣樂，第二時教也。佛亦如是現希有事，知樂小者，以方便力調伏其心，乃教大智，我等今日得未曾有，非先所望而今自得，第三時教也，即同《金光明》《解深密》等三時教也。云云。

與《解深密》等者，以《涅槃經》令同《深密》。今云：前《金光明》文云亦説三時，亦《深密》三時故，不別云義同，《涅槃》無之故別示。

章《瑜伽釋》中至義意無別。《鈔》曰：五、《瑜伽釋》。

三時少異等者，《瑜伽釋》中説造論因明在世三時、滅後三時，故云少異義意無別。《瑜伽釋》曰：諸有情等無始時來於法實相無知僻執，造二種業受三苦果，如來隨機爲説實相，令知諸法如是非空，諸法如是非有，既了諸法非有非空，遠離無知疑惑僻執，隨種姓別起處中行，永滅諸障證寂滅樂。佛涅槃後魔事紛紛，部執競興多生有見，龍猛菩薩採集大乘遺相空教造《中論》等，究暢真宗除彼有執，聖提婆等諸大論師造《百論》等弘闡大義，由是衆生復起空見。無著菩薩位登初地，證法光定獲大神通，請大慈尊説《瑜伽論》，顯揚中道破空有執。云云。

章由此誠證至非一、非五。《鈔》曰：六、示由此等證立三時教判。

由者，第三轉能作具聲，謂由《深密》《金光明》《涅槃》等誠證三時之名，今爲能作具，而今家所立三時教判意趣自成。又由者，第四轉爲聲，謂爲順助經說三時，今家不任文取，彰深意趣以別作所判也。又由者，第七轉依聲，謂三時名本在機別，經文在不定姓，意存定姓，今家所判定姓爲本，意存不定，依託此等在不定性說三時名，立今家判三時也。此三意中，任意應取。

若以偏、圓等下，略敘今家所判大意也。

以者，第五轉，與故字同，如《三十疏》云如來說教，機有三品不同，教遂三時亦異，故三時教即三品機，三品機、器遍轉三個教時故，是所因聲也。

偏、圓機宜等者，若具作文，應云偏機、圓機及偏、圓漸次。又機宜言通上下，一、偏、圓機宜，謂定姓者，二、機宜漸次，謂不定姓者。今應作四句，一者、偏機非圓機，謂定姓被有教機及被空教機，二者、圓機非偏機，謂定姓被中道教機，三者、偏機亦圓機，謂不定姓初偏後趣圓者，今此所云漸次，第四、非句非教時論。由《深密經》中就漸次機宜所說三時之名彰今家判頓、漸、定、不定機、器，總立三時教，故今云若以偏、圓乃至教但三時也。

非一、非五者，結與一時、五時無誠證浪立，非同日論。

章上來總是述今文也。《鈔》曰：七、結成。

總是者，以何云總耶。謂今家以一切機教判爲三時之證文，今此述已，故彰非但約一不定姓機教判之證故，云總是也。

章略示教者至中道教故。《鈔》曰：自下述今文中，第三略示教，此即今家總攝一切正爲教判。云略者總略也，以一切但爲三故云總略也。此科文中有六段別，初、標牒，二、總略爲三時，三、明立三時教所爲，四、由此所爲明中道教是第三時，五、示今家教判，六、與古說對敘結成。今即初二也。

《四阿笈摩》等者，舊《四阿含》也。《瑜伽》八十五二丁右。說：契經者謂《四阿笈摩》，一者、

《雜阿笈摩》，二者、《中阿笈摩》，三者、《長阿笈摩》，四者、《增一阿笈摩》。乃至廣説。如是四種，師弟展轉傳來于今，由此道理説名《阿〔五六〕摩》，是名事契經，於十二分教中，除方廣分餘名聲聞相應契經，即方廣分名大乘相應契經。云云。《倫記》釋云：阿笈摩者，此名爲傳，不同昔云阿含名淨教也。云云。淨影等翻云淨教，唐三藏門人皆翻云傳。如是教，前佛、後佛展轉傳説無有異，故名爲傳。云云。《三十論疏》四本，三十五丁，賢首亦用此。故今云《四阿笈摩》等者，指聲聞相應契經，故云初時教也。等言等一切説有經，如《遺教經》等，此聲聞契經總密説有，不明有者有其何性，是即隱密不了義經也。

諸説空教等者，《無垢贊》及《玄贊》云《大般若》等，以《大般若》爲諸説空經上首故。舉《般若》等取《無垢稱》《思益》等一分説空處，及所餘一切説空教多分、少分。今章文指如來一代説空對機教，多分、少分悉取云諸説空經等。《二十論疏》云但説《大般若》，舉上首略少分，此章指一切説空多分、少分故。云諸不云等，依此《四阿笈〔五七〕》等言，多分少分悉等，自可知已。

以隱密言等者，明以空教爲第二，不云第三由，謂總密説空，不明空者亦空何性，云隱密言總説等。

《華嚴》、《深密》、唯識教等者，《天〔五八〕垢稱贊》云即《華嚴》《深密》《法華》《楞伽》《厚嚴》《勝鬘》等是，《法華玄贊》云《華嚴經》等爲第三時〔五九〕。《二十論疏》云：後於七處八會方説三界唯心，雙離有空契中道教，即是《華嚴》《解深密》等。云云。今云：《華嚴》多分被頓機中道第三時教，《深密》多分被漸機，如次下明。

唯識教者，《楞伽》《厚嚴》《阿毘達摩》《如來出現功德莊嚴》説唯識處，皆是契中道教，今總取云唯識教也。等者等取《法華》《勝鬘》《如來藏》《涅槃》爲首，其餘多分、少分説離言中道教。

以顯了言等者，明《華嚴》《深密》爲第三時教之所由也。顯了言者，顯了説有，有依他、圓成，亦顯了説空，空所執性。

説三無性等者，問：第二時云總説諸法無自性，今此第三時云三無性，其差别如何。答：不云三，唯云無自性，但是説空。若云三無性，則是三性、三無性故，説即依此三性立彼三無性故。離三性有，非别有三無性空，非三性有三無性故，非三無性空依三有性立三無性故。此即非有非空離心言相中道教也，是顯了説法相故，云説三無性，示離言説也。

非空非有等者，示離言説，且舉一緣生法非空，現一緣起相故，亦非有火處即水、水處即火等故，非有火亦非有水故，是即離言中道相，故云非有非空中道教也。

問：《華嚴經》初成道已二七日説，何故今云第三時耶。答：今家教判意，雖以《深密》等三時名立三時教，全不依《深密》意，亦非不依。《深密》多分約不定姓漸機，以年月前後時説三時名，少分約定姓頓機及偏機，不拘年月前後説爲三時。今家總合多分、少分三時取判一切教，被頓機教，《華嚴》多分説同，故今少分蒙頓機以《華嚴經》爲第三時也。

問：第三時言已以次第云第三時，何故以《華嚴經》爲三時中第三耶。答：今家意，三時教名但在機，器名于教示，云如來設教有機三品不同，教遂三時亦異。復云約理與[六〇]機乃有三時前後，亦無三時前後，故三時名是機、器熟名。今且約頓機被唯心教辨，則於《華嚴》前七會，地上薩埵由宜聞本願緣力[六一]，盧遮那如來心上唯心義相現，此名爲教。如下教體下具辨。其文義教爲增上緣，地上薩埵心上觀察智心。亦唯心文義相顯現，如是唯心文義是有爲初。雖有緣起有故，本來離計執相，是空爲第二。此有與空於唯心文義上同時處現，故即非有非空離言，是中道爲第三。被頓機三時故，三時次第亦頓一時顯現，由是《無垢稱贊》中云三雙遮有空執，並説有空宗，即《華嚴》《深密》《法華》《楞伽》《厚嚴》《勝鬘》等是。

又《二十論疏》云雙離有空契中道教，既云雙遮離並説，明知頓一時有空具，其一時有空具處，即契中道，非〔六三〕空之教也，是爲第三時今家所言時者。是識變時，非心外實有時，次第亦是識變，一、二、三數亦識變現，必以妄情不可異解，但於觀心當可推求，如《玄贊》釋。時謂但是聽者根熟感佛爲説，説者慈悲應機爲談，説聽事訖，總爲一時。又聽者根器或鈍，於一刹那猶未能解，非刹那時，是前後時。又根器或利，由能説者得陀羅尼，説一字義一切皆了，或能聽者得淨耳意，聞一字時一切能解，此是一念説聽究竟爲時。今所言《華嚴》爲第三時，於一刹那三時具足，約其第三時邊以《華嚴》爲第三，其實非第三，非非第三，即不拘年月前後三時之中第三時。説者是圓滿盧遮那，聽者地上薩埵，能得陀羅尼與無漏耳意之所緣起，非凡智所測。

問：《玄贊》及《三十論疏》及此章下文云：准今新經，頓教大乘但是一時，與一大機不從小起，散被一唯。云云。又云：約頓教門無三時等，爾今云一念三時具足如何。答：云頓但一時，頓漸相對釋故。今云頓一念三時具，是非三時，非非三時，今約非非三時邊云具三時，《玄贊》等約非三時邊云頓唯一時。次第及數亦於一念上，心變次第及數之相，被頓大機三時故，三時亦頓一刹那具，其一念上第三時處爲中道教，故云《華嚴》第三時教。又《深密》少分被頓機不拘前後爲第三時，亦與此同，蒙漸機年月前後三時亦心變現，如常可解。又他家學者有就教前後，前爲劣、後爲勝之病，此執病如膏病，粗至不可治。若執前教爲劣，則《華嚴經》初成道已第二七日演説，何不爲以此經劣于鹿苑之説。復若執後説教爲勝，則《涅槃經》後有《遺教經》，亦有《摩訶摩耶經》，名《大衍經》，亦名《母子相見經》。此二經在最後，判爲小經，豈爲以是勝于《法華》《涅槃》。具辨如《能顯中邊慧日論》中。今家判教勝劣，據所説義類，不必拘説時前後，故説中道教不拘前後名第三時，聲聞相應經是《四阿笈摩》故不拘前後是初時教，如《遺教經》等，諸説空教名第二時亦[六三]爾。《二十論疏》中云以七處八會爲後亦同是解，《了義燈》中採此等所傳義判《深密》三時，云約義類。然近世他家講學，不識有師傳，亦不觀唯心義，猥作妄説，以義類相從説爲謬，可言贅論也。已上不辨。

章由諸異生至不求大位。《鈔》曰：此下三明立三時所爲。此中有三，初、明有教所爲，二、明空教所爲，三、明中道教所爲，今即初也，就被漸機三時而明。

由者，若約人則是第六屬聲，所化、能化繫[六四]屬故。復若約法第七依聲，依託人我妄執四諦教法起故。又第四爲聲，雖佛非本懷，順助一分計執對治轉四諦輪。

諸異生趣者，異生有二義，一者、别異爲異，謂聖唯生人天趣，此通五趣故。二者、變異名異，此轉變趣邪見等故。生謂生數，異聖人之生類名爲異生。趣者類也，異生趣類多故云趣也。

無始者，無性《攝論》一十一丁。曰：無始時者，初際無故。云云。又《勝鬘述記》下曰：無始者顯無本際，是常趣[六五]義也。云云。今云：無始言必彰無終，云本來法爾如是。

迷執有我等者，我是常、一、主宰義，於生死往來執有常、一、主宰者也。

愛河者，表有出期云河。癡海者，表難可出云海。已上叙所爲。

佛初説四諦等者，明約漸機初時教。

問：何故聽四諦教破人我執，唯有其法耶。

答：大凡外道等執實有我作、受一切等，世尊爲説諸法蘊、處、界三無[六六]漏因果，非實我有，彼聞染淨因果、三科法門，雖斷人我，執法是有。

彼聞法有等者，法謂三世實有、法體恒有。

證人我空者，證一切諸法三世實有、法體恒有已，則悟達人空無我觀也

章佛爲方便至何所斷捨。《鈔》曰：二、明

空教所爲。

破除有執者，法有執也。

須菩提等等者，《周記》曰：問：聞《大般若》既已回心，何故《法華》〔六七〕云會三歸一，善現自言於菩薩法心不希樂。答：今云回心，因聞《般若》悔修於小，不爲趣大，以〔六八〕説大已非名回趣。窮子偈中，須菩提等，我自思惟欲出少分方便。云云。

何所造修者，造惡修善。

斷捨者，斷惡捨善也。

章佛爲除此至信解、修學。《鈔》曰：三、明中道教所爲。此者法空執。唯識三性等者，等三無性。

勝義生等者，舉所被人，上須菩提等亦相同也。

章遍計所執至二種現故。《鈔》曰：此下第四就明所爲。明中道教是第三時，此中有四，初、就三性示中道，二、約執詮示中道，三、約迷悟示，四、示中道教是第三時教。今即初科也。

遍計取執無者，《二十疏》云：説能執心名爲遍計，遍計所取名爲所執，此是無法也，不能與識作所緣緣。云云。頌説遍計所執自性無所有故，本來都無，故云無也。

知法、我俱遣等者，明達遍計無觀相。法、我者，我、法二執。俱遣者，悟達計執本來都無，則我、法二執俱自遣去。即遣虛觀故，云知也。

依他、圓成有者，頌説：依他起自性，分別緣所生，圓成實於彼，常遠離前性。有者緣生有，依他是緣生法，圓實是於依他自顯現故，今云有。若説爲無，便是邪見。

撥於有性故照真、俗雙存者，明達圓、依有觀相。真、俗者，圓、依雙存，非即非離，聖凡二境。《涅槃經》十三《聖行品》。説：出世人之所知者名第一義諦，世人知者名爲世諦。云云。真者圓實，俗者依他，謂於依他不識圓實離言，起計執而迷謬，是名凡夫。又於依他證圓實離言，智力自在而變現，是名聖人。如是凡聖二境緣起生故，今云雙存，彰非都無，是即存實觀，故云照也。遣虛與存實即唯識觀，合爲一重觀，是相承義，謂悟達計執本來都無，則謂[六九]存依、圓實，如下具明。

無無所無等者，明計執無，謂今云計執無，本來自性無故云無，無更可無者故云無所無。有有所有等者，明依、圓有，謂今云依、圓有，已有緣起有物故云有，有更可有者故云有所有。

言有而有等者，此下明遣虛存實合是一重觀，謂雖云依、圓有，而其有亦可言無，執依他、圓成實有，則是亦遍計所執，都[七〇]無境。《成唯識》說：若執唯識亦是法執，頌說：現前立少物，謂是唯識性，以有所得故，非實住唯識。云云。故今云遍計所執真、俗無故。

言無而無等下，二明無亦有，謂雖云計執本來都無，而其無亦可云有，當妄情現我、法執相，是心變故。如《二十論疏》云：但是凡夫起能執心當情顯現，名凡夫境，非說爲境故即是所緣緣，但作所緣不能作緣，當情現故，無體性故。說此執心名能遍計，體是有法，所變影像體亦有法，名所遍計。遍計所取當情所現，情有理無，說爲所執，遍計性成，此唯凡夫所作之境，名非聖境。云云。由是云當情我、法二種現故也。

章令除所執至諸離執皆存。《鈔》曰：二、約執詮示中道，謂菩薩大悲心種種方便廣分別說。識相令知遣生厭斷，即依他起令除二執故，令[七一]除諸取也。

我、法成無者，令除實有固執，則我、法執本來都無，自成解了，此云成無。

離執寄詮等者，悟達本來都無已，則一切法有無心言路絕，是法真理即爾顯現，故不寄詮，則何真何俗之有。故今云真、俗有，皆是依詮談旨，故云寄詮稱有。

妄詮我法等者，護法正義辨釋。妄說者，凡法性是離言故，不依言詮則難言其相。妄者妄分別，即有漏尋、伺，自尋、伺起言故，今云妄詮。非無者，當情現我、法相，此相非無非不無者，約我、法法體，則本來自性無故，云非不無。當情似有者，釋非無。據體無故者，釋非不無。

上來釋妄詮我、法已，次下釋妄詮真、俗。

妄詮真、俗等者，從虛妄分別尋、伺起言詮，以妄詮依、圓。依、圓爲非體有，不稱離言法體故，依、圓法體性離言故，云非有。又可真、俗非妄，是緣起故。緣起即法性故，不稱妄詮，云非有，妄詮從妄分別起故。非稱妄情者，釋非有。體非無故者，真、俗體緣起故非無，非無故云非不有。

我、法無故等者，略結遣存。俱是執者，我、法俱當情現則可言有，俱是固執都無故云皆遣也，悟本來無處自皆遣也。

真、俗有故下明存實，真、俗本來緣起有故，於諸真、俗離固執已，悟本來都無，則真、俗自存。

章由此應言至破此執空。《鈔》曰：三、約迷、悟示。

迷情四句等者，固執有、無分別，云迷情句。《周記》釋云：迷情四句者，一、言有者，增益謗，遍計無增說習有。二、言無者，損減[七二]謗，依、圓有減說執無。三、亦有亦無者，相違妨有[七三]，不可一法雙說有、無，猶如水火，不同體故。四、非有非無者，成戲論謗，准第三句可知。云云。今云：立實物有，如《勝論》大有句。立實物無，亦如《勝論》無說句義。又立亦有亦無，如離繫子。又立非有非無，如邪命外道。如《成唯識》第一卷具破，四句俱非。

悟情四句等者，《周記》釋云：言無者約遍計說，言有者據圓、依，言亦有亦無者合說，第四句准可知。云云。《瑜伽論·攝決擇分》說：又有性者，安立有義能持有義，若無性者，安立無義能持無義，故皆名法。由彼意識於有性義，若由此義而得安立，即以此義起識了別。云云。由是，應知大乘所說有、無，謂識生時似彼相現，如是有、無因果同時，理趣顯然，遠離二邊契會中道。謂且舉一緣生法觀察，計執相本來無，如是悟達同一時處依他緣生相本來具足，如是緣起，水處即火，火處即水等故，一切同一時處緣起。如是於一法觀察，有、無，亦有亦無，非有非無，同一時處顯現有、無，心言路絶而本來凝然，是名悟情四句。是即法性故，云四句皆是。

說境、我，法空等者下，釋悟情四句。境、我，法言，心外實境，如說唯識示外境無，是即破法體恒有執。

說心真、俗等者，心真、俗等者(二四)言，心所變境，如說唯識具識性、識相，識性、識相不離心故，是緣起有，是即破一切撥無執。說唯識三性，一言教破有破空，而亦有、空宛然具備，是即悟情四句。

章諸偏見者至第三時也。　《鈔》曰：四，示中道教是第三時。

諸偏見者等(二五)，欲彰非空非有中道教是第三時，先舉偏見者聞說有即快心爲初，聞說空即快心爲後，示此初、後即法爾相。聞有快心是無智者，聞空快心邪智者，故有爲初，空爲其次。今言非空非有等者，正示中道教是第三時。謂如《華嚴》《深密》等。非空非有中道教，雖非前後漸次，法爾道理力故，即頓一時說非有非空教，自破初有執、次空執，不拘前後次第，宛然照破初有次空，所宣說中道教故，即名第三時也。第謂居也，譬如印文，讀時雖前後，印紙同時，破執雖前後，悟入與破執同一時處，如明來暗去，是爲今家師傳。由此義故，《二十疏》中云：後於七處八會方說三界唯心，雙遮有空，契中道教，《華嚴》《解深密》等也。

章約理及機至漸悟之人。　《鈔》曰：五，明頓、漸無別定教，示今家所判。此中有三科，一、約漸機明三時，二、約頓機明三時，三、示無別定教。

約理及機等者，自下初約漸機明三時文也。約機自可知，約理之理言有二意，一者、所詮道理，二者、所證之理。初所詮之理者，《周記》云：理爲道理，機謂機品。云云。次所證理者，《玄贊》一云：即依此理無三時教，教應機說三，將理會教名爲一雨，將教就機說三乘法。或三或一，理不相違。云云。然《義演》云：據實理無三時，今約證有淺深故，理分三時。云云。今云：《義演》由《玄贊》釋今文，尤爲有理，謂證有淺深即機淺深，證智有淺深，證理一味無別，而漸機所證理與頓機所證理一味相故。漸機所證極[七六]云第三時，頓機所證極理亦云第三時也，故今云約理也。又由《周記》釋，則所詮理有淺深故，漸機所被教所詮理立三時次，又頓機所被教所詮理，自最初深，故准漸教第三理爲第三時也。今云：此釋[七七]有理也，《義演》與《周記》二釋共有理，故難成取捨，雖然强判，則《周記》所釋正今文釋也，《義演》所釋非今文所預也。

此文中約理及機四字，有二義別。初、由《開發》義，云是通妨難也。二、由此章次文意，謂此四字意通，亦應在次若非漸次句首也。

初通妨難者，難云：由《華嚴經》第三十六《寶王如來性起品》。舉世界初成，先色界，次欲天，次人處已，次說如來出世，先起菩薩智，次緣覺、聲聞，次一切衆生善根。復同經三十七舉日出先照諸大山王，次照一切大山，次照金剛寶山，次照一切大地之喻已，次說如來成就無量無邊智慧日輪，先照大菩薩，次照緣覺及照聲聞，次決定善根衆生，次照一切衆生。又《涅槃》三十二《迦葉品》。說，佛已多喻說教菩薩、聲聞、闡提前後次第，謂如三子、一、孝順父母、利根智慧，二、不孝、利根智慧，三、不孝、鈍根無智。三田、一、上田，種一得百。二、中田，收實得半。三、下田，種一得一，爲藥[七八]草故。三器、一、完，二、漏，三、破。三病、一、易治，二、難治，三、不可治。三馬、一、調、壯、大力，二、不調齒[七九]、壯、大力，三、不調、羸老、無力。三受施人，一、貴族，聰明持戒，二、中姓，鈍根持戒，三、下姓，鈍根破戒。廣説如彼。此等聖教先爲菩薩，後爲二乘，三子、三田等由經説，初喻菩薩，次聲聞，次一闡提，如次應知。如何《深密經》説初一時唯爲聲聞説《阿含》等，後爲菩薩説《般若》及《深密》等耶。《開發》意通解云：理在淺深，機有漸次，理即從淺至深，機亦大由小起，對機及理，依漸教門，故《深密經》説三時別。云云。若由此義，則此四字不通次頓機也。

次令冠次頓機句首義者，由此次文，云若據衆生機、器及理，可有頓漸之教。云云。若由此義，則理者所説道理，機者機、器殊別。理有從淺至深，則亦應有唯淺唯深道理，機亦有大不由小起，故於約頓機文，亦應令冠約理及機文而釋也。謂由聽者機緣增上力故，機、器有淺深，則所詮理必有淺深，佛識上彼彼文義相現故。理者，義理也。

乃有三時等者，是即約年月前後三時。

諸教者，有、空、中三時次第也，此是對不定姓，云大由小起。

《解深密經》等者，經第三《分別瑜伽品》説諸法唯識文也。若明先小後大之例，又《法華經》第五卷説轉輪聖王解髻中明珠與之譬，此亦先小後大也。同第三卷，説大通智勝佛化益，此亦先小後大也。雖非三時次第，先小後大意相同也。

若非漸次等下，二約頓機明三時。

非漸次者，即頓機也，是大不由小起也。

即無三時、諸教等者，無三時前後次第，云無三時。諸教者，簡被漸機三時有、空、中教示次第，今云無諸教次第，此意如前所明。有、空執頓一時無，非空非有中道彰教故，無前後三時，頓名第三時也。秋篠云：問：今云前後，爲義前後，爲時前後耶。答：此義前後，非是年月。云云。今云：此説不爾。時即説聽究竟時，是即教也。教是能詮，義是所詮，能、所詮同一時處故。秋篠釋未穩。

約其多分等者，今家以約多分處處説釋，然隨有少意別。《成唯識疏》云：即無三時前後次第，《華嚴》中説唯心，是初成道竟最第一説，此約多分。云云。《義演》釋云：意云：説《華嚴》是頓教者，約多分説，如

《入法界品》五百聲聞亦在會座，明知亦通漸教。云云。今云：《成唯識疏》中雖於文相但以《華嚴》似云多分頓教，意含《深密》爲漸教亦約多分説意。

問：以何知其意耶。答：如唯識《開發》中云：若約漸教，此論即漸教收，其漸教者依多分説，《解深密經》説唯識是。若約頓悟即頓教收，其頓教者依多分説，《華嚴經》等説唯心是。云云。由是則多分言通頓漸二。

問：以何《深密》爲漸教亦云約多分耶。《深密經》中明説三性、三無性中道了義得益云，説此勝義了義教時，於大會中有六百千衆生發阿耨多羅三藐三菩提心，三百千聲聞遠塵離垢，於諸法中得法眼淨，一百五十千聲聞永盡諸漏心得解脱，七十五千菩薩得無生法忍。云云。説《分别瑜伽品》得益亦復如是。此中，六百千衆生發心是菩薩姓頓悟，由是《深密經》頓教與《華嚴》同，復三百千聲聞遠塵離垢得法眼淨者，是則《深密經》被二乘漸悟之教，聲聞相應契經與《提謂經》同應名第一時教。又七十五千菩薩得無生法忍，是被菩薩漸悟教，即年月前後第三時教也。今云約多分，《深密經》中漸悟菩薩得益在説四品，《無自性品》《分别瑜伽品》《地波羅密品》《成所作事品》也。其餘頓悟菩薩、聲聞相應得益，但在二品，《無自性品》《分别瑜伽品》也。故此少分。又《華嚴經》爲被頓機教在前七會，是多分故，第八會但有聲聞得益是少分故，《華嚴》《深密》俱約多分名頓漸教。今此次文云多分頓漸無别定教故，由是《義演》但於《華嚴》釋爲不是，後學不識如是差别，浪爲妄評，有智之人請審察諸。然今此章中今文云約其多分，但雖似在《華嚴》，次云多分頓漸意與《開發》同，故明知通《華嚴》《深密》之多分也。《周記》中釋約其多分，但於《華嚴》被頓悟釋未盡。今釋此文多分云：《華嚴》八會之中，前七會第二七日説，但被頓悟之教，第八會在鹿苑，後被漸機教也。是故，今此文云即初成道《華嚴》等中説唯心是者，取前七會説故，今云約其多分也。前七會說頓悟法門，更無餘故。

《華嚴》等中者，舊《華嚴》二十六、三丁左。新經三十七三丁左。說唯心義也。

已上約頓教辨三時已，多分頓漸等下，三示無別定教，《成唯識疏》亦說：此顯頓漸無別定教，《入法界品》五百聲聞亦在座故。云云。意言：今家意言：一切經教中，無此經全分頓教，或全漸教，隨知有、空、中三時教，亦無此經全分初時，或此經是全分中時，或此經全分後時，多分頓或漸故，三時教亦無別定教。

隨一會中等者，或華嚴會，或阿含，或般若、法華、涅槃，悉其一會中，頓漸諸機隨蒙益。雖諸機同時蒙益，隨彼彼機名頓，亦名漸教。《華嚴》說有聲聞在會者，示隨一會中所應益。舊《華嚴》四十五，新經六十《入法界品》，如《開發》云：彼經八會非是首末相續說故，初之七會成道即說，第二七日。故在初七未列聲聞，《入法界品》後時別說，云逝多林說，又云祇園精舍說〔八〇〕。故第八會亦有聲聞。如《大般若》，雖云一部，非十六分相續說，謂佛成道終至涅槃所說大義相似，聖者結集以爲一部，故佛經内諸有難思，雖前後說，合爲一部，雖第八會後時別說，於事及理皆不相違。上古諸師種種異說，既不悟是，所以皆非。故《華嚴》通被頓漸，不應唯說是頓教故。云云。然《華嚴探玄記》二之九丁左。賢首法師以菩提流支云前五會初七日說，及今家云第八會後時說，同破云：此等所判恐不順文，以初七日定不說法。《十地論》云：何故不初七日說。思惟行因緣行故。已言思惟，明知非說法。設有救言只不說十地非不說餘法者，則不得言思惟也。下論又釋：爲顯己法樂，是故不說。故知初七定非說耳。又第八會亦非後時，何得於一部經，前已說半，中說餘經，後方更續，豈令佛無阿〔八一〕羅尼力，不能一念說一切法。祇園鷲子並是九世相入，下文過去一切劫安置未來、今，未來一切劫回置過去世。又云：於一念中建立三世一切佛事。乃至廣說。如是等文處處皆在，豈可所用鷲子祇園而非此類。是故[八二]，知此經定是第二七日說。云云。今云：賢首法師所難未穩，彼據《離世間》《不思議》二品文，成第二七日說第八會，然二品文既說於一念中建立三世一切佛事，若以《離世間》《不思議》如是成破，一切世間悉皆應成所破，唯非[八三]第八會第二七日說，一切百千劫事悉皆第二七日所用，如何但爲成第八會二七日說義，以《離世間》《不思議》爲證耶。欲破成狹宗，以如是寬因，則無量過去來，善因明者自應審察。復以初七日思惟法樂義破菩提流支，若以彼破今家，《離世間》《不思議》力今返破，則初七日亦於一念中建立三世一切佛事，如何云初七日思惟不說耶。復難今家云豈令佛無陀羅尼力，不能一念說一切法，今亦以是難初七日思惟不說，謂佛成道已即時應說法，何陀羅尼力所闕，初七日間不能說法，有作思惟耶。復顯已法樂者，離世間不思議力故顯已法樂，一念何不現他受用法樂耶。故彼所難爲未穩當。今謂《離世間》《不思議》之說，學者非世間，以是不可難《十地論》說思惟不說法及自受法樂學者世間之說，今家云第八會後時說亦學者世間，必以學者非世間不可難焉，違印度設難法故，賢首所難却成過失。菩提流支云初七日說前五會，違學者世間故，成大過失，違《十地》說。即學者世間相違，故以《離世間》《不思議》說難今家第八會後時說義，爲大過失。若强云違《離世間》《不思議》之說故，第八會後時說義不成，則自菩提流支以《離世間》《不思議》應成初七日思惟即現他受法樂，故賢首難進退不成，學者詳察。余讀《阿含經》有感今家義，自成道思惟至雙林入滅，是《阿含經》說相，結集爲一部，儼然可觀。今第八會亦如是已。

聲聞在會者，如前已明故，少分是漸教，今云頓教，約多分說也。

《深密》亦有等者，明《深密》亦通頓漸。亦有聲聞下，有得淨及六百千衆生八字，現本脱落，披者補焉。下《諸藏章》亦引此得益文，然有六百千衆生八字，故知脱落。《深密》通頓漸，多分是漸，如前已辨。

《勝鬘經》中等者，明《勝鬘經》雖唯一乘被菩薩姓可云頓教，至意生身説，通三乘説，故通頓漸，如前引經《述記》釋。

《法華經》中等者，明《法華》亦通頓教，經第六卷文。《周記》云：八世界微塵數衆生等者，是頓悟大乘人也，故知法華不云唯漸也。云云。《法華》是會三歸一教，被漸機經，然彼經中處處説頓悟，《普門品》亦説八萬四千衆生發無上菩提心等，是少分説頓悟。故知頓漸無別教門隨機以分，故此通也。

故知《法華》等下，結《法華》漸教通頓，《華嚴》頓教亦通漸教，稱頓漸名約多分説，無一經一論別定頓漸教。由是自知立初時、第二時、第三時名，亦隨機名，故無別定判三時教，是今家所判也。近世他家講學，膠執《華嚴》五教宗名，定判一經爲始爲終，大惑甚矣。其弊及今家三時教判，吾門學者鳴鼓攻之可矣。

固餘經通頓漸二悟益者，《無垢稱經》中説《序品》時，八萬四千人皆發無上正學心，此是頓悟。又説三萬二千人遠塵離垢得法眼淨，此是漸悟。又《大般若》第六分説：佛在鹿野轉四諦輪，無量衆生發聲聞心，無量衆生發獨覺心，無量衆生發阿耨菩提心，無量菩薩得無生法忍，住初地、二地、三地乃至十地，無量一生補處菩薩一時成佛。云云。又《大品經》第三《勸學品》。説：欲學聲聞地，亦當應聞《般若波羅蜜》，持、讀誦、正憶念、如説行，辟支佛地及菩薩地亦復如是。何以故。《般若波羅蜜》中廣説三乘，是中菩薩、聲聞、辟支佛當學。云云。由是應知此經雖《般若》云第二時教，隨機初時教、第三時教自可知。鹿苑轉法輪亦復如是，皆隨機名初時等，如《提謂經》説受記，不可必膠執定判，又《涅槃經》説。

章若依覺愛至故略不説。《鈔》云：六段文中，第六古今對敘結。

此中有五，若依覺愛等下，初、結一時教無證。

若依對[八四]虬等下，二、結五時亦無證。

定有五時前後等者，對一時教無漸次次第，則此五時有次第故，爲有道理。然云五時爲無證文，亦定判五，不識隨機有教時故，爲妄所立。今總不依者，總結不依。

若依衆生等者，三、舉今家頓漸簡古説頓漸。今家頓漸約理、機故，同一會中爲有頓漸，不同古説定判。《周記》曰：若有一機初悟生空，後悟法空，教被於彼名爲漸教。若有一機頓悟二空，教被於彼即名頓教。時亦准是，要望機、理方名頓漸。云云。

若不約機等者，四、正簡定判妄説。《周記》曰：或立一時、立五時等，名時增減，不約理及機，教時頓漸不成。云云。

故《唯識》唯云等者，五、遮難明一教被機通頓漸。《周記》曰：此即釋成一教被機得爲頓漸，《唯識論》説阿陀那之教不爲凡愚開演，而不遮定姓聲聞。今有教示被此不定姓等，即得爲漸頓教也。言定姓者，定姓聲聞也。

問：論言愚，此即趣寂，如何今取趣寂耶。

答：趣寂之中有愚，遮説愚法。云趣寂者，不遮不愚，若不爾者，愚、不愚二類何別。《疏》解愚即趣寂，亦問於此。若言定姓是大乘定姓者，理不[八五]可，所以爾者，阿陀那等教本爲被[八六]説，何所由説不遮耶。又云定姓大乘亦然，今《唯識》意明一教有頓漸故，定姓大乘即其頓故。已上《周記》。基辨云：《唯[八七]識》唯云等者，遮難明一教被機通頓漸。難云：若云一會教通頓漸者，何故《深密》《唯識》説阿陀那識甚深細，我於凡愚不開演耶。通云：此唯彰説阿陀那識正所被機，定姓頓悟、不定姓爲對機，凡愚傍所被，故今云非遮不定及定姓。文云唯云之唯言，非簡持義，此顯勝義也，欲示勝正所被，云於凡愚不開演。凡謂無姓，愚謂定姓中愚法聲聞。又非遮定姓者，不遮不愚法聲聞定姓也。

此依證果等者，《周記》曰：今立三時，但約得聖果，不約人天。若説人天，即有四時教。其二乘等者，釋人天時。

問：何故得知人天乘是聲聞方便。答：《信解品》云以冷水灑面等，即其事也。《玄贊》六云：用二乘權巧三歸五戒之教以被其心，如冷水灑面，且令悔滅制伏十纏惑，暫息八難之苦，得生人天，少漸厭苦，復本所忻，名得醒悟。云云。

章今依師授至任情取捨。《鈔》曰：述今文大段，第四結此三時教判師傳。今依師授者，上來三時教判之説，非章主自作意，悉是由大唐三藏和上所傳授義，令知之，云今依師授也。

大乘法苑義林章師子吼鈔卷二尾〔六〕

校勘記

〔一〕「諾」，疑爲「説」。

〔二〕「理談」，疑爲「談理」。

〔三〕底本原校云：「原本冠註曰：經説四種重任，謂人天乘者、三乘者，合四機也。」

〔四〕「陵」，底本原校云甲本作「陸」。

〔五〕底本原校云：「原本冠註曰：率略者，麁忽也。」

〔六〕「總」，底本原校云甲本前有「如何」二字。

〔七〕「第」，底本原校云甲本無。

〔八〕「會」，底本原校云甲本作「意」。

〔九〕「説」，底本原校云甲本作「設」。

〔一〇〕底本原校云：「原本冠註曰：《了義燈》初云如來説教體一真如，次引覺愛所引證文，若爾者，與覺愛同義耶。如何。《增明記》通此難云：如來説教不過機、理，以教對理而忘其機，唯是一音，所説理法唯一相故。以教對機忘其理法，則有三時，隨其機宜得果別故。今《燈》家意，約理是一且忘其機，對究竟果説爲一教，機邊三時。流支遍就一理永失其機故破之。今云：此判尤好。他家學者云：雖破覺愛，却朋輔一音教哉。此等妄真由《增明》所判可辨是非也。」

〔一一〕「差」，底本原校云甲本作「三」。

〔一二〕「義」，底本原校云甲本作「華嚴」。

〔一三〕「倍」，底本原校云甲本作「億」。

〔一四〕「馬」，疑爲「漢」。

〔一五〕「藥」，疑爲「樂法」。

〔一六〕「非」，底本原校云甲本後有「者」字。

〔一七〕「説」，底本原校云甲本作「訖」。

〔一八〕「爲」，底本原校云甲本後有「聲聞乘而半字之名爲」九字。

〔一九〕「本意」，底本原校云甲本作「章」。

〔二〇〕「蒙」，底本原校云甲本作「教」。

〔二一〕「歲」，疑爲「藏」。

〔二二〕「靜」，底本原校疑爲「靖」。

〔二三〕「處」，底本原校云甲本無。

〔二四〕底本原校云：「原本冠註曰：四加行中，即順定即忍位也，信忍者十信位也。」

〔二五〕底本原校云：「原本冠註曰：南本《涅槃經》三十一，十六丁云：十方三世一切諸佛如來爲衆生故開示演説十二分經。云云。」

〔二六〕「此」，底本原校云甲本作「也」。

〔二七〕「疏」，底本原校云甲本作「據」。

〔二八〕底本原校云：「原本冠註曰：《智論》六十五云：初轉法輪，八萬諸天得無生法忍，阿若憍陳如一人得初道。今無量諸天得無生法忍，是故説第二法輪轉。今轉法輪似如初轉。云云。」

〔二九〕「論」，底本原校疑後有脱文。

〔三〇〕「三」，疑爲「二」。

〔三一〕「慮」，疑爲「廣」。

〔三二〕「爲」，底本原校云甲本作「作」。

〔三三〕底本原校云：「原本冠註曰：無自性性者，問：性言兩字意何差别？答：上性是無性，下性指三性體。上句云性，依他起上之性言也，故相無性不云性，性本來都無故。」

〔三四〕底本原校云：「原本冠註曰：《周記》云：於依他上無圓成實義故云勝義無自性，即是無義。又釋：若約勝義釋依他，但是因緣假有故，非有實自性，故云勝義無自性性，非謂依他中無圓成實勝義，故名勝義無自性也。」

〔三五〕「我」，底本原校云甲本前有「是故」二字。

〔三六〕「位」，疑爲「住」。

〔三七〕「本來」，底本原校云甲本作「未」。

〔三八〕「菜」，疑爲「彩」。

〔三九〕「彩」，底本原校云甲本作「粉」。

〔四〇〕「家」，底本原校云甲本作「章」。

〔四一〕底本原校云：「原本冠註曰：由《西域記》七曰：婆羅痆斯國周四千餘里，大城東北有婆羅痆斯河，其河東北行十餘里至鹿野伽藍。云云。故婆羅痆斯者，國名，又河名。」

〔四二〕「者」，疑爲「著」。

〔四三〕「性」，疑爲「生」。

〔四四〕「起」，底本原校云甲本作「趣」。

〔四五〕「説」，底本原校云甲本作「意」。

〔四六〕底本原校云：「原本冠註曰：二釋之中以景爲正。」

〔四七〕「倫」，底本原校云甲本作「備」。

〔四八〕「二」，底本原校云甲本作「三」。

〔四九〕「輓」，疑爲「晚」。

〔五〇〕「語言」，底本原校云甲本作「言端」。

〔五一〕「故」，底本原校云甲本無。

〔五二〕「兩」，底本原校云甲本後有「家」字。

〔五三〕「密」，底本原校云甲本後有「經」字。

〔五四〕「今」，底本原校云甲本前有「此」字。

〔五五〕「故」，底本原校云甲本後有「云」字。

〔五六〕「阿」，疑後脱「笈」字。

〔五七〕「笈」，疑後脱「摩」字。

〔五八〕「天」，疑爲「無」。

〔五九〕底本原校云：「原本冠註曰：《法華玄贊》中引《深密》三時已，依此經文，《阿含》等爲第一時，《般若》爲第二時，《華嚴》等爲第三時。云云。今云：依此經文三時名言也。」

〔六〇〕「與」，底本原校云甲本作「及」。

〔六一〕「力」，底本原校云甲本後有「故」字。

〔六二〕「非」，底本原校云甲本前有「非有」二字。

〔六三〕「亦」，底本原校云甲本後有「復」字。

〔六四〕「繫」，底本原校云甲本前有「必」字。

〔六五〕「趣」，底本原校云甲本作「起」。

〔六六〕「無」，底本原校云甲本前有「有」字。

〔六七〕「華」，底本原校云甲本後有「復」字。

〔六八〕「以」，底本原校云甲本前有「聞名趣大」四字。

〔六九〕「謂」，底本原校云甲本作「即」。

〔七〇〕「都」，底本原校云甲本前有「即」字。

〔七一〕「令」，底本原校云甲本前有「云」字。

〔七二〕「滅」，疑爲「滅」。

〔七三〕「妨有」，疑爲「謗」。

〔七四〕「等者」，底本原校云甲本無。

〔七五〕「等」，底本原校云甲本後有「者」字。

〔七六〕「極」，疑後脱「理」字。

〔七七〕「釋」，底本原校云甲本後有「甚」字。

〔七八〕「藥」，底本原校云甲本作「藁」。

〔七九〕「齒」，疑衍。

〔八〇〕底本原校云：「原本冠註曰：由《西域記》六云：室羅伐悉底國（舊云舍衛國）城南五六里有逝多林，唐云勝林，舊云祇陀，是給孤獨園。此逝多林即祇陀林也，略云祇園，具云逝多林給孤獨園。行賀云：《入法界品》，成道十餘年於祇園寺説。」

〔八一〕「阿」，疑爲「陀」。

〔八二〕「故」，底本原校云甲本無。

〔八三〕「唯非」，疑爲「非唯」。

〔八四〕「對」，疑爲「劉」。

〔八五〕「不」，底本原校云甲本前有「爲」字。

〔八六〕「被」，疑爲「彼」。

〔八七〕「唯」，底本原校云甲本前有「故」字。

〔八八〕底本原校云：「甲本奥書曰：安永五年申正月四日於平安城第五指邊新善光寺境内寓舍，隨愚見聊筆記之了，回向四恩法界海，回向無上大菩提。法相末學大同坊基辨，生五十九歲。」

（接下册）